CSSCI 来源集刊

语言研究集刊

Bulletin of Linguistic Studies

第二十二辑

复旦大学汉语言文字学科
《语言研究集刊》编委会

上海辞书出版社

《语言研究集刊》网址：http://yjjk.chinajournal.net.cn/

目 录

从词到小句

——“至少”“最多”在多句法层面的功能发展

张新华

提要 “至少”“最多”都通过极量而激活一个特定的梯级，其语法功能跨越了客观值和主观值两个领域，包括：指极量本身，指由极量向外延伸而构成的一个量值范围；指对极量本身的肯定及对临近值项的推测；指事态的价值性；指对事态成立的强断言。二者中，“至少”的概念结构与事物自身量值的累积方向相一致，是无标记项，语法功能更加发达。

关键词 客观值；估值；评价；强断言；梯级

一、已有研究简述

“多、少”作为形容词，其自身及各种组合形式的语法功能与其他形容词有很大的不同，已经引起广泛关注。不过学者对“多、少、很多、很少”研究较多，而对“最多、最少”关注较少。实际上，最高级形式有一些很值得探讨的独特用法。总的来看，“多、少、很多、很少”指的都是某种客观量，句法层面上属于词组（VP 或 TP），而最高级形式则发展出焦点、情态、断言等功能，达至句子层面（CP）。

词形上，在现代汉语系统中，“至少”与“最少”、“最多”与“至多”用法分别相当。不同在于，“至多”已有书面色彩，口语更多用“最多”；“至少”则口语仍然常用，而“最少”虽也常用，但词汇化还不完善。本文将忽略四者的上述差异，而以“至少、最多”为代表进行讨论。

吕叔湘等（1999）只收了“至多、至少”，未收“最多、最少”，认为，“至多”“表示最大限度”，并分为三种用法：“至多＋动＋数量”“至多＋数量”“至多＋动”。“至少”“表示最低限度”，有四种组合形式：前三种与“至多”

相同,另有"用在主语前,常有停顿",这显示了"至少"的功能更加发达。

赖先刚(1997)对"至少""最多"做过专题研究。赖文区别了语义和语用两个维度,前者又分为三种功能:数量义,如"至少/至多有五个";程度义,如"至少/至多可以吹动一些花草树木";范围义,如"至少也象征了北方的农民"。语用上,"至少、至多"表示"说话人对数量、情况的最低或最高的估计或分析"。在我们看来,"数量、程度、范围"只是"至少、至多"的具体操作对象,并非其自身的语法意义。

王洁(2007)专门研究过"至少",区别为"限定词"和"量化副词"两种功能。作为限定词,"至少"紧邻焦点成分,限定事物量、空间量、时间量、范围量、动量等。作为量化副词,"至少"的辖域为句中的谓词性成分,用于衡量动作量和状态量。该文的贡献一是指出了"至少"焦点敏感的特征,二是把"限定词"功能单独提取出来。

贾泽林(2016)对"起码"与"至少"做了对比分析,认为前者"只用于表达说话人对最低限度的判断",后者则"主要是用来陈述现实中存在的最低限度"。

总的来看,学者所讨论的主要是"至少"和"最多"的客观值功能,而对其估值和价值、断言功能关注不多。

二、"最少""最多"的客观值功能

客观值是"至少""最多"的初始用法,成为形成其他诸功能的根据。所谓客观值,即"至少""最多"用于刻画事物在客观数量上的最高级特征,即最小量、最大量,概称极量。句法上,客观值用法"至少""最多"的功能是做不及物形容词谓语、补语,其次是宾语、定语,较不常用的功能是带宾语而构成普通动宾结构。共同地,这些都是句内成分,即属于 VP 层面。

谓语、补语体现的是谓词的强陈述功能,其中"最少""最多"是"程度副词+形容词"的普通句法组合,未词汇化,也未虚化;完全词汇化的"至多""至少"则无此用法。如[①]:

(1) 在先秦儒、墨、道、法这几家中,儒家的观念最多也最复杂。

(2) 与世界上 12 个同等规模的大都会比较,北京用地是最密集的,人均用地是最少的。

(3) 康柏电脑在上海卖得最多,在西南卖得最少。

除具体词汇义之外,上述“最多”“最少”与其他“最”字组合“最复杂”“最密集”在语法性质上并无实质分别,都是对主语事物自身数量特征的客观陈述。

“最多”“最少”做宾语并不少见,这时它们都指称化了。另外,形容词“多、少”自身都可带宾语,其最高级形式仍继承这种功能,但这种用法现在已有较强的书面语色彩,出现频率不高。这些位置的“最多”“最少”也都是客观值用法,如:

(4) 其追求的并不是得到最多,而只是追求在够用的同时,付出最少。

(5) 夏秋之秋,最多霍乱、虐、痢。

(6) 青年人最少保守思想,最具创造活力。

例(4)的“最多”“最少”指称性很明显,“最多”指得到的东西,“最少”指付出的代价。例(5)、例(6)“最多”“最少”带普通名词宾语。

在上述用法中,“最”与“多、少”之间都是普通句法组合形式,整体并不构成一个独立的功能单位。它们除了在具体量幅上与“很多”“很少”有别外,功能上并无质的不同,也都可替换为后者。

“最多”“最少”做定语时,后一般加结构助词“的”,有时也可不加,如:

(7) 其追求的目标是:不断降成本,以最少投入获得最大经济效益。

(8) 最多时,拉一车酒要排3天3夜。

例(7)“最少”“最多”指众多可能性投入、效益情况的极量,例(8)“最多”指众多拉酒事件等待时间中长度最大的一次。

共同的是,上述谓语、补语、定语功能的“最多”“最少”都指极量这个量值自身,并不暗示对其他相邻量值的相关性。

此外,“最多”“最少”还有一个较深的定语位置——“最多/最少+数量词组+中心词”。这种用法的“最多”“最少”是把其后的数量词组作为上限/下限,并以之为基点而涵括其下/上的其他值项,因此构成一个很大的量值范围。这种“最多”“最少”的语法化程度很高,类似定冠词,不能换为“很多”“很少”。该形式一般出现在宾语位置,如:

(9) 体改委将在洽谈会上推出最多150家国有企业,与外国机构投资者接洽。

(10) 每办理一个人,我将得到最少一千美金的酬劳。

"最多150家国有企业"指"150家"是上限,而实际也可能少于该数量。但这种数量范围仍是客观性的,并非估计。"最少"例同之。

"最多""最少"作为主语的定语的一部分,就容易有估值读法。这是因为主语位置自身即具有表述性,这种表述性就渗透为"最多""最少"词汇内涵中的估计义。如:

(11) 最多/少150家国有企业推出了招商引资项目。

"最多/少"指话主主观估计"150家"是该"国有企业"所可能达到的最大/小值,但往往暗示实际未达到或已超过该值。

总之,"最多""最少"的客观值用法有两种:指极量这个单独的量点;指以极量为基点而涵括相邻诸多量值的量值范围。共同的是,它们都是客观指称,无情态、语力这样的主观内涵。

三、"至少""最多"的估值功能

状语位置是"至少""最多"形成估值用法的直接途径。这时,"最少""最多"的常规用法就是表示估值,表客观极量值的功能反而受限。后者主要有以下两种句法环境:

1. 现实态,指特定事件所达到的实际量值,这是把该事态与同组事态进行客观的统计比较。如:

(12) 我一年最少/最多只拍过2部电影。

众多现实事件所涉及的不同数量是客观的,对其排比也是确定的。具体看,例(12)中经验体标记"过"起了关键作用,如果去掉"过",则"最少""最多"就会表示估值。

2. 具体规定,指某种制度所允许达到的具体极值。如:

(13) 分配给每个出口企业的配额数量最少不得低于2万吨。

(14) 每位旅客最多可带20公斤行李。

上述两种用法中,这种"最多""最少"的虚化程度不高。

(一)"至少""最多"估值功能的基本用法与语义机制

"至少""最多"形成估值功能的动因是对一个梯级的激活,以及对相邻值项的期待。语义上,"最"表示对众多项目进行比较而得到的极值,因此总是提示一个相关值项构成的序列,这是其功能演化的根据。以"至少"为例,

其功能内涵包括两部分:

Ⅰ. 话主判断,根据所了解的事物存在情况,当前梯级序列中的最小值 n 是最能肯定成立的。这构成"至少"语法意义中的[断言、强调]部分,表现为语用上的焦点性。

Ⅱ. 可以推断,略大于该值的相邻值项 n+,也极可能成立。这构成"至少"语法内涵中的[推测]部分。

话主现在通过"至少"断言的是 n,这只是为了言谈保险起见,而其真正的表达意图更在于 n+。

"最多"的功能结构正好相反,是基于 n 而推断 n-,但其对 n 自身的关注度似乎要比"至少"更弱一些,即话主认为 n 一般应该是不成立的,主要意图就在 n-了。

单就"多、少"而言,"多"是无标记项,"少"为有标记项,而在"至少""最多"之中,则是"至少"为无标记项,"最多"为有标记项。原因是:"至少"符合肯定范畴内涵自身由小到大的累积方向(这个语义机制可参看张新华等 2013),因此是正向、积极性的。"最多"则相反,是逆向、消极性的。这种操作方向的不同,决定了二者衍推能力的差别——"最多"无衍推能力,而"最少"是向下衍推的。如:"他最多能跑 20 公里",不但 20 本身并不能确定,并且其下的 19 也同样不确定;而在"最少能跑 20 公里",不但 20 及其下的 19 等都是肯定的,而且 20 之上的 21 的可能性也很大。

可以说,每个肯定范畴都暗示一个"至少"的梯级性断言操作,但绝不暗示"最多"。也就是说,话主现在既然敢于指出一种肯定范畴,自然就有把握断定其为真,但实际也往往隐约感到一个更强的值项也可能成立。如:

(15) 小李中午吃了 3 碗米饭。

(16) 约翰去过杭州和苏州。

话主对"吃了 3 碗米饭、去过杭州和苏州"事件自身,是肯定有把握其为真的,而对相邻强项的可能性,也有一定的预感;"至少"则是对这种预期做显性且强烈的指向。而上述句子显然不能加上逆向算子"最多"。

"最多""至少"的上述用法在声音形式上已形成分化:估值用法时,"最""至"字重读并拖长,"多""少"轻声化;客观值用法则无此表现,两个字都各自保持完整的调形。另外一个显著的形式标志是:"至少"内涵中的"断言"这个语力要素往往可用言说动词"说"予以显性编码。"少说"

还固化为一个指保守估计的词汇形式,表示“往少里说”,功能与“至少”相当。如:

(17) 骆驼祥子拉那个玩艺儿那是坐洋车,去到西城你至少说你得一个钟头吧。

(18) 我这耳朵已有毛病了,现在呆个来月就掏出就至少得说是这么大块儿。

(19) 每个月我刷卡至少,少说有四五十万的港币。

例(17)“至少”并不是刻画“说”的量值,而指所说内容是最可以断言为真的。例(18)道义情态动词“得”用得很有意思——表明现在对量值做这种最低断言是强制性的。例(19)先用“至少”,后又用“少说”,二者在功能上一致。

“至少”“最多”的一般用法是抑制功能要素Ⅰ,而强烈指向Ⅱ,即不指极量自身,而指其上、下的临近值。具体情景中的梯级现象则是很丰富的:

(20) 希望她真的只是累坏了,最多最多也只是染上个小风寒。

(21) 很多老板跑到名校读MBA,还真管用。至少人家可以说:“我也是清华毕业的。”

(22) 显然《德国商法典》中的留置权属于物权,或至少具有强烈的物权属性。

(23) 罗开为了想浇熄安歌人体内燃烧的欲望之烈火(至少,也减低些程度),曾经对安歌人说了不少话。

例(20)“染上个小风寒”的相关梯级值项是“着凉、感冒、肺炎”之类,“最多”用于提示“小风寒”之下更轻微的项。连用两个“最多”,显示了话主强烈的主观预期。例(21)“人家可以说”所关联的梯级背景是一些具体动作行为:增长才干、升官发财等。例(22)是先直接陈述“属于物权”这个强项,这显示了话主的本来想法,后来才为了断言更安全,而提出“具有强烈的物权属性”这个弱项。例(23)直接把“至少”用为括注,对更强值项“浇熄”的预期是很确定的。

可以看到,前述学者直接用“数量、程度”之类的量范畴本身去解释“至少”“最多”的语法意义,并不妥当:它们只是后者的具体操作对象,而并非其作用方式。进一步看,“数量、程度”的提法也未指出“至少”“最多”功能特征上的梯级性。在操作对象的梯级性这一点上,“至少”“最多”与“连、甚至”很像,实际上,二者往往可以跟一个“甚至、更有甚者、更不要说”之类引出的后续小句。

在“至少”“最多”所含的两个语义参数中,[断言]是核心,[推测]是强暗示,但有时也可特别强化前者,而抑制后者。这是对某值项自身作为极限存在的重要性加以凸显。这是不足为奇的:[断言]、[推测]都是语用层次上的语法范畴,比语义层次范畴的稳定性差,更容易脱落。如:

(24) 所谓公平分配至少应包括两个层次:经济公平和社会公平。

(25) 管他的!其实朋友不要太多,只要最多4个就足够了。小七、小、毛、琴,你们就是那四个。

“至少”“最多”所刻画的“两个层次”“四个”,在后文都有明确的对应,后者即构成这种最低/高限度的全部。

(二)道义情态的矢量性

一般梯级范畴是双向开放的,“至少”和“最多”都可刻画,而道义情态是下限封闭、上限开放的,即,值越大越好,因此只接受“至少”,不接受“最多”。这是因为,道义范畴是利他性的,其着眼点本身就是个最低值,即某种可以为社会所接受的行为的最低限度,这个值不能为零,也就是不能不有所作为。如:

(26) 你至少/*最多要去医院看望一下。

(27) 你至少/*最多应该与他打个招呼。

“去医院看望一下、与他打个招呼”指道义可接受的肯定行为的最低限度,“应该、要、得”等道义情态动词编码的都是这种底限,因此其与“至少”在情态维度上是内在一致的,而与“最多”冲突。

形式上,在与道义情态成分的组合中,“至少”与之可互为先后,意义上差别不大,这显示了双方在范畴地位上的等同性。

逻辑上说,过犹不及,似乎道义情态也应该有上限,即应该可以用“最多”,但实际表达中人们却一般不去做这种限制。大概因为能够按照最低道义要求进行活动,已经是一件困难的事情了。在道义语境中使用“最多”,只能是客观值功能,不表示估计。比较:

(28) 你一天应该最少走8 000步,但最多别超过20 000步。

前小句的“最少”是估值用法,指“走8 000步”只是道义底线,实际还应该更高一些;后小句的“最多”则是客观值用法,指具体的上限。

(三)焦点敏感性

"至少""最多"估值用法是窄焦点用法,操作对象是句内成分。焦点对象不同,所依据的梯级背景就不同,实际句义表达也就不同。如:

(29) 他至少有5套房子,甚至更多。

(30) 他至少有5套房子,或许还有两部豪车。

例(29)是以"房子"本身为梯级序列,焦点是"5套",重读,预期项是"6套、7套"等。例(30)是以财产为梯级背景,"有5套房子"整体是焦点,"房子"重读,预期项是"豪车"等。

小句中的各个成分都可以通过"至少、最多"的操作而成为焦点(黑体表示重读):

(31) a. 至少**我们俩**每年喝一两次酒。 主语焦点,预期项是更多人。

b. 我们俩每年喝至少**一两次酒**。 宾语焦点,预期项是更多次。

c. 我们俩每年至少**喝一两次酒**。 动词组焦点,预期项是其他活动。

d. 我们俩至少**每年**喝一两次酒。 量化状语焦点,预期项是"每个月"等。

e. 我们俩至少**每年喝一两次酒**。 主要谓语焦点,预期项是其他活动。

f. 至少,我们俩每年喝一两次酒。 全句焦点,断言性(详见下文第五节)。

除例(31)f外,其他小句"最多"可平行使用。

"至少""最多"可以自由地出现在全句的不同焦点成分之前,功能很强大,这一点与典型焦点标记"是"很相似。

"至少""最多"的估值功能都是窄焦点用法,二者的功能也基本平行。下面讨论其在句子层面上的功能,这又分化为价值和断言两种,这时,"至少""最多"的功能分化明显,更多表现为不对称—— "最多"的功能演化要远逊于"至少"。

四、"至少""最多"的评价功能

"价值"是一种属于人类生活的语法范畴,指根据主体的利害立场,去评判一个外部客观事态的价值属性,即日常所谓某件事"有意义、无所谓"等。

价值具有正负两极性，正面价值的属性表现为“好、肯定、表扬、高兴”等，负面价值则为“坏、批评、气愤”等。从语义层次看，价值范畴居于事态之上，对后者进行价值认定，指出其价值可取性（significance），即“评价”；编码事态的语法形式是TP，价值范畴则属于句子层面（CP）。“至少”“最多”都发展出评价功能，成为一种句子层面的态度、立场算子，即宽焦点用法。

（一）“至少”表示对较差值项的接受态度

这是一种“比下有余、随遇而安”的态度，即，现在的情况虽然并不理想，但也并非最差，还是值得肯定的，并且暗示着就满足于现状，而不再奢望更高的水平；这种用法的“至少”在语义上接近“还好”。小句可加表容忍的语气副词“总算、好歹、还”等。如：

（32）至少，他来听报告了。

（33）至少，他还能说出话。

（34）a. 他今天至少卖了20件衣服。

b. 至少，他今天卖了20件衣服。

这种句子总是表示“他来听报告了、他还能说出话”这种做法已经很不容易做到，实属难能可贵，因此值得表扬、欣喜，是“好的”。例（34）a“至少”是强调+推测功能，指以“20件”为最低值而对所卖衣服的实际数量的估计，无价值维度上的肯定性；例（34）b则是价值功能，表示“卖了20件衣服”这个成绩虽然并不理想，但总还做了点有意义的事，总比无所事事强。

价值功能“至少”有时也可以用于主语之后，这是因为汉语句子主语具有很强的话题性，与谓语部分组合比较松散。比较：

（35）曹操虽然奸诈，但是奸诈里面也有坦诚，他至少敢把奸诈的话公开地说出来。

（36）怎么让一个未成年男变得大胆，至少敢去表白。

例（35）“至少”的操作对象是整个小句，表示“他敢把奸诈的话公开地说出来”这种做法本身是值得肯定的，句子并不预期在量度上超过“敢……”的其他行为。例（36）“至少”则只作用于谓语“敢去表白”，表示该动作本身即最低限度，并同时期望更高量级的行为，特别是，这种表达针对的是客观行为自身，是一种就事论事的视角，并不表示“敢去表白”这种做法具有什么价值维度上的可取性。

“至少”为事态构造了另外一种叠加的价值维度的语法内涵。不同梯级

地位的事态,就具有相应的不同等级的价值内涵,即,价值范畴也构成一个梯级。如:

(37) a. 至少,他及格了。

b. 至少,他来参加考试了。

c. 至少,他报名了。

d. 至少,他关注这次活动了。

在考试中,"及格"本身属较低值项,但从更大维度上仍然可以构成一个复杂的价值序列:即便不及格,来考试就比不来好,报名比不报好,等等。"价值"范畴的坐标原点是人的存活,因此,价值功能的"至少"不用于指纯客观事态的小句,也不用于负面意义的事态。如:

(38) #至少,木星有大气层。

(39) a. 至少,他没贪污。

b. #至少,他贪污了。

带"#"号的句子本身成立,但其中"至少"只能表示强肯定性,即下文第五节要讨论的断言功能,而不能表示价值性。原因就在于,"木星有大气层"是纯客观事实,谈不上对人有什么意义,"他贪污了"则内在是负面的。

(二)梯级上次低

在估值和价值功能中,"至少"的操作对象都不能是梯级上的最低值,而要求其下有更低的弱项。但这在两个范畴领域的功能动因却有重要区别:前者在于客观量值的零点之下无累积性,因此与"至少"的向下肯定功能不相容;后者则在于最小价值的不可接受性。以下两句都不成立,但动因不同:

(40) *至少,孩子这次考了全年级倒数第一名。

(41) *孩子这次至少考了全年级倒数第一名。

例(40)"至少"是价值功能,句子不成立的原因是:"全年级倒数第一名"是孩子学习成绩不能让人接受的极值。例(41)是估值功能,句子不成立的原因是:"全年级倒数第一名"本身是个零点,其下再无其他肯定的值项内涵。

在梯级有明确极值的现象上,估值功能的"至少"不能刻画这种极值,而价值功能则无此限制。原因是:价值范畴是把本小句所述事态向句外话主的存活进行定位,因此其所关联的事态梯级就更加宽泛。而估值功能"至少"所关联的梯级是客观性的,其值项范围就小得多。对应于句法上,价值

是高位范畴,语域自然更大;估值是低位范畴,语域也就较小。比较:

(42) a. 至少,孩子这次拿了冠军。

b. *孩子这次至少拿了冠军。

(43) a. 至少,他这次考了A,虽然并没有A+。

b. *他这次至少考了A,虽然并没有A+。

(44) a. 至少,他有这么多粮食。

b. 他有至少这么多粮食。

例(42)a是价值用法,小句成立的根据是把体育活动置于更大的价值维度,如学习成绩、道德表现等——小句表示:虽然孩子在后者表现不好,但前者也值得肯定了。例(42)b是估值用法,小句不成立,因为其所关涉的梯级只是体育运动本身,其中冠军已经是梯级的封闭边界,不能再做向上的推测。

例(43)a"至少"是价值用法,表示话主认为"他这次考了A"已经不错了,并不要求"A+",因此,即便随后取消后者,句子也仍然成立;例(43)b是估值用法,"至少"的操作对象是"A",并同时强烈预期"A+"的可能性,因此,如果随后取消后者,就造成表达结构的自相矛盾,句子不成立。

例(44)a是价值用法,整个小句是焦点,局部的尾焦点"粮食"重读,"这么"表感叹;小句表示:虽然他在其他方面还差,但有粮食也可以肯定了。例(44)b是估值用法,"这么"是实指功能、焦点,重读;小句表示:实际上他粮食的数量可能更多。

(三)模态上的现实性

价值功能"至少"表示事件对主体的实际利益,所述事态具有现实性的特征,即,"至少"是叙实性的。也就是说,只有事件已经现实发生,才能对其进行价值的认定。体貌上主要有三种类型:进行体、完成体、惯常体。小句不接受道义情态及祈使语气之类的操作。如:

(45) 至少,他仍在战斗,还没倒。

(46) 至少,我时时使你笑。

(47) a. 至少,他还是给你留了一点情面,并没有斩尽杀绝。

b. 至少,留一点情面,日后也好相见。

例(45)"在战斗"是进行体,指主语当前实际进行的动作。不管结果如何,实际做着就是值得表扬的,"至少"即表示这种肯定性。(46)"我时时使你笑”是惯常体,指一般性实际存在的情况,句子表示能够做到这一点已实属不易。例(47)a“他给你留了一点情面”是完成体,“至少”是价值肯定功能,表示这种做法值得感激;例(47)b“留一点情面”是祈使句,虚拟态,“至少”是估值功能,表示对该行为自身的强调,以及对更高程度行为的期望。

(四)“最多”表示轻视

“最多”“至少”的价值用法是由客观量用法发展而来的:由指数量本身的大、小,发展为指该数量价值内涵的大、小;但二者在价值维度的功能内涵有所差异。例如,从逻辑上看,对应于“至少,他没贪污”,表示对该事件在价值上的肯定;似乎也可说“最多,他没贪污”,表示该事件价值意义不大。但实际语料中,“最多”的这种用法很少见到。“最多”一般指话主对一个行为轻视、随意的态度,相当于“无所谓、大不了”,并且多用于虚拟态行为。如:

(48) 功耶罪耶权且由人吧。至多,我宋子文准备好一颗脑袋罢了。

(49) 再赌下去,最多也是个下台,干吗不再冒把险?

(50) 只要她满意,我们就尽全力保她上学,最多这两年不添置大件了。

(51) 这点事,最多骂骂算了,至于吗?

(52) 自己很讨厌吃药,所以一般不会让别人吃药,最多说好好休息什么的。

前三句是一组,体现了“最多”价值用法的典型情况,表示:即便在自己身上发生最大限度的不利行为,但话主仍然并不在意。例(48)“至多”形式上在句首,且后有停顿,但作用对象其实仍然只是谓语“准备好一颗脑袋”,句子并不表示“我宋子文准备好一颗脑袋”这件事在价值上有什么不可取性。

后两句是一组,表示话主对一个最大量值行为的轻视,体现了“最多”由估值用法向价值用法的发展。一方面,“最多”指“骂骂、说好好休息”的行为本身,构成梯级中的最高限度,这是估值用法;另一方面,“最多”也表示,话主认为,该极值行为本身在价值上的不利仍然是很低的,这即价值维度的内涵。同现的“算了、什么的”明示了价值维度的随意性。

五、“至少”的强断言功能

这是“至少”宽焦点用法的另一种功能分化,表示对整个小句所述事态真值性的强断言，属语力算子。“最多”未形成这种用法。

（一）对小句事态为真的强断言

位置上，这种功能的“至少”总是处于句首，其后一般有停顿；语义上，它与核心小句的语义关系更加松散，并往往形成更大的语篇关联。其一般语法内涵是：话主认为，根据目前的信息状态，随后的小句是最有把握认定为真的事实；类似“可以肯定的是”。如：

(53) 那场搏斗会持续多久，没有人能够预料。至少，希特勒对前途仍然具有信心。

(54) 他们目睹铁手受了伤：至少，他在肩和背上，都有箭伤，还渗着血渍。

例(53)表示，就当前的情况而言，即便其他更多情况不能确定，但“希特勒对前途仍然具有信心”是最可以肯定成立的。例(54)表示，画线部分小句最有把握断定为真，一定可证明前句的“受了伤”。

不同于上面的价值功能，断言功能的“至少”很难用于主语后、谓语前。如：“希特勒至少对前途仍然具有信心”，“至少”会读为只是对谓语行为的估计。

言谈活动的天性即陈述客观事实，这必须有一个可以确定的事实的起点，“至少”就是对这种可以保证为真的最低限度事实的承诺。正如在小句之内，肯定性的范畴都默认带有一个估值算子“至少”；在小句之上，陈述小句也可认为都暗含一个断言算子“至少”。如：

(55) a. 谁来过这个房间？　　至少赵四来过这个房间。

b. 赵四来过哪个房间？　　赵四至少来过这个房间。

c. 赵四做过什么？　　赵四至少来过这个房间。

(56) 有什么情况？　　至少，赵四来过这个房间。

例(55)各句“至少”是窄焦点、估值用法，是对事态中局部成分的强肯定。例(56)是宽焦点、断言用法，是对整个小句所述事态真实性的强肯定。

对小句事态的强肯定属于认知情态范畴，但“至少”与一般认知情态成分，如“必然、必定、肯定、一定”等，有很大不同。一般情况下，小句所述事态总是默认为真的，加上“必然”之类情态成分，反倒降低了小句事态的真值性。如：

(57) a. 昨晚下雨了。

b. 昨晚肯定下雨了。

例(57)a 默认陈述的是真实情况。例(57)b 句表示主观推测,真值性反而降低。

“至少”则不同,它是对小句真值性的增强,而非降低:

(58) 至少,昨晚下雨了。

句子表示,即便别的情况都不能肯定,但“昨晚下雨了”这个情况也是可以肯定为真的。

“最多”没有发展出平行于“至少”的断言功能。比照“至少”,下面用“最多”的句子都不表示断言。

(59) a. 谁来过这个房间? #最多赵四来过这个房间。
b. 赵四做过什么? #赵四最多来过这个房间。

(60) 有什么情况? *最多,赵四来过这个房间。

强肯定是对事态为真的激烈声明,这与“至少”对目标值项的强接受是一致的。从逻辑上说,似乎也可以反过来用“最多”降低对事态为真的承诺,如“大概、好像”就是这种功能,但“最多”却未做这种发展。例(59)两个#句的“最多”如果读为估值用法,则句子成立。

(二)“至少”强断言功能的语义机制

这种机制表现为:话主把小句所述事态置于语言社团一般具有的认知背景上,进行真实性的梯级构造,指出,当前小句就是其中一定能为大家认同的情形。具体来看,如下三种事态是最典型的:1)公理、常识;2)极性上,否定形式的表述要比肯定形式更容易成立;3)特定情景中必然的因果联系。这就造成,断言算子“至少”的操作对象往往并非梯级中信息内涵的相对低项,反倒是最强项,因为该项是最可以打包票为真的。如:

(61) 人是不能不服老的,至少,世间谁也没真正看到长生不老的活神仙。

(62) 友情,至少,不是“不爱了”三个字就能说再见的。

(63) 至少,微软在两年前就应该推出搜索服务。

世上不存在长生不老的活神仙,这是常识;“友情”具体是什么很难描述,但不能用“不爱了”了结,则是人们最容易认同的。它们都构成一种必然成立的最低限度的事实,因此容易接受“至少”的刻画。“微软在两年前就应该推出搜索服务”属于特定情景中必然的因果联系,这也是显然可以为当事人群所接受的。

与估值用法不同,而与价值功能相似,在断言功能中,"至少"往往不但不暗示其他更高值项的成立性,反而有意把它们撇开,而只对自己最有把握的情形进行断言。动因是:话主认为,既然对更高值项的成立性没有把握,那我就干脆不提它们,以免引起不必要的争论,而只表述最可以肯定的,以达到让受话只能完全接受的目的。这种小句往往暗示"别的不敢说、不说别的"之类的潜台词,并可直接出现。如:

(64) 别的不敢说,至少他的足球知识很可能都是背的。

(65) 不说别的,至少他很用心想大家之所想,急大家之所急。

(66) 别管以后如何结束,至少我们曾经相聚过。

强断言用法"至少"可以对否定事态的真实性进行断言,估值用法则不能。比较:

(67) a. 他至少有 20 万英镑。

b. *他至少没有 20 万英镑。

(68) 至少,他没有 20 万英镑。

例(67)"至少"是估值用法,例(67)a 肯定形式"有 20 万英镑"是正向累积的量值,暗示更大的值项;而例(67)b 否定形式"没有 20 万英镑"取消了量值的正向累积结构,这就导致"至少"失去可操作的量值对象,因此句子不成立。

例(68)是断言用法,"至少"的操作对象是"他没有 20 万英镑"这个事态整体,表示话主认为该事态是肯定成立的,并不对其内部成分进行操作,因此允许其采取否定形式。

不难理解,"至少"的价值功能与断言功能由于都属于句子层面,所以可能产生歧义。如例(68)也可读为对该事态在价值上的肯定态度——表示没贪污。

六、结　　论

"至少""最多"的语法功能跨越了小句结构从最低到最高的各个层域,其语法意义也随之由客观而向主观发展。直接带宾语,充当核心动词,属 V^0,语法层面最低。做不及物动词谓语、补语、定语,都属 VP 层面,语法层面提高。在这些功能中,"至少""最多"都指一个客观量值,即极量自身,或由极量为边界而划定的具体量幅。这种用法无焦点属性。

"至少""最多"在TP层面表示估值,是窄焦点用法,语法内涵为"断言+推测",即对梯级上的某具体值项做焦点化的关注,并以该量值为边界,而做向上、下的预期。

"至少""最多"在CP层面是宽焦点用法,表示价值判定,"至少"用于指出某事态具有价值上的可取性,"最多"用于指出某行为的不利影响不足为虑。进一步地,"至少"还发展出对小句事态的强断言功能。这时,其梯级性减弱,句子虽然也暗示可能还有强项,但话主往往抑制它们。而"最多"未发展这个维度的功能。

附注

① 本文例句来自BCC汉语语料库,北京大学CCL现代汉语语料库。

参考文献

贾泽林(2016)量级义副词"起码"与"至少",《汉语学报》第2期。

赖先刚(1997)谈谈"至少"和"至多",《汉语学习》第4期。

吕叔湘主编(1999)《现代汉语八百词》,商务印书馆:682-683。

王　洁(2007)"至少"的"量级模型"考察,《宁夏大学学报》第3期。

张新华,张和友(2013)否定词的实质与汉语否定词的演变,《中国人民大学学报》第4期。

(200433　上海,复旦大学中国语言文学系　zhangxinhua@fudan.edu.cn)

叙实抽象名词“事实”的句法、语义探析*

方清明

提要 在现代汉语里,“事实”是典型的高频叙实抽象名词。与“事情”相比,“事实”具有客观性、证据性、个体性等语义特征。在动宾、定中、判断句等句法环境里,“事实”与“事情”存在诸多差异。与叙实谓词预设宾句叙实性不同,叙实名词“事实”直接明示叙实性。“事实上”等词串具有确认、转折、补充、解释、修正等语篇照应功能。

关键词 事实;叙实;抽象名词;语义特征;句法搭配;语篇功能

一、引 言

近年来,语言学界关于“叙实与事实”的探讨呈现方兴未艾的态势,主要表现在以下三个方面:第一,动词的叙实性研究较为深入,成果也较多,如:伊藤大辅(2007),袁毓林(2014a),张新华(2015),李新良(2010,2015,2016),李新良、袁毓林(2016,2017),刘东怿(2017),等等。第二,其他词类的叙实性研究相对薄弱,如张新华(2017)探讨了短时副词“顿时”的叙实性,袁毓林、寇鑫(2018)探讨名词的叙实性及其相关类别。第三,其他方面,如袁毓林(2015)考察了汉语反事实表达背后的思维特点,陈振宇、甄成(2017)对叙实性本质进行了探讨,认为“叙实性”本质上是一种语用修辞现象。

基于袁毓林、寇鑫(2018)对名词叙实性的探讨,“事实”是典型的高频叙

* 基金项目:国家社科基金青年项目“基于语料库与 ANTCON3.2.4W 技术的汉语抽象名词搭配研究”(项目编号 14CYY033)。初稿在“2018 年汉语句法语义理论研究学术讨论会——叙实与事实”上宣读(复旦大学 2018 年 3 月 31 日至 4 月 1 日)。感谢与会专家和匿名评审专家的中肯建议。文责自负。

实抽象名词,但什么是事实,什么不是事实,其语义特征是什么,句法上有何特点,诸如此类的问题,语言学界并未进行深入的探讨。倒是哲学界从日常语言使用角度对“事实”概念有较多探讨,例如 Vendler(1967)、Lyons(1977)、彭漪涟(1991)、陈嘉映(2014)[238-273],等等。“Vendler 曾专门探讨了 fact 和 event 的区别。”(陈嘉映 2014)[239]本文主要不是对“事实”进行哲学式的思辨讨论,而重点以“事情”为参照,从语言学角度考察“事实”在句法、语义、语篇方面的功能。

二、从动词搭配看“事实”“事情”的语义、句法特点

(一)经常与“事实”搭配的动词分析

1.“成为”类动词与“事实”搭配

我们把“成为、变成、构成、形成”等归为一类,称为“成为”类动词。“事实”经常与这类动词搭配,而“事情”基本无此用法,例如:

(1) a. 成为事实、变成事实、构成事实、形成事实

b. *成为事情、?变成事情、*构成事情、*形成事情

c. 这变成了一件不可思议的事情。①

例(1)a 中“事实”能以光杆形式与“成为”类动词搭配。例(1)b“事情”不能以光杆形式与“成为”类动词搭配。只有“事情”带上修饰语后才能与“变成”搭配,如例(1)c。下文还将看到,关于例(1)c 这种情况并非个案,我们这里先进行统一解释。例(1)c 是一种有标记形式的体现。“事实”与“事情”的这种差异除了频率因素外,还与二者的内涵属性有密切关系。唐正大(2006)指出“抽象名词属于修饰语依赖型名词,这些抽象名词内涵具有不确定性,对于语境具有高度依赖性。这类名词强烈要求修饰语出现以确定其所指”。“事实”自身包含了多种内在属性,如真实性、客观性(详后),因此“事实”可以不依赖外显修饰语,直接以光杆型式与“成为”类动词搭配。而“事情”自身不包含内在属性,因此需要带上修饰语才有可能与“成为”类动词搭配。

张新华(2017)指出“‘成为’的组合对象是名词词组,着眼于事物全体,指事物根本性地由一种身份而转变为另一种”。对此,我们深以为然。如“房价上涨已经成为事实”里,“成为”的作用是把“房价上涨”这一事情或现象整体包装成一个“事实”,“成为”的认知方式重在某种结果的形成。“成

为事实"倾向于把"事实"加工为离散的个体，凸显某一事实的完成，并且这一事实具有整体性、个体性。而且这种事实多是已经达成的，既成性的，其前面可以有表示完成的时间副词"已经、已"等修饰，如例(2)所示。"成为事实"只强调事实的达成，不具体涉及动作的内部进程。

(2) 有些事情既然已经成为事实，就尝试着去接受吧。

"事实"不具有过程性，事实不会开始、继续或结束，如例(3)a。而"事情"则是典型的过程名词，如例(3)b。另外，"事情的原委、事情的经过、事情的起因、事情的始末"等搭配也都说明"事情"具有过程性。

(3) a. *这件事实开始了、*事实正在继续、*事实结束了

b. 这件事情开始了、事情正在继续、事情结束了

表示完成阶段的动词可以与"事情"搭配，如例(4)b。依据"完成"状态的不同，修饰语也随之不同，"事实"无此类用法，如例(5)a。"凡已经发生的事情、凡摆在那里的事情，都可以叫做事实"(陈嘉映 2014)[242]。也就是说，"事实"具有已然性。就已发生的事情来判断是否为事实，这是很自然的，这也与认知规律相符合。已然的事情是事实；正在被人们谈论的事实是既成事实；人们一般不说"未然的事实"或"将来的事实"。

(4) a. *完成事实、*做完事实、*干完事实

b. 完成事情、做完事情、干完事情

(5) a. *很快完成了这个事实、*终于完成了这个事实、*这个事实分三步完成

b. 很快完成了这件事情、终于完成了件事情、这件事情分三步完成

2. "查清"类动词与"事实"搭配

我们把"查清、澄清、查明、弄清、认清、调查、搜集、核实、了解、还原"等归为一类，称为"查清"类动词。光杆形式的"事实"可以与这类动词搭配，而光杆形式的"事情"与这类动词搭配则有限制，例如：

(6) a. 查清事实、调查事实、澄清事实

b. ? 查清事情、? 调查事情、?? 澄清事情

c. 查清事情的经过、调查事情的始末、澄清了一些事情

"现象"包括真相和假象，只有"真相"的那一部分才是事实。大千世界里的事实数量无穷无尽，有的往往颇为复杂，有时候甚至像个谜团，因此作为对象的"事实"需要"查清、查明"。但是" *查清事情、*调查事情、*澄

清事情”等搭配的可接受度并不高,其完句性较差。我们需要说成像例(6)c那样的表达,才好接受。

3. “捏造”类动词与“事实”搭配

我们把“捏造、伪造、隐瞒”等称为“捏造”类动词。“事实”经常与这类动词搭配,而“事情”基本无此用法,例如:

(7) a. 捏造事实、编造事实、伪造事实、虚构事实、隐瞒事实、掩盖事实、掩饰事实、扭曲事实、颠倒事实、偏离事实、夸大事实、违反事实、违背事实、背离事实、缺乏事实、不顾事实、回避事实、逃避事实

b. *捏造事情、*编造事情、*伪造事情、*虚构事情、*隐瞒事情、*掩盖事情、*掩饰事情、*扭曲事情、*颠倒事情、*偏离事情、*夸大事情、*违反事情、*违背事情、*背离事情、*缺乏事情、*不顾事情、*回避事情、*逃避事情

例(7)a里,尽管动词的语义轻重有所差别,但都属于消极义动词。例如“捏造事实”是指事实完全不存在,造出一个假的事实。“隐瞒事实”是指存在事实,但是故意不让人知道。

4. “证明”类动词与“事实”搭配

我们把“证明、说明、表明”等称为“证明”类动词。光杆形式的“事实”可以与这类动词搭配,而光杆形式的“事情”与此类动词搭配较为受限,例如:

(8) a. 证明事实、说明事实、表明一个事实

b. ? 证明事情、? 说明事情、? 表明事情

c. 说明事情的经过、证明事情属实、表明事情没那么简单

例(8)b显示,光杆形式的“事情”与“证明”类动词搭配不太自然,需要添加相应的修饰成分,如例(8)c所示。“事实”不仅能充当“说明”类动词的宾语,而且还能充当这类动词的主语,例如:

(9) <u>事实证明</u>,人的能动性发挥程度越高,管理效应就越好。

(10) <u>事实说明</u>,不怕“肥水外流”,方能“肥水回流”。

(11) <u>这些事实表明</u>,中国从中古至近、现代都还保留过结绳记事的遗俗。

“事实证明、事实说明”已经有习语化倾向,经常位于句首,用来标记后续话语是经过事实证明并且可靠的。确实如此,“事实”往往与证据具有极

为密切的联系。(陈嘉映 2014)[238-273]。事实可以用作证据、而事情不可以直接用作证据。“事实是最好的证明、事实充分说明、事实充分证明”等搭配也都说明“事实”的证据性。“事实”是论证的基础与材料,正如陈嘉映(2014)[241]所论“事实主要从论证方面着眼,人们用事实来说明道理,支持理论。事实与结论的关系是论证关系,是论据与结论的关系,不是对先后继起的事情的描述”。

从表面来看,事实是不会说话的,但是习用语“用事实说话”“事实胜于雄辩”的深层意思是,运用事实的逻辑说服力来证明某种观点。“摆事实,讲道理”是阐明真相,探索真理的过程,因为真相、真理离不开事实和对事实的正确理解,这也说明了“事实”的证据性。另外,“事实”既可以与依据类介词搭配,也可以与依据类名词搭配,如例(12)、例(13)。这都说明“事实”的证据性作用。

(12) a. 按事实……、按照事实……、根据事实……、依据事实……

b. *按事情……、*按照事情……、*根据事情……、*依据事情……

(13) a. 事实根据、事实依据、事实证据

b. *事情根据、*事情依据、*事情证据

“事实”作为证据,除了证明已方观点,还可以驳斥对方,多采用否定形式。“事情”无此用法,例如:

(14) a. 不符合事实、并非事实、不是事实、与事实不符、毫无事实

b. *不符合事情、*并非事情、*不是事情、*与事情不符、*毫无事情

反驳对方的观点、理论等不符合事实,也就是没有证据的意思,具体用例如下:

(15) 布什政府以国家安全为由,没有公布这份报告中有关19名劫机者中有15人是沙特阿拉伯人的信息。但这样做是欲盖弥彰,沙特对此进行了愤怒回应。沙特驻美国大使说“这种指责是恶毒的,根本不符合事实”。

(16) 美国驻阿富汗大使馆发言人说,所谓塔利班领导人奥马尔被抓的报道并非事实。(《文汇报》2002－01－05)

(17) 中国的民众不仅了解日本的历史,也更了解日本的现在。所谓中

国民众不清楚日本战后和平发展的说法不是事实。(《文汇报》2005-11-25)

如例(15)中,沙特驻美国大使指出“布什政府”的言论不符合事实,这是一种驳斥性言语行为,用于维护沙特方面的权益。有趣的是,我们检索语料发现“不符合事实〈416〉”使用频率远远高于“符合事实〈98〉”。我们可以这样来解释,这是因为“不符合事实”通过否定对方的事实依据,进而驳斥对方的观点。但是肯定形式的“符合事实”作为支持己方的表达方式,其表达形式已经被“事实证明、事实说明”等占位,因此使用频率较低。

5. “告诉”类动词与“事实”搭配

我们把“告诉、说出、陈述、强调、叙述、讲”等称为“告诉”类动词。非光杆形式的“事实”和“事情”都能与这类动词搭配,例如:

(18) a. 告诉你一个事实、说出(这个)事实、陈述事实

b. 告诉你一件事情、说出了这件事情、陈述那件事情

观察例(18),尽管都能搭配,但是细而究之,二者仍然不尽相同。如“告诉你一个事实”强调告诉的内容是事实真相,而“告诉你一件事情”强调把事实过程告诉你。“事实”还可以与“告诉”构成主谓关系,如“事实告诉我们/人们/大家……”,但不能说“事情告诉我们”。“事实告诉我们”这类表达已经习语化,并具有修辞色彩。因为表面上看,“事实”不能发出“告诉”这一言语行为。这类表达主要指人们通过大量事实得出一定的经验、道理、规律。如“事实告诉我们,钱不是万能的,而没钱是万万不能的”。

6. “发现”类动词与“事实”搭配

我们把“发现、指出、揭露、揭穿、披露”等称为“发现”类动词。光杆形式的“事实”可以与这类动词搭配,而光杆形式的“事情”与此类动词搭配则较为受限,例如:

(19) a. 发现事实、列举事实、指出事实;揭露事实、揭穿事实、披露事实

b. ? 发现事情、? 列举事情、? 指出事情;? 揭露事情、? 揭穿事情、? 披露事情

c. 发现事情有变化、列举几件事情、指出事情的困难之处
揭露事情真相、揭穿事情真相、披露事情真相

“事实”有时候就像一个藏在地下的宝贝,人们没有发现它,它就静静地摆在那儿;人们发现它时,它才有价值。例(19)b 显示,光杆形式的“事情”

与“发现”类搭配不太自然，需要添加相应的修饰成分或补足语，如例(19)c所示。

7. “承认”类动词与“事实”搭配

我们把“承认、接受、忠于、尊重、注重、关注、正视”归为一类，称为“承认”类动词。光杆形式的“事实”可以与这类动词搭配，而光杆的“事情”与此类动词搭配则较为受限，例如：

(20) a. 承认事实、接受事实、忠于事实、尊重事实

b. ? 承认事情、? 接受事情、* 忠于事情、? 尊重事情

c. 承认这件事情是我错了、接受事情的最终结局、尊重事情的发展规律

例(20)a 里，“承认事实、接受事实”这类搭配在一定程度上说明“事实”具有客观性和真实性。也就是说，不论你承认不承认，事实都摆在那儿。关于事实的客观性，罗素指出“大多数事实的存在都不依靠我们的意愿。大部分物理事实的存在不仅不依靠我们的意愿，而且也不依靠我们而存在”（转引自王建芳 2010）。又如“尊重事实”意味着以事实为依据，与“忠于事实、不抱偏见、实事求是、坚持真理、尊重客观规律”等短语相近。“摆事实”实质上是指罗列事实作为证据。由于“事实”具有客观性，它往往与主观性较强的概念相对出现，如“幻想、理想、可能性、想象”等。例如：

(21) 人们希望通过药物减肥只是美好的<u>幻想</u>，<u>事实</u>是花钱买来了暂时的心理平衡。

(22) 通过立法制止假唱保护真唱，已经成为崔健逢人必讲的<u>理想</u>。但<u>事实上</u>，目前音乐界真正签名支持“真唱运动”的不过 200 多人。

(23) 姐姐唱“小小子，坐门墩儿”，总是那个声音。这也许完全是<u>想象</u>，并不是<u>事实</u>。

上述用例说明，人们的幻想、理想、想象等观念都非客观存在的事物，不具有客观存在基础，因此不可能是事实。要注意的是，有学者指出“即将成为事实”也可以说，但是大规模语料库（“BCC 汉语语料库”和“北京大学 CCL 现代汉语语料库”）里找不到相关例句支持，这说明“事实”的客观性和即成性确实存在。事实不分真假（李新良 2010）。事实与真相关系过从甚密。检索语料发现，“事实真相”经常连用，二者跨距共现达到 780 例，这个数据是非常可观的。例如：

(24) 我这么说,或许有人会很失望,表示反对。但这就是事实,这就是历史真相——秦陵地宫早就被盗了。

(25) 诈骗罪是指以非法占有为目的,用虚构事实或者隐瞒真相的方法,骗取数额较大的公私财物的行为。

从上述用例可以看出,"事实"经常与"真相"共现,如例(25)里"虚构事实"也就是"隐瞒真相"的意思,二者功能相当。亚里士多德说"以是者为是,以非者为非,即为真","是的就是真的,真的就是是的","事实"的真实性与否表现在"一个特定陈述与一个相应的特定情况可以相符或不相符,前者决定此语句真,而后者决定此语句假"(李大强 2013)。用逻辑语言来说就是,要么"P 符合 Q"要么"P 不符合 Q",例如"房祖名是成龙的儿子"为事实,因为它符合真实的客观情况。而"房祖名不是成龙的儿子"则不是事实。

另外,介词搭配方面,"在事实面前/上、从事实出发"多表示以事实为基点进行相关论证;"用/以/让事实说话"多表示事实的依据性、证据性。"与事实相符/不符"表示依据事实进行判断。

(二) 经常与"事情"搭配的动词分析

1. "做"类动词经常与"事情"搭配,而"事实"无此用法,例如:

(26) a. *做事实、*办事实、*干事实、*处理事实、*事实做好了、*事实没搞好

b. 做事情、办事情、干事情、处理事情、事情做好了、事情没搞好

"做"类动词很好地体现了"事情"的过程性。因为无论时间长短,"做一件事情"一定会经过开始、发展、结束这样一个过程。从认知方面来看,"事实"遵循整体扫描方式,而"事情"遵循顺序扫描方式。"整体扫描指以一种累积的方式观察一个情景的各个方面,逐步建立一个越来越复杂的概念。一旦整个情景被扫描完,该情景的所有方面都同时存在,构成一个完形体(gestalt)。""与总体扫描不同,在顺序扫描中,一个情景转化为另一个情景,这一过程持续发生。"(高航 2007)人们总是发现一个个事实,进而可能累积大量事实,然后用这些事实去证明什么,人们似乎并不关心事实的形成过程。而人们对待事情,则总是从开始做,到继续做,直至最后做完。

2. "想"类动词可以与"事情"搭配,而"事实"无此用法,例如:

(27) a. *想事实、*希望这个事实向好的方向发展、*好期待这个事

实发生

b. 想事情、希望这个事情向好的方向发展、好期待这件事情发生

例(27)的差异,仍可从语义特征来看,"事实"是已经发生的真实事情,而"想"类动词属于典型的未然动词,二者语义矛盾,因此不能搭配。人们可以说"这件事情是想象出来的、这是我期待的事情"但"＊想象出来的事实、＊期待的事实"则是矛盾用语。

值得注意的是,"相信这件事情"和"相信这个事实"都可以说。这是因为"相信"是非叙实动词,在时态上多功能性,可以相信过去发生的事情,也可以相信即将发生的事情。因此说"相信这个事实"是指这个事实已经发生,并且说话人表示相信,该句不表示"相信一个未发生的事实"这样的意思。另外,"事情"还能与其他类动词搭配,如"有事情、没事情、出事情、发生事情",而"事实"无此类用法。

(三)与其他动词搭配的情况

"知道"属于典型的叙实动词,学界已经多有论述。"知道"与"事实""事情"搭配时,不论是肯定形式,还是否定形式都预设事实或事情的存在,例如:

(28) a. 知道这个事实、不知道这个事实(预设"存在这个事实")

b. 知道这件事情、不知道这件事情(预设"有这件事情")

对事实或事情知道与否,不影响事实或事情本身,而是与主体体验有关,因此"知道事实"并不像"吃饭"那样,表达典型的动作与受事关系。"知道"是指向主体体验的动词。"记得、忘记"亦是如此,因此也能与"事实""事情"搭配,如例(29)。

(29) a. 我还记得这个事实、我忘记了这个事实

b. 我还记得这件事情、我忘记了这件事情

(四)小结

关于动词搭配情况,可以总结如表1。说明:"＋"表示经常或能以光杆形式搭配,"(＋)"表示带修饰语后才能与动词搭配,"－"表示不能搭配。从上文以及表1来看,可以认为"事实"具有【＋客观真实性】、【＋证据性】、【＋可解释性】、【＋已然性】、【＋个体性】、【＋整体性】等语义特征。"事情"具有【＋过程性】语义特征。

表1 “事实”和“事情”与动词搭配

	成为	捏造	发现	承认	查清	证明	告诉	知道	记得	做	想
事实	+	+	+	+	+	+	(+)	(+)	(+)	-	-
事情	-	-	-	-	(+)	(+)	(+)	(+)	(+)	+	+

三、从定中修饰关系看“事实”“事情”的语义、句法特点

(一)“事实”受“不可改变”类词语修饰

从例(30)中的修饰语可以看出,“事实”具有不可改变性,“事情”无此类用法。

(30) a. 不可改变的事实、不容改变的事实、不争的事实、不可否认的事实

b. *不可改变的事情、*不容改变的事情、*不争的事情、*不可否认的事情

“事实”具有客观性、已然性,一经形成则无法改变。“铁一般的事实”“事实铁证如山”这种隐喻表达都是不可改变性的有力证明。检索语料发现,“不可改变的事实”类否定形式大量存在,而肯定形式“改变的事实”则未见。“凡事实都始终保持原来的样子,是不会也不能改变的。事物被改造仅仅意味着又出现了新的事实,而并不意味着改变了原来的事实。所谓‘事实不是任人打扮的小姑娘’”,“凡事实都是永远消灭不了、抹杀不掉的。某种事实一经发生,它就成了历史中的一个颗粒,一个不可磨灭的组成部分”。(王长存 2005)举例来说,假如“30 岁以前张三很穷”是一个事实,这个事实并不因为“张三 31 岁时买彩票中了 1 000 万”这个新事实而改变,改变的是“张三 30 岁以后继续穷”这类假设。人们可以改变事实的环境从而产生新的事实,但是原来的事实还是原来的事实,没有改变。

(二)“事实”受“残酷”类词语修饰

我们发现“事实”还经常受“残酷”类词语修饰,例如:

(31) a. 残酷(的)事实、残忍的事实、冷酷的事实、严酷(的)事实、严峻(的)事实、可怕的事实、无情的事实惊人的事实、不利的事实、

不幸的事实、可悲的事实、痛苦的事实

b. 残酷(的)事情、残忍的事情、冷酷的事情、严酷(的)事情、严峻(的)事情、可怕的事情、无情的事情、惊人的事情、不利的事情、不幸的事情、可悲的事情、痛苦的事情

(32) a. *高兴的事实、*开心的事实、*快乐的事实、*美好的事实、*美妙的事实、*奇妙的事实、*轻松的事实、*神奇的事实、*舒服的事实、*顺心的事实、*幸福的事实、*幸运的事实、*有趣的事实、*有益的事实、*愉快的事实

b. 高兴的事情、开心的事情、快乐的事情、美好的事情、美妙的事情、奇妙的事情、轻松的事情、神奇的事情、舒服的事情、顺心的事情、幸福的事情、幸运的事情、有趣的事情、有益的事情、愉快的事情

例(31)显示,“残酷”类消极义词语可以与“事实”搭配,也可以与“事情”搭配。但是反义的“高兴”类词语不与“事实”搭配,只与“事情”搭配,如例(32)。这与乐观假说并不一致。所谓乐观假说是指“人总是乐于看到和谈论生活中光明的一面(好的事情、好的品质),摒弃坏的一面,因此造成一种普遍的人类倾向:积极评价的词语比消极评价的词语用得更加频繁、多样和随意”(袁毓林 2014b)。沈家煊(1999)也指出“乐观假说”是指语言中褒义词的使用频率总是高于贬义词。我们无意否定乐观假设,但“事实”只接受“残酷”类修饰而不接受“高兴”类修饰,这一事实说明乐观原则只是一种倾向,并非绝对规律。当消极体验反复出现并得到主体间(作为社会团体的绝大多数人)的一致认同,这种消极体验就有可能突破乐观原则,内化为一种稳定的认知方式,并在句法搭配上外显。回到“残酷的事实”这类搭配来看,例如“小王寒窗苦读,已经是第三次高考了,这次他希望考上大学”,这一事件的结果有可能如愿以偿,但也有可能再次名落孙山。当后一种情况出现时,小王的体验就是“残酷的事实”或“事实是残酷的”。因为人生实苦,生活不易的情况很多,“残酷的事实”是主体间高频的常态体验,因此能外显为句法搭配。另外,还有一些修饰语两可的情况,例如:

(33) a. 简单(的)事实、重要(的)事实、具体(的)事实、错误(的)事实、客观(的)事实、真实的事实、有趣的事实、生动的事实

b. 简单的事情、重要(的)事情、具体(的)事情、错误的事情、客观的事情、真实(的)事情、有趣的事情、生动的事情

例(33)a 中,仅有“有趣的事实、生动的事实”为积极语义搭配。“客观的事实”“真实的事实”只是事实的强调说法。(陈嘉映 2014)[238-273]。也就是说,这类修饰语为描写性修饰语(施春宏 2001),其分类作用是潜在的、背景化的。这类修饰语并不是区别性修饰语,因为没有对应的“主观的事实、假的事实”这类搭配。要注意的是,即使“重要的事实”和“重要的事情”等都能搭配,但是二者的语义仍然不尽相同,前者可能重在事实的证据性、客观性方面,而后者仅就“事情”自身影响而言。再如,虽然“有趣的事实”与“有趣的事情”都有用例出现,但是从更大范围的语境来看,他们各自使用的环境并不一样,如可以说“做一件有趣的事情”,而不能说“做有趣的事实”。其他用例不再赘述。

(三) 修饰“事实”的名词性成分

有些名词性成分与“事实”构成名名复合词或黏合结构,“事情”无此用法,例如:

(34) a. 历史事实、法律事实、新闻事实、经验事实、语言事实、科学事实、案件事实、行为事实、社会事实、心理事实

b. *历史事情、*法律事情、*新闻事情、*经验事情、*语言事情、*科学事情、*案件事情、*行为事情、*社会事情、*心理事情

考察例(34)a 可知,这类名名复合词都是说明某个领域的,这些领域往往都是最需要事实真相的领域。如“历史事实”里,可以解读为“关于历史方面的事实”,“历史学”本身就是探寻历史事实规律的学问。“*历史事情”不成立,是因为二者语义没有必然的关联,尚未紧密到需要采用名名复合词的程度。“历史”是过去的事实或关于过去事实的记载(《现代汉语词典》2014),“事情”不一定是过去的,并且不是所有事情都值得作为事实进行记载。

(四) 修饰“事情”而不修饰“事实”的情况

这类修饰语较多,第一类如下:

(35) a. *好事实、*坏事实、*大事实、*小事实、*无聊的事实、*安全的事实、*危险的事实、*糟糕的事实、*可笑的事实、*疯狂的事实、*倒霉的事实

b. 好事情、坏事情、大事情、小事情、无聊的事情、安全的事情、危险的事情、糟糕的事情、可笑的事情、疯狂的事情、倒霉的事情

分析例(35)可知,“好坏”“大小”都可作为区别性修饰语修饰“事情”,也就是说“事情”可以分好坏、大小。但是事实就是事实,没有好坏、大小之分。虽然可以见到“大量事实、种种事实、各种事实、更多事实、很多事实”等搭配,但这类搭配也都是描写性的,而非区别性的,因为很少有“ *小量事实、*更少事实、*很少事实”类搭配。第二种情况如下:

(36) a. *我的事实、*你的事实、*大家的事实

b. 我的事情、你的事情、大家的事情

分析例(36)a 可知,“ *我的事实”不成立,“事实”排斥人称领属,这说明“事实”对主体而言具有客观独立性。“事实是一种非人称化的结构,没有言语者或感觉者的出现”(曾蕾,梁红艳 2012)。陈振宇、叶婧婷(2014)论述过从“领属”到“立场”的情况,“我的事情”成立,因为它是标准的人称领属结构,表示“我做过/正在做/将要做的事情”;甚至可以用于立场语境,表达“我的责任、我的任务”的意思,如“这是我的事情,你甭管就是了”。

四、判断句里“事实”与“事情”的用法差异比较

(一)“事实”能以光杆形式充当判断句的谓项

先请看如下用例:

(37) a. 这是事实、这就是事实、这明明就是事实、这根本就是事实、这的确就是事实、这显然就是事实、这毕竟是事实

b. *这是事情、*这就是事情、*这明明就是事情、*这根本就是事情、*这的确就是事情、*这显然就是事情、*这毕竟是事情

(38) a. 事实就是事实、事实毕竟是事实、事实到底是事实、事实总是事实

b. *事实就是事情、*事实毕竟是事情、*事实到底是事情、*事实总是事情

c. *事实就不是事实、*事实毕竟不是事实、*事实到底不是事实

如前文所述,“事实”自身具有较多的内涵属性意义,因此例(37)a“事实”可以直接与判断词“是”搭配,而例(37)b 中的“事情”则不行。判断词“是”前之前的副词“就、明明就、根本就、的确就、显然就、毕竟、到底”都是对客观性

的申辩或强化。当“事实”即用于判断主词也用于判断谓词时,如例(38)a,这种强调客观性作用就更加明显了,如“事实总是事实,那是否认不了的”,吕叔湘(1999)也认为这类用法是“强调事物的客观性”,表示某个事情或现象是不容更改的,不容忽视的。这类强调形式一般都不能有否定形式,如例(38)c。

“P是事实”是一种断言(assertion)言语行为,主要对P是否为真做出判断,因此“P是事实”与“P是真的”存在一定的变换关系,如例(39)—例(41)。这类句子不是预设或蕴含叙实性,而是对叙实性的直接判断。“事实”或“真的”直接明示某事件的叙实性。所谓“明示”是指“说话人通过显性(manifest)的方式表达意图,告知听话人”(Sperber & Wilson,2001)。

(39) 凯撒被谋杀是事实。≈凯撒被谋杀是真的。

(40) 张三所说的都是事实。≈张三所说的都是真的。

(41) 李四喜欢钓鱼是事实。≈李四喜欢钓鱼是真的。

要注意的是,“是事实”与“是真的”不尽相同。张新华(2015)指出“小句所述事态可概括为三种:个体事实,可能事件,一般规律”。上述例(39)—例(41)都是个体事实,二者都可以搭配。“是事实”与“是真的”与后两类事态有不同的搭配情形,例如:

(42) ?他想出去玩是事实。≠他想出玩儿是真的。

(43) 太阳从东方升起是事实。≠?太阳从东方升起是真的。

上述对比差异说明,由于“事实”的客观性和已然性,“是事实”只能明示个体事实或一般规律的叙实性,不能明示虚拟事件的叙实性。而“是真的”带有一定的主观性和主观评价,可以明示虚拟事件的叙实性,但不太能明示一般规律的叙实性。以现有的世界知识来看,人们无需说明“太阳从东方升起”的真假问题,正如人们无需说明“1+1=2”的真假问题一样。

(二)“事实”充当判断句的主项

“事实”可以充当判断句的主项,构成“事实是Q”判断句,例如:

(44) 这条假新闻是由旧新闻更改日期所致,**事实是**<u>2010年1月26日,湖南岳阳临湘发生一起鞭炮爆炸事故,有3名消防官兵遇难</u>。

(45) **事实是**<u>“沧海横流难显英雄本色”,众多的国有小企业处于一种不景气状态,成了国家、政府的一大包袱</u>。

从例(44)、例(45)来看,借鉴Schmid(2007)空壳名词理论,如图1,空壳的

“事实”把从句“设备本身存在老化问题”包装起来。我们认为“事实”的核心认知功能在于把从句等复杂信息包装成名词性概念。“事实”像容器一样容纳从句所表达的命题内容。包装使得事件状态打包得像一个实体。把一个事件或事物具体化为像有清晰边界的事实性实体。“事实”对后面的从句进行包装,使得人们一看到“事实是……”表达,就知道从句表达的是与某种事实相关的内容。而从句则对“事实”进行语义充实,从句丰富了“事实”的内涵,使其具体化。“事实”与从句相辅相成,构成一种独特而有效的表达句式。

“事实是Q”句式与一般的判断句的差距已经比较大了,“是”的判断语义相对弱化。该句式主要起到说明原因,解释事实真相的作用,“句式里的‘是’主要发挥联系项的作用”(黄理兵 2015)。

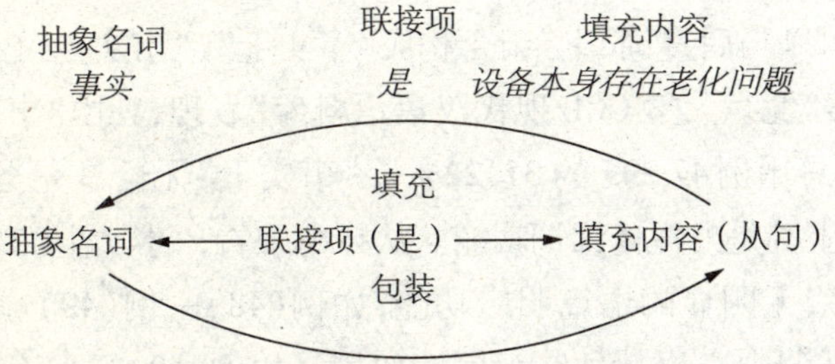

图1 “事实是Q”的内部关系

“P是事实”与“事实是Q”两种句式从表面上看都是判断句,但是它们各有特点,前者“是”判断义较强,属于典型的判断句,并且可以回指上文信息,如“这是事实”。后者“是”判断义弱化,属于解释说明句,“事实是”起到下指作用,从句Q多以新信息出现。

五、“事实”类词串的语篇照应功能

方清明(2016)论证了部分抽象名词词串具有语篇照应功能。“事实”类词串亦是如此。

(一)“指代成分+事实”的概述回指功能

“指代成分+事实”多具有概述回指功能,相关型式如“这个事实、这些事实、这事实、这种事实、该事实、此事实、那个事实、那些事实”等,例如:

(46) 哈梅内伊说："世界各国应该认识到，没有美国它们也能活，也能享受和平与繁荣。在与美国断绝关系的过去15年中，我们经历了**这个事实**"。(《人民日报》1993)

例(46)里，回指语"这个事实"是概述回指前面先行语（用下画线表示）。概述回指的先行语往往是小句、句群（多个小句）、段落等较大单位，其回指语可以标示长距离照应关系。此外，"以上事实、上述事实"也多为概述回指，例如：

(47) 在未经联合国授权的情况下，以美军为主力的联军部队凭借绝对军事优势迅速占领了巴格达。美军惨无人道的虐待伊拉克战俘照片让世人触目惊心。中东研究所所长朱威烈教授对**上述事实**作了如此评判，美国前输法理，后输道德。

（二）"事实上"的定语功能

"事实"可以与后置词"上"组合构成"事实上"，"事实上"已经发生词汇化。我们检索"北京大学CCL现代汉语语料库"发现，其中"事实上"14 763例，占"事实"总用例47 293的31.22%。"事实上"无论是充当定语还是状位成分，本质上都是发挥修饰词功能。从频率来看，"事实上"充当定语的情况并不是很多，无明显的语篇照应功能，如例(48)—例(49)。定语位置的"事实"起到强调中心语某种客观属性作用。如例(49)里"事实婚姻"强调未领取结婚证而以夫妻名义同居生活的事实。

(48) 低工资劳动格局主要是源于用人单位可以把事实上的劳动关系，变为简单纯粹的"干多少活，给多少钱"的经济关系，以减轻企业的管理负担。

(49) 他们是事实婚姻。

（三）"事实上"的语篇照应功能

除了"以下事实、如下事实、事实如下"之外，"事实上"的概述下指功能非常突出。检索语料库发现，大量的"事实上"充当状位成分，已经副词化。我们检索发现"。事实上〈5530〉""，事实上〈3107〉""？事实上〈175〉""；事实上〈164〉""！事实上〈67〉"，这些数据之和共计9 043例，占"事实上"总数14 763的61.3%。这说明"事实上"经常位于句首或者分句之间。也就是说，"事实上"主要起到语篇照应功能。

1."事实上"的确认功能

在语境"P,事实上Q"中,"事实上Q"是对P的某种确认,表示Q与P的实际情况相符合,例如:

(50) 不靠着事先收集更多有用的资料,更正确地加以判断,然后更有效率地采取行动的话,事实上真的是行不通的。

(51) "敌人未到雷先埋,敌人不来引他来,敌人不踩逼他踩,雷公定要把花开。"这是当年抗日根据地民兵爆炸组的行动口号。事实上确实如此,抗战期间,最令敌人心惊胆战的就是这赫赫有名的地雷战了。

例(50)里"事实上"与其后的"真的"同义,表示确认语义。例(51)里"事实上"与其后的"确实如此"同现,其确认语义展现无疑。"事实上"能表示符合预期,而"其实、实际上"一般不能表示符合预期,多为反预期用法。(方清明 2013)

2."事实上"的转折功能

检索发现,"但事实上〈1227〉""但是事实上〈758〉""而事实上〈413〉""可是事实上〈110〉""事实上却〈104〉""然而事实上〈86〉""可事实上〈76〉""不过事实上〈33〉",这些数据相加为2 807例,占"事实上"总数14 763例的19%。这说明"事实上"经常跟转折性成分连用,Q与P之间是一种转折关系,例如:

(52) 影片的拍摄一度曾处于停顿状态。莲达在片中饰演一个不太重要的角色,但是事实上她在影片的拍摄过程中却扮演了非常重要的角色。

(53) 很多作家不愿将自己作品中的犹太特性被人指为特点。可是事实上美国文坛上犹太作家的作品已成为一种独特的势力。

(54) 英方为达到其不可告人的目的,口头上表示愿意同中方会谈,事实上却在中英双方已就有关会谈的具体问题接近达成一致之际,悍然采取破坏会谈的行动。

例(52)"但是事实上Q"是对上文的转折,"事实上"的转折功能主要在对比语境内实现。总之,在"P,事实上Q"里,Q与P有两种最基本的逻辑关系。第一,Q符合P,这是确认意义,也就是符合预期,也叫顺预期表达。第二,Q不符合P,这是反预期表达。从频率上来看,"事实上"的反预期用法较为常见。

3. “事实上”的补充、解释、修正功能

这类“事实上”不仅标明其后所述内容是事实,而且起到引出新话题的功能,使话题继续得到跟进、阐述与补充。如:

(55) 这个集团的成功之路,事实上也就是在优秀企业家带领下,不断探索转换经营机制,建立健全现代企业制度的过程。

(56) 管理科学应用的科学方法,事实上就是应用各种模型来求解。由于模型和求解方法的性质等方面的不同,存在着多种不同的类型。

(57) 保龄球市场炙手可热,可是公众没有兴趣看保龄球的杂志,事实上他们也没看。

例(55)里“事实上 Q”是对 P“成功之路”的进一步补充解释。例(57)中的“事实上 Q”是对 P“没有兴趣看保龄球的杂志”的修正,即“不是没兴趣看,而是没有看”。

六、余　　论

(一) 从其他近义抽象名词看“事实”的用法

本文主要以“事情”为参照,考察“事实”在句法、语义、语篇方面的用法特点。其实“事实”类抽象名词是一个词群,包括“事实、事情、事、事儿、事故、事件、事态、事项、现象、真相”等众多词语。我们还可以比较相关词语与“事实”的异同。例如“事实”与“现实”。陈嘉映(2014)[238]指出“事实”与“现实”并非同义词,现实更偏向于指整体,差不多可以说,现实是事实的总和,是实际情况的总和。“现实”指当下的情况、状况,常见的搭配有“改变现实、脱离现实”等,而且“现实”经常充当修饰语,如“现实生活、现实生活、现实意义、现实世界、现实主义、现实情况、现实条件”等。“事实”一般无此类用法。

又如,“事实”与“真相”。“真相”的词典释义与“事实”完全相同,即“事情的真实情况”,不过“真相”强调区别于表面的或假造的情况,如“真相大白”“弄清问题的真相”等。人们“弄清事实”往往不是其目的,而是一种手段、方式,进而希望继续证明什么。而“弄清真相”往往就是其直接目的或终极目的。“事实”与“假象”相对,“假象”是表面的,可以制造的,而“事实”则是深层的,不能制造的。“假象”会迷惑、欺骗人,“事实”则是帮助人们辨别

真相与假象。

（二）结合语言学与哲学来研究抽象名词

抽象名词往往是哲学领域里的重要概念，日常语言哲学对很多抽象名词有所研究。在今后的研究中，一方面我们可以继续借鉴日常语言哲学的相关研究成果，进一步深入研究高频常用名词。另外一方面，语言学里（尤其是语料库语言学）也可以丰富和补充哲学关键概念的研究。可以这样说，当哲学家苦思冥想语言使用的哲学规律时，如果能参考大数据背景下语料库中语词的真实用法，或许能更快更好地帮助这些哲学家获得有用的东西。总之，语言研究的哲学路径和哲学研究的语言路径相辅相成，不可偏废。

附注

① 本文可以说的搭配用例大部分出自“BCC 汉语语料库”和“北京大学 CCL 现代汉语语料库”不能说的搭配用例均为自拟。限于篇幅不一一注明出处。

参考文献

陈嘉映（2014）《说理》，北京：华夏出版社。

陈振宇，叶婧婷（2014）从“领属”到“立场”——汉语中以人称代词为所有者的直接组合结构，《语言科学》第 2 期。

——，甄　成（2017）叙实性的本质——词汇语义还是修辞语用，《当代修辞学》第 1 期。

丁喜霞（2013）汉语常用词的演变模式初探，《河南大学学报》第 2 期。

方清明（2013）论汉语叙实性语用标记“实际上”——兼与“事实上、其实”比较，《语言教学与研究》第 4 期。

方清明（2016）论抽象名词词串的语篇照应功能，《汉语学习》第 4 期。

高　航（2007）现代汉语名动互转的认知语法考察，中国人民解放军外国语学院博士学位论文。

黄理兵（2015）从“是”看联系项的作用，《汉语学报》第 1 期。

李大强（2013）事实与真——“事实”的哲学用法分析，《社会科学研究》第 3 期。

李新良（2010）现代汉语叙实词语研究，浙江大学硕士学位论文。

——（2015）立足于汉语事实的动词叙实性研究，世界汉语教学第 3 期。

——（2016）疑问句与汉语动词的叙实性，《语言教学与研究》第 2 期。

——，袁毓林（2016）反叙实动词宾语真假的语法条件及其概念动因，《当代语言学》第 2 期。

——，袁毓林（2017）“知道”的叙实性及其置信度变异的语法环境，《中国语文》第 1 期。

吕叔湘主编(1999)《现代汉语八百词》,北京：商务印书馆：500。
彭漪涟(1991)论事实——关于事实的一般涵义和特性的探讨,《学术月刊》第11期。
沈家煊(1999)《不对称和标记论》,南昌：江西教育出版社：185。
施春宏(2001)名词的描述性语义特征与副名组合的可能性,《中国语文》第3期。
唐正大(2006)汉语关系从句的限制性与非限制性解释的规则,《语法研究和探索》(十三),北京：商务印书馆：231。
王建芳(2010)事实·命题·符合——情境语义学视野下的"真",《湘潭大学学报》第4期。
王长存(2005)论事实,光明日报,2005-10-11。
袁毓林(2014a)隐性否定动词的叙实性和极项允准功能,《语言科学》第6期。
——(2014b)汉语词义识解的乐观主义取向——一种平衡义程广泛性和义面突出性的策略,《当代语言学》第4期。
——(2015)汉语反事实表达及其思维特点,《中国社会科学》第8期。
——,寇　鑫(2018)现代汉语名词的叙实性研究,《语言研究》第2期。
伊藤大辅(2007)叙事谓词"高兴"及其虚化,《世界汉语教学》第3期。
曾　蕾,梁红艳(2012)"事实"定位及其投射系统,《现代外语》第1期。
张新华(2015)感知类叙实动词研究,《语言教学与研究》第1期。
——(2017)短时副词"顿时"的叙实特征研究,《语文研究》第2期。
中国社会科学院语言研究所词典编辑室编.现代汉语词典(第7版),北京：商务印书馆。
Lyons J. (1977) *Semantics. II.* Cambridge：Cambridge University Press：438-451.
Schmid Hans-Jörg. (2007) Non-compositionality and of Lexico-grammatical Chunks：A Corpus Study of Noun Phrases with Sentential Complements as Constructions. *Zeitschriftfür Anglistik und Amerikanistik* 51, 313-340.
Sperber D, Wilosn D. (2001) *Relevance Communication and Cognition*. 北京,外语教学与研究出版社：49-54。
Vendler Z. (1997) *Linguistics in Philosophy*. Ithaca, NY：Cornell University Press：122-146.
(510631　广州,华南师范大学国际文化学院　fangqingm@126.com)

叙实、指称与视点

赖蔚晨　张和友

摘要　叙实性是叙实动词、命题态度和视点等的函项,知识来源与知识结构影响语言的叙实性;“叙”是个体的心理表征,“叙实”的内容不完全等于事实。“视点”是指一句话的句内与句外同时包含的显性或隐性的参与者的观察角度:(1)视点与指称及晦暗语境相关,“涉名”和“涉实”两种解读反映不同的信念和立场;(2)指称的同一替换操作与多重叙实结构表明,指称表达参照不同视点时句子真值会受视点知识结构的影响而游移;(3)“第一人称权威性”影响叙实性的认定;(4)视点的影响等级为:旁观者视点 > 言者视点≈听者视点 > 句内视点。叙实性的本质不完全是词汇的概念结构,各个视点的知识结构使从事实到叙实的映射过程不完全一一对应。自然语言是复杂的,对视点的深入研究有助于正确认识叙实性。

关键词　叙实性;指称;视点;晦暗语境;知识结构;涉名与涉实;第一人称权威性

一、引　言

语言的一个基本功能,是让我们能够谈论周围的世界。与他人交流或进行自我推理时,我们用语言来描述或建构那些事实与情景。找出个体心智、语言意义和现实世界之间的互动方式是我们的目标,对此有心灵论(mentalistic)和指称论(referential)两种范式[①];在真值条件语义学的理论框架下,一句话的意义及其真值取决于它所指称的现实(Tarski 1944)。例如,“桌子上有一杯水”为真,当且仅当桌子上有一杯水。我们不禁追问:什么是事实?事实的性质和特点是什么?事实是客观的还是主观的?(参见陈波 2006)诚然,语言对事实的描述不一定真实地反映客观事实,但这种不完备性体现在哪些方面,十分值得研究。

因此,逻辑学上从"真值"到"事实"的探索,使语言研究者进一步关注叙实性(factivity)问题,如Kiparsky P. & Kiparsky C.(1970)开创了英语叙实性研究的新视角,Leech(1983)进一步细分英语叙实谓词的次类。若将叙实性看作是动词的一种语法范畴,则可以说某些动词具有叙实功能。李新良(2015)将动词"叙实性"界定为"动词预设其宾语小句真值的能力",其来源是词汇的概念结构(conceptual structure);陈振宇、甄成(2017)则认为是语用修辞的本质造成了叙实性的种种表征。基于上述研究,本文首先关注两个问题:叙实性的本质是什么?叙实性本质的决定因素除了词的句法语义特点,还有哪些?

同时,语言事实的现实表达具有晦暗性(opacity),使事实与叙实的区分更为复杂。当我们将同一句子中的一个名词短语指称表达替换为另一个与之同指的表达时,可能会改变整个句子的真值。Quine(蒯因 1956,1960)曾指出,模态词(modality)与命题态度词(propositional attitude)具有晦暗性。Quine(蒯因 1956)[185]举例说明了"相信"(*believes that*)的晦暗性:假定"戴着棕色帽子的男子"和"(拉尔夫)在沙滩上所见到的男子"指称同一对象,但拉尔夫只知道戴着棕色帽子的男子是间谍,而不知道他就是在沙滩上所见到的那个人;因此拉尔夫并不相信他在沙滩上所见到的那个人是一名间谍。基于真值条件语义学,例(1)a与例(1)b受命题态度词的影响而真值不同:

(1) a. 拉尔夫相信那个<u>戴着棕色帽子的男人</u>是一名间谍。(真)

b. 拉尔夫相信那个他<u>在沙滩上所见到的男人</u>是一名间谍。(假)②

这类涉及指称表达与命题态度词的晦暗性问题由来已久。例(1)a与例(1)b的指称表达的不同及主语"拉尔夫"的知识结构(knowledge structure),造成了两句话的真值差异,下文第二节第(二)部分将进一步辨析为涉实(*de re*)解读与涉名(*de dicto*)解读。实际上,"拉尔夫"是句内主体认识事物的一个角度,实际上还存在其他可判定真假的主体。在下文中,我们通过引入"视点"(viewpoint)来解释这一类现象,其中把句内主语称为"句内视点"(intra-sentential viewpoint),例如"拉尔夫"就是例(1)的句内视点,而且可以有多个句内视点;同时,将"视点"界定为一句话的句内与句外同时都包含的显性或隐性的参与者的认识角度,通常就是"言者"(speaker)、"听者"

(hearer)和"句内视点"。

视点与句中的名词短语指称表达之间的关系对句子真值的影响,是一个值得探究的问题。但以往对指称问题的研究多是从功能语法角度出发,探究指称的篇章功能和形态对它的影响,或是从语法性质和所指的可识别性出发,(参见陈平 1987;Chen 2004,2009)对句内指称对象的叙述策略关注不多。指称实际上也与叙实性有关,如 Givón(2001:437-474)对指称性的逻辑语义基础做了简要阐述,认为指称性与说话人的交际意图相关,有时影响了句子真值的判定。③

基于上述讨论,我们进一步展开叙实与指称的关系,引入"视点"这一概念,探究指称的同一替换与叙实性之间的关系;接着,观察视点如何影响叙实性。本文关注的第三个问题是:指称表达如何影响叙实结构的真值?

二、指称的同一替换与叙实视点

(一) 指称表达与命题态度

如前所述,当同一指称对象在命题态度词中出现时,真值可能会发生改变。Frege(弗雷格 1892/1960)认为,在命题态度动词构成的范畴中,指称表达式是命题态度主体表征某一个体的方式,而非表达式的通常指称;莱布尼兹法则(Leibniz's Law)"$a=b \wedge F(a) \rightarrow F(b)$"在内涵语境失效,如厄勒克特拉悖论(Electra Paradox)。④鉴乎此,命题态度主体的表征方式就成了重要的研究课题。像"法国国王""我昨天见到的那个人"这样的名词短语指称表达,Russell(罗素 1905)称之为有定摹状词(definite description)。

命题态度词是造成指称晦暗性(opacity)的重要原因。蒙塔古语法(Montague Grammar)模型认为:命题态度词的宾语是命题;命题是从可能世界到真值的函项,即句子的内涵;词语具有内涵,是从可能世界到外延的函项。不过,Partee(1980)指出,蒙塔古语法仍不能很好地解决命题态度问题,因为在处理这类逻辑问题时,我们割裂了理想事物(idealization)与心智瓶颈(psychological limitations)的联系;而且,在命题态度语境中,心理表征(psychological representation)的属性是主要因素。命题态度与叙实性息息相关,叙实之"叙"是个体的心理表征,因此"叙实"的内容不完全等于事实;于是,研究叙实性的"视点"问题才更具必要性,"视点"可看作心理表征的体现。

(二) 涉名与涉实

涉及有定摹状词时,常有“涉名”与“涉实”两种解读(Quine 1956)。“涉名”是指“所说之事物”(what is said/of the word);“涉实”是指“事物本身”(about the thing/of the thing),是独立于言者或信者(believer)的个性化表达。(Kneale 1962;Allwood *et al*. 1977)以例(2)为例:

(2) 王五相信所有获得了诺贝尔奖的人都是傻瓜。

涉名:$B_a(\forall x\ F(x)\rightarrow G(x))$

涉实:$\forall x(F(x)\rightarrow B_a(G(x)))$

对于句内主语“王五”而言,“相信”的后接指称短语“所有获得了诺贝尔奖的人”只有所谓的涉名解读。如果摹状词有“涉名”和“涉实”两种解读,那么,涉实解读从哪里来?涉名与涉实对立的根源在哪里?

我们认为,涉实解读是“旁观者”(bystander)的解读。“旁观者”可理解为不参与对话的“局外人”,是相对全知全能的视点,区别于说话人与听话人及例(2)的“王五”。假定王五认为张三是诺贝尔奖获得者,而“旁观者”(可看作抽象的“我们”)知道李四才是获奖者,那么王五的认识就是错误的,因为与王五相涉的对象与“旁观者”认定的指称对象有偏差:

(2’) 王五相信所有获得了诺贝尔奖的人都是傻瓜。

=王五相信张三是傻瓜。

≠王五相信李四是傻瓜。

这里不能对“获得了诺贝尔奖的人”进行同一替换,而且王五和旁观者之间信息不对称;就言者视点而言,他说出例(2)这句话时,也不一定知道李四才是诺贝尔奖获得者。单从例(2’)来看,涉名与涉实的对立是主语(王五)及其知识结构中的指称对象(张三)和旁观者及其知识结构中的指称对象(李四)的区分。因此涉实与涉名的解读,可用视点的概念来解释:涉名是句内视点的信念和立场,涉实是句外视点尤其是旁观者视点的信念和立场;句内视点通常显化(explicit),而句外视点常不显现,除非我们要强调句内视点的知识结构错误;同时,依据不同的视点则得到不同的结果,但通常涉实解读反映了事实。Linsky(1967)也曾指出,例(3)可以有两种解读:

(3) 俄狄浦斯$_i$想要娶他$_i$母亲。(Oedipus wanted to marry his mother.)

a. 俄狄浦斯$_i$想要让他$_i$的母亲成为他$_i$的妻子。

Oedipus wanted [$\exists x \forall y$ [[Oed's mother (y) $\leftrightarrow y = x$] & marry (Oed, x)]]

b. 俄狄浦斯$_i$要娶一个特定的女子，该女子恰好是他$_i$母亲。

$\exists x \forall y$ [[Oed's mother (y) $\leftrightarrow y = x$] & Oedipus wanted [marry (Oed, x)]]

其中例(3)a 是涉名解读，例(3)b 是涉实解读。但根据《俄狄浦斯王》，俄狄浦斯并不知道将娶的女子就是他母亲。因此例(3)a 实际上为假。若要想使例(3)为真，我们必须依据未显化的旁观者视点而非句内视点"俄狄浦斯"。请注意，在这里我们需要借助旁观者视点和句内视点"俄狄浦斯"，来判定两种解读的强弱之分、真假之别。

总之，"涉实"本身是超越"王五"和"俄狄浦斯"所代表的句内视点而从旁观者视点来进行界定的；"涉实"解读之所以存在，是因为我们掌握了更多的信息，或说是拥有更为丰富的知识结构。假使我们也不知道张三不是获奖者，那么我们也肯定得不到真正的"涉实"解读。根据 Kratzer(2002)对事实与知识归属(knowledge ascription)的探讨，对于所涉及的主体知识而言，他所理解的指称对象就是他的信念世界中的涉实解读；也就是说，王五所知道的"获得诺贝尔奖的人"实际上是王五信念里的涉实解读(关于这一点，下文第四节第二部分将具体讨论)。可见，我们所讨论的事实其实具有相对性——可将客观事实与涉实对应，而将主观事实与涉名对应。

三、叙实结构与指称表达

（一）叙实性的准定理系统

叙实性与"事实"息息相关，它具有一系列的句法语义表现(辛斌 1997；伊藤大辅 2007；方清明 2013，2015；张新华 2015，2017 等)。根据李新良(2014，2015，2016)和李新良、袁毓林(2017)，我们可以总结出叙实性的若干性质。为行文方便，不妨将下列性质称作"准定理"(quasi-theorem)，简称 QT。

QT1　叙实性是指叙实动词预设其宾语小句真值的能力。

QT2　叙实性面向说话人(speaker-oriented)且只面向说话人，不需要听话人的认同。

QT3　影响置信度(degree of belief)[5]的因素包括主语与宾语小句主语的同指性、宾语小句的主语的有定性、主句主语的有定性和主句主语的数等。

QT4　叙实性的来源是词汇的概念结构。

若采纳上述观点,我们可以进一步将叙实结构刻画为如下形式,记为 QT5:

QT5　$[_{CP1} S\ [_{VP} A\ [_{CP2} (that)\ P]]] \rightarrow P$

例:$[_{CP1}$张三$[_{VP}$知道$[_{CP2}$王五昨晚抵达上海了$]]] \rightarrow$王五昨晚抵达上海了

其中,S 是主语,A 是断言(assert)动词,这里指叙实动词,P 是一个命题。

本文对叙实性的理解基于 QT1 ~ QT4;但我们对叙实与指称互动关系的考察表明,这些观点还可再完善。若只以 QT4 为纲来研究叙实性,上述准定理系统是内部自洽的:将词汇的概念结构看作叙实性的来源,则主要考虑的是在不同的语法环境下所浮现的叙实特征;一些语法手段也是围绕动词而展开的,[6]于是,QT1 成为 QT4 框架下对叙实性的界定结果。

(二) 指称、多重叙实与真值表现

事实与叙实之间的关系不仅仅是动词的选用问题,从客观事实到叙述事实的语言这一映射过程还涉及说话人、听话人、“旁观者”和句内视点的知识来源与知识结构的问题;也就是说,知识来源与知识结构也影响了语言的叙实性。QT2 与 QT3 在这方面有所涉及,但似乎还是从孤零零的一句话出发,未关涉更大的语境。下文我们则以指称表达与叙实性的互动为对象,探究上述准定理的适用性。

若只考虑单个动词及其句式,我们可以得到叙实性表达式是 QT5;但 QT5 并非万能公式。我们用内嵌递归规则(embedded recursion)来考察多重叙实结构的情况,QT5 的适用性将受影响。假定张三、李四和王五相互认识,但李四不知道王五是张三的邻居。这里同样出现了“同实异名”的情况,即“王五”这一专名与“张三的邻居”指称同一对象。有一次,王五对张三和李四说,自己昨晚抵达了上海,且张三和李四都知道对方了解这件事。因为李四不知道王五是张三的邻居,所以例(4)a 和例(4)c 可说,例(4)b 和例(4)d 在一定语境下不可说。(?? 表示该句的解读不太符合实际情况)[7]

(4) a. 李四知道王五昨晚回来了。

b. ?? 李四知道张三的邻居昨晚回来了。

c. 李四很清楚张三知道王五回来了。[⑧]

d. ?? 李四很清楚张三$_i$知道他$_i$的邻居昨晚回来了。

但张三知道王五的身份,所以例(5)a 和例(5)b 都可说。

(5) a. 张三很清楚李四知道王五昨晚回来了。

b. 张三$_i$很清楚李四知道他$_i$的邻居昨晚回来了。

但是,例(5)b"张三很清楚李四知道他的邻居昨晚回来了"不能推出例(4)b"李四知道张三的邻居昨晚回来了",这与 QT1、QT5 产生了矛盾,因为 QT1、QT5 认为宾语小句的真值是由叙实动词决定的,形式上就表现为由叙实结构推出宾语小句为真。这一指称错配(mismatch)的矛盾似乎表明,指称表达是动态的,并不完全服从于叙实结构;其次,在李四不知道王五是张三的邻居的情况下,"王五"与"张三的邻居"的同一替换也在例(5)中得以实现,这两个指称表达的交替所依据的是张三的知识结构而与李四无关。

那么,这是指称本身的问题而与叙实性无关吗?我们认为,这一特性在叙实结构中尤为突出:例(4)b 与例(5)b 的合格性差异似乎表明,当一个处于更高句法层级的主语与叙实动词结合时,高层主语的知识结构削弱了较低层级的主语对叙实性的影响,尽管低层主语也与叙实动词结合了;也就是说,处于较高层级的张三知道王五是他邻居,可以影响低层句子的叙实表达而形成例(5)b,而当李四成为高层主语时,李四的知识结构消解了张三的知识结构,于是例(4)b 不合格。总之,对于例(5)b 而言,视点"张三"已经显化,因此,李四的知识结构已不影响语句间的蕴涵关系,视点已转移至张三。

回到例(4)b 和例(4)d,如果我们不考虑李四的知识结构,句子其实也可成立。实际上,对话环境中的言者与听者有时也会说出例(4)b 和例(4)d 这样的句子,这取决于言者和听者的知识结构即"张三的邻居即王五"。此时句子可补足为:

(4') b. (说话人说)李四知道(说话人、听话人共同知道的)张三的邻居昨晚回来了。

d. (说话人说)李四很清楚张三$_i$知道(说话人、听话人共同知道的)他$_i$的邻居昨晚回来了。

例(4')也反映了缺省推理(default inference)。缺省是语言交际中信息传递的一种约定(袁毓林 1994;陈振宇,甄成 2017)。在言者与听者都知道王五是张三的邻居时,不需要再在对话中确认李四是否知情,除非他们必须要认定李四是否知情——例如,例(6)用伪分裂结构“知道……的是……”将句子焦点转移至李四是否知道王五是张三的邻居,即视点回到李四身上,因此句子的语义解读有问题。[9]

(6) ?? 张三$_i$很清楚李四知道昨晚回来的是他$_i$的邻居。

由此可见,同实异名的指称表达可否替换,依据的不是叙实结构的特点,而是高层视点的知识结构与语言策略。

当然,例(5)b有些特殊。“张三”正好和内嵌句定语位置的“他”同指,这在很大程度上有助于例(5)b获得“张三”主语视点的解读。[10]我们可以继续假定一个情境:张三、李四、韦恩三个人互相认识,张三知道韦恩是蝙蝠侠,而李四并不知情;张三、李四得知,韦恩昨晚从美国回来了。假设王五和赵六对上述情境都很熟悉,换言之,上述场景存在于王五和赵六的知识结构里;下述例(7)的对话是成立的:

(7) 王五:蝙蝠侠昨晚从美国回来了,你是知道的。

赵六:没错,张三也知道蝙蝠侠回来了。

王五:李四也得知了这件事,张三和李四认识,所以张三也很清楚李四知道蝙蝠侠回来了。

在例(7)中,尽管李四并不知道韦恩即蝙蝠侠,因为这里动用的是王五和赵六的知识结构,但王五照样可以说“张三也很清楚李四知道蝙蝠侠回来了”。我们在日常对话中也常会说出类似的句子,而且王五和赵六也可一见面就以“张三很清楚李四知道蝙蝠侠回来了”为始发句,他们的知识结构允许如此。但此时若有一个对“李四并不知道韦恩是蝙蝠侠”这件事不了解的路人,听到了王五和赵六的对话,根据QT5,他的推断也就变成了“李四知道蝙蝠侠回来了”,隐含“李四知道蝙蝠侠的身份”这一实际为假的命题。[11]

在实际的语言运用中,类似的例子也十分普遍,如例(8):

(8) a. 侍臣**知道**宋理宗宠着贾似道,就凑趣说:“别看他年纪轻轻,喜欢玩乐,他的才能大着呢。”(《中华上下五千年》)

b. 内侍**知道**汉光武帝并不想把董宣治罪,可又得给汉光武帝下个台阶。(同上)

(8') a. 张三很清楚侍臣**知道**宋理宗宠着贾似道。

b. 张三很清楚内侍**知道**汉光武帝并不想把董宣治罪。

诸如“宋理宗”或“汉光武帝”之类的称号,是后世的说法,当时的侍臣或内侍实际上并不清楚。但是,基于和例(7)相同的道理,可将例(8)a、例(8)b 的前半句进行内嵌,形成多重叙实结构。很显然,这些称号是言者与听者共同的知识结构,与句内视点无关。

(三)视点与叙实性的互动

如前所述,若不考虑视点,我们很容易推出在叙述中被曲解的事实,比如,在李四不知道实情时例(5)b 和例(7)仍可说。每个句子都有默认的视点;所谓"视点",是指一句话的句内与句外同时包含的显性或隐性的参与者的观察角度。张新华(2004,2007)把语句中含有的主体或观察角度称作"支点"(pivot),主要用这一概念考察指示语(dexis)问题。张新华(2007)指出,在直述句中,"我-你"关系与"我-他"关系消失,话主赋予言说对象完全的主体地位;而语言同时有对话性,也就是隐含了言者与听者。我们主要从指称的名实归属角度讨论叙实性问题,因此称为"视点",与"支点"的理念殊途同归;这也表明,语言的主体间性(intersubjectivity)是普遍存在的,不仅仅表现在指称问题上。

我们在 QT5 中刻画了单一叙实结构的表达式,进一步考察发现它不是普适的;就句法结构而言,我们进一步将涉及多重叙实结构的句子刻画为例(9)。

(9) $[_{CP1}\ x \ldots [_{CP2}\ y \ldots [_{CP3}(\mathit{that}) \ldots z \ldots]]]$

其中 x,y 分别是高层视点与低层视点,z 是与 x、y 知识结构相关的指称对象。

z 既位于$[CP_2]$的辖域之内,也处于$[CP_1]$的辖域之内,但由于$[CP_1]$位置更高,从而造成偏向高层视点的解读。当 x,y,z 共现时,z 的指称解读受更高层的 x 制约,形成"高层视点 > 低层视点"的视点等级。根据语言递归性,视点可以继续扩展。此外还存在一种情况,请看例(10)。

(10) a. 中世纪的人们知道地球是方的。

b. 中世纪的人们相信地球是方的。

若根据 QT5,我们从例(10)a 可推出"地球是方的"为真,因为"知道"是叙实动词,预设其宾语小句为真,但这一推出形式依据的是"中世纪的人们"的知识结构;若按旁观者视点,由于我们已经知道地球不是方的,因此例(10)a 的推出形式同时又是假的。这一真值差异也是由视点的不同造成的。其中,旁观者视点是所有视点中影响力最大的。例(10)b 同理。

由上文的讨论,我们可以得出影响指称表达的视点等级序列:

(11) 旁观者视点 > 言者视点≈听者视点[12] > 句内视点

由上可知,叙实性与指称表达互动时,不可避免地需要引入多重视点,需要我们去发掘指称表达背后的可能视点。若只考虑词汇的概念结构,则只能得到字面意义(literal meaning),对于超越字面的其他因素则无法顾及。QT4 所主张的叙实性本质仅仅来源于词汇的概念结构的观点,显然是不够的,还需要关注视点对叙实结构真值的影响。

(四) 第一人称权威性

由上文可知,在更广阔的视点影响下,句子的真值会游移不定。我们发现,当主语为第一人称时,句子的真值更难被其他视点所否定。

陈振宇、甄成(2017)也指出,基于证据和他人言语的"归纳、传闻"具有两面性:当其来源未被提及时,说话者默认它们适用于缺省推理,其真值不能被否定。请看例(12)(转引自陈振宇,甄成 2017)。

(12) a. 甲:我知道李四喜欢小玉。

乙:*你不知道!因为实际上李四不喜欢小玉。

b. 甲:张三知道李四喜欢小玉。

乙:张三哪里知道!因为实际上李四不喜欢小玉。

句子例(12)a 的对话说明了第一人称的效力,非第一人称的听话人乙并不能对说话人甲的第一人称说辞进行命题意义的否定;也就是,乙不能否定甲自身的断定"我知道"而说"你不知道"。但如果在例(12)b 中将权威的"我"换作第三人称的"张三",话轮则得以继续,因为甲和乙的讨论对象不是对话的参与者,因此权威性得到削弱。[13]

上述现象在哲学上称为"第一人称权威性":当一个人声称他具有一个信念、希望、欲求或意向时,则他所作的假定并非是错误的,此时其他人的内心意向状态并不适用于这个人(Davidson 1984;唐热风 2001;田平 2001),如例(13)。

(13) a. 天在下雨,不过我不相信天在下雨。

b. 天在下雨,不过他不相信天在下雨。

(转引自唐热风 2001)

例(13)a 被称为"摩尔佯谬"(Moore's Paradox),这个句子本身可说,但听起来别扭。天在下雨,不过"我"不相信天在下雨,这完全是有可能的,但我们会觉得"我"否定"我"是奇怪的。相对而言,当我们将例(13)a 的"我"换为例(13)b 的“他”时,句子就正常了。

上文的案例再次显示了视点对于叙实性的重要性。视点有强弱之分,因此可以探讨人们在说出或读到一句话时,其所依据的强视点会使句子的解读有侧重;句子的视点和“第一人称权威性”之间是相互联系的。

四、事实与叙实

(一)事实的叙述分类

根据前文的讨论,各类视点影响了语句之间的蕴涵关系。依照不同视点,命题真值就会有相应变化,从而造成了事实的歧解性。

自然语言在叙述事实尤其是有命题态度词和指称表达共现时,情况更为复杂。因此,我们进一步提出事实的叙述分类,即根据视点来讨论事实的认定。

真理符合论是实证性的(empirical/contigent),我们需要通过现实世界中的事实来知道一个陈述是否为真。李新良(2015)和李新良、袁毓林(2017)已经指出,只能依据说话人的言语来判断什么是说话人心目中认定的事实与非事实,叙实性是“面向说话人”的语法范畴。不过,他们考察的是动词的叙实性,并未从句法层级方面去探讨“面向说话人”的整体表现。尽管我们认同“面向说话人”体现的视点问题,而且确实可根据动词的配价情况来寻找参与者,但动词本身并不能还原所有参与者,“面向说话人”应进一步发展为“面向视点”。

根据视点的不同,我们可以得到“言者/听者事实”“句内视点事实”和“旁观者事实”等。我们对事实做出叙述分类,是因为在不同视角的观照下,命题的真值有所游移。诚然,叙实不等于完全反映事实,因此,语言中会有许多命题态度词。

(二)叙实性的本质

现在,我们来尝试回答“叙实性的本质”这一问题。

就语言意义与现实世界的对应关系而言,我们秉持指称论,而符号与实体的对应或许是人类语言的起点(Chierchia & McConnell-Cinct, 2000)。Dowty *et al*. (1981)指出,真值条件语义学的职责是明确语言与世界的连接方式,亦即阐释语言的内在关涉性(aboutness)。叙实与事实之间、指称

(refer)与指示(denote)[14]之间的关系应当是平行的:事实是所指示的实体,而叙实则与指称方式相关,指称方式又可看作视点与指称对象之间的二元关系。所以,语言符号与实体的对应可能会有偏差,因为不同认识主体(即视点)对实体的指称编码情况可以存在差异。

若仅从动词本身出发,语言的叙实性基本上就与动词的概念结构相关,因为我们要判定语句的真值条件,就要去分析语句的组成部分,就会发现其首先与动词相关。

但自然语言并非一个个孤零零的语句。一句话为何要这样说,为何不选择其他的词语,并不是单靠考察动词本身就能回答的,还要基于说话者的语言组织策略。同时,说话者本人往往也不能完全决定一句话到底说对了没有,还需要与他所在的社会环境及谈话的语境相联系,而且说话人自身习得的知识结构也对他所说的话的真实性有影响。因此,听话人有时可以对说话人进行纠错,旁观者有时掌握了说话人未意识到的真相而发展出"涉实"解读。鉴乎此,本文尝试以指称表达为切入点,讨论叙实性的视点问题。

基于以上讨论,我们认为,叙实性的"实"不仅仅是"面向说话人"的,还与其他视点如句内视点、听者视点和旁观者视点等相关,是"面向视点"(viewpoint-oriented)的。之所以认为叙实性是"面向说话人"的,是因为研究者关注的是一个独立的语句与和该语句有变换关系的其他几个语句之间的关系。

但是,在现实中,我们对事实的获取过程是复杂的。例如,我们是如何"知道"一个我们眼中的"事实"的呢?Kratzer(2002)曾给出"*S* 知道(*knows*) *p*"的条件:

(14) *S* 知道 *p*,当且仅当:

(i) 存在一个事实 *f* 可以将 *p* 实例化(exemplifies);

(ii) *S* 相信 *p* 是 *f* 的**涉实**信念;

(iii) *S* 可以排除与 *f* 相关但不能将 *p* 实例化的可能的对应替换物(relevant possible alternatives of *f* that do not exemplify *p*)

以例(2)"王五相信所有获得了诺贝尔奖的人都是傻瓜"为例,王五所掌握的事实,即张三是诺贝尔奖获得者,张三对于他而言就是获奖者的"实例"之一。王五之所以得出这样的认识,可能是因为他自己通过一些判定依据将张三归入获奖者的队列中。

因此,叙实性的本质不应当局限于动词自身的概念结构,我们应从更广阔的视点角度看待事实与叙实的关系,这是由复杂的语言输出的背景条件所决定的。我们所说的话与我们的知识结构相关。

叙实性实际上体现了从事实到语言的映射关系,是叙实动词、命题态度和视点等的函项;在映射过程中,事实因受到视点影响而有不同的叙实表征。

五、结　　语

当一句话被印在纸上时,它就不再是立体的,而被剥离了说话时的各种背景条件,这是自然口语与书面上的一句话的不同之处。对于叙实性的探索不能仅以(书面或口头上的)一句话为出发点。说话人所说的每一句话,所选的每一个词语,都有其动因。如"我知道桌子上有一个水杯"这句话,复杂点来讲,言者必须要习得"桌子"和"水杯"的概念,也需确定水杯在桌子上,以及说话人为何要对听话人说出这句话等,这些都是一句话背后的信息。

同理,事实本身是确凿的,但叙述事实的主体则因为语言输出的各种动因的影响,尤其是自身视点的影响,而有不同的语言输出策略,因此在映射过程中会有侧重;同时,这一策略也反映出说话人的知识结构,等等。事实是立体的,我们所说的每一句话也是立体的,因此,在考察从事实到语言的映射关系即叙实性时,我们不能不考虑超越句子层面的视点及其知识结构的问题。

本文的主题是叙实性,旨在阐明叙实性是叙实动词、命题态度和视点等的函项。我们选择从"视点"这一概念出发,着重探讨了指称表达与命题态度、多重叙实结构与视点的关系等问题,并由对视点的讨论延伸至"事实"与"叙实性"的概念界定与本质归属。本文的讨论表明:语言中的概念关系与语义关系,要远比有限的句法结构关系丰富和复杂得多。语法形式中有语义原则,在讨论叙实性时,我们需要考虑视点的重要性,因为语言的输出是一个复杂的过程。

附注

① 参见 de Swart(1998)对这两种范式的简要介绍。

② 引自 Quine(1956)[185]。

③ 在逻辑、语义和语用层面对指称问题的全面介绍,可参看 Abbott(2010)。

④ Allwood *et. al*(1977)的例子:俄瑞斯透斯回到了家里,但厄勒克特拉没认出他来——尽管厄勒克特拉知道俄瑞斯透斯是她弟弟。由前提“厄勒克特拉不知道站在她面前的这名男子是她的弟弟”和条件“厄勒克特拉知道俄瑞斯透斯是她弟弟”和“站在她面前的这名男子与俄瑞斯透斯是同一个人”,我们却得到悖论“厄勒克特拉既知道又不知道这同一个人是她的弟弟”。

⑤“置信度”是指特定个体对某个特定命题真实性的相信程度。

⑥ 这些语法手段包括话题化、降级操作、否定提升、疑问提升和追补测试等,请参见李新良(2014,2015)。

⑦ 在这里,(4b)和(4d)这两个句子解读的合格性暂不考虑言者视点、听者视点与旁观者视点,以便说明叙实结构与指称表达的互动问题,下文将说明以上三个视点的作用。

⑧ 这里的“很清楚”意思与“知道”相同,不采用“*A* 知道 *B* 知道 *C*”的形式是为了避免拗口。

⑨ Donnellan(1966)指出,有定摹状词有两种用法:一是属性用法(attributive use),此时言者用有定摹状词来表明所指对象的属性以方便听者找出特定个体;二是指称用法(referential use),此时有定摹状词只是用来锚定所指对象,即使是换一个同指表达也是合理的。若按这种区分,上文例(4)需要让听者确认所指个体的属性特征,因而“张三的邻居”是属性用法,不能随意替换;而例(5)b 的“张三的邻居”则是指称用法,允许同一替换。

⑩ 承蒙审稿专家指出这一点,对例(7)的讨论也受益于此。

⑪ 生活中很多关乎语言模糊性的误解大概也源于此,可见语言叙实性的重要性。

⑫ 言者视点与听者视点基本处于同一层级,这是因为言者与听者在对话中处于“一致场”(common ground),参见 Stalnaker(1999, 2002);但根据下文对第一人称权威性的讨论,两个视点不能划等号。

⑬“第一人称权威性”被削弱还包括其他情况,如例(i)。

(i) 甲:我知道你喜欢那个姑娘。

乙:你不知道!我压根儿看不上她!

这是因为此时听者视点与言者视点同时显化,处于同一对话场景,听者视点可转化为言者视点即第一人称视点,从而影响原有的第一人称权威性,并削弱叙实性。

⑭ 参见 Lyons(1977)对指称与指示的辨析。

参考文献

陈　波(2006)《逻辑学导论》,北京：中国人民大学出版社。

陈　平(1987)释汉语中与名词性成分相关的四组概念,《中国语文》第2期：81-92。

陈振宇,甄成(2017)叙实性的本质——词汇语义还是修辞语用,《当代修辞学》第1期：9-23。

方清明(2013)论汉语叙实性语用标记"实际上"——兼与"事实上"、"其实"比较,《语言教学与研究》第4期：91-99。

——(2015)英汉叙实性标记的对比研究,《北京第二外国语学院学报》第2期：10-15。

李新良(2014)现代汉语动词的叙实性研究,北京大学博士学位论文。

——(2015)立足于汉语事实的动词叙实性研究,《世界汉语教学》第3期：350-361。

——(2016)疑问句与汉语动词的叙实性,《语言教学与研究》第2期：92-102。

——(2017)"知道"的叙实性及其置信度变异的语法环境,《中国语文》第1期：42-52。

——,袁毓林(2016)反叙实动词宾语真假的语法条件及其概念动因,《当代语言学》第2期：194-215。

唐热风(2001)第一人称权威的本质,《哲学研究》第3期：54-60。

田　平(2001)关于*first person authority*中文译法的一点思考,《世界哲学》第2期：77-78。

辛　斌(1997)论叙实谓词和含蓄谓词的前提意义与句法特征,《山东外语教学》第2期：6-10。

伊藤大辅(2007)叙实谓词"高兴"及其虚化,《世界汉语教学》第3期：86-93。

袁毓林(1994)一价名词的认知研究,《中国语文》第4期：241-253。

——(2014)隐性否定动词的叙实性和极项允准功能,《语言科学》第6期：575-586。

张新华(2004)时空域、支点和句子,载北京大学汉语语言学研究中心《语言学论丛》编委会编,《语言学论丛》第二十九辑,北京：商务印书馆：110-128。

——(2007)《汉语语篇句的指示结构研究》,上海：学林出版社。

——(2015)感知类叙实动词研究,《语言教学与研究》第1期：69-77。

——(2017)短时副词"顿时"的叙实特征研究,《语文研究》第2期：29-36。

Allwood J, Andersson L, Dahl O. (1977) *Logic in Linguistics*. Cambridge: Cambridge University Press: 125-126.

Abbott B. (2010) *Reference*. Oxford: Oxford University Press.

Chen P. (2004) Identifiability and Definiteness in Chinese. *Linguistics* 42: 1129-1184.

——(2009) Aspects of Referentiality. *Journal of Pragmatics* 41: 1657-1674.

Chierchia G, McConnell-Ginet S. (2000) *Meaning and Grammar: An Introduction to Semantics*. Cambridge: The MIT Press.

Davidson D. (1984) First Person Authority. *Dialectica* 38: 101-111.

de Swart H. (1998) *Introduction to Natural Language Semantics*. Stanford: CSLI Publications: 5-8.

Donnellan K. (1966) Reference and definite descriptions. *Philosophical Review* 75: 281-304.

Dowty D, Wall R, Peters S. (1981) *Introduction to Montague Semantics*. Dordrecht: Reidel: 5.

Frege G. (1892/1960) On Sense and Reference. In Geach P, Black M. (eds.) *Translations from the Philosophical Writings of Gottlob Frege*. Oxford: Basil Blackwell: 56-78.

Givón T. (2001) *Syntax: An Introduction. Vol.I*. Amsterdam/Philadelphia: John Benjamins Publishing Company.

Kiparsky P, Kiparsky C. (1970) Fact. In Bierwisch M, Heidolph K. (eds.) *Progress in Linguistics*. the Hague: Mouton: 143-173.

Kneale W. (1962) Modality *de dicto* and *de re*. In Nagel E, Suppes P, Tarski A. (eds.) *Logic, Methodology and the Philosophy of Science: Proceedings of the 1960 International Congress*. Stanford: Stanford University Press: 622-633.

Kratzer A. (2002) Facts: Particulars or Information Units. *Linguistics and Philosophy* 25: 655-670.

Leech G. (1983) *Semantics: The Study of Meaning*. London: Penguin Books.

Linsky L. (1967) *Referring*. New York: Humanities Press: 74.

Lyons J. (1977) *Semantics*. Cambridge: Cambridge University Press.

Partee B. (1980) Semantics—Mathematics or Psychology. In Bäuerle E, von Stechow (eds.) *Semantics from Different Points of View*. Berlin: Springer-Verlag: 1-14.

Quine W V. (1956) Quantifiers and Propositional Attitudes. *Journal of Philosophy* 53: 177-186.

——(1960) *Word and Object*. MA: the MIT Press.

Russell B. (1905) On denoting. *Mind* 14: 479-493.

Stanalker R. (1999) *Context and Content: Essays on Intentionality in Speech and Thought*. Oxford: Oxford University Press.

——(2002) Common Ground. *Linguistics and Philosophy* 25: 701-721.

Tarski A. (1944) The Semantic Conception of Truth and the Foundations of Semantics. *Philosophy and Phenomenological Research* 4: 341-376.

(100875 北京,北京师范大学文学院 hyhm@bnu.edu.cn)

“被认为”的传信功能

吴卸耀

提要 文章重点探讨“被认为”的传信功能。首先探讨“被认为”组合产生的动因,然后根据“被认为”前是否出现修饰成分及出现什么样的修饰成分等,将“被认为”的传信功能区分为传闻型和推断型两个类型。与“据认为”相比,“被认为”的语法位置较为固定,具有较强的动词性。最后还讨论了“认为”作为非叙实认识动词而适合作为标记信息来源的问题。

关键词 传信;信息来源;传闻型;推断型;非叙实性动词

一、引　言

吸引我们注意的是这样一种语言现象:

(1) 在东南亚国家中,印尼被认为是在处理恐怖威胁或攻击事件方面最有经验的国家之一。(中国新闻网)

例中的“被认为”与句子其他部分之间到底是一种什么关系?

“被认为”源于“认为”,要是改为主动式,其相应的表达方式应该是:

(1’) 有人认为在东南亚国家中,印尼是在处理恐怖威胁或攻击事件方面最有经验的国家之一。

无论“有人认为”还是“被认为”,在结构中都表示信息来源,所以它们是传信表达形式。

本文试图探讨以下四个问题:

第一,“被认为”形成的动因是什么?

第二,“被认为”是一个什么类型的传信语?

第三,“据认为”也是表示信息来源的,与“被认为”有什么不同?

第四,“认为”和“被认为” 为什么能用来表示信息来源?

二、“被认为”形成的动因

语法学界以往所讨论的“被”字句一般都局限于一个命题内的操作,比较经典的是类似下面这种情形:

(2) a. 骗子骗走了他的钱。

b. 他的钱被骗子骗走了。

例(2)a、例(2)b两句尽管语序或语态不同,但表达了一个相同的命题。而“认为”是一个认识动词,与它相关的主动式和被动式却包含了两个命题,即主句命题和宾语小句所表达的命题。如:

(3) a. (有)一些人认为在医疗资源分配不均衡的情况下,互联网医疗是缓解看病难问题的有效方式。

b. 在医疗资源分配不均衡的情况下,互联网医疗被一些人认为是缓解看病难问题的有效方式。

命题1:一些人认为X

命题2:X——在医疗资源分配不均衡的情况下,互联网医疗是缓解看病难问题的有效方式

其中,被动式的操作方式是用“被”来介引认知主体,然后连同认知行为一起插入到宾语小句的主谓之间。但这一操作对认知主体的指称成分通常是有要求的,或者是类指成分,如:

(4) “艾森”被科学家认为来自奥尔特云,它的运行轨迹将撞入太阳,其亮度可媲美过去近一个世纪的诸多彗星。(《新华日报》)

或者是不定指成分,如例(3)b中的“一些人”,再如:

(5) 外形俊朗的张晨被不少球迷认为是“最帅的男排队员”,在石家庄的主场,尽管河北与江苏的激战正酣,但仍有球迷在看台上喊出“张晨加油”,他也成为客队队员中,唯一以个人身份享受到主场球迷关爱的球员。年少成名,之后备受伤病纠缠,这位老兵用一次次的坚持诠释了一个排球世家对排球的爱。(《“最帅男排队员”张晨:被伤病作弄的坚强老兵》)

类指成分只限定了所指事物的范围,而对所指范围内的个体不做规定,比如,例(4)“科学家”到底是所有科学家还是部分科学家,如果是部分,又是

哪部分,都是不确定的。而不定指成分只对事物的类及类中的部分成员进行限定,所传递的信息当然也是不确定的,如“一些人”和“不少球迷”,正是由于认知主体的这种不确定性,给略去不说提供了可能性。当略去不说时,“被”和“认为”就直接组合在一起了。

但这样说马上会遇到困难,我们发现,被动式中的认知主体还可以是定指成分,如:

(6) 越南的战略地位很重要,(　　)被美国认为是新的合作伙伴。(《环球日报》)

(7) 这件事深深触动了袁庚,(　　)被他认为是赴港学习的“第一课”。(新华网)

(8) 我反的东西不多:庸俗化,群体化,一般化。大多数人都在做的事,被我认为是不可取的,越多人做就越值得怀疑,就像生活在由低廉的假货所构成的虚伪的世界里。(中国新闻网)

上述例子中的“美国”“他”“我”都是确定性很高的定指性成分,但它们也出现在了被动式中。因此,要解释“被”和“认为”之间可以省去认知主体的问题,除了确定性之外,必须找到其他原因。

语言表达的用功之处,其背后必有功能的动因。主动式中,言语主体将认知主体置于主语位置,凸显了其在篇章表达中的重要性,看下例:

(9) 国务院发展研究中心研究员程国强认为,改革任务重、难度大,当务之急是推进农产品价格形成机制改革。此次会议已确定,要积极稳妥改革粮食等重要农产品价格形成机制和收储制度,抓好玉米收储制度改革,做好政策性粮食库存消化工作。(新华网)

这里,言语主体通过详细列明具体身份(国务院发展研究中心研究员)来强化认知主体的角色定位,并以此凸显该人物在相关领域的权威性,从而体现引语的引证价值。

还有一个毋庸置疑的事实是,主动式中的认知主体也可以是类指或不定指的,如:

(10) a. 随着2012年中国15至59岁劳动年龄人口在相当长时期里首次出现绝对下降,外界认为中国人口红利正趋于消失。(中国新闻网)

b. 这条微博瞬即引发了网友热议,不少网友认为张歆艺身为公众

人物,此举会影响到医患关系的舆论。(《沈阳日报》)

例(10)a 的下文是:"'外界说中国人口红利没有了,我觉得人口红利正在起来。'对于上述质疑,厉以宁在 2016—2017 中国经济年会上指出,当前中国正处在一个剧烈变化期,其中最大的变化就是人力资本革命正在开始。"这篇文章将"外界"的说法与"厉以宁的说法"进行对比,作为一个对比项,其重要性是显而易见的。例(10)b 上文引出"网友",随后用"不少网友"来回指。以上都可以说明"认为"的认知主体在主动式中扮演了重要角色。

再回头看例(6)—例(8),被动式的宾语小句主语(越南、这件事、大多数人在做的事)都是语段中的话题,可见,言语主体之所以采用被动式进行表达,很重要的原因就是顾及了宾语小句主语的话题地位和维护篇章话题的一致性。相应地,认知主体的地位降低了。这在语言形式上也有所表现,被动式中无论是表示定指还是类指或不定指的名词性成分在语言结构形式上都较为简单,不能像主动式如例(9)那样具体列出认知主体的具体身份。

我们从中新网搜索了 1 300 个页面,共发现 50 例在"被"和"认为"之间含不同指称意义的认知主体的案例,详见表 1:

表 1

指称类别	数量	比例	词　语
类指	33	66%	朋友、家长、消防员、职业棋手、外国人、英国人、外国专家、市场、业界、业内、业内人士、外界、公众、当地舆论、世界
不定指	11	22%	人们、大多数人、不少球迷、不少网友、一些人、一些媒体、许多人
定指	6	12%	中国铁路总公司、市政府、《纽约时报》、马可·波罗、他、他们

从统计数据看,类指和不定指的使用频率占 88%,远超定指 12%。

在被动式中,言语主体用"被"来标记认知主体,并将"被……认为"结构插入到宾语小句的主谓之间,认知主体的语义角色由直接论元变为间接论元,这本身就是对认知主体的降格处理,同时也降低了其在篇章中的重要性。这种降格处理同样也为省去不说提供了可能性,从而使得"被"与"认为"直接组合为"被认为"。但只要有需要,"被"和"认为"之间还是可以出现认知主体或其他成分的,这说明"被认为"并没有完成词汇化。

三、"被认为"的传信特征

"被认为"是一个什么类型的传信语?

许多学者注意到传信范畴与现实性有关。张伯江(1997)在介绍传信范畴之前重点讨论了现实性。周韧(2015)综合了"现实性"的定义:现实性主要用来描述已经或正在发生和实现的情境,指的是现实世界已经或正在发生的事情。相反,非现实性主要用来描述只在想象中出现的情境,一般指的是可能世界中可能发生或假设发生的事情。

我们认为,与表达两个命题相一致,与认识动词相关的现实性实际上也涉及两个层面,一个是由认识动词本身所体现的认知行为层面,另一个是由认识动词所带宾语小句来体现的命题层面。这两个层面都存在与现实性的对应关系。例如:

(11) 在最新的权威选秀预测网站上,周琦被认为将在首轮28顺位被太阳选中。(《南京晨报》)

其语义结构是:

周琦将在首轮28顺位被太阳选中+(在最新的权威选秀预测网站上,被认为)

这里,从认知行为层面看,与传信相关的情境是现实的,时间在言语主体报道之前,地点是"在最新的权威选秀预测网站上",也就是在具体的时间和地点认知主体产生了认知行为;而从命题小句层面看,"将"表明这是未来可能发生的事件,所以是非现实的。也就是站在现实角度对未来可能发生的事情进行预测。由于"认为"的宾语小句所表达的是某个尚未得到验证的观点,所以,它的宾语小句应该都是非现实的。

而认知行为则既有现实的,也有非现实的。我们主要关注现实性和认知行为层面之间的关系。结合两者之间的关系,我们将"被认为"归入两种类型,一种是传闻型。传闻型的认知行为是现实发生的。如:

(12) 地瓜:别名甘薯、红薯、白薯,被认为是祛病延年、减肥保健的绝佳食品。(凤凰网)

其语义结构可以描写为:

(地瓜是祛病延年、减肥保健的绝佳食品)+被认为在言语主体实施言语过程之前,某个观点(地瓜是祛病延年、减肥保健的绝佳食品)已经产生,并且通过一定的途径传达到了言语主体;在实施言语行为之时客观地引述了这个观点。

为了确保传闻的真实性,如有需要,言语主体就会在“被认为”前加上表示过去或现在的时间词语。如:

(13) 4×100 米一向被认为是最刺激最紧张的比赛。

其结构可以描写为:

4×100 米是最刺激最紧张的比赛+(一向+被认为)

空间词语也能缩小传闻的范围,对“被认为”进行限定。如:

(14) 中国的孩子在国外被认为独立性差、依赖性强。

其结构可以描写为:

中国的孩子独立性差、依赖性强+(在国外+被认为)

范围副词也可对认知主体及认知行为进行限定,如:

(15) 在所有兄弟姐妹中,老幺一般都被认为是制造麻烦、不负责任、渴求关注、为所欲为的熊孩子。(参考消息网)

其结构可以描写为:

在所有兄弟姐妹中,老幺是制造麻烦、不负责任、渴求关注、为所欲为的熊孩子+(一般都+被认为)

具有真实性或现实性的传闻,也经常作为背景化小句(方梅 2008)来修饰核心名词。如:

(16) 在此之前的 1 月 18 日,美国《国家利益》网站刊登了题为《美国军方如何计划挫败难以想象的情况:无人机群》指出,一度被美国认为是好东西的无人机,逐渐成为潜在对手对付美国的利器,文章发出了天空不再友好的感叹。(《中国青年报》)

(17) 一向被认为是阳光男人典型代表的陆毅,也玩起了纹身。婚后陆毅出席各大场合的时候,被媒体记者拍到胸部有若隐若现的纹身。(北青网)

(18) 据美国“石英”网站 5 月 23 日报道,在印度很常见的一种被认为对咳嗽等多种疾病都有用的草本植物对姜黄根,正成为西方国家热捧的饮料配方成分。(环球网)

这里的背景化小句实际上是核心名词的关系化定语从句。其间的关系

是这样的:

无人机一度被美国认为是好东西——一度被美国认为是好东西的无人机

陆毅一向被认为是阳光男人典型代表——一向被认为是阳光男人典型代表的陆毅

草本植物对姜黄根被认为对咳嗽等多种疾病都有用——被认为对咳嗽等多种疾病都有用的草本植物对姜黄根

另一种类型是推断型。推断是言语主体所实施的行为。如:

(19) 近日我们获悉,美国车辆安全监管机构表示,由人工智能系统驾驶的谷歌无人驾驶车,将被认为符合联邦法律,即谷歌无人驾驶系统正式被认定为司机。这将是道路车辆自动化上重要的一大步。(中关村在线)

"由人工智能系统驾驶的谷歌无人驾驶车,符合联邦法律",在言语主体实施言语行为(如"美国车辆安全监管机构表示")之时并没有成为颁布的法律,因而是非现实的。这里,言语主体(美国车辆安全监管机构)对该法案未来实现进行了肯定性预测。

(20) 而且在盘问中,王小姐一问三不知,有可能被认为有不诚信的表现,完全可以被作为拒绝入境的理由。(央广网)

从"王小姐一问三不知"的情况,言语主体推断情境中的询问人有怀疑王小姐"有不诚信的表现"的可能性。

(21) 尽管轻歌剧被视为一种小型的音乐戏剧,起初主要描绘19世纪中叶存在于法国的中产阶级的情感和无忧无虑的生活,但其实轻歌剧的表演融合了演唱、散文、合唱、舞蹈和华丽的服装与布景,因此,轻歌剧可以被认为是具有高贵血统的。(中国新闻网)

从"轻歌剧的表演融合了演唱、散文、合唱、舞蹈和华丽的服装与布景"这一前提,言语主体推断"轻歌剧是具有高贵血统的"。

(22) 有的人说:日军之所以偷袭珍珠港以及随之而来的对一系列太平洋国家作战,都是为了要解决它对中国的战争,前者不过是后者的继续和延长,因此,1937年7月7日日军在卢沟桥发动的全面侵华战争应该被认为是犯罪日期的起点。(人民网)

根据"有的人说:日军之所以偷袭珍珠港以及随之而来的对一系列太平洋国家作战,都是为了要解决它对中国的战争,前者不过是后者的继续和延长”这个前提,言语主体做出推断:“1937年7月7日日军在卢沟桥发动的全面侵华战争是犯罪日期的起点”。

(23) 2015—2016 赛季,对很多球队来说就像梦境。去年秋天,如果有谁说四川金强男篮能够拿到CBA总冠军,一定会招来嘲讽的白眼;去年秋天,如果有谁说莱切斯特城队将争夺英超冠军,一定会被认为疯了。(《华西都市报》)

在言语主体做出假设的情形下,有人说出“莱切斯特城队将争夺英超冠军”这样的话,则意味着此人“疯了”。

以上这些例子中的“被认为”前出现了各类具有非现实意义的词语(将、有可能、可以、应该、一定会等),所涉及的情境中既包含前提,也含有结论。作为推断的结论,只要前提发生变化,结论也就随之不同了。

由于非现实的情境具有不确定性,一般人们不会使用不确定的信息来给某个人物或事物进行背景定位,因此,表示推断型的“被认为+述谓”不能关系化为定语从句。

四、“被认为”与“据认为”的比较

要认清“被认为”传信的具体特征,有必要与“据认为”做一个对比。“据认为”是一个更为典型的传信语。

与“被认为”相似,“据”和“认为”之间也可以出现认知主体,如:

(24) 自从2008年起,中国人开始对收购法国酒庄兴趣浓厚,且胃口越来越大。有法国媒体报道指出,从2008年到现在,已经有二十多个波尔多酒庄被中国人收购。据专家认为,这一趋势还在扩大。(《广州日报》)

(25) 盖里特利估计五分之一的男人在他们的基因中有着性别选择偏见。据他认为,目前有着男性偏见的男人更多,这就解释了为什么出生性别比率中男女比率至少是106:100。(健康网)

但“据认为”和“被认为”之间存在着诸多的不同。

根据我们前文的考察,“被认为”的传信类型有传闻型和推断型之分,而“据认为”则只有传闻型一种。而且即使同样表示传闻,两者也不同。如:

(26) 事故发生在当地时间13日,位于土耳其西部马尼萨省索马地区的一处煤矿发生爆炸起火。事发当时共有787名矿工在井下作业。386名被困人员获救,80多人受伤。据认为,目前仍有数十人被困。(中国新闻网)

(27) 由于在石化领域有丰富经验,滨海新区乃至天津的很多大型石化项目,据认为都与杨栋梁息息相关。(《北京晨报》)

(28) 叶泉志介绍说,在汤博冰原西侧的过渡地带,有一些据认为是冰山的结构,其高度估计在3 000米左右。在一个蛇皮褶皱区到冰原区的过渡地带,被非正式地命名为“炎魔”,也就是《魔戒》中的角色。(《广州日报》)

从以上例子可以看出,“据认为”可以出现在小句谓语前的任何未经证实的传闻信息之前,并且作为一个语言单位与周围其他语言单位之间没有结构上的联系。这表明“据认为”是一个独立的插入语。

而“被认为”则固定在宾语小句的主谓之间,即使在关系化定语从句中也是在谓词前出现。“被认为”前面可以出现时空词语、范围副词、情态词语等,这说明该构式具有一定的动词性。而据我们考察,“据认为”前不出现任何修饰性成分,北京大学CCL现代汉语语料库中共746例,均不含修饰成分。

形式背后是功能的差异。“据认为”表明所标记的信息是未经证实的某个观点。而传闻型的“被认为”则表明所标记的信息不属于言语主体本人的观点,作为言语主体而言,不明确说出认知主体,一则为自己免责,二则也是对信息提供者实施保护策略。

五、“被认为”与叙实性

最后,还有必要探讨一下,为什么“认为”和“被认为”能够作为表示信息来源的传信语?

在第一节中,我们就指出“认为”作为认识动词可以操作两个层次的命题,一个是由认知主体和认知行为所表达的命题,另一个由宾语小句所表达的命题。前一命题表达后一命题的信息来源。

从叙实性看,认识动词可分为叙实性认识动词、非叙实性认识动词和反叙实性认识动词。无论叙实还是反叙实,其宾语小句所表达的信息要么是真的,要么是假的。例如:

(29) a. 她*意识到*自己已落入别人的圈套。

b. 她没有*意识到*自己已落入别人的圈套。

(30) 有很多人都*以为*他失踪了。

例(29)不管她意识到还是没有意识到,"自己已落入别人的圈套"都是真的。而例(30)"他失踪了"是假的。因而两者都是确定的。

非叙实动词则既不能预测宾语小句所表达的命题为真也不能预测其为假,"认为"符合这一语义特点,因此"认为"是一个非叙实性认识动词。

以往学界比较重视叙实动词和反叙实动词的语义语用特征,认为它们属于预设触发语,而忽视了非叙实动词的语义语用特征。我们认为,非叙实动词不能预测宾语小句的真实性,这本身就是一种预设,这意味着宾语小句所表示的命题仅局限于认知主体的认识,是有待证实的。如:

(31) 茶饮被认为是一种自然的排毒饮料。喝茶往往是促进消化和排毒的好方法,饭后喝茶更是健康又减肥的一种好习惯。所以,餐间喝茶是非常有效的一种排毒减肥方法。(家庭医生在线)

例(31)这段话是建立在"茶饮是一种自然的排毒饮料"这个未经证实的观点之上的。既然是某个观点,它也会随着时间及相关条件的变化而被证实、被质疑或被证伪的。如:

(32) 曾子才说:"厨师过去往往被认为是比较低微的职业,但近年在媒体提倡美食文化下,社会普遍对熟练掌握烹饪技巧的厨师给予更多尊重,令许多学生纷纷报名厨艺课程。"(《人民日报海外版》)

(33) 他说,两山夹一河的地理地貌,加之冬季处于静风状态,兰州的大气污染当时被认为是"难治之症"。(中国新闻网)

(34) 报道称,爆炸现场一片狼藉。此外,报道还指出,在爆炸中遇难的人员暂时被认为是巴勒斯坦法塔赫组织官员。(中国新闻网)

例(32)和例(33)的观点已经被证伪,现实情况已经发生变化,厨师的社会地位在近年得到提高,兰州的大气污染也正在得到有效治理。例(34)的命题还有待证实,遇难人员的真实身份还需要进一步甄别。

言语主体遵循言语表达的真实性,对一些有待证实的信息采用"认为"或"被认为"进行标记,一方面显示了信息来源,同时也规避了当它们为假时所应负的责任。

这样,我们可以得出结论:作为非叙实动词的"认为"既能引出宾语小句又能保持真假两可的特点，使它适合传达信息来源。

六、余　论

张伯江（1997）将汉语的传信语概括为三种类型，其中第一种表示信息来源的插入语是最为典型的。“据认为”“被认为”都符合这一项。

传信与互文之间存在密切联系。要是引用了别人的观点，应该负责地标明信息来源，不然就有剽窃之嫌。标明来源具有两方面的语用价值，一是真实性，像新闻语体和介绍性语体，言语主体通过不同渠道获得信息，通过传信标记来增加信息的真实性，二是免责功能，万一观点后来被证明是错误的，引用者也无需为此担责。

“认为”的被动式是一个比较新的语言现象。以“被认为”为例，我们查阅北京大学 CCL 语料库古代汉语部分，一例也没有发现。一种新的语言现象可能产生于这种语言内部的语言演变，也可能产生于与其他语言的接触。信息社会存在海量的翻译，外语中有这种表达方式而汉语中没有，于是新的语言现象也就产生了。

参考文献

陈　颖（2009）《现代汉语传信范畴研究》，北京：中国社会科学出版社。
方　梅（2005）认证义谓宾动词的虚化，《中国语文》第6期。
——（2008）由背景化触发的两种句法结构，《中国语文》第4期。
李新良（2015）立足于汉语事实的动词叙实性研究，《世界汉语教学》第3期。
李新良，袁毓林（2016）反叙实动词宾语真假的语法条件及其概念动因，《当代语言学》第2期。
——（2017）“知道”的叙实性及其置信度变异的语法环境，《中国语文》第1期。
牛保义（2005）国外实据性理论研究，《当代语言学》第1期。
余光武（2010）《言据范畴》介绍，《当代语言学》第4期。
张伯江（1997）认识观的语法表现，《国外语言学》第2期。
张家骅（2009）“知道”和“认为”句法差异的语义、语用解释，《当代语言学》第3期。
张新华（2015）感知类叙实动词研究，《语言教学与研究》第1期。
周　韧（2015）现实性和非现实性范畴下的汉语副词研究，《世界汉语教学》第2期。

（200072　上海，上海大学国际教育学院　wxyjiad@163.com）

“V 得/不来”结构的能性类别及其语义演变*

周　红

提要　“V 得/不来”作为能性述补结构，其能性特征可通过动力学图式描述。该结构多表达动力情态，即叙说者认为满足主客观条件或者受到主客观条件阻碍可能或不可能实现移动者的主观意愿，具有一定的主观性。该结构存在着从空间域到领属域、存在域、生理域、行为域的放射性隐喻扩展，语义不断泛化与虚化，可表评价意义、估价情态与道义情态，句法上动词由位移动词到非位移动词，由动作动词到心理/生理动词、言说动词、形容词，由可后接宾语到不能后接宾语。“V 得/不来”在使用频率、所在认知域比例、句法凝固度、肯定否定的确定性程度等方面存在不对称，同时，“V 不来”的泛化与虚化早于“V 得来”。

关键词　“V 得/不来”；动力学图式；能性情态；认知域；语义演变

一、引　言

“V 得/不 C”在表达能性范畴上具有独特的价值，被称为“能性述补结构”，其能性意义不是由“得/不”来表达的，而是整体结构在特定语境中派生出来的，是由表实现义的“V 得/不 C”语法化造成的。（吴福祥 2002）我们认为，将“能性”与“述补结构”相结合，既能关照语言类型，又能关照汉语结构。“V 得/不来”就是其中的一个小类。

目前学界关注较多的是“我们俩还谈得来”“咱对这样的事干不来”之

* 基金项目：国家社科基金项目“基于情态视角的汉语能性述补结构研究”（项目编号 17BYY146）。

类。如宋玉柱(1985,1986)认为"来"是动词后缀,表示"V 得/不了(liǎo)";徐静茜(1986)认为表示"有无能力完成某事",在吴方言中普遍存在,由表"能/会/成"的动词"来"语义虚化而来,吸收进普通话中动词只限于"谈、合、处"等少数几个,表"融洽"义。史有为(1986)认为"得/不来"是表能力的合成助词,"融洽"义只是"能力"的引申。刘月华(1998)认为表达"融洽""会或习惯做某事"。这些研究仅限于描写,未能深入分析"V 得/不来"的语义特征及其语义演变。本文拟从情态视角入手,结合认知语言学理论,运用自建 2 500 万字当代北方作者小说语料库和北京大学 CCL 现代汉语语料库,讨论"V 得/不来"的能性特征及其语义演变。

二、"V 得/不来"的能性情态及其分析框架

能性是情态范畴的子范畴,是叙说者由于对事件命题的不确定性而产生的表达估计或判断的意义。"V 得/不来"是趋向动词作为补语的能性框架,具有能性特征。

(一) 能性情态

能性是叙说者对一种事件(可投射为述补结构)的事实性的主观态度,因此,需要将述补结构的原形、可能肯定式、可能否定式作为具有句法语义联系的结构来看待。

"V 来"表达驱动-位移复合事件,最初体现为施动者(力的来源)作用(施动者对移动者的驱动力)于移动者(力的作用对象),导致移动者产生朝向叙说者(自我参照体)的移动路径(移动者在施动者作用下发生的位移轨迹),(周红,何凡 2018)具有一定的致使性。"V 来"可体现为外向致使,即施动者与移动者不同一,如"他喊来一个人",也可体现为返身致使,即施动者与移动者同一,如"他向门口走来"。随着认知域的扩展,"来"的语义发生了泛化(刘大为 1997)与虚化(高顺全 2002),如"他夺来不少土地""他从睡梦中醒来""我能感觉来她的真诚""他挣来很多钱"等分别用于领属域、生理域、由隐到显状态域、由无到有状态域,语义泛化;"想来想去,我还是要离开""看来这件事很难办"等用于时间域,语义虚化,在具体语境中具有了评价义。当然,"V 得/不来"本身也是一种事件,即立足于某种理由对一事件是否成为事实的主观判定,如刘月华(1980)认为"V 得/不 C"表示主客观

条件是否容许实现(某种结果或趋向),张旺熹(1999)认为典型的“V 不 C”结构表示“愿而不能”。这些研究已关注到能性及其条件。

关于情态的理解,主要观点有:(1)情态与非现实密切关联,如 Perkins(1983)[8-9]认为情态是指在非现实世界中人们可以假设一个事件或命题是否成立。(2)学界比较认可动力情态、道义情态与认识情态三分,如 Perkins(1983)[31-32]认为三者分别对应于自然法则、制度法则和理性法则;Palmer(2001)认为动力情态与句子主语的能力和意愿相关,道义情态涉及允许和义务,认识情态涉及以证据和常识为基础的推断,三者由左到右不断主观化。(3)能性语义类别,如吴福祥(2002)将“能性”分为能力、条件、或然性、许可和准许等;范晓蕾(2011)更是将理由归纳为[内在能力][条件可能][条件许可][道义许可][认识可能]五类基本能性情态概念和一种边缘性情态概念[估价],其中[内在能力]和[条件可能]属于动力情态,[条件许可]和[道义许可]属于道义情态,[认识可能]属于认识情态。以上研究成果对于分析“V 得/不来”具有重要的借鉴意义。

(二)动力学图式

我们借鉴情态的认知语言学分析框架。在具体分析事件结构时,Tamly(1988)的动力学图式(Force Dynamics)可供借鉴,他认为任何语言表达都存在着“语言力度”,借鉴物理力学的原理提出了“动力学图式”,并尝试在认知领域研究情态,为情态研究打开了新的视角。动力学图式凸显动力在实体间的互动关系,包括动力的施用、对动力的抗拒与克服及对动力的阻隔和阻隔的消除等。两个相互作用的实体是动力体和对抗体,具有“运动”或“静止”的趋向性,其强度的大小决定了力的相互作用的状态和结果。在“V 得/不来”框架中,事件实施主体的主观意愿是动力体,事件实施过程中阻碍因素是对抗体(或称“致能障碍”),推动因素是致能条件。“V 得来”表现为动力体当一定条件(“致能条件”)得到满足并克服对抗体的阻碍(称为“致能障碍”),能够实现移动者的主观意愿,导致动力作用的结果是运动,即可能朝向自我参照体的移动或变化。“V 不来”表现为对抗体的力量较大,阻碍了移动者实现自己的主观意愿,导致动力作用的结果是静止的,即不可能朝向自我参照体的移动或变化。分别如图 1、图 2 所示,其中圆表示“动力体”,不规则方形表示“对抗体”,“ > ”表示趋向运动的内在动力倾向,“ + ”表示力相对强,黑点表示作用的状态结果是静止。

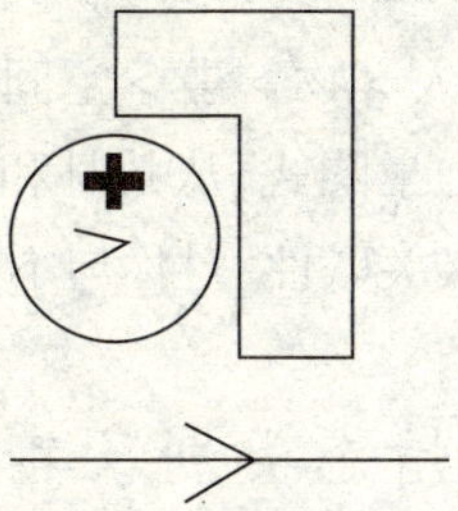

动力体：行为者的主观意愿
对抗体：主、客观等致能障碍
力量较强的实体：动力体（满足主、客观等致能条件）
动力相互作用的状态结果：移动者实现自己的主观意愿，能朝向自我参照体移动或变化

图1 "V得来"的动力学图式

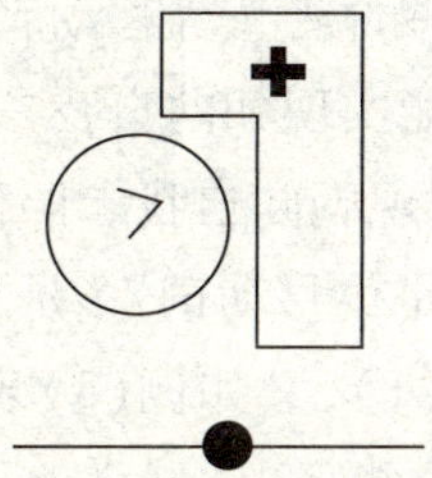

动力体：行为者的主观意愿
对抗体：主、客观等致能障碍
力量较强的实体：对抗体动力相互作用的状态结果：移动者不能实现自己的意愿，不能朝向自我参照体移动或变化

图2 "V不来"的动力学图式

值得注意的是，对抗体多用于在动力体之前，如例(1)；也可以在动力体之后，如例(2)。

(1) 白雪娘气得双腿稀软，坐在院子里**起不来**，……(贾平凹《秦腔》)

(2) 开挖土窑洞是一件技术性很强的工作，最少得聘请一位行家领料另外的雇工，双水村打土窑最出色的专家是金俊文。可是现在，别说一天出五块工钱，就是出十块钱也把金俊文**请不来**了。俊文因为大儿子有了"出息"，家业急骤发达起来，已不把百二八十的钱放在眼里了。(路遥《平凡的世界》)

例(1)"起不来"这一能性事件运用动力学图式分析如下："白雪娘"主观意愿"希望起来"(动力体)受到"白雪娘(自身气得)双腿稀软"这一生理条件(对抗体)的阻碍而导致不可能实现，生理条件属于内在能力，体现为动力情态。例(2)"请不来"这一能性事件运用动力学图式分析如下："(孙少安等)"主观意愿"出十块钱请来金俊文"(动力体)受到"俊文因为大儿子有了'出息'，家业急骤发达起来，已不把百二八十的钱放在眼里了"这一主客观条件(对抗体)的阻碍而导致不可能实现，体现为动力情态。

动力学图式可通过隐喻进行认知语义扩展，为了与相应的述补结构相贯通,我们采用认知域方式进行考察,如 Heine 等(1991)将人类认识世界的认知域排列成一个由具体到抽象的序列:人 > 物 > 事 > 空间 > 时间 > 性质(" > "表示"先于")。下面我们将借鉴动力学图式,从共时和历时两方面探讨"V 得/不来"所在认知域、情态类别、语义关联性、对称与不对称性。

三、"V 得/不来"所在认知域、情态类别及其句法表现

(一) 空间域:"V 得/不来$_1$"[能否实现朝向自我参照体的空间位移]

"V 得/不来"最初用于空间域,多表达叙说者认为移动者主观意愿在具备客观条件或内在能力时克服一些阻碍可能实现朝向自我参照体的空间位移,或者移动者主观意愿受到阻碍不可能实现朝向自我参照体的空间位移,标注为"V 得/不来$_1$"。这时进入其中的 V 是位移动词,多是自移趋向动词,如"上、下、进、出、回、过、起"等,如上文例(1),又如例(3)表达叙说者"洛殿"认为"李铁"具备一定的内在能力克服一些阻碍(结合上下文可得知)能够实现"进来"的主观意愿,与后面"一定能出去"构成假设情境,肯定性程度较弱;例(4)表达叙说者认为"出城的人"受到"城门已经关死,连续多日"的阻碍不能实现"出来"的主观意愿,但后面"冷先生后来随着亲戚家发丧的灵柩才出了城门",说明阻碍情况并不一定是充分的,"出不来"不是必然的。也可以是他移动做动词,如"打$_{(3)}$、赶$_{(1)}$、拉$^1_{(1)}$、牵、请$_{(2)}$、取$_{(1)}$、拾、送$_{(1)}$、提$_{(1)}$、走$_{(1)}$"①等,如上面例(2)。

(3) 洛殿见是李铁,先是一惊:怎么,老何没把信送到吗?真糟糕!转念一想:李铁**进得来**,一定能出去,事已至此,且看他如何动作。(雪克《战斗的青春》)

(4) 城门已经关死,连续多日,进城的人进不去,出城的人**出不来**,冷先生后来随着亲戚家发丧的灵柩才出了城门。(陈忠实《白鹿原》)

"V 得/不来$_1$"表达动力情态,如例(3)、例(4),前者是内在能力,后者是客观条件。就能性实现与否来说是由动力体与对抗体的互动关系决定的,其实也包含了叙说者对动力作用结果的认定,因此,动力情态无论如何还是与叙说者的观点与态度有关。"V 得/不来$_1$"除了用于物理空间域外,还可用于抽象空间域,如例(5)受到"大家在喝酒,还穷追不舍"的阻碍导致"老费"面子上"下不来台",表达条件可能。

(5) 如是在会上,老费再点点头就过去了。但换了场合,大家在喝酒,还穷追不舍,老费就有些**下不来台**;加上老费喝了两杯酒,突然爆发了。(刘震云《一句顶一万句》)

“V得$来_1$”比例远远小于“V不$来_1$”,这是因为前者一定程度上可用语义相近的“能V$来_1$”替换,后者则不能用表达“禁止”义的“不能V$来_1$”替换。

(二)领属域:“V得/不$来_2$”[能否实现领有某物的变化]

“V得/不来”由空间域隐喻扩展用于领属域,表达叙说者认为移动者具备一定的主客观条件可能实现领属权朝向自我参照体的变化,或者受到主客观条件的阻碍不可能实现领属权朝向自我参照体的变化,标注为“V得/不$来_2$”。领属权表现为对事物的拥有权,如财产、知识、组织关系等。“来”立足于自我参照体,往往是获益者。这时多搭配“夺、学”类购买、抢夺或学习义二价内向性动词,又如“抽、调、筹措、贷、$换_{(1)}$、$交_{(1)}$、缴、买、抢、抢夺、讨、挣、争取”等。“V得/不$来_2$”表达动力情态,如例(6)表达叙说者认为“你”的主观意愿“买来水晶坯”受到“水晶坯(价格高)”的阻碍不可能实现,例(7)表达叙说者认为“我学来这点文化知识”在“在工厂上夜校”这一条件下可能实现。

(6) 少二十两不卖。因为是料坯,若是水晶坯怕加倍你也**买不来**!(邓友梅《烟壶》)

(7) 说真的,我现在有这点文化知识,最初是在工厂上夜校**学得来**的呢!(白桦《淡出》)

“V得/不$来_2$”使用频率均较低,因为其中“来”可根据不同语境用“过来”“回来”“进来”替代。

(三)存在状态域:“V得/不$来_3$”[能否实现由隐到显/由无到有的存在状态变化]

“V得/不来”由空间域隐喻扩展用于存在状态域,表达叙说者认为移动者具备一定的主客观条件可能实现由隐到显或由无到有的存在状态变化,或受到主客观条件的阻碍不可能实现由隐到显或由无到有的存在状态变化,标注为“V得/不$来_3$”。其中,由隐到显或由无到有的存在状态变化均是人们所期望的。前者多搭配思辨义二价动词,如“猜、尝、感觉、判断、$想_{(1)}$、想象、估摸”等。如例(8)表达叙说者认为“想出心情”在“一个过了三十岁的女人,第一次做了母亲"这一条件下可能实现。

(8) 一个过了三十岁的女人,第一次做了母亲,那心情完全可以**想得来**。(路遥《平凡的世界》)

后者多搭配产生或引起义动词,如"赚、挣"等。例(9)表达叙说者认为受到"你那个卦摊瞎嘴胡圪嚓"的阻碍"大叔"不可能实现"你赚来钱"的结果。

(9) 大叔,我看你那个卦摊就别摆了,瞎嘴胡圪嚓,也**赚不来**钱,何必受那冻。(李凖《黄河东流去》)

"V得/不来$_3$"表达动力情态,使用频率很低,因为其中"来"多用"出来"替代。

(四) 生理状态域:"V得/不来$_4$"[能否实现由消极到积极的生理状态变化]

"V得/不来"由空间域隐喻扩展用于生理域,表达叙说者认为移动者由于具备或不具备某些内在能力使得由消极到积极状态的生理状态变化可能或不可能实现,标注为"V得/不来$_4$"。该类表达动力情态,用例较少,这是因为其中"来"多用"过来"替代。仅发现1例"V不来",如例(10)。搜索百度,发现"V得来"的用法,如例(11)。

(10) 有的怕自己睡得死**醒不来**,用根绳悄悄把自己和"巩固对象"拴在一起,一动就拉醒了。(张正隆《雪白血红》)

(11) 我希望你明天能够**醒得来**,因为对我来说你是那么特殊的存在。(百度)

(五) 行为状态域:"V得/不来$_5$"[能否实现某动作或状态的变化]

"V得/不来"由空间域隐喻扩展用于行为状态域,表达叙说者认为移动者由于具备内在能力或客观条件,使得其自身动作或状态的变化可能实现,或受到内在能力或客观条件的制约,使得移动者自身动作或状态的变化不可能实现,标注为"V得/不来$_5$"。

当表达"能否实现某动作"时,搭配非位移、非获取类自主动词,表达动力情态。具体说来,包括承担义动词,如"应付、顾、照管"等,当凸显受动者数量时,"来"可替换为"过来",如例(12)表达受到客观条件"你哥一走,门里门外就我一个人"的阻碍移动者"我"不能实现"应付"的变化;还有行为义动词,如"唱、干、喝、合作、搞、念、做"等,如例(13)表达满足主观能力下

“我”能够实现“做”某事的变化。值得注意的是,该类“V 不来”除了表达内在能力外,还可表达主观意愿,而非内在能力不够,如例(14)根据上下文语境得知老孟引诱江华,江华却不上当,因此“干不来”表达江华主观上不愿意干“这样的事”,而不是不具有干的能力。

(12) 你哥一走,门里门外就我一个人,**应付不来**。(路遥《平凡的世界》)

(13) 什么事呀? 能**做得来**,我一定做!(冯至《敌后武工队》)

(14) 老孟,你革命时候不算行,想不到反革命时候倒挺行。往后两手沾满鲜血,还得升上大队长哩……可惜,咱对这样的事**干不来**。(杨沫《青春之歌》)

当表达“能否实现某状态”时,可搭配言说或相处义的动词,如“处、相处、聊、说$_{(1)}$、谈、拉(lá)、合”等,称为“合得/不来”类,如例(15)、例(16),分别表达叙说者认为满足客观条件“凤阁多年和他一块共事”使得“两个人”有能力相处得好,“小媳妇”受到年龄差距大的阻碍而没有能力实现相处得好的目标,属于动力情态,同时也具有一定的评价意义,正如杨曙、常晨光(2012)认为“能力性情态通常表达说话人对某人能力的判断和估计,而当说话人认为某人具备某种技能或智能做某事的时候,这实质上是说话人对这种能力的认同,是说话人的一种积极评价”。其实,“合得/不来”类的情态意义和评价意义体现为观察视角的不同,前者的叙说者关注交际双方的内在能力,后者的叙说者关注交际事件的成功与否,表和谐融洽之类的合意性(desirability)评价。也可搭配合算义动词,如“划、算”等,称为“划得/不来”类。如例(17)、例(18),分别表达满足客观条件“你们八个打死一个倭寇”情况下划算,受到“跑一回上海只能买几斤木耳”制约使得这个事情不划算或是不值得,属于范晓蕾(2011,2014)提出的“估价”这一边缘性情态类型。“合得/不来”类和“划得/不来”类结构凝固,不少已经词汇化,可前加“很、挺、非常、实在”等程度副词修饰,如例(15)、例(18),可做定语,如例(21)a。我们认为,融洽、合算义是“V 得/不来”用于行为状态域的结构义,并不是“得/不来”本身具有的。

(15) 凤阁多年和他一块共事,两个人很**合得来**。(路遥《平凡的世界》)

(16) 他三十多岁上才娶了一个十七八岁的小媳妇,年轻漂亮,就是跟他**合不来**。(雪克《战斗的青春》)

(17) 你们八个打死一个倭寇都**划得来**!(陈忠实《白鹿原》)

(18) 可是想想他身上剩了四五十块钱,只能买几斤木耳,跑一回上海实在**划不来**。(路遥《平凡的世界》)

除了动词外,一些表示脾气的形容词"急、性急、着急、急躁"等也可进入其中,如例(19)表达叙说者认为负有道义责任的施事"你"施行"急不来"的必要性与可能性,体现以言行事,建议不要着急,属于道义情态。例如:

(19) 所以,我开头叫你不要急,对付老区来的老干部**急不来**,要用另外的改造思想的办法。(周而复《上海的早晨》)

值得注意的是,"说得/不来"既可表达"能否实现某一动作",如例(20)、例(21)a;也可表达"能否实现言说动作导致的相融状态"义,如例(20)、例(21)b。"说得来"表达两种语义的比例为1∶12,"说不来"为18∶5。

(20) a. 如果坏话说不来,好话也不一定**说得来**。(刘震云《一句顶一万句》)

b. 两人有相同的爱好,很**说得来**。(杨绛《洗澡》)

(21) a. 你可不能沉醉于一种现在还**说不来**的幻想之中;你必须凝视着你双脚踩踏的土地。(路遥《平凡的世界》)

b. 两人本来无话,专门找来的话,就显得勉强;两人**说不来**,就无所谓坏话或是好话。(刘震云《一句顶一万句》)

"V得来"用于行为状态域,是人类预期的行为或状态,因此,"V得来$_5$"的使用频率较高。"V不来"用于行为状态域,多与人类预期不一致,且可用"V不出/过来""V不了/不会V""无(没)话可V"来替代,因此,"V不来$_5$"的使用频率相对较低。例如:

(22) 他知道有些事自己死也**做不来**(做不出来),顶多想想罢了。(刘恒《黑的雪》)

(23) 正因其**照管不来**(照管不过来),故请再遣大将。(姚雪垠《李自成》)

(24) 夏风说:"他那艺术我**欣赏不来**(欣赏不了/不会欣赏)。"(贾平凹《秦腔》)

(25) 不痛快不是说酒席不丰盛,而是在酒桌上,跟牲口牙子老杜**说不来**(无话可说)。(刘震云《一句顶一万句》)

(六)"V得来"与"V不来"的对称与不对称

由上,"V得/不来"多表达动力情态。在空间域、领属域、存在状态域、生理状态域中表达能否实现事件"V来",体现为语义泛化,有相应的"V来"结构;进入行为状态域,表达能否实现动作或状态"V/Adj.",体现为语义虚化,没有相应的“V来”结构。

统计2 500万语料库,我们得出以下结论:第一,“V不来”的使用频率明显高于“V得来”,前者有500例,后者有118例。胡清国(2003)认为表能性的肯定形式有“V得C”和“能VC”,而表能性的否定形式只有“V不C”;“不能VC”表达“禁止、不准许”的意义。

第二,“V得/不来”所在认知域比例存在对称与不对称。空间域和行为状态域“V得/不来”比例较大,分别占57.9%、25.1%。对“V得来”来说,使用频率最高的是行为状态域“V得来”,占67.80%;其次是空间域“V得来”,占22.88%。而对“V不来”来说,正好相反,使用频率最高的是空间域“V不来”,占66.2%;其次是行为状态域“V不来”,占15%。领属、存在状态和生理状态域“V得/不来”比例较小。“V得来”占9.31%,“V不来”占19%,这是因为“来”状态变化的方向性不够具体,须通过具体趋向动词来表现。

以上数据如表1所示:

表1 “V得/不来”所在的认知域及统计

认知域	V得来	V不来	小计
空间域	27(22.88%)	331(66.2%)	358(57.9%)
领属域	2(1.69%)	26(5.2%)	28(4.5%)
存在状态域	9(7.63%)	67(13.4%)	76(12.3%)
生理状态域	0	1(0.2%)	1(0.2%)
行为状态域	80(67.8%)	75(15%)	155(25.1%)
小计	118	500	618

第三,“V得/不来”句法分布比例存在差异。如“V得来”用于疑问句(多为是非问)的比例为14.4%,“V不来”(多为反问)则仅为2.2%;“V得来”用于定语的比例为8.47%,“V不来”则为2%。例如:

(26) a. 她盯住同桌那只铅笔盒,猜测它来自遥远的大城市,猜测它的价值肯定非同寻常。三十个鸡蛋**换得来**吗?(铁凝《哦,香雪》)

b. 他跟贝桐又是多年朋友,在商务上也有很多**谈得来**的地方,尤其内眷其实是走得很近的。(张承志《黑骏马》)

(27) a. 把你四姐带回来的宝贝拿出一件卖了,还怕**换不来**一火车大米洋面?(莫言《丰乳肥臀》)

b. 凤英用嘴**问不来**的本领,却用眼看来了。(李準《黄河东流去》)

不同的是,“V 不来”可用作补语,计 4 例,“V 得来”则未发现用例。例如:

(28) 杨金山弄得真是累了,紧要关头老是咳得**上不来**气,气不足便里里外外落个软软软,很有些悲哀。(刘恒《伏羲伏羲》)

第四,“V 得来”的肯定确定性程度较弱,“V 不来”的否定确定性程度相对较强。“V 得来”的肯定性程度可通过以下方式改变(占 50.8%):一是情态助动词或副词有“(完全)可以、要、能、准、管保、一定、绝对、必会”,还有情态动词“相信”等,计 27 例(其中“能”18 例),如例(29)—例(31)(用下画线表示添加的确定性词语)肯定性程度较之“V 得来”提高。二是通过程度副词“比较、挺、满、很、特、最”等提高肯定性程度,计 20 例,如例(15);以及通过副词“还”等保持肯定性程度,计 7 例,如例(32)。这 27 例用于“说得来、合得来”类。三是通过否定性词语“没有、无法、不会、不一定”来降低肯定性程度,计 6 例,如例(20)a。

(29) 我知道你<u>能</u>**过得来**,劳动人出身,受得了苦!(冯德英《迎春花》)

(30) 它就该姓隋。我<u>一定</u>**夺得来**。(张炜《古船》)

(31) “有趣吗?”“是个顽童,容日我让翠屏带着他来跟彩如做伴,<u>相信</u>他们会像我们小时候般**合得来**。”(张承志《黑骏马》)

(32) 他名叫赵毓青,原来是保定二师的学生,年轻、热情,我们俩<u>还</u>**谈得来**。(杨沫《青春之歌》)

“V 不来”的否定性程度可通过以下方式改变(占 18.4%):一是通过副词“丝毫、差一点、八成、也许、说不定、有些、实在、颇、真、准、往往、已经、根本、都、更、还、再、再也”等改变,如例(18)、例(33);二是通过“连……都/也 V 不来”“V 也 V 不来”“谁也、什么也”等“任指成分 + 也/都”等结构改变,如例(34)—例(36);三是通过动词“恐怕、估计”等改变,如例(37);四是通过连词“万一”降低否定性程度,如例(38)。这些类别共计 92 例,使用比例渐低。例如:

(33) 然而机会完结了,失去了,就<u>再也</u>**回不来**了。(张炜《柏慧》)

(34) 债主请京师地方法院把他从剩下的号房里轰出来,这才知道他这一身本事上当铺当不出一个大子儿,<u>连</u>个硬面饽饽<u>也</u>**换不来**。

（邓友梅《那五》）

（35）据点里粮食快吃光了，抢也抢**不来**……看样可待不下去了。（雪克《战斗的青春》）

（36）你娃娃不敢这样！神神鬼鬼的事，谁也**说不来**！（路遥《平凡的世界》）

（37）……雪下了这么大，那坡又陡又滑，估计日本人他**上不来**！（马烽《吕梁英雄传》）

（38）这种人反复无常，留下未必可靠，万一**回不来**，亦不可惜。（姚雪垠《李自成》）

四、“V得/不来”语义类型的历时考察

（一）动词“来”单独做谓语

“来”作为动词具有“往来、来到”义，进而表达“由彼至此、由远及近”。六朝前，动词“来”单独用作谓语动词，如例（39）；南宋前，“不来”是一个动词短语，多在句中做谓语，如例（40）。

（39）到宋景平元年七月，有宾律师佛大什**来**至京师，……（《全梁文》）

（40）今徵，必**不来**，祸小事浅；不徵，事迟祸大。（《三国志》裴松之注）

（二）动词“来”作为结果补语的出现

六朝时“来”出现放在动词之后的用例，逐渐失去动词的作用，由两个动词连用变为动词补语，用于已然语境中，出现“V＋来”的用法，可后接处所宾语，如例（41）；也出现了表领属变化的“来”，如例（42）；唐五代时，出现了表时间变化义与消极到积极生理状态变化义的“V来”，如例（43）、例（44）。

（41）卧处比有一溪，相去三五十步，犬即奔往入水，湿身**走来**卧处，……（《搜神记》卷二十）

（42）持钱至他园中买庵婆罗果而欲食之，而敕之言：“好甜美者，汝当**买来**。”（《百喻经·尝庵婆罗果喻》）

（43）不可交声闻空在会，合应有菩萨也**唱将来**。（《敦煌变文集新书·卷二·二、双恩记》）

（44）夜半**醒来**红蜡短，一枝寒泪作珊瑚。（皮日休《春夕酒醒》）

(三) 能性述补结构"V 不来"的出现

唐五代时发现少例"V 不来$_1$"的用法。南宋时出现"V 不来$_1$"和"V 不来$_5$"的用法。"V 不来$_1$"所关涉的受动者多位于话题主语位置,或者位于动词与"不来$_1$"之间,分别如例(45)、例(46)。"V 不来$_5$"如例(47)、例(48)。这时"V 不来"均是能性述补结构,未见结果述补结构,这与吴福祥(2002)的观点一致。

(45) 呜呼五歌兮歌正长,魂**招不来**归故乡。(杜甫《乾元中寓居同谷县作歌七首》)

(46) 礼乐虽是好底事,心既不在,自是**呼唤他不来**,他亦不为吾用矣。(《朱子语类》卷二十五)

(47) 今人有这事,却无道理,便**处置不来**,所以忧。(《朱子语类》卷三十七)

(48) 人若不孝弟,便是这道理中间断了,下面更生不去,**承接不来**,所以说孝弟仁之本。(《朱子语类》卷二十)

(四) 能性述补结构与结果补语结构"V 得来"的并存

吴福祥(2002)认为汉魏六朝时期,"得"在非"获得"义动词后逐渐虚化为表动作实现并有结果的结果补语;唐代时用作结果补语的"得"进一步虚化,演化成表动作实现或完成的动相补语。"V 得来"也有如此的情况。唐五代时,"V 得来"是结果补语结构,表示已经实现位移或领属权的变化。例如:

(49) 又借太子所乘马,太子怒,不与。远曰:"已**取得来**,见于后园中放在。"(《太平广记》卷二百八十五)

(50) 师云:"为什么故不住?"对曰:"目前无寺。"师曰:"什摩处**学得来**?"对曰:"非耳目之所到。"(《祖堂集·华亭和尚》)

在结果补语结构"V 得来"的基础上,南宋才出现"V 得来$_1$"用法,用于非现实语境中。例如:

(51) "不事王侯",无位之地,如何**出得来**? 更干个甚么? 渊。(《朱子语类》卷第七十)

(52) 纵**拽得来**。又千疑万虑不敢用。有底信手拽来超今越古。(《佛语录·古尊宿语录》)

也出现了"V 得来$_3$"的用法,例如:

(53) 又说钟离权吕洞宾,而今又不见说了。**看得来**,他也只是养得分外寿考,然终久亦散了。(《朱子语类》卷三)

这时期“V得来”中“来”的语义逐渐泛化,与“得”紧密结合,“得来”可看作是表达结果的结构助词(刘坚等 1992;邢向东 1994),用于已然语境中。“来”可以隐含,不影响语义。例如:

(54) 便只是弄精魂。只是他**磨擦得来**精细,有光彩,不如此粗糙尔。(《朱子语类》卷一百二十六)

(五) 能性述补结构“V不来”的泛化发展

元代时“V不来”开始泛化,发现1例“V不来$_2$”的用法,清代时仍较少使用。例如:

(55) 成就了这交易罢。似你这定的价钱。就是朝鲜本地方也**买不来**。(《老乞大新释》)

(56) 到了这个时候眼高不低,肠直不曲,委实和那班龌龊无耻的小人**拉拢不来**,只得凭着他们去怎样的了。(《九尾龟》第一百九十回)

明代出现了存在状态域“V不来$_3$”用法,可以是由隐到显,如例(57);也可以是由无到有,如例(58)。

(57) ……也不管那书背得来**背不来**,仿写得好写得不好,把书上号的日子,仿上判的朱头?(《醒世姻缘传》第二十六回)

(58) 禅师看见这扇雌钹**变不来**,连忙又掀起那扇雄钹,……(《三宝太监西洋记》第七十六回)

“V不来$_1$”和“V不来$_5$”两种用法至明清时代较成熟。前者如例(59)、例(60),可搭配趋向动词,仍然存在“VO不来$_1$”;后者如例(61)—例(63),分别搭配应付义动词、相处义动词和形容词。

(59) 十五人眼睁睁地看着那七个人都把这金宝装了去,只是起不来,**挣不动**,说不的。(《水浒全传》第十六回)

(60) 元帅宽心,明日小将单丁只马,一定要活捉这两个番人。若是**捉他不来**,誓不相见!(《三宝太监西洋记》)第六十二回)

(61) 自己不但不能料理薪水,连丈夫身上一针一线也**照顾不来**。(《儿女英雄传》第二十七回)

(62) 又有那才行俱优,却又在那体貌上不肯苟简,未免又恐怕**相处不来**。(《醒世姻缘传》第十六回)

(63) 点点事情,都要来问我,我这个两湖总督,就是生了三头六臂,也**忙不来**。(《文明小史》第十三回)

至现当代时,才出现"V 不来$_4$"。

(六) 能性述补结构"V 得来"的逐渐分化与发展

明清时代,"V 得来"逐渐从结果述补结构中分化出来,只具有能性述补结构用法。"V 得来$_1$"和"V 得来$_3$"数量渐多,如例(64)、例(65);明代出现"V 得来$_2$",如例(66)。

(64) 闷闷不乐,倒在床上,一觉睡到日沉西,方**起得来**。(《二刻拍案惊奇》卷九)

(65) 自古道天道祸淫,才是这样贪淫不歇,便有希奇的事体做出来,直教你破家辱身,急忙**分辨得来**,已吃过大亏了,这是后话。(《二刻拍案惊奇》卷二十八)

(66) 譬如良田美产,今日弃了,明日又可**挣得来**的。(《喻世明言·滕大尹鬼断家私》)

明清时还出现"V 得来$_5$"用法,如例(67)、例(68)分别表达能够实现某动作、状态。

(67) 老丈,你试说一说我听,万一我的力量**做得来**也不可知。(《醒世姻缘传》第六十一回)

(68) 狄希陈离了那夜叉,有了旺气,宾主也甚是**相处得来**。(《醒世姻缘传》第七十五回)

现当代时才出现"V 得来$_4$"用例。

五、结　　语

能性述补结构"V 得/不来"表达能性情态,可通过动力学图式进行分析。该结构多表达动力情态,即叙说者认为满足主客观条件或者受到主客观条件阻碍可能或不可能实现移动者的主观意愿,反映了叙说者的观点与态度,具有一定的主观性。该结构进入行为状态域,具有了评价、估价情态与道义情态意义,分别体现为"合得/不来"类、"划得/不来"类、"急不来"类。"V 得/不来"最初用于空间域,后其放射性隐喻扩展至领属、存在状态、生理状态和行为状态域中,体现了语义泛化与虚化过程,所搭配动词由位移动词到非位移动词，由动作动词到心理/生理动词、言说动词、形容词，由可后接宾语到不能后接宾语。

共时语料考察发现：(1)“V不来”使用频率远远高于“V得来”，这与能性述补结构的整体规律一致。(2)空间和行为状态域中的能性述补结构“V得/不来”使用频率较高，而其他认知域使用频率较低。这是因为其他语义类型的“V得/不来”更易被相近功能的具体趋向动词所替代，如“过来、回来、进来、出来”均可用于领属域，“过来”也可用于生理状态域，“出来”也可用于存在状态域，并且使用具体趋向动词表达更为准确、细腻。(3)“V得来”在行为状态域的使用频率较高，“V不来”在空间域的使用频率较高。这是因为后者用于行为状态域多是人类非预期的，且可用其他趋向补语替代。(4)“V得/不来$_5$”具有较强的凝固性，进入的动词多为负担义动词、行为义动词、言说或相处义动词、合算义动词，均为非位移、非获取类自主动词。“V得/不来$_5$”在古代汉语中就已产生，保留在普通话中，而不是普通话受方言影响而产生的。只是到了普通话中，该类多为功能相近的“V得/不了”“V得/不得”等替代，多使用于方言中。(5)“V得/不来”句法分布比例不同，前者用于疑问句和定语的比例较高。(6)“V得来”的肯定确定性程度较弱，使用改变能性程度方式的比例高于后者，相反，“V不来”的否定确定性程度相对较强，使用改变能性程度方式的比例较低。

历时考察发现：(1)“来”作为结果补语出现于六朝，早于“V得/不来”的出现。(2)“V不来”的泛化与虚化进程(南宋)早于“V得来”(明代)。“V不来”的语义出现顺序为：V不来$_1$(唐五代)>V不来$_5$(南宋)>V不来$_2$(元代)>V不来$_3$(明代)>V不来$_4$(现当代)，“V得来”的语义出现顺序为：V得来$_1$(南宋)>V得来$_2$/V得来$_3$/V得来$_5$(明代)>V得来$_4$(现当代)。(3)“V不来”出现时(唐五代)只有能性意义，而“V得来”出现(唐五代)时只有实现义，到实现义和能性意义并存(南宋)，再到只表能性意义(明清)，经历了逐渐发展的过程。(4)“V得来”的句法凝固度较“V不来”高，这是因为明清时代“VO不来”格式仍较常见。

附注

① 动词小类参考了孟琮等(2003)编《汉语动词用法词典》。右下角数字表示词的义项，右上角数字表示同形词在词典中的编号。

参考文献

范晓蕾(2011)以汉语方言为本的能性情态语义地图,载北京大学中国语言学研究中心《语言学论丛》编委会编,《语言学论丛》第四十三辑,北京:商务印书馆。

高顺全(2002)动词虚化与对外汉语教学,《语言教学与研究》第2期。

胡清国(2003)"V得/不C"的强势与理据,《华中师范大学学报》第3期。

刘大为(1997)流行语的隐喻性语义泛化,《汉语学习》第4期。

刘　坚,江蓝生,白维国,曹广顺(1992)《近代汉语虚词研究》,北京:语文出版社:146-166。

刘月华(1980)可能补语用法的研究,《中国语文》第4期。

——(1998)《趋向补语通释》,北京:北京语言文化大学出版社:51-66。

吕叔湘(2004)《现代汉语八百词》增订本,北京:商务印书馆。

孟琮等(2003)《汉语动词用法词典》,北京:商务印书馆。

史有为(1986)"来"、"看"小补,《汉语学习》第5期。

吴福祥(2002)汉语能性述补结构"V得/不C"的语法化,《中国语文》第1期。

邢向东(1994)神木话的结构助词"得来/来",《中国语文》第3期。

徐静茜(1986)也谈"V得来""V不来",《汉语学习》第2期。

杨　曙,常晨光(2012)情态的评价功能,《外语教学》第4期:15。

玉　柱(1985)"V得来""V不来",《汉语学习》第6期。

——(1986)《"V得来""V不来"》小补,《汉语学习》第5期。

张旺熹(1999)《汉语特殊句法的语义研究》,北京:北京语言文化大学出版社:135-162。

周　红(2005)《现代汉语致使范畴研究》,上海:复旦大学出版社。

——,鲍莹玲(2012)复合趋向结构"V+过来/过去"的对称与不对称,《语言教学与研究》第3期。

——,何　凡(2018)从认知图式看动趋式"V+来/去"的主观化,《安阳师范学院学报》第1期。

宗守云(2010)补语"透"语义的泛化和虚化,《汉语学习》第6期。

Heine B. *et al.* (1991) *Grammaticalization: A Conceptual Framework*. Chicago: the Chicago University Press: 48-52.

Palmer F R. (2001) *Mood and Modality* (2 ed). Cambridge: University Press: 9-11.

Perkins M R. (1983) *Modal expressions in English*. Norwood, N. J: Pub, Corp.

Talmy L. (1988) *Force Dynamics in Language and Cognition*. *Cognitive Science*, 12: 49-100.

(200083　上海,上海财经大学国际文化交流学院　hellozhouhong@163.com)

“有”“没(没有)”比较句不对称现象分析*

陈 伟

提要 在表比较的“有”和“没”字句中存在不对称现象,前者不能与负向形容词进行搭配,后者可以同正向、中性、负向形容词搭配。两种比较句式在平比和差比的逻辑语义结构上也有明显的区别。文章厘清了“有”“没”比较句各类型之间的语义结构关系,并从“有”“没”的本质特征对其与正/负向形容词的搭配情况做了解释。

关键词 比较句;“有”;“没”;不对称;形容词

一、引 言

现代汉语中的“有”通常用来表示“领有”与“存在”,除此之外还可以表示“达到某种量度或程度”。关于“有”的这些语义和用法,丁声树(1961)、吕叔湘(1981)、朱德熙(1982)等曾有所涉及,温锁林(2012)将该类“有”字句分为两种:一是表比较,二是表达到某数量,并针对“有”的第二种功能进行讨论。对于表比较的“有”字句,胡裕树(1961)、詹开第(1981)、刘月华(1983)、宋玉柱(1987)、曹炜(1987)、张豫峰(1999)、刘苏乔(2002)等做过专门的研究,其中有些学者将“没”字句(这里的“没”也包括“没有”,本文暂不区别二者)作为其否定式统一处理;对于“没”字比较句的研究主要有史有为(1994)和杨惠芬(1998)。以上学者仅就表比较的“有”“没”字句单方面进行研究,尚未指明二者之间的联系与区别。

---

* 基金项目:教育部人文社会科学研究基金项目“语言动态观下语法和修辞界面的同形结构研究”(项目编号15YJA740044);上海外国语大学重大资助项目“主要生源国学习者汉语学习与认知的多角度研究”(项目编号KX161076);上海外国语大学导师引领研究项目“现代汉语非常规句法结构的浮现和演化”(项目编号201601045)。非常感谢审稿专家的修改意见,内容不妥之处概由作者负责。

在形式上,表肯定的“有”字比较句与表否定的“没(没有)”字比较句看似对称,即都存在“NP + 有/没 + NP + AP”形式,实际在意义和功能上并不完全对称,表现为比较结果项(形容词)的搭配有所不同,例如[①]:

(1) a. 弟弟有哥哥那么高。　b. 弟弟没哥哥那么高。
我的房间有你房间这么干净。　我的房间没你房间这么干净。
小王有小张跑得那么快。　小王没小张跑得那么快。

(2) a. *弟弟有哥哥那么矮。　b. 弟弟没哥哥那么矮。
*我的房间有你房间这么脏。　我的房间没你房间这么脏。
*小王有小张跑得那么慢。　小王没小张跑得那么慢。

例(1)a、例(1)b 中的否定形式和肯定形式合法且一一对称,例(2)则不同,a、b 不对称,其中例(2)a 的肯定用法不成立,而例(2)b 则可作为有标记的否定句成立。从以上例句我们可以看到,正向形容词“高”“干净”“快”等既可用于“有”字句,也可用于“没”字句;而负向形容词“矮”“脏”“慢”则仅能用于“没”字句。表比较的“没”字句与“有”字句具体的功能差异何在?在“有”“没”比较句中,形容词的适用范围为什么不同?本文试图对以上问题进行分析并加以解释。

二、“有”“没”句的成分分析

表肯定的“有”字句和表否定的“没”字句构造形式一致,除比较词“有”“没”外,主要由三部分构成:A. 比较主体;B. 比较客体(参照体);C. 量度词,该句式中的 A、B、C 三项以动词“有”和“没”为谓语核心进行关联,多数情况下 C 项前需有程度指代成分“这么”“那么”等。其典型句式可码化为:“A + 有/没 + B + (这么/那么……) C”。其中,A、B 可由名词性词语和动词性词语充当,C 主要由形容词充当,极少数可为动词性词语(仅用在疑问句或否定句中)。(张豫峰 1999)本文集中讨论以 C 形容词性量度词(后文简称形容词)担任的陈述性比较句,其他用法如疑问句,后文将作为佐证加以论述。

表比较的“有”“没”字句,在句法上属主谓宾结构,谓语核心“有”“没”连接着两个动元:起事和止事(范晓 1991),即比较主体 A 是起事,形容词 C 是止事,除此之外还需要参照体 B 这一进行比较的标准,即 A 通过与 B 的对比得到C。因此,"有""没"比较句的语义可概括为"主体以客体(参照体)为标准进行比较,得到了某种量度的结果"。

(一)比较主体与比较客体

该句式的比较主体A和比较客体B之间一般具有一致性,即所指的称谓大多属同一类别,并且A与B都是定指,例如:

(3)张三有/没李四那么好。

(4)竞走有/没慢跑那么快。

但也有不同类别之间以比拟的方式进行比较的句子,比较主体A是定指,比较客体B是类指。张豫峰(1999)、刘苏乔(2002)等曾做过这方面的论述,例如:

(5)这花开得有碗口那么大。(引《现代汉语八百词》例)

(6)窝窝头有拳头那么大。(柏杨《柏杨回忆录》)

上两例中的A与B并非直接相关,而是通过凸显参照体"碗口""拳头"的量度义进行对照,以实现主观上的比较。这种比较方式是"有、没"字句同一类别形式比较的延伸,具有修辞性的表达特点,是具有比较性质的比拟句。本文以探讨A、B属同一类别的事物的比较句为主,表比拟的比较句仅在探讨"有"字比较句特点时有所涉及。

(二)量度词

量度词由形容词来担任,此处的形容词具有程度量性的特点。石毓智(2001)[120]提出形容词的量主要表现为程度的高低,并且可以用能否加一系列程度词的方法来鉴别它们的定量和非定量性,如选用"有点、很、最"等,或是前面添加"不"或"没"否定词。能够前置副词和否定词称为非定量形容词,反之则是定量形容词。考察发现,"有""没"比较句中的C项形容词必须为非定量形容词,因为其具有典型的连续性数量特征,只有具备该特征的形容词才能被用于比较句,例如:

(7)三年的饥饿使八岁多的冬儿只有五六岁小孩那么高。(池莉《你是一条河》)

(8)你的幽默感比他们强。(王朔《一半是火焰,一半是海水》)

处于C位置的形容词可以是"大、长、高、干净、强、勇敢"等正向形容词②,和"小、短、矮、脏、弱、怯懦"等负向形容词,以上形容词具有非定量性特征;而定量形容词如"雪白、桃红、笔直、火热、中、褐"等,不具备量度属性,不能用于比较句。

(三) 程度指代成分

需要注意的是,例(1)的肯定形式 a 句和否定形式 b 句是较为常用的陈述式用法,程度指代成分"这么""那么"去掉后对语义表达影响不大;而例(2)b 的否定形式,如果去掉了程度指代成分"这么""那么",可接受性会大大降低,句子将不能成立。

例(2)与例(1)不同的是,C 项为负向形容词"矮、脏、慢"时,是有标记的,其用法具有限定性。史有为(1994)对"没有"比较句的这一问题做过解释,如"＊他没有我个子矮"和"他没有我个子这么矮",之所以前者可接受程度低而后者可接受程度高,是因为加了类似于"这么"一类程度词语,性质极端化了,强调了,原来的限制也就减弱甚至消失了。文贞惠(1995)认为"这么/那么"后接形容词是指代程度的用法。在"有""没"比较句中,"这么""那么"也是后接形容词的用法,按照指称论的观点,诸如此类的程度指代成分具有指称化的功能,能够使 C 项形容词由描述性成分变为指称性成分,此处的形容词已经具有了类似于名词的属性特征。指称化了的 C 项形容词是对比较客体 B 的性质限定,而名词化了的 C 项形容词由于语法特征的改变,使不合格的"没"字比较句也变得合格化了。

(四) 表比较的"有"和"没"

表比较的"有"和"没"是绝对的反义词,非"有"即"没",不存在中间状态,呈现出肯定式比较句与否定式比较句截然对立的局面,但是,该比较句与其他肯否对立形式的比较句不尽相同,主要在于"有"字语义的不同:表比较的"有"义为"表示达到一定的数量或某种程度",如"水有三米多深""他有他哥哥那么高了"(《现代汉语词典》第 7 版),比较句式中的"有"虽是比较义,但实则是为表达 A 是否达到了 B 的标准,如果达到标准则为"有",未达到则为"没"。也就是说,表比较的肯定形式"有"是平比,其比较目的是只求 A 与 B 的某种性状值相同或近似,不求超越。而表比较的"比"字句的比较目的是前者多于后者,例如:

(9) 这本书有那本书厚。

(10) 这本书比那本书厚。

虽然同是肯定形式的比较句,但比较的结果不同。从语义所指来看,例(9)倾向于厚度一致,而例(10)倾向于前者厚度多于后者,之所以不同,是与

“有”本身所具有的“测量”义有关(刘月华 1983),用B的量度来测量A。从形式上看,例(9)可插入表同等程度的指示代词“那么”,如“这本书有那本书那么厚”,而例(10)则不可,如“*这本书比那本书那么厚”。语义及形式的不同导致用法的不同,这是“有”字比较句区别于一般比较句的独特之处。

而“没”字比较句则又与一般否定式比较句相同,例如:

(11) 这本书没那本书厚。

(12) 这本书不如那本书厚。

汉语中的否定词“不”“没”用于否定结构之后,否定的含义是少于、不及其原来的意义程度,是一种差等否定。(石毓智 2001)[310] 从例子中我们可以看到,表比较的“没”和“不如”语义功能相同,都是前者厚度低于后者。如果把正向形容词换为负向形容词“薄”,需要添加程度指代成分,如“这本书没那本书那么薄”,义为前者厚后者薄。

三、“有”“没”比较句的不对称

“有”“没”比较句不对称体现在C项为负向形容词时。沈家煊(2015)[359] 指出,功能上的不对称总是与组配上的不对称联系在一起。通过分析我们发现,“有”“没”比较句除组配不对称外,其内在功能也存在不对称的现象,具体表现为谓语核心成分“有”“没”语法意义不对称、C项形容词不对称、逻辑语义结构不对称三个方面。

(一)“有”“没”字句语法意义的不对称

1.“有”字句特有的语法意义

“有”字句一般情况下表A项(比较主体)与B项(比较客体)之间的平比,“没”字句可以给予否定,并无特殊之处。“有”字句特有的一类句式是以比拟的方式进行比较的句子,“没”字句无此类句式。例如:

(13) 老太爷额角上爆出的青筋就有蚯蚓那么粗。(茅盾《子夜》)

(14) 她头上碰的包有鸡蛋那么大。(引刘苏乔 2002 例)

该类比较句的A项(定指)以B项(类指)的量度性质义为参照标准进行比较,该比较客体B由于属性与比较主体A不同,这类比较句可以使“有”字句以比拟的方式进行比较,而与之相对的“没”字句一般不会用比拟的方式进行比较。因为比拟的比较方式一般只作为发端句适用,如若否定则会直接否定比较结果项“没有那么粗”“没有那么大”,从语言经济性原则来讲,不会保留句子前部的冗余成分,所以“没”字句不会以比拟的形式出现。

2. “没”字句特有的语法意义

“有”字句只能肯定平量比,“比”字句则能够肯定增量比和减量比。与之相对,“没”字否定句不仅能够否定“有”字平量比,还能够否定增量比和减量比。例如:

(15) 肯定增量比 a. 小丽比小王漂亮　否定增量比 a. 小丽没小王漂亮
肯定平量比 b. 小丽有小王漂亮　否定平量比 b. 小丽没小王漂亮
肯定减量比 c. 小丽比小王丑　否定减量比 c. 小丽没小王丑

“没”的比较功能甚至还要比另一个同样表否定的主观量标记“不”更为全面。侯瑞芬(2016)提到,汉语中两个常用的否定词“不”和“没”在修饰名词和动词时,“不”是主观上的性质否定,“没”是客观上的存现否定。但是在“没”字句中与之不同,由于否定的是主观评价性的形容词(如“漂亮”“丑”),那么“没”同样也具备“不”的主观性质否定功能。从例(15)中我们可以看到,肯定增量比 a 和肯定减量比 c 都可以用“不”来替代“没”否定,如 a. 小丽不比小王漂亮、c. 小丽不比小王丑,但肯定平量比 b 却无法用“不”来替换,这说明了“没”比“不”多了平量否定的功能。

通过“有”字句和“没”字句的对比我们可以了解:“有”字句与其否定形式“没”字句是不对称的。“有”字句包含比拟的比较方式,而“没”字句无比拟的比较。就肯定与否定功能来说,“有”字句仅能肯定平量比,而“没”字句可否定增量比、平量比、减量比三类情况。这种用法及功能上的不对称现象是分析“有”“没”比较句不对称现象的切入点,同样也是我们解决该问题的落脚点。

(二) C 项形容词的不对称

C 项形容词的不对称是“有”“没”比较句不对称最为显著的特征。上一节我们讨论了 C 位置形容词的可量度性,但这只是“有”“没”比较句的共性特征,在共性基础上还需要做进一步区分,以得出其个性所在。

可进入 C 位置的形容词按语义特征可分为三类,分别是正向形容词、负向形容词、中性形容词。其中,正向形容词有:高、长、快、多、大、干净、漂亮、谦虚等;负向形容词有:矮、短、少、小、脏、难看、骄傲等;中性形容词有:酸、

甜、苦、辣、凉、热、红、绿等。其中,正向形容词和中性形容词进入"有""没"比较句是对称的,属于惯常性搭配,例如:

(16) a. 我有他那么高/长/干净/漂亮……

b. 我没他那么高/长/干净/漂亮……

(17) a. 这碗汤有那碗汤那么酸/甜/苦/辣/凉/热……

b. 这碗汤没那碗汤那么酸/甜/苦/辣/凉/热……

而当负向形容词进入C位置时,是非对称的,即便合格也属非惯常性的搭配,例如:

(18) a. *红色的裤子有绿色的裤子短/小/脏/难看……

b. 红色的裤子没绿色的裤子短/小/脏/难看……

由此我们可以断定,当且仅当C项为负向形容词时,"有""没"比较句才会存在不对称的现象。通过分析C项形容词的语义特征我们可以得知,正向形容词和中性形容词既可以用在表肯定的"有"字句,也可用在表否定的"没"字句,而负向形容词则只能用于否定形式,不能用于肯定形式。

(三)平比、差比的逻辑语义结构

从该句式的典型结构"A+有/没+B+(那么……)C"来分析,表比较的"有"和"没"连接两个论元A和B,如果A和B属同一范畴,那么是两个个体论元进行比较,如"张三有李四那么高";如果A是个体论元、B是程度论元,那么B直接指称A,如"张三有两米高"。其实,无论B是个体论元还是程度论元,表达的都是由个体到程度的二元比较关系,即便B是个体论元,在该句式中凸显的也是其程度性质义,即B的C(参照体的量度)。

按照同一范畴下A、B两个个体论元进行组配,我们可以按照比较主体A和比较客体B的关系分为三种不同的类型,即:A=B、A<B、A>B。例如:

(19) 张三有李四那么高。

(20) 张三没李四那么高。

(21) 张三没李四那么矮。

以上三个例句表达了三种不同的情况,分别是:张三与李四一样高;张三矮,李四高;张三高,李四矮。我们从两个视角来看这三种情况:一是比较主体与比较客体的平比(即肯定平量比);二是比较主体和比较客体的差比(即否定中量比、否定减量比)。由此,形成两个不同的语义结构:

“有”字平比结构：A 比较主体——B 比较客体(参照体)——C 性质(量度)

张三	=	李四	一样高

“没”字差比结构：A 比较主体——B 比较客体(参照体)——C 性质(量度)

张三	<	李四 ——→	高
张三	>	李四 ——→	矮

从“有”“没”字句语义结构关系可以看出,比较客体量大则主体量小,比较客体量小则主体量大。比较主体 A 与比较主体 B 之间的关系可简化为：

① A = B　　② A↓ < B↑　　③ A↑ > B↓

对于“有”“没”这一对肯否比较句来说,已实现逻辑上的周遍,其他表达方式从逻辑上来说没有存在的意义。至于为什么诸如“＊张三有李四那么矮”这样的表达方式不能进行平比？这与比较结果项形容词的量幅特征有关,下文将展开讨论。

综上所述,“有”“没”比较句存在量比的不对称、形容词搭配的不对称、逻辑语义结构不对称,这样三类不对称现象。那么造成“有”“没”字句不对称的原因是什么呢？将在下文给予解释。

四、关于“有”“没”比较句不对称的解释

“有”“没”比较句不对称现象的产生与“有”字肯定范畴、“没”字否定范畴的功能差异有关。张新华、张友和(2013)提出肯定范畴总是表示一定范围的实质内涵,指称一定量幅,且具有“累积性”;否定范畴无实质,无实指,不编码任何有关事物的认知内容。由此可见,“没”虽然是“有”的否定形式,但在其各自的所指域中并非是一正一反完全对立的。在“有”“没”比较句中,量比、形容词的搭配及语义结构的差异印证了这一点。

(一)“有”字句的实质功能特征

“有”的肯定平比性及其与正向形容词搭配的必然性,是由“有”字的功能实质和内涵特点决定的。“有”的功能实质是个体所指事物本体层面高于其物理躯体,并且前者统摄后者。(张新华 2011)“有”是异类多义词(吴福

祥 2011),无论表示领有、存现还是比较,其语义内涵所指必然是实质性事物。在"有"字句中,虽然其搭配的是形容词,看似不涉及实质性事物,但事实并非如此,例如:

(22) 他个子有我这么高。

(23) *他个子有我(这么)很高。

例(22)以"我"为比较客体进行估量,"高"在句中有程度指代成分"这么"限定,并且不能被程度副词修饰,如例(23),失去了形容词的语法意义,并有了实质性事物的某些特征。"这么高"在例(22)中是一个固定的量,用来指代"我"的实体高度,说明此处的"高"已经指称化了。因此可以说形容词"高"在"有"字句中已失去形容词的属性,指称性更为显著。

形容词的指称性是无标记正向形容词才具有的特征。从标记理论(markedness theory)的视角来看"有"字句,肯定形式的"有"字句是无标记项,C 项积极义和中性义的形容词可用于无标记的询问。就形容词的程度指称语来说,有"长度、宽度、高度、深度、广度、重量"等,却没有相应的"*短度、*窄度、*矮度、*浅度、*窄度、*轻量"等(谢文芳 2012)。正向形容词的指称性与"有"字功能实质有什么关系呢?按照张新华(2011)的说法,"有"既然表示现实中存在的事物,那么就具有外向性,事物向外展开才可被看到。在"有"字比较句中,"有"的外向性和正向形容词(指代性成分)一致,都是表示实际事物的"累积性",既然是现实中存在的具体实物,那么就有空间或是性状的量幅,绝不可能是负向的,因此"有"字功能与正向形容词指称功能的方向性一致,从"有"字功能特征来看,只能与正向形容词搭配。

那么,为什么不能与负向形容词搭配呢?因为正向形容词一般是全量幅词,量幅区间为[0,1];负向形容词一般是半量幅词,量幅区间为[0,0.5],(石毓智 2001)[233]以全量幅形容词为"测量"标准包含了所有可能性,如表比较结果项的"高、快、干净"等,而"矮、慢、脏"是位于平比之下的负向半幅形容词,从量度特征来说,"有"字平比功能表示 A 至少不会低于 B,也就是说不会在半数以下,其量幅区间不可能是[0,0.5],因此下半幅形容词不可用。如例(22)的"高"可作"高矮"的意思讲,包含"矮"的意义在内。具体来说,"他个子有我这么高"可从两个角度来看:当所指"我"个子实际较高时,比较结果项"高"指称量幅中的低端量度;当所指"我"个子实际较矮时,比较结果项"高"指称量幅中的低端量度,蕴含了"矮"的属性。并且结合"有"字本身所具有的实质存在属性,可知“有”字句绝不可能与负向形容词进行搭配。

(二)“没”字句的否定特征

在“没”字句中,为什么既可以与正向形容词搭配,也可以与负向形容词搭配?就否定的范围而言,自然语言的否定都是差等否定,既可以否定大量也可以否定小量,(石毓智 2001)[27]也就是说有标记否定句既可以与正向形容词组合,也可以与负向形容词组合。这一点可以从“没”字语用功能方面得以验证。由于“没”字句是否定句,而且是作为肯定句的否定,一般要先有一个肯定命题,因此不能作为一个发端句而是一种对别人判断的“反驳”或是对相关“比”字句提问的否定回答,且都可以在“没”字句前面自由隐现“我+认证义动词(认为、觉着、觉得)”,主观性较强。例如:

(24) a. 我认为小王比小李高。

b. 不,(我认为)小王没小李高。

(25) a. 你认为小王比小李高吗?

b. 不,(我认为)小王没小李高。

“没”字句在特定条件下可以作为发端句,如反问句和标题中。例如:

(26) 委内瑞拉石油储量第一,为啥却没沙特富有?(文章名,微信公众号:平说财经)

(27) 只要你过得没我好。(专著名,[美]萨曼莎·杰恩 著,苏小黛 译)

因此,“没”字句是带有主观否定语气的非中性语境,可以形成有标记和无标记都出现的对立形式。

为何负向形容词能够与“没”搭配呢?例如:

(28) 她没她姐姐这么笨。

(29) 他没他哥哥那么矮。

关于此类“没”字差比句,相原茂(1992)认为,消极形容词加上“这么/那么”类词语,不仅合法还使后续形容词表示的性质状态成为已然的事实。负向形容词能够接受“这么”“那么”的修饰,说明这些负面词所指称的性状是话语中已经被提及的话题,因此,“这么”“那么”具有一种使负面词“语境化”(textualizing)的功能。(史银玲 2003)这说明,“没”字否定差比句必然存在相应的肯定预设。

“否定”作为一种言语行为,总是“预先假设”相应的肯定句所表达的命题内容,然后加以否认或反驳(Givón 1978,沈家煊 1999[44])。而肯定句则不需要先预设一个命题,直接表述即可。就"没"字句来说,其预设是表肯定的"有"字句。比如"张三没李四高"和"张三没李四矮"预设、反驳的是"张三和李四一样高/矮",否定"矮"则肯定的是"高",否定"高"则肯定的是"矮"。所以,"没"字既可以与正向形容词搭配也可以与负向形容词搭配。

五、结　　语

"有""没"比较句的特殊之处在于其本身所存在的不对称性,具体表现为:"有"字句可以比拟的方式进行比较,"没"字句无该项功能;"没"字句可否定增量比、平量比、减量比,"有"字句仅可肯定中量比,且形容词的搭配也因二者功能的不同有所区分。这种不对称性从逻辑语义结构来梳理,体现为平比和差比之间比较方式的不同。

本文从"有"和"没"自身的特征来分析 C 项形容词在"有""没"比较句中搭配的可能性与现实性,来解释其不对称现象背后所隐涵的深层动因,即:一是"有"字的实质性特征决定了所搭配形容词的指称性、方向性一致,且其量度指称与负向形容词下半量幅无法匹配;二是"没"字否定句总是"预先假设"相应的肯定句,具有较强的主观性,是对于肯定形式的反驳,而且肯定形式既可以是"有"字句也可以是"比"字句,这造成了其在功能上的不对称性。

附注

① 文中除已标明出处的例句外,其余例句均为自拟。

② 正向形容词在语义上表示积极、肯定,符合人们心意的形容词,而负向形容词在语义上表示消极、否定,不符合人们的心意。从语法特征来看,正向形容词前面可加数量成分或物质名词,如"一米宽""半米长""雨下的齐腰深""黄豆大的汗珠"等,而负向形容词则不能。此外,诸如"热/冷""胖/瘦""忙/闲"类形容词,其正负向难以区分,要看是否符合人们积极的心理期待,如"热、胖、忙"是积极的,那么就符合正向形容词的语法特征,可视为正向形容词;如果是消极的且违背人们的心理期待,那么就不符合正向形容词的语法特征,视为负向形容词。"冷、瘦、闲"亦如此。

参考文献

曹　炜(1987)也谈"有"的词性,《汉语学习》第 2 期。

蔡云莹(2014)正向形容词的对外汉语教学,西北大学硕士学位论文。
丁声树等(1961)《现代汉语语法讲话》,北京:商务印书馆。
范　晓(1991)《动词的“价”分类》,北京:语文出版社。
侯瑞芬(2016)再析“不”“没”的对立与中和,《中国语文》第3期。
胡裕树(1961)《现代汉语》,上海:上海教育出版社。
刘月华等(1983)《实用现代汉语语法》,上海:外语教学与研究出版社。
刘苏乔(2002)表比较的“有”字句浅析,《语言教学与研究》第2期。
陆俭明(1989)说量度形容词,《语言教学与研究》第3期。
吕叔湘(1981)《现代汉语八百词》,北京:商务印书馆。
沈家煊(1999)《不对称和标记论》,江西:江西教育出版社。
石毓智(2001)《肯定和否定的对称与不对称》,北京:北京语言文化大学出版社。
史银玲(2003)现代汉语“差比句研究”,中国社会科学院博士学位论文。
史有为(1994)说说“没有我水平低”,《汉语学习》第4期。
宋玉柱(1987)介词“有”应该肯定,《汉语学习》第2期。
温锁林(2012)“有+数量结构”中“有”的自然焦点凸显功能,《中国语文》第1期。
文贞惠(1995)说指代程度的“这么/那么+A”格式,《汉语学习》第2期。
吴福祥(2011)多功能语素与语义图模型,《语言研究》第1期。
相原茂(1992)汉语比较句的两种否定形式:“不比”型和“没有”型,《语言教学与研究》第3期。
谢文芳(2012)正向负向形容词的不均衡性探析,《湖北科技学院学报》第11期。
杨惠芬(1998)表比较的“没有”句句型探析,《语言教学与研究》第1期。
詹开第(1981)有字句,《中国语文》第1期。
张新华(2011)释“有”,《语言教学与研究》第5期。
——,张和友(2013)否定词的实质与汉语否定词的演变,《中国人民大学学报》第4期。
张豫峰(1999)表比较的“有”字句,《汉语学习》第4期。
中国社会科学院语言研究所词语编辑室编(2016)《现代汉语词典》第7版,北京:商务印书馆。
朱德熙(1982)《语法讲义》,北京:商务印书馆。
Givón T. (1978) Negation in Language: Pragmatics, Fuction, Ontology. In Cole P. (ed.) *Syntax and Semantics* 9: *Pragmatics*. New York: Academic Press: 69-112.

(200083　上海,上海外国语大学　sisucw@163.com)

“NP的被VP”的构成及“被VP”的指称化

方绪军　武钦青

提要　文章基于一定规模的含有“NP的被VP”的真实语料，考察分析了这种结构的构成及它们与一般“NP的VP”在结构和语义方面的异同。语料显示，“NP的被VP”在语篇或说话者的世界知识中通常有一个相应的表示被动事件的先行陈述；含“被VP”的指称形式有多种，“NP的被VP”是其中较为典型的一种形式。文章还分析了“被告、被叫、被试、被动、被迫”等不同于一般“被VP”的转指现象。

关键词　“NP的被VP”；指称化；被动；转指

一、引　　言

汉语的动词性成分（VP）中有许多可以用来表指称。“NP的VP”形式（“这本书的出版”之类，其中NP为名词性成分）是常用来说明VP指称化用法的典型结构之一。汉语语法学界围绕“NP的VP”结构已做了大量研究。（朱德熙等 1961；施关淦 1981；张伯江 1993；胡裕树，范晓 1994；詹卫东 1998a，1998b；沈家煊，王冬梅 2000；李大勤 2003；陆俭明 2003；吴长安 2006；周韧 2012；周国光 2016；沈家煊 2016等）这些研究对我们从多角度（如结构主义描写语法、三个平面理论、生成语法、认知语法等）认识和解释该结构的构成、语法性质、语篇使用条件等很有启发。但目前人们对该结构的认识仍有分歧，特别是随着“名词包含动词”观点的提出（沈家煊 2016），该结构中VP的语法性质再次成为关注的热点。从该结构的构成来看（张伯江 1993；李大勤 2003），其中的VP大多是肯定形式，但也有否定形式；大多是主动形式，但也有被动形式（如带“被”）；大多不带时体成分，但也有带“了”“着”的情况。目前讨论该结构的文献关注的VP大多是常见的肯定形式、主动形式等,对否定形式、被动形式等关注较少。而要深入认识该结构的构成与性质,还应该充分了解这些看似非典型形式的构成与性质。

在现代汉语(主要是书面语)中,有不少由被动形式"'被'+动词性成分"(记作"被VP",其中VP包括动词短语、光杆动词和一些动词性语素)构成的"NP的被VP"形式。例如[①]:

(1) 如果老人有独立的宅基地使用权,他至少有保留自己的一份房产的可能性,宅基地使用权的被剥夺,使这种可能性不复存在。

(2) 据统计,自1970年至今,世界已失掉近365万平方公里的森林。森林的被毁不仅影响空气的净化程度,而且加剧物种的消失。

现代汉语中的"被VP"常充当"被"字句的谓语,具有陈述性。例如:

(3) 有的学校搞一些五花八门的东西,进一步加重了学生的负担,学生们自由活动的时间和空间都被剥夺了。

(4) 由于这一地区被辟为农场,桦树林被毁。

例(3)、例(4)中的"被VP"("被剥夺""被毁")都是句中谓语,表陈述,但例(1)、例(2)中,相应的"被VP"在"NP的被VP"中却用以指称某个被动的事件,具有指称性。李珊(1994)提到"被"字结构做定中结构中心语的现象,但称仅发现两例。何元建、王玲玲(2007)从汉英对比的角度认为汉语同英语一样也有与被动结构(如"她被谋杀/环境被污染")相应的含被动形式的名物化结构(如"她的[被谋杀]/环境的[被污染]")。但总体上看,作为"NP的VP"一类结构中的一种特殊形式,"NP的被VP"的构成和使用情况如何,目前尚未引起足够重视。

实际上,在较大规模语料库里"NP的被VP"结构并不罕见。沈家煊(2003)认为汉语的谓语具有指称性。但值得注意的是,"NP的被VP"形式中的"被VP"和"被"字句的谓语"被VP"在形式上有一定的区别;一些"被"字句的谓语可用以构成"NP的被VP"形式,而"把"字句的谓语却未发现有类似的用法,其中的道理也值得思考。因此,具体考察分析"NP的被VP"形式的构成及使用情况,有利于更加深入地认识"NP的VP"结构及VP的指称性。本文主要根据"NP的被VP"在实际语料中的使用情况,考察分析其构成情况和功能,并结合相关的结构讨论"被VP"的指称化现象及其产生机制。

二、"NP 的被 VP"的构成

（一）语料中"NP 的被 VP"使用的基本情况

为了具体考察现代汉语中"NP 的被 VP"的使用情况，我们在北京大学 CCL 现代汉语语料库（以下简称"CCL 语料库"）中搜索字符串"……的被……"，共得到 5 795 条语料，但这其中大部分不是含"NP 的被 VP"结构的用例。我们对这些语料一一进行人工甄别，最后得到含"NP 的被 VP"结构的语料 598 条，这些用例中的"被 VP"的核心动词共有 251 个②，这些动词构成的"NP 的被 VP"数量多少差异很大，出现次数最多的是"NP 的被捕"（120 例），出现次数较多的有"NP 的被害"（35 例）、"NP 的被杀"（22 例）、"NP 的被刺"（20 例）、"NP 的被发现"（14 例）、"NP 的被俘"（13 例）、"NP 的被剥夺"（9 例），"淘汰""征服""抓"等构成的"NP 的被 VP"各 6 例，"揭露""冷落""误解""消灭""遗忘"等构成的"NP 的被 VP"各 5 例，"承认""打倒""盗""剿灭""接受""扭曲""破坏""遗弃""占领"等构成的"NP 的被 VP"各 4 例，由"残杀""毁灭""开除""否定""逼""骗""贬""罚"等 47 个动词构成的"NP 的被 VP"各 3 例或 2 例，另有"暴露""蚕食""撤职""颠覆""粉碎""关押""抢""撵""烧""审""救""擒""拘"等 180 个动词构成的"NP 的被 VP"分别只有 1 例。这些用例为我们考察"NP 的被 VP"的构成和用法提供了一定的线索，本文的分析主要基于这些语料。但我们也应看到，在不同的语料库（比如 BCC 汉语语料库，以下简称"BCC 语料库"）中，"NP 的被 VP"的使用情况有些出入（比如，在 CCL 语料库中，"NP 的被抢"只有 1 例，但在 BCC 语料库中却有3 例）。

（二）VP 为光杆动词的"NP 的被 VP"

从"NP 的被 VP"中 VP 的音节多少看，VP 主要由光杆的双音节动词和单音节动词（下文分别称"双音动词"和"单音动词"）构成。VP 为双音动词的有 186 个，最多的是"发现"，"NP 的被发现"有 14 例，另外像"剥夺""淘汰""征服""揭露""冷落""误解""消灭""遗忘"等动词构成的用例也较多。VP 为单音动词的有 49 个，最多的是"捕"，其次是"害""杀""刺""俘""抓"等。值得注意的是，这些单音动词中，有些是常用的自由度较高的，如"杀""抓""打""救""骗""抢"等：

(5) 随着高敬斋的被杀,他一手培植的特务系统伪组织都被铁道游击队打垮了。

(6) 她想到赵老伯的被抓,二伯妈的非命,她突然对我冷淡起来。

(7) 道静的被打,激起了同志们的愤怒,他们坐在刘丽的朴素洁净的房间里,会议开得紧张而迅速。

(8) 他想起武藏不明不白的死,马英母亲的被救,维持会的失火,王洪建的投敌,以及这满街的标语,难道都是偶然的吗?

(9) 我的遗憾不仅仅为着他们的错误,也为着我自己的被骗。

(10) 佛罗多神秘消失的把戏,黑骑士的出现,马房的被抢,还加上神行客加入这一群哈比人的行列,这一大堆让人兴奋的消息着实在布理成了流传好多年的传奇。

但也有一些不太常用或自由度不高的单音动词或动词性语素,如"捕""俘""盗""歼""释""诛""阻"等:

(11) 在狱中,她大义凛然,充分表现了一个革命者的崇高气节。当时留在"孤岛"的进步人士,没有一个因她的被捕而受到牵连。

(12) 杨子荣一听他的对手说了假话,不敢说出他的被俘,心中的底更大了,确定了迅速进攻,大岔话题。

(13) 六铺炕的石化研究所有他们的第一个成果,仅56平方米的占地,却可容纳30辆车,全电脑控制,并能有效防止汽车的被盗。

(14) "飞虎队"这个称号常在他们嘴里谈起,提起飞虎队马上就联想到枣庄洋行的事件和票车上整队鬼子的被歼。

(15) 曼德拉的被释是种为世人所接受的经历,使人有种美妙的释然之感。

还有几个单音动词,如"害""刺"等,它们在现代汉语中自由度和使用频率比较高,但它们在"被VP"中的词义是"害死""刺杀"等,与它们单用时不同。例如:

(16) 这一部书,从戊戌政变说起,说到六君子的被害,李莲英的受宠,联军的入京,圆明园的纵火等地方,使我满肚子激起了义愤。

(17) 马丁·路德·金,这个继甘地之后最伟大的非暴力主义者,他的死却引来了美国历史上罕见的"暴力"。一些黑人组织因金的被刺而号召同胞:"拿起枪来!"

以上这些由不太自由的单音动词或动词性语素构成的"被 VP"形式，有学者认为它们发生了词汇化（王振来 2008）。

"NP 的被 VP"中 VP 为光杆动词的除了上述一些双音、单音动词和动词性语素之外，还有少量的三音节复合词，如"妖魔化""现代化"等：

（18）作为一种"有魅力"的营销方式，直销的被妖魔化，与其说是无辜的，不如说它身处在楚河汉界边缘，一不小心就过了界，而这个楚河汉界，就是直销法。

（三）VP 为复杂形式的"NP 的被 VP"

"NP 的被 VP"中的 VP 还有一些是复杂形式，主要包括动词并列结构、述宾结构、状中结构、述补结构等。如例（19）—例（21）的"NP 的被 VP"中的 VP 为动词的并列形式：

（19）比起国家和民族来，儿子的被绑架、关押毕竟只是一件小事……

（20）他的学术成就的被承认和重视来得太迟了，但毕竟大器晚成，声名渐起，各大学的邀请函纷至沓来。

（21）这里有富有者的荒淫与享乐，饥饿线上挣扎的大众，献身民族革命的志士，女性的被压迫与摧残。

也有在两个动词前分别用"被"的，构成"NP 的被 V_1、被 V_2""NP 的被 V_1 和被 V_2"或"NP 的被 V_1 或被 V_2"之类。例如：

（22）一部分农村居民的被剥夺和被驱逐，不仅为工业资本游离出工人及其生活资料和劳动材料，同时也建立了国内市场。

（23）在过去，德国是偷偷地或以种种借口和巧立名目的办法来破坏条约的，那时各战胜国因为沉迷于和平主义以及忙于国内政治，还比较容易推卸责任，不去正式宣布和约的被破坏或被违背，但在现在，问题却来得那么直截了当而粗暴。

但如果"NP 的被 V_1、被 V_2""NP 的被 V_1 和被 V_2"或"NP 的被 V_1 或被 V_2"之类中的动词是单音节的，就不宜用"NP 的被 V_1、V_2""NP 的被 V_1 和 V_2"或"NP 的被 V_1 或 V_2"。下边这例"你的被抓和被审"就不能改用"*你的被抓和审""*你的被抓或审"：

（24）阿光说，刘招华我信你不怕死。否则你也不会以如此的心态来面对你的被抓和被审。

构成"NP 的被 VP"的"被 VP"如果是上述并列形式，其中所用的连接方式与做谓语的相关并列形式中的连接方式不同(见下文第四节第二部分)。

下文例(25)—例(28)中VP("当作古董""判死刑""拍为电影""斥责为'唯心主义的文艺思想'")为述宾结构:

(25) 文学书籍的被当作古董,又有另一个特点:文学批评家与学术研究者好似验尸官,往往将死者的作品不断批判与剖析……

(26) 关于这部小说的内容,我们必须先谈谈罗森堡夫妇,他们的被判死刑曾受到世界各地左翼人士的抗议。

(27) 《紫绛》的被拍为电影,而且是A级的、由大导演史蒂芬·史披尔堡导演,证明黑人的著作已经踏上文坛正统之途,……

(28) 关于他的被斥责为"唯心主义的文艺思想",他的回答是,"……这个死结不是我所能解开的!我已经尽了我最大的努力。"

下文例(29)—例(31)中VP("全部击溃""过度信仰""重新占领")为状中结构:

(29) 林铭球又谈到罗汝才新近受招抚的事情和李自成的被全部击溃。

(30) 即使是在演讲集下篇《科学与政府》中,也能觉察到自然科学及自然科学家们的被过度信仰。

(31) 随着莱茵兰的被重新占领和立即动工的齐格菲防线防御工事的建立,法国不再易进入中欧。

下文例(32)—例(34)中VP("打破""送回来""拍摄下来")为述补结构:

(32) 随着进口机一统天下局面的被打破,原来主要在进口机之间的竞争,逐步演变为国产(组装)机与进口机之间的竞争。

(33) 特别是几个票子的被送回来,在全寨中大为轰动,认为这是破天荒没有见过的事。

(34) 在阮玲玉从私人诊所到医院转移的这个过程中,他拍了一张照片,非常有意义的照片,这张照片的被拍摄下来,阮玲玉的一转二转三转就是在抢救过程不断的转院就说明了唐季珊的冷酷,……

而下文例(35)中VP"当成'疯子'看管起来"则是由一个述宾结构和一个述补结构构成的连动式:

(35) 他的顶头上司,东北局宣传部长凯丰,知道应该怎样对付这个"失宠"的老作家。高长虹的被当成"疯子"看管起来,也许就是最得心应手的方法了。

语料中还有一些“NP_1的被 NP_2 VP”的形式，其中 NP_2 为 VP 的施事。例如：

(36) 她的被明敦遗弃，看来作者已神驰于她的忠贞和洁净的品格，于是设置下悲苦的情节，……

(37) 现代化的过程中，文化的被商品扭曲一定不可免吗？我不愿相信。

这种“NP_1的被 NP_2 VP”中的 NP_2是可以删除的，删除以后该形式就成了“NP 的被 VP”。事实上，语料中就有先用“NP_1的被 NP_2 VP”形式、后用“NP 的被 VP”的情况。例如：

(38) 葛文由沈曾植的被学术史遗忘，说到思想史对学术史的干扰，对沈的被遗忘寄于同情并由此引发出对遗老遗少的感慨。

这例中，后边用的“沈的被遗忘”也可以看成是删除前边“沈曾植的被学术史遗忘”中“被”后的 NP_2(“学术史”)而形成的。

有些“NP_1的被 NP_2 VP”中的 NP_2是表泛指的“人”，这种用例中删除“人”，语义和表达功能基本相同。例如：

(39) a. 弗兰克经常怀念过去他同黑人的房产经理人发生过肉体关系，她的被人杀害在这部小说里始终是个悬案。

b. ……她的被杀害在这部小说里始终是个悬案。

(40) a. 锺女士对自己艺术的被人误解，悻悻不平，其实她应责怪她自己的出版商的宣传部门。

b. 锺女士对自己艺术的被误解，悻悻不平……

总体上，“NP 的被 VP”中“被”后边出现 VP 施事成分的情况不多，即“NP 的被 VP”以“被”后边不出现 VP 施事成分为常。这应该与该形式在于表达 NP 的被动的行为活动或遭遇的构式义有关，施事成分在这个构式里不是凸显成分。另外，“NP 的被 VP”中的 VP 如果是单音动词，它前边一般不出现施事成分。从汉语史的角度看，“被 VP”也是比“被 + 施事 + VP”更早用来表达被动事件的(王力 1980)。

我们在 CCL 语料库中还发现了 5 条“NP 的不被 VP”用例。以下是其中的两例：

(41) 台股是今年以来亚洲股市中跌幅最大和表现最弱的市场之一，外资今年以来转为净卖超 100 亿元以上，外资大撤退反映台湾投资环境、资本市场的不被看好。

(42) 一说到农业机械化的不被重视,农机部门的同志便很动感情:"不使用先进的机械装备,农民怎么能从土地上解放出来?"

这种形式与张伯江(1993)和李翠、方绪军(2017)讨论的"NP 的不 VP"的构成具有一致性。但在语料中没有发现"NP 的没被 VP"用例。

三、"NP 的被 VP"与"NP 的 VP"

(一)"NP 的被 VP"与"NP 的 VP"中 VP 的差异

"NP 的被 VP"属于"NP 的 VP"结构中的一种形式,它具有"NP 的 VP"结构的基本特征。一些文献在讨论"NP 的 VP"的结构及语义关系时也有涉及少量"NP 的被 VP"用例的,如陈庆汉(2014)。为显示"NP 的被 VP"与 VP 前不用"被"字的"NP 的 VP"的区别,下文将后者称为"一般的'NP 的 VP'"。

张伯江(1993)、李大勤(2003)等具体描写了一般的"NP 的 VP"中 VP 的构成情况。将"NP 的被 VP"与一般的"NP 的 VP"中 VP 加以对比,可以发现二者有许多共同点。比如,VP 可以是一些光杆动词、动词并列结构、述宾结构、状中结构、述补结构、连动结构等,VP 在两种形式中一般不带时体成分,VP 中的动词后不用带"得"的补语,VP 中的动词前一般不用时间副词、范围副词、语气副词等。但二者也有不少差异。

从音节上看,在一般的"NP 的 VP"的 VP 位置上有少量的单音动词,这些单音动词往往自由度比较高(詹卫东 1998a;方绪军,李翠 2017),如"爱、恨、哭、死、笑"等,但在"NP 的被 VP"的 VP 位置上的单音动词,如上文提到的"捕、俘、盗、歼、释、诛、阻"等,甚至包括一些自由度较低的动词性语素,它们借助"被"的作用,形成双音节的"被 V"(多表示遭遇),得以出现在"NP 的被 VP"结构中,而且像"NP 的被捕、NP 的被俘"之类出现次数较多。有一些单音动词构成的并列结构可以构成一般的"NP 的 VP"。例如:

(43) 龙江剧《木兰传奇》……主演是著名表演艺术家白淑贤,她的唱、念、做、打更加炉火纯青。

(44) 徐永富、姚忠英为孩子们的吃、穿、住操了不少心。

但语料中未发现这种单音动词并列结构用于"NP 的被 VP"的 VP 位置

上的。

从实际使用情况看,"NP的被VP"与陈述形式"NP被VP"(主谓结构)有着密切的联系(下文第四节第一部分详述),"NP的被VP"中的NP和"被VP"大都可以构成主谓结构"NP被VP"形式。但像"哭、死、来、到来、离去、变化、觉醒、流逝、微笑"等,由于它们一般不用作"NP被VP"结构中的VP,因此,它们可以构成一般的"NP的VP",但却不能构成"NP的被VP"。

张伯江(1993)、李大勤(2003)发现少量一般的"NP的VP"中的VP前边带有助动词或是主谓结构,如"问题的未能迅速获得解决""掌权者的不肯认错""街上的情况变化"等。"NP的被VP"中的VP未见有这种形式。

一般的"NP的VP"中的VP还有些是前边带"不"或"没(有)"的否定形式(张伯江 1993;李翠,方绪军 2017),如"李铠的不进后台""宋建平的没有'携夫人'成了今天被他的中国同事罚酒的一个把柄"。有一些"NP的被VP"中的"被VP"前用"不",如例(41)、例(42),但未见用"没(有)"的。

(二)两种形式中NP与VP的及物性语义关系

典型的"NP的VP"结构中,NP是VP的论元,它们之间存在及物性语义关系。陈庆汉(2010)将一般的"NP的VP"中NP与VP的及物性语义关系主要分为以下几种:

施动关系,如:"她的微笑""心理医生的帮助";

受动关系,如:"这本书的出版""太阳能的推广";

成动关系,如:"服装的缝制""景泰蓝的制作";

使动关系,如:"校园的绿化""民主意识的加强";

系动关系,如:"时光的流逝""年轻一代的觉醒"。

参照这样的语义关系分析方法来考察"NP的被VP"中NP与VP的及物性语义关系,可以看出:

"NP的被VP"中NP与VP的及物性语义关系大多属于受动关系,如"森林的被毁""宋小川的被害""甲骨文的被发现""政府的被改革""个体的被忽略"等;

也有一些是成动关系,如"文学书籍的被当作古董""《紫绛》的被拍为电影"等;

还有一些是使动关系,如"直销的被妖魔化"等。

其实,受动关系、成动关系和使动关系都可以看成广义的受动关系。这样,"NP 的被 VP"中 NP 与 VP 的及物性语义关系基本上都可以归为这种广义的受动关系。

由于一般的"NP 的 VP"也能表达 NP 与 VP 的受动关系(如"这本书的出版""这些基因的发现"),在实际使用中要表达 NP 和 VP 的受动关系就有可能面临用"NP 的 VP"还是用"NP 的被 VP"的选择问题。面临这种选择时,可从两方面来考虑。首先可以看 NP 与 VP 为受动关系的一般的"NP 的 VP"和"NP 的被 VP"各自对应的陈述形式。有些 NP 与 VP 为受动关系的"NP 的 VP"对应的陈述形式是无标记被动形式,在这种情况下,就可以用"NP 的 VP"形式。例如:

(45) a. 这本书去年就出版了。

b. 这本书的出版引起了很大的争议。

(46) a. 经历了这些事,群众的民主意识加强了。

b. 群众民主意识的加强为实行民主政治提供了必要的条件。

这两例中,虽然"这本书"与"出版"、"群众(的)民主意识"与"加强"两两都是受动关系,但与 b 句"NP 的 VP"相应的 a 句都是无标记被动句(VP 前以不用"被"为常),所以 b 句自然可以使用一般的"NP 的 VP",使用"NP 的被 VP"反而别扭。

如果相应的陈述形式是带有被动标记的"被"字句,那么自然可以用指称形式"NP 的被 VP"。本文讨论的"NP 的被 VP",从语篇来看它们基本上都有相应的先行陈述形式"NP 被 VP"。

其次应当注意"NP 的被 VP"和一般的"NP 的 VP"的构式义区别。虽然有些情况下在形式上用"NP 的 VP"或"NP 的被 VP"是两可的,但在构式语义上,"NP 的被 VP"比一般的"NP 的 VP"更加凸显被动或遭遇的意义。例如:

(47) a. 这些基因的发现,大大拓宽了人们对基因功能及相互关系的认识。

b. 由于鸡白血病阻止因子(LIF)的被发现,转基因鸡今后有可能成为大量生产有用物质的"动物工厂"的主角。

(48) a. 调控之后必然伴生的长线产品企业和低效亏损企业的淘汰并未真正形成,……

b. 随着三位高手的退出和头号种子、美国名将阿加西的被淘汰，2001 年上海喜力网球公开赛已进入"战国时代"，……

(49) a. 一纸条约积淀着耻辱与伤痛，它记录了中华民族在那个悲苦时代的所有无奈和悲愤；台湾的割让，更是民族的灾难与浩劫，它警醒着中华儿女：中华民族已到了亡国灭种的危险时刻。

b. 一批批的仁人志士，为探寻强国富民之路而前赴后继。台湾的被割让，则犹如一声惊雷，在中华大地唤起了波澜壮阔的反割台、反占领斗争。

以上三组句子里，a 句用的是一般的"NP 的 VP"，b 句用的是"NP 的被 VP"。相比之下，b 句的"NP 的被 VP"凸显了构式所表达的被动意义，就例(48)b、例(49)b 而言，则是更加凸显了构式表达的不如意的遭遇的意义。

从"NP 的被 VP"的 VP 中的动词表示的行为活动与 NP 的及物性语义关系看，它们大多表示对 NP 的不利的行为活动，是 NP 的遭遇，这种动名语义关系与"NP 的被 VP"表示的被动或遭遇的构式义是匹配的。

四、"NP 的被 VP"的所指及"被 VP"的指称化

(一) 语篇中的"NP 的被 VP"及其先行陈述

在语篇中，一般的"NP 的 VP"往往指称一个事件，它对应一个以 VP 为谓语或谓语核心、以 NP 为论元成分或说明语的先行陈述。(詹卫东 1998b；李大勤 2003；方绪军，李翠 2016)与一般的"NP 的 VP"一样，"NP 的被 VP"在语篇中也通常指称一个事件，这个事件一般也是以先行陈述的形式出现在语境中或存在于说话人的世界知识中。

语篇中有些"NP 的被 VP"中的"被 VP"就是对先行陈述的谓语部分的直接引述。例如：

(50) 在肖莉哽咽时，会场上起了轻微的骚动。评委们显然被打动了，参评的人们则担心着评委的被打动，气氛凝重的会场上涌动着一股紧张亢奋的暗流。

例(50)中的"NP 的被 VP"就是指称前边下画曲线的先行陈述所述的事件，其中的"被 VP"直接引自先行陈述的谓语部分。有的"NP 的被 VP"的先行陈述是"NP_1 被 NP_2 VP"形式，与这种形式相应的"NP 的被 VP"中的"被 VP"

也可以视为直接引述。例如:

(51) 田中真纪子与小泉纯一郎“亲密的同志关系”以田中被小泉解职而结束。国会的审议虽然还在纠缠援阿会议的老问题,但国会毕竟恢复审议了,田中等人的被解职已使在野党方面没有太多攻击执政党的材料。

有些“NP的被VP”中的“被VP”则是对先行陈述的间接引述。例如:

(52) 次日上午9时,侦查组去生活后勤处饲养场找宋小川,……等到中午时分找到宋小川时,人已经死了!宋小川的被害,出乎人们的意料,……

这例中“NP的被VP”中的“被害”在前边的陈述部分没有出现,但前边的下画曲线部分含有陈述形式“NP被VP”所表示的意义,即从下画曲线部分可以推知陈述“宋小川被害了”,所以“NP的被VP”中的“被VP”(“被害”)可以看作是对先行陈述的间接引述。

也有些“NP的被VP”相应的陈述没有出现在语境中,而是存在于说话人的世界知识或常识中。例如:

(53) 相声曾有两个时期比较繁荣,一是50年代,一是70年代后期。这两个繁荣期有一个相似的历史人文背景:无论是新中国的成立还是“四人帮”的被打倒,都把人们从一种桎梏下解脱出来,人们急需抒发胸臆。

例(53)中与“‘四人帮’的被打倒”相应的陈述“‘四人帮’被打倒了”未出现在语境中,语境中也没有出现间接的陈述,但“20世纪70年代后期‘四人帮’被打倒了”是常识或是交际参与者的背景知识,“‘四人帮’的被打倒”正是基于这样的背景知识来使用的。

从语篇情况看,一个“NP的被VP”的先行陈述无论直接或间接地出现于之前的语篇中还是存在于说话人的世界知识或常识中,“NP的被VP”都是指称先行陈述所表述的事件,因此,它所承载的是旧信息。这一点也与一般的“NP的VP”不同,有些宾语位置上的“NP的VP”可以表达新信息,如“3号阵地即将遭到敌人的围攻”。(李大勤 2003)

从“NP的被VP”对相应的陈述形式“NP被VP”的依赖情况看,这种形式是基于带“被”标记的被动陈述形式而产生的,而不是在一般“NP的VP”中的VP前加“被”形成的。

(二)"被 VP"的指称化

1. 指称化的"被 VP"所在的结构

汉语中"被 VP"可以做谓语,表陈述,但在上述种种"NP 的被 VP"中,它却发生了指称化,用以指称某个被动的事件。从构式语法的观点看,"NP 的____"构式框架通过压制作用(coercion)强制性地使进入该框架的非名词性成分具有指称性。(牛然明,高德文 2012)这样看来,"NP 的被 VP"中的"被 VP"的指称化就和一般的"NP 的 VP"中的 VP 的指称化一样,它们都是填入"NP 的____"构式框架后通过构式压制来实现指称化的,"NP 的被 VP"就被用来指称某个被动事件。有时,为了显化"NP 的被 VP"的所指是某个事件,语料中,这种结构后边还有用"事件"之类名词的,即用"NP 的[被 VP + 事件]"之类形式来指称某个被动事件。例如:

(54) a. 荣德生绑架事件震撼中外的原因是:爱害者是中国最有实力的大企业家和最有钱的人。他的被绑事件,在美国人看来,等于是"石油大王"洛克菲勒被绑架;……

b. ……他的被绑,在美国人看来,等于是"石油大王"洛克菲勒被绑架;……

(55) a. 俄罗斯总理卡西亚诺夫 28 日呼吁俄有关部门采取措施,稳定因俄首富霍多尔科夫斯基的被捕事件而出现狂跌的俄罗斯股票市场。

b. ……俄有关部门采取措施,稳定因俄首富霍多尔科夫斯基的被捕而出现狂跌的俄罗斯股票市场。

以上两组例句,a 句是原文,其中的"NP 的被 VP"后边的"事件"也可以不用,这样就变成了 b 句。换句话说,b 句里"被 VP"的指称化也可以看成是删除 a 句"NP 的被 VP"后的"事件"形成的。

现代汉语中 VP 实现指称化的途径或手段有多种,比如充当主宾语(如"走路也能锻炼身体""行贿、受贿都属于犯罪")、前加指代词(如"今晚上中国队这发挥太失常了")、受时间名词、数量词语或形容词修饰(如"昨天的失败""一点安慰""甜蜜的拥抱")等(李大勤 2003;方梅 2011)。与 VP 的指称化有多种途径一样,"被 VP"的指称化也不限于"NP 的被 VP"这一种方式。上文讨论的"NP 的被 VP"结构中,NP 都是 VP 的受事论元,但在语料中还有一些由非论元成分(记作"XP")和"被 VP"构成的定中结构"XP 的被

VP”,这些结构中的“被VP”也发生了指称化。例如:

(56) 当丈夫在家少言寡语时,许多妻子都会感到某种情感上的被冷落;而很多丈夫又因为妻子原因不明的情绪低落而沮丧。

(57) 记得上回在公共汽车上,一个小偷将手伸入我同行朋友的包中,我的朋友察觉到而怒目相视,我连忙示意他适可而止,别找麻烦。我的恐惧与纵容导致了今天的被窃,所以我忏悔。

(58) 直到有一次,北京电视大学录了我讲课的像,我看了录像,才知道我是这样的。那样长时间的被“曝光”,我实在有点坐不住:我原来已经老成这样了,而且,很俗气。

(59) 如果在你渴望独处时,别人投给你大量善意的关注,那么,很可能不但收不到预期效果,反而会形成困扰与厌恶,这时候,太多的被牵挂,便成为一种干扰。

以上用例中的下画线部分“XP的被VP”中,XP都不是VP的论元,但其中的“被VP”都发生了指称化。

从“XP的被VP”(包括“NP的被VP”)的使用情况看,它们往往都对应着一个以“被VP”为谓语的陈述形式,语篇中存在着许多“XP的被VP”形式就意味着许多陈述形式中的谓语部分“被VP”在“XP的被VP”形式中用来表指称。沈家煊(2013)认为汉语的谓语具有指称性。一些在陈述形式中做谓语的“被VP”在“XP的被VP”中表指称,这符合沈文的论断。但从“被VP”表指称的情况看,谓语成分用来表指称是有一定的条件限制的,这种限制从以下两方面可以看出:

一方面,指称形式“XP的被VP”中的“被VP”,其中的VP大多是光杆动词,有些是复杂形式,但其复杂程度却远不如“被”字句的谓语形式。比如,指称形式中的“被VP”不带时体成分和情态成分,动词后不用带“得”的补语。虽然有些指称形式的“被VP”是并列形式,如例(19)—例(24),但这些并列形式多用“、”“和”“与”“或”连接,而不用“并”“且”“而”等。而陈述形式“被”字句中的“被VP”如果是并列形式,中间却可以用“并”“且”“而”等连接。这在一定程度上印证了吴云芳(2005)的认识:“和、与”连接的并列结构是指称性的,“并、而”连接的并列结构是陈述性的。

另一方面,一些“NP的被VP”形式的“被VP”中的动词,如“剥夺、淘汰、破坏、开除、击溃、出售、打、判、烧、救”等,它们可以作为“把”字句的核心动词用来构成"把"字句,但语料中却没有发现用来表示指称的"NP 的把……VP"之类的形式。也就是说,同样是陈述形式,"被"字句的谓语"被……VP"(包括"被 VP")在一定条件下可用来表指称,而"把"字句的谓语"把……VP"却很难指称化。比较而言,"被……VP"比"把……VP"更容易发生指称化。

由以上两方面可见,虽说谓语具有指称性的论断有一定的合理性,但其用作指称性成分的程度却有高低之分。

2. 转指的"被 VP"

以上讨论的"NP 的被 VP"中的"被 VP"都与先行陈述"NP 被 VP"形式中的"被 VP"所指相同,这种"NP 的被 VP"中的"被 VP"是自指。但现代汉语中还有少量的"被 VP"形式有转指或转喻用法③,如"被告""被试""被叫""被动""被迫"等。

"被告""被试""被叫"等已经由指称被动的行为活动或事件转指行为活动的受事,在现代汉语中它们更多是作为名词使用的(《现代汉语词典》第 7 版将"被告""被叫"作为词条收录,并将其词性都标注为名词)。不过,这些形式有时也用作动词性成分。例如:

(60) 中国银行和建设银行的官员们一看,几乎在美国上市的公司都被告了。

(61) 那德国籍侍者被叫了来,可是他说对这件事一点也不知道,……

(62) 我父亲花费极多时间研究所有被试过或已知的运动神经疾病治疗方法。

应该说,现代汉语中的名词"被告"之类,都是由动词性的"被 VP"经过词汇化演变而来的,经转喻用来指称 VP 的受事,这种指称化用法固化(entrenched)下来,"被告"之类就成了名词。

值得注意的是,虽然"被告""被试"等已经高度指称化了,但有时还有用"被告人/者""被试人/者"的。例如:

(63) 从囚车上出来的被告人戴着口罩,身旁还有两位医生陪护。

(64) 对检举、控告不实的,要分清是错告还是诬告。……如系错告,应在一定范围内澄清是非,消除对被告者造成的影响,并教育错告者;……

(65) 心理学里有一种"斯特鲁色词测验",向被试人呈现用绿色写的

“红”字和用红色写的“绿”字,被试人在念出来的时候不受什么干扰,……(沈家煊 2016)

(66) 为了调查研究各种工作条件对生产率的影响,美国西方电器公司霍桑工厂一个大车间的六名女工被选为实验的被试者。

以上例句中,“被 VP”后面的“人”“者”也可以不用,因为“被告人”“被告者”就是“被告”,“被试人”“被试者”也就是“被试”。有一点值得注意,《现代汉语词典》第7版里收有“被告人”和“被害人”两个词条,“被告人”与“被告”都可以指被起诉的人,但“被害”却不能像“被害人”那样指被侵害的人,即“被害”不像“被告”那样有转指用法。

“被动”“被迫”等也是高度词汇化了,但它们的语法性质与“被告”“被试”等不同。在《现代汉语词典》里,“被动”“被迫”的词性分别被标注为形容词和动词。

形容词“被动”也经常用以构成“NP 的被动”形式,这种形式看上去与其他的“NP 的被 VP”无异,但不同的是,“NP 的被动”不是指称某件具体的被动事件,而是指某种被动的状况。例如:

(67) 她更恨的是社会舆论那么不公平地偏向他,恨的是他一次次为她自杀造成了她的被动。

(68) 如果 1982 年敦煌机场修建时不是在今天的位置上,就不会有今天的被动。

有时人们还会在“NP 的被动”后边用“局面”“状态”“状况”之类来显化“NP 的被动”的所指是某种状况。例如:

(69) 记者从中国队球员和官员那里了解到,球队对这场比赛的裁判非常不满,认为在最后时刻裁判的哨子明显不公,才造成了中国队的被动局面。

(70) 今天比赛一开始,哈萨克斯坦队一改昨日的被动状态,发挥较为正常,敢与日本队展开对攻,……

这两例“中国队的被动局面”“昨日的被动状态”中的“局面”“状态”也可以删去不用。这样,它们也就成了“NP 的被动”的形式。

“被迫”是动词,但它与其他动词性的“被 VP”(如“被捕、被抓、被害”)可以构成“NP 的被 VP”不同,语料中没有发现表指称的“NP 的被迫”形式。这种现象与詹卫东(1998a)的认识相符:“动作性”较弱、“事件性”较强的动词性成分比较容易构成"NP 的 VP"结构,而"动作性"弱、"事件性"弱的动词性成分不易构成该结构。"被捕""被抓"等都表示比较明确的被动事件,即事件性很强,但动作性较弱,因此容易构成"NP 的被 VP"形式,而"被迫"虽然动作性很弱,但事件性也很弱,在我们的认知域里,很难将"被迫"理解为某个具体的事件,它更多的是表示被强迫、被逼迫的状态,为了表达某事是被迫所为,人们经常使用"被迫 VP"的形式,其中的 VP(多是双音动词)表示某种具体的行为,借助这 VP 的帮助,"被迫 VP"的事件性得到加强,这种形式就可以构成"NP 的被迫 VP",从而实现指称化。例如:

(71) 渔船数量的被迫减少就意味着许多渔民将要另谋生路。

(72) 他叫两个人共同斟酌写了一篇祭文,听了听很不满意:第一把张大经的被迫起义捧得过火;第二废话太多;……

如果删去以上两例"被迫"后边的"减少""起义",剩下的"NP 的被迫"就不知所云。

五、结　　语

现代汉语"NP 的 VP"结构因其涉及动词和名词、陈述和指称的关系等问题,长期以来一直是语法研究的热点。讨论这种结构的构成与性质既要关注"这本书的出版""代表团的到来"之类比较常见的形式,也要对这种结构包含的其他各种具体形式(如 VP 为否定形式、VP 为被动形式等)进行剖析,揭示各种具体形式的共性与个性,从而较为全面地认识"NP 的 VP"的构造、语法性质和功能。本文基于一定规模的真实语料,考察了一定范围内的"NP 的被 VP"用例,分析了这种结构的构成情况以及它们与一般的"NP 的 VP"在结构和语义方面的异同。在语篇中,"NP 的被 VP"通常指称一个被动事件,这个事件一般以先行陈述的形式直接或间接地出现在语境中或存在于说话人的世界知识中。"被 VP"在"XP 的被 VP"中虽然表指称,但它与陈述形式"被"字句中的"被 VP"在形式上存在一定的差异。

含表指称的"被 VP"的结构除了"NP 的被 VP"形式之外,还有一些其他形式。其中一些已经词汇化的"被 VP",它们表指称的情形又有不同:"被告、被叫、被试"等已经高度指称化而且经转喻用来指行为活动的受事,指称化的"被动"倾向指某种被动的状况,而"被迫"本身很难发生指称化,但它可以与另外的表示具体行为的 VP 构成"NP 的被迫 VP"以实现指称化。这些词汇化形式指称用法情况不同,但它们都不用来指某个被动的事件,这与一般的"被 VP"指称被动事件的用法不同。这些已经词汇化的"被 VP"与一般的"XP 的被 VP"中的"被 VP"形式指称用法不同也反映了同一范畴内一些个体的差异,这种差异可能表现在句法、语义或语用等不同层面上。

附注

① 本文的语料未注明出处的,均出自北京大学 CCL 现代汉语语料库,其他来源的,另注出处。

② "被试""被动"等词汇化程度很高而且用法与一般"被 VP"有明显区别的,没计算在内。这些形式下文另述。

③ 关于自指、转指和转喻用法,参见朱德熙(1983)、姚振武(1994)、沈家煊(1999)、张伯江(2012)。

参考文献

陈庆汉(2010)"N 的 V"短语的语义结构,《信阳师范学院学报》第 1 期。

——(2014)"NP 的 VP"短语语式分析,《河南大学学报》第 6 期。

方　梅(2011)北京话的两种行为指称形式,《方言》第 4 期。

方绪军,李　翠(2016)主语位置上"NP 的 VP"与前提陈述的联系,载徐阳春、刘小川主编,《汉语句式问题探索——汉语句式国际学术研讨会论文集》,北京：中国社会科学出版社。

——(2017)"N 的 $V_{单}$"的构成及其语篇使用情况考察,《汉语学习》第 2 期。

何元建,王玲玲(2007)论汉语中的名物化结构,《汉语学习》第 1 期。

胡裕树,范　晓(1994)动词形容词的"名物化"和"名词化",《中国语文》第 2 期。

李　翠,方绪军(2017)"NP 的 $VP_{不}$"与"NP 的 $VP_{没(有)}$",《语言教学与研究》第 2 期。

李大勤(2003)《"XP(的)VP"及相关问题研究》,北京：语文出版社。

李　珊(1994)《现代汉语被字句研究》,北京：北京大学出版社。

陆俭明(2003)对"NP + 的 + VP"结构的重新认识,《中国语文》第 5 期。

牛然明,高德文(2012)汉语"NP 的 VP"构式的构式语法新探,《浙江外国语学院学报》第 5 期。

沈家煊(1999)转指和转喻,《当代语言学》第 1 期。

——(2013)谓语的指称性,《外文研究》第 1 期。

——(2016)《名词和动词》,北京：商务印书馆。

——,王冬梅(2000)"N 的 V"和"参照体—目标"构式,《世界汉语教学》第 4 期。
施关淦(1981)"这本书的出版"中"出版"的词性,《中国语文通讯》第 4 期。
王　力(1980)《汉语史稿》(中册),北京:中华书局。
王振来(2008)"被 V"和"被 VN"及其词汇化分析,《汉语学习》第 5 期。
吴长安(2006)"这本书的出版"与向心结构理论难题,《当代语言学》第 3 期。
吴云芳(2005)"和""与""并""而"连接谓词性成分时的区别,《语文研究》第 1 期。
姚振武(1994)关于自指和转指,《古汉语研究》第 3 期。
詹卫东(1998a)"NP + 的 + VP"偏正结构,《汉语学习》第 2 期。
——(1998b)关于"NP + 的 + VP"偏正结构在组句谋篇中的特点,《语文研究》第 1 期。
张伯江(1993)"N 的 V"结构的构成,《中国语文》第 4 期。
——(2012)双音化的名词性效应,《中国语文》第 4 期。
中国社会科学院语言研究所词典编辑室(2016)《现代汉语词典》第 7 版,北京:商务印书馆。
周国光(2016)《向心结构难题专题研究》,广州:广东高等教育出版社。
周　韧(2012)"N 的 V"结构就是"N 的 N"结构,《中国语文》第 5 期。
朱德熙(1983)自指和转指——汉语名词化标记"的、者、之"的语法功能和语义功能,《方言》第 1 期。
——,卢甲文,马　真(1961)关于动词形容词"名物化"的问题,《北京大学学报》第 4 期。

(方绪军　200234　上海,上海师范大学对外汉语学院　xjfang@ shnu. edu. cn
武钦青　200234　上海,上海师范大学对外汉语学院　wuqingqing99@ 126. com)

压制现象研究：关键问题与最新趋势*

宋作艳

摘要 随着生成词库理论和构式语法的兴起与发展，压制现象成为国内外句法语义接口研究中的热点，越来越多的语言现象在压制机制下被重新分析。研究范围的扩大使一些理论问题随之浮现，压制的动因、触发者、实现机制、效应和能力等问题成为争论的焦点。围绕对这些问题的深入探讨，研究呈现出一些新趋势，走向基于语料库和语言实验的语言使用研究、互动关系研究、历时研究和跨语言研究。

关键词 类型压制；构式压制；类型错配；类型转换；生成词库理论

Type coercion①（类型压制）源自计算机编程语言，指强制对象转换成另一个类型。后来这一术语被逻辑语义学借来指体压制现象（aspectual type coercion），压制现象逐渐成为形式语义学研究中的重要议题。随着生成词库理论（Generative Lexicon Theory）和构式语法的兴起和发展，类型压制和构式压制（construction coercion）分别作为其中的核心机制，得到了广泛而深入的研究。压制现象已成为国内外句法语义学接口研究中的一个热点，很多老问题在这一视角下得到了新的解释，涌现出了大量研究成果。研究范围的扩大使压制现象成了一个原型性概念，呈现出多样性和异质性，一些理论问题随之显露，成为争议的焦点。本文拟结合汉语相关研究梳理并分析其中的关键理论问题，进而总结未来的研究趋势。

---

* 本文得到教育部人文社会科学研究青年基金项目“汉语名词语义-语法双向互动关系研究”（项目编号15YJC740069）和国家留学基金资助。初稿和修改稿先后在“第四届《中国语文》青年学者沙龙”“第二届《外国语》青年语言学者论坛”上报告过，承蒙与会者指教，谨致谢忱！

一、压制的内涵与研究范围

（一）常见的压制现象

例(1)是典型的构式压制，一价动词 sneeze 进入三价的使移构式(caused-motion construction)，表静态的“勇敢”在祈使句中有了动态性。例(2)是体压制，know 由持续动词变为瞬时动词，“跳”则刚好相反。例(3)中 rabbit 由可数变为不可数，指“兔肉”，“米饭”由不可数变为可数。例(4)是指称转移(reference transfer)，the ham sandwich 和“三号桌”都转指人。例(5)是宾语压制(complement coercion)，the book 被动词 begin 和 enjoy 强制变成了事件 reading the book 或 writing the book，“钢琴”指“弹钢琴”。例(6)是函数压制(function coercion)，the bell 指钟声。例(7)中的“女人”和“百度”分别被压制用作形容词、动词。

(1) a. John sneezed the napkin off the table. (Goldberg 1995)
  b. 勇敢一点。
(2) a. She suddenly knew it.
  b. 他一直在跳。
(3) a. We are having rabbit for dinner.
  b. 我们要两个米饭。
(4) a. The ham sandwich in the corner wants some more coffee.
  b. 三号桌要水煮鱼。
(5) a. John began/enjoy the book. (Pustejovsky 1995)
  b. 学习钢琴。
(6) The villagers heard the bell. (Pustejovsky 2011)
(7) a. 她很女人。
  b. 百度一下，你就知道。

（二）压制的定义与内涵

关于“压制”的定义，下面七种比较有代表性。

1. 类型压制是一种语义算子，可以把论元转换成函项期望的类型，否则就会出现类型错误。(Pustejovsky 1995)

2. 压制在句法和词法上是看不见的：它受隐性的上下文重新解释机制

支配,这一机制是由解决(语义)冲突的需要引发的。(De Swart 1998)

3. 当一个单位与另一个单位结合时,会对其施加影响,使其改变用法特性。(Taylor 2002)

4. 构式可压制词项产生出跟系统相关联的意义。(Goldberg 1995)

5. 构式对插入其中的词项的意义施加力量。(Bergs & Diewald 2008)[12]

6. 覆盖原则(the Override Principle):如果一个词项在语义上与其形态句法环境不兼容,词项的意义就当遵守其所嵌入的结构的意义。(Michaelis 2004)

7. 在词项进入构式的过程中,如果词项的功能及意义跟构式的原型功能及意义不相吻合,那么构式就会通过调整词项所能凸显的侧面来使构式和词项两相契合。(施春宏 2012)

以上定义分别基于形式语义学、认知语义学和构式语法框架,角度不同,各有侧重,共同之处在于都把压制看成一种协调机制,旨在解决不兼容性问题。从研究范围看,狭义的压制集中在句法语义层面,用来解决语义类型错配(type-mismatch)、语义冲突等语义不兼容现象;广义的压制还涉及语音、词法、修辞等各个层面,而且不限于意义压制,还可以是形式压制。比如 deceptive 中的动词词根 deceive 受形容词后缀-tive 的压制,发生了部分改变,被称为音系压制(phonological coercion)(Taylor 2002)。再比如,韵律对汉语句式的影响、儿化韵和变调等规则性音系变化、拈连等修辞现象也都被看作压制。(施春宏 2012)从压制的触发者(coercion trigger)看,1—3 着眼于成分之间的冲突,4—7 着眼于构式与成分之间的冲突,分别对应词汇压制和构式压制。从压制的方向看,前六种强调单向的压制与臣服,第七种强调双向的契合。实际上,对于压制内涵的理解,学界在压制的动因、触发者、机制、效应和能力等关键问题上都存在分歧。

二、压制现象研究中的关键问题

(一) 压制的动因

压制的根本动因是语言单位、结构规则的有限性与语言表达的无限性之间的矛盾,语言的稳定性与创新性之间的矛盾,压制机制开发利用词项的潜能,大大提高了单位的利用率和语言的弹性。(施春宏 2014)压制的直接动因是成分与成分、构式与成分之间的错配。但是错配的内涵、程度、类型等问题尚不十分清楚，因此压制的研究范围不明确。

生成词库理论中的类型错配指论元不符合谓词的类型要求。(Pustejovsky 1995)判断是否错配先要确定谓词的默认论元，否则就无法判断是否存在压制。有学者认为 begin 不一定要带事件论元，也可以带实体论元，这样就不存在压制了(如 Piñango & Deo 2016)。Enjoy 带事件宾语和实体宾语的数量大致相当(Briscoe *et al*. 1990)，“尝试”“错过”带实体论元的情况更多(Hsu & Hsieh 2013)，凭什么认定它们的默认论元是事件呢？确定默认论元并非易事，首先，涉及动词义项划分，义项分得细，错配现象就少，反之，错配现象就多。其次，与论元的语义类有关，但语言中到底有多少语义类并没有明确的清单。再者，错配有程度问题，“吃苹果、吃鸡、吃蛇、吃石头、吃食堂、吃情调”中的宾语与动词“吃”的语义兼容度是有差别的。究竟多大程度的冲突可以由压制机制来化解？词义具有概括性，但进入组合后会具体化。比如“苹果脸”凸显“苹果”的形状，“苹果绿”凸显“苹果”的颜色。如果语义的错配和冲突细致到这种程度，那么压制就不是边缘现象，而是常规现象。此外，不是所有论元错配都可以通过压制来解决，“吃食堂”到底是“吃食堂的饭”还是“在食堂吃饭”尚有争议。

构式语法中的错配指词项不符合构式的要求，动词所表达的事件可能是构式所表达的事件的子事件、方法、结果等。(Goldberg 1995)例如，kick 表达的事件是整个双及物事件的方法：

(8) Joe kicked Bob the ball.

词项与构式之间的不兼容性同样也有程度差异，具有连续性，(Langacker 2009)比如 send，kick 和 sneeze 与使移构式的兼容性依次降低。

遗传生物学上的错配是指原来的适应特征(adaptive trait)与当前的环境不匹配时，生物会尽可能有效地利用自己的次优特征(suboptimal trait)来处理新刺激。比如两栖动物会用皮肤辅助呼吸，分泌毒液抵御外敌，以适应陆地生活。Francis & Michaelis(2004)借用这一概念来指句法语义的交叉映射，并区分了两种错配：复杂性错配(complexity mismatch)和内容错配(content mismatch)。复杂性错配指不同表征层面的要素数量不一致，一种是形式大于内容。如例(9)在句法层面多个 it，例(10)中的 kept close tabs 大致相当于 monitored 一个词的意思。

(9) It seems that he likes it.

(10) The police kept close tabs on the suspect.

另一种是内容大于形式,谭景春(2008)提出的语义综合现象就属于这一类,如“蹬煤(蹬车拉煤)、吹笛子(通过吹笛子的方式来演奏)”。内容错配指来自不同表征层面的要素在内容上存在不对称映射,典型的是范畴错配(category mismatch),即一个句法范畴出现在了另一个句法范畴的典型位置,“副+名”组合、名词动用都属于范畴错配。压制所处理的错配既有内容错配,也有内容大于形式的复杂性错配,如例(5)、例(6)在语义层面多了谓词或属性名词。也可能同时涉及上述两种情况,甚至更复杂,但不包括形式大于内容的情况。施春宏(2012)将构式压制分为表达性压制(expressive coercion)和认知性压制(cognitive coercion)。前者调适语言形式,如因论元增容或减容而出现的压制、基于音系规则而出现的压制;后者调适语用功能和意义,如因拈连修辞而出现的压制。

本文认为,从形式和意义角度至少要区分三种错配现象。一是纯粹的形式错配,比如儿化、变调。二是形式-语义错配,功能、语义都冲突,sneeze的及物用法与“副+名”组合都属于这一类。三是纯粹的语义错配,如例(11)中的宾语满足动词带名词论元的句法要求,但不满足其带“声音”义论元的语义要求。

(11) a. 我喜欢听王菲。

b. 我喜欢听雨。

有一种极端的语义错配是语义矛盾,如“公开的秘密”“被自杀”“女汉子”,这类形式违反了合作原则中的“质量准则”,涉及语用,可以解释成“看起来是Y,实际上是X”,也就是对Y的否定;“公开的秘密”看起来是秘密,实际上是公开的;“被自杀”看起来是自杀,实际上是被杀;“女汉子”看起来是汉子,实际上是女子。目前流行的新词语“X性Y”都可以做类似的解释,“污染性环保”指“看起来是环保,实际上是污染”。还有一种特殊的语义错配是语义重复,如“凯旋归来”中的“凯旋”本就含有“归来”的意思,另如“国际间、涉及到”。极端的语义重复是“女人就是女人”这类同语反复现象。上述语义冲突都是理性意义层面的,还有附加意义的冲突,如感情色彩冲突、语体色彩冲突、语义韵(semantic prosody)冲突(如“这人有点儿好”),都与语用有关。

目前的压制研究主要集中在形式-语义错配和纯粹语义错配上，尤其是前者，对形式错配、语义矛盾、语义重复和附加意义冲突关注不多。

（二）压制的触发者

关于压制的触发者，争议的焦点有两个。一是压制的触发者到底是构式还是成分（词项）？二是怎么确定谁是触发者？

对于第一个问题，学界主要有三种观点：1）压制是成分触发的（如 Pustejovsky 1995；Jackendoff 1997；de Swart 1998）；2）压制是构式触发的（如 Goldberg 1995；董成如，杨才元 2009；刘玉梅 2013）；3）压制可能是成分也可能是构式触发的，关键看起主导作用的是谁（如王寅 2009b；Lauwers & Willems 2011）。持何种观点取决于是在形式句法语义还是在构式语法的理论框架中讨论这个问题，以及对构式内涵的理解。主张把所有压制现象统一为构式压制的学者认为从语素到词到抽象的词法句法规则、语义规则、甚至音律模式和语用推理都可表征为构式。（Goldberg 1995）主张区分词汇压制和构式压制的学者则将构式视为"≥2 的象征单位"，集中在语法构式上。（王寅 2011）本文赞同第三种观点，认为压制的触发者既包括构式，也包括词、时体标记等成分。这实际上是"构式分析法"和"成分分析法"相结合的方式。人们对语言的理解既依靠模式，也依靠成分。Sneeze 的例子是比较典型的构式压制，因为价的增容和致使义来自使移构式。但如果把"很__""__ing"都看成构式，就有点舍简取繁了，不如直接把"很""ing"看成压制的触发者。

关于第二个问题，Pustejovsky（1995）认为压制的触发者是会对论元类型提出要求的谓词。Michaelis（2004，2005）则认为压制的触发者可能是句法中心语（syntactic head），如谓语动词；也可能是限定成分（specifier），如冠词 a；还可能是开放的意象图式（open schema）。实际上，生成语法已将不定冠词等功能词都看作句法上的中心语，因为它们决定了整体结构的功能。Talmy（1978）早就指出，是语法成分引起词汇成分发生类型转换。词汇成分说明认知表征的具体内容，具有开放性，包括形容词、名词和动词的词干及一些词汇复合体；语法成分说明认知表征的结构，具有拓扑性、稳定性和封闭性，包括屈折语素、助词、介词、连词、指示词、语法关系、词性、词序、语调等。综上，本文认为，压制的触发者是功能性凸显的构式或成分，如下面带下画线的动词、冠词、量词、副词、时体标记、介词短语等，因为它们可以提出类型要求。

(12) 我在读鲁迅。

(13) Do you want a coffee?

(14) 要三个米饭。

(15) 百度一下,你就知道。

(16) 今天很悲剧。

(17) He is always losing the key.

(18) The old man is dying.

(19) She liked him in a minute.

(20) 王冕七岁上死了父亲。

触发者可能不只一个,例(20)就是领属构式和存现构式共同作用的结果。(任鹰 2009)功能性成分往往是不可或缺的,上面例句中的“个”“一下”、always 等去掉的话句子就不成立。有时,到底谁是触发者、谁出现在了不该出现的位置取决于视角。比如例(5)a,从论元选择的角度看,begin 是压制的触发者,the book 出现在了非常规的位置;从构式的角度看,及物构式是触发者,begin 是非常规用法。有时压制机制需要更多成分共同启动,“张三下个月要开始一本新书”比“张三开始了这本书”好很多,时间成分“下个月”、数量成分“一本”和形容词“新”都增强了句子的合法性。

(三) 压制的实现机制

学者们提出了类型选用、类型引入、识解、转喻、隐喻、语用推理等多种压制实现机制(the mechanism of coercion)。

生成词库理论从论元选择的角度看,认为类型压制通过两种方式来实现(Pustejovsky 2006):

1. 选用(exploitation):选择论元类型结构的一部分来满足函项的要求。

2. 引入(introduction):用函项要求的类型来包装论元。

例(21)a、例(21)b 是类型选用,分别选择 book 的物体义和信息义,例(21)c 则是类型引入,通过选用 book 词汇表征中表产生方式的 write 和表用途的 read 来引入事件。

(21) a. John bought the new book by Obama.

b. John doesn't agree with the new book by Obama.

c. John began the book.

董成如、杨才元(2009)从认知的角度，认为构式对词项压制的机制是识解(construal)：人们对同一客观事件或情景以不同的方式进行感知和描述(Langacker 1999)。构式压制的识解包括范畴化、视角、凸显和融合，通过比较词项与构式，判断二者是否有共同之处，从不同角度将词项识解为与构式相一致，凸显二者兼容的部分，并将之整合起来。例如，打喷嚏时所喷出的气体有可能将餐巾纸吹动，sneeze 潜在的致使义与蕴涵的客体(如 the napkin)和目标论元(如 off the table)与使移构式一致，被使移构式激活并凸显，动词义与构式义最终融合。

Panther & Thornberg(1999)、李勇忠(2004)、袁野(2010)等则认为压制是转喻识解，sneeze 是动作转指方式，“打喷嚏”这一行为代替了“通过气流强烈喷出的方式”，即动作转指方式。有些压制现象涉及隐喻识解，比如“纸花”“雪花”中的“花”被定中构式压制，通过隐喻解释为“形状像花朵的东西”。(宋作艳 2014b)

有些压制现象的解读需要语用推理，如“喜欢这部电影”通常意味着“喜欢看这部电影”。(宋作艳 2014a) Katsika *et al*. (2012) 通过眼跟踪实验(eye-tracking experiment)证明了心理动词 enjoy 触发的压制是语用推理过程。

既然压制涉及不同实现机制，那么“压制”的独立价值何在？Ziegeler(2007,2010)和 Traugott(2007)对此提出了质疑，认为这个术语是多余的，压制并不是一种独立的机制。Lauwers & Dominique(2011)则指出并非所有压制现象都可以用转喻或隐喻机制来解释。袁野(2010)也认为转喻与压制并不对立，而是互补关系。施春宏(2014,2015)认为，判断一个术语的语言学价值要看在语言研究中引入这一术语是否能引发新的思考和认识，是否解释力更强、更概括、更准确。他对构式压制的语言价值和语言学价值做了详细论述，指出压制现象是一种非常规现象，彰显了语言的弹性与张力，可能会推动语言现象发展演变，给语言交际系统不断提供新的成分，不断调整语言成分之间的关系，具有语言价值；对压制现象的研究能够加深对常规语言现象甚至整个语言系统的认识，引发新的语言学思考，从而推进研究观念和方法，这是其语言学价值。本文认为，压制虽然需要借助其他机制来实现，但不能因此否定“压制”的存在意义。就像语法化通过重新分析和类推来实现，还会涉及语用推理、转喻和隐喻，但并不能因此而取消“语法化”这个术语。不过,压制的独立价值确实还需要进一步明确。压制着眼于错配现象中构式与成分、成分与成分之间的影响关系,可以说是上述机制的启动机制,彼此并不矛盾。

(四) 压制效应

关于压制效应(coercion effect),争论的三个核心问题是"变没变? 谁变? 怎么变?"

笼统地说,压制的结果是 type shifting,这个术语常译成"类型转换""类型迁移"和"类型移变"。前两者着眼于共时,强调临时性调整;后者则是历时视角,强调临时的调整会规约化,导致实质变化。目前的研究大都偏向于前者,把压制看成在线加工过程(on-line process)。形式句法语义认为词义只是在上下文中临时调节,并非发生了变化,比如 book 并没有因为 begin 的压制而变成事件类,"尽信书则无书"中"信"也只是凸显"书"的信息义。构式压制研究中的"动词意义最小化"(Goldberg 1995,2006)和"恒定意义假设"(Michaelis 2006)都主张词汇对整个句子的意义贡献应该减到最小,而将意义赋予构式,以避免额外添加动词义。因此 sneeze 的三价和致使义被认为是由构式赋予的,这一新用法只是临时性的,sneeze 仍是不及物动词。但不可否认的是,有些临时调整确实会固化下来,导致语言变化。比如在定中构式压制下,"花"和"吧"的意义都扩大了。(宋作艳 2014b;刘玉梅 2010)王仁强、陈和敏(2014)通过统计分析 sneeze 在共时和历时语料库中的例频率(token frequency)和型频率(type frequency),发现其及物动词用法具有较高的规约化程度,甚至可以考虑把这一用法收入大中型语文词典。变与不变需要历时考察来确认,不过,有些压制好像与历时没有关系,无论如何高频使用都不会导致词义变化,比如涉及语用推理的压制、系统性转喻(作者-作品、可数-不可数)、同语反复和附加义冲突;词类错配等则可能会导致词性变化。同样是语义矛盾,"男"会使"保姆"意义扩大,"公开"却不会使"秘密"发生意义变化。大概是因为"不公开"是"秘密"的本质义,一旦被取消,"秘密"这个概念就不存在了。"保姆"的本质义是"受雇为人照管儿童或为人从事家务劳动",而不是"女性","女性"义被取消只会使"保姆"意义扩大。施春宏(2012)发现表达性压制常常表现为临时性压服,而认知性压制则很可能导致词义和功能改变。"副 + 名"组合中的某些名词已变成了兼类词,有了形容词义项,如"艺术、规则、关键、科学、经济"。总之,变与不变取决于错配类型。压制有强弱之分,强压制开发拓展词汇义，随着规约化造成语言变化；弱压制犹如聚光灯，只是照亮、凸显了词汇的不同义面，不会引起变化。

谁变[②]要看谁是压制者（压制的触发者）谁是被压制者，一般说来，是被压制者发生变化。Pustejovsky（1995）、Pustejovsky & Bouillon（1995）着眼于语义解释，认为宾语压制中的触发者是动词，是论元发生临时类型转换。而Godard & Jayez（1993）、Copestake & Briscoe（1995）则着眼于语义变化，证明了发生变化的不是宾语名词而是动词，宾语的意思不变，只是在组合中具体化、明确化了，是协同组合引起的意义调节。从语言变化的角度看，把及物构式语看成压制者更合适，是不及物动词 begin 进入了及物构式，被强制变为及物动词。此外，作为压制者的构式也可能会发生变化，产生新的次构式，走向多样性和多义性（Bergs & Diewald 2008[10]；宋作艳 2014b）。比如 sneeze 的及物用法反复出现，会形成使移构式的一个边缘类；"事物 + 形状"（如：雪花、浪花、雪球、火球）已成为定中构式中一个非常能产的后隐喻构式（宋作艳 2014b）。

压制的动因是错配，错配的类型不同，压制的结果自然也不尽相同。纯粹的语义冲突只会导致意义调整或变化，句法语义冲突则会导致语法和语义都发生变化。比如，"纸花"不是一种花，只是语义冲突，"花"意义扩大了；有些语义重复固化后会造成词义磨损，如"凯旋归来"中的"凯旋"没有了"归来"义；"冷饮"中的"饮"不符合定中构式中心语是名词性成分的要求，是范畴错配，因此会名化，意义也变了（宋作艳 2014b）；sneeze 的价和意义都发生了变化。

（五）压制的能力

压制缘于错配，但错配有程度差异，并非所有错配都会通过压制得以调和，从而合法化。不管是在形式句法语义还是在构式语法的框架下，限制压制的能力都是一个亟待解决的问题。目前主要通过两种方法来限制，一是给出限制条件，二是强调词义的作用。

前一种方法是基于规则的，通过加限制条件以避免生成不合法的形式。Godard & Jayez（1993）、Pustejovsky & Bouillon（1995）等都曾试图对宾语压制加以限制，提出了三个条件。Verspoor（1997）证明了这些限制条件一方面过于强大，排除了一些合法的句子，造成生成不足，同时又过于弱小，无法排除一些不合法的句子。实际语料考察显示，体动词的压制用法很少见。她由此认为,这是一种规约化用法,特异性很强,不是通过带有限制的生成规则可以解释的,主张对动词进行具体描写。

当前研究越来越强调词项在压制中的作用,通过对词项意义的详尽描写来限制压制的生成。压制的本质是激活、凸显词义的某一方面,或者激发词义的潜能,使之与构式或搭配成分兼容,关键在于被压制者自身的可塑性。Goldberg(1997)早就指出,动词义与构式之间得满足一定的条件才可能实现构式压制,比如,sneeze 之所以能进入使移构式,是因为打喷嚏产生的风力能导致位移。构式之所以能对动词的论元结构进行增容,或者说动词之所以能接受构式所赋予的额外论元,是因为动词本身蕴涵所需论元(董成如 2012)。同样是名词,"很卡通"比"很桌子"的接受度高,是因为"卡通"的描述性语义更凸显。工具名词更容易用作动词,原因之一则是功用义凸显。(宋作艳 2013)正如施春宏(2012)所说,压制都是压制那些表面上冲突、关键之处相一致的对象。换言之,被压制的成分在某种程度上是有准备的,可以开发利用其中已有的语义。(Michaelis 2011)

无论是规则加制约条件还是词汇语义分析,都不能完全解决过度生成的问题(overgeneration)。得出的规律都是倾向性的,无法周遍,比如并非所有的工具名词都可以用作动词。究其原因,是因为压制现象本质上是一种规约化现象,是动态的,涉及语言使用和语言能力、共时和历时、不同层面的互动关系。因此压制本质上是一种语义解释机制,而不是语法形式的生成机制,只是对已经形成的压制现象做出解释,而不能解决合法性问题。(秦洪武,王克非 2012;宋作艳 2015)搭配成分之间、成分与构式之间语义上的一致性只是一种潜能,是否实现为压制现象与规约化有关,与上下文有关,与不同语言的类型也有关。比如,"听风""听雨"可以,"听铃"就不好;"瘸了心"单说不好,和"瘸了腿"放在一起就好多了;事物转换为事件的宾语压制在英语中要比汉语中普遍。(宋作艳 2014a,2015)语言的拓展性很强,压制现象体现了其张力与弹性,但压制机制并非无往不利,作为边缘现象,规约性很强,不是规则可控的,只能归纳总结,无法完全预测。

三、压制现象研究的最新趋势

围绕对上述关键理论问题的深入探讨,压制现象研究呈现出一些新趋势，走向语言使用研究、互动关系研究、历时研究和跨语言研究。

（一）语言使用研究

压制可分为系统性压制（systemic coercion）和语言使用者压制（language-user coercion），分别对应形式主义和认知主义。（Lauwers & Dominique 2011）语言观不同，对压制的定位和研究方法也就不同。系统性压制把压制看成一种矫正机制，一种形式化的工具，比如类型转换算子（type shifter），（黄师哲 2008）与说话人的语言能力有关，是对常规语法理论的补充，对已有现象的解释。语言使用者压制则把压制看成对创造性语言用法的挑战，认为压制与心理现实性有关，是一种在线处理错配的方法，要联系语境来解决语言的生成和解释问题。前者认为实例内部无差异，主要研究典型的实例，通常通过内省的方法获得；后者则认为实例的可接受度是有差异的，因此强调语料库和语言实验的作用，通过频率或实验的方法来测量实例的可接受度。

压制现象是一种拓展性用法，需要在研究中引入语料库。系统性压制研究也开始重视语料的作用，语料库的引入使研究走向精细化，如 Pustjovsky & Rumshisky（2008）利用语料库提取了部分动词的各种宾语论元并统计了其出现频次，进行了分类分析（如 listen 的宾语论元分了十二类），揭示了具体动词对宾语论元细致的语义要求，探讨了每一类论元涉及的语义运算，并对相近的动词进行了分类比较。基于语料库的研究都证明了压制现象的规约化程度不同，有典型与非典型之分（Verspoor 1997；秦洪武，王克非 2012；Hsu & Hsieh 2013；Utt *et al*. 2013；宋作艳 2015）。如 Hsu & Hsieh（2013）对汉语中的事件动词进行了统计分析，发现内部差异很大，有些动词更常压制它们的宾语论元（如“尝试、错过”），有些动词（如“避免、完成”）压制的名词类型范围更广。Utt *et al*.（2013）也得出了相似的结论，发现在宾语压制上体动词（如 begin）比心理动词（如 enjoy）更典型。对规约化程度的动态考察也离不开语料库，王仁强、陈和敏（2014）对 sneeze 及物动词用法的统计分析就是基于共时和历时语料库。

实验可以验证理论假设，从而修正理论模型。基于实验的压制研究发现压制现象具有耗时效应，被试需要更多时间重建语义，从而证实了压制机制的存在（如 McElree *et al*. 2001；Traxler *et al*. 2002；赵晨 2013）。不过，也有实验发现并非所有压制现象都有耗时效应，体动词 begin 触发的压制会增加处理成本,而心理动词 enjoy 触发的压制不会,说明二者的实现机制不同,前者是类型转换,后者则是语用推理。(Katsika *et al*. 2012)但处理成本增加是否是因为类型转换还有争议,有研究认为是因为体动词的论元范围很广,造成动宾组合解释的歧义性,从而否认了类型错配和压制的存在。(Piñango & Deo 2016)未来实验研究的空间很大,比如到底哪些压制现象会造成耗时效应,规约化后耗时效应是否会消失等。

(二) 互动关系研究

最初的研究强调单向压制,后来则强调压制效应是双向的,对压制者和被压制者都有影响,二者是双向互动关系,互动研究进而走向多重互动观,因为新兴的语言形式往往是多重界面互动、多因素合力作用的结果。(施春宏 2016)比如"被自杀"这样的新被字句不只是句法语义问题,还涉及语义与语用的互动。(施春宏 2013)再比如"酒吧"就是在双音构式、属种构式等多重构式压制下产生的。(刘玉梅 2013)多重互动将是未来研究的重点之一,构式与词项、语法与修辞之间的互动目前最受关注。

Goldberg(1995,1997)早就指出构式义与词义之间存在互动关系,构式压制会导致动词价和意义的变化,sneeze 变成了三价动词,并有了致使义。反过来,动词也会为构式贡献语义,sneeze 导致了位移,为使移构式增添了动态作用力。构式与词项之间的双向互动可以从角色互动和意义互动两个方面来理解,角色不一致会导致动词增添或消减角色,角色增减必然要导致意义变化(王寅 2009)。施春宏(2014)借用"招聘"和"求职"这两个概念形象地说明了构式和成分之间的互动关系,认为构式压制过程中存在双向互动的合力机制,显同隐异,求大同存小异。构式与成分的互动观把构式压制和类型压制结合在了一起,不仅强调构式义,也认可生成词库理论之类"词汇分解"分析的重要性。实际上,压制还会增强构式的能产性,导致构式的多样性和多义性。构式压制是构式扩张的重要途径,随着非常规搭配形式使用频率的增加,会吸引更多的边缘词进入构式,从而形成次构式和构式群。成分与构式的变化可能是同时的,比如"各种"的副词化与新"各种 X"构式(如"各种吃、各种困")的形成是同步的、互动的,副词化会巩固状中结构"各种 X"的构式地位,而这一构式的固化又会压制"各种"进一步副词化。(宋作艳 2016)

有些修辞之所以能成为富有表达力的形式,是因为压制在其中起协调作用，使词语中潜在的意义凸显出来，与构式和搭配词语建立起语义和谐关系。比如“我眼睛瞎，但心不瞎”隐匿了“瞎”的主体“眼睛”，凸显“瞎”的上位义“失去正常功能”，从而与“心”和谐搭配。施春宏(2012)指出，移就、拈连、通感等都是构式压制的表现，是语法和修辞双向互动的产物，语法和修辞不是一个简单的连续统问题，而是交叠在一起的，如同用两股线来搓麻绳。

(三) 历时研究

有些压制是临时性调整，有些则会因规约化而失去创新效应，固化下来，对词义和句法都造成影响，形成演变(Ziegeler 2007；施春宏 2015)。“冷饮”中“饮”的名词义“可以喝的东西”已作为独立的义项收入词典，“小吃”中的“吃”、“肉松”中的“松”还没有独立的名词义项。“很＋名”逐渐成为一种合法的搭配，其中部分名词形容词化了，如“绅士”在词典中列了形容词义项，“淑女”则没有。

压制既是共时的，又是历时的，必须将二者结合起来。历时的研究已引起学者们的关注，但尚未充分展开。构式是规约化的形义配对体，压制会使非常规的搭配(如 two beers)做出新解释(如 two units of beer)，这种搭配随着使用频率的增加会形成新构式(如“数词＋不可数名词”)，这是语言演变的一个主要原因。(Bergs & Diewald 2008)[10]压制现象的规约化是动态的，未来需要借助历时语料库来做大量个案分析，以观察压制的动态过程以及压制效应，压制与语言变异和演变的关系也需要进一步探讨。王仁强、陈和敏(2014)的研究是个很好的尝试，通过历时语料的统计分析，发现 sneeze 的及物动词用法随着时间在增长，从而证明这一用法的规约化程度较高，已经趋于固化。Traugott(2007)通过考察历时语料，发现 pudding 的不可数、可数用法已共存数百年。随着构式语法走向历时研究，历时的构式压制研究也成为必然。

(四) 跨语言研究

压制是一种普遍机制，在不同语言中都起作用，但因为语言类型的差异和压制现象的规约性，压制的表现形式、类型及其压制能力在不同语言中不尽相同。

英语中没有“副＋名”构式，但有些形容词是从名词转类而来或临时做出词法变化，如 fatherly，flowery，也可以看作是压制。(施春宏 2015)英语中的 attempt 有宾语压制的用法,可以说 Peter attempted the peak,德语中对应的 versucht 却没有,隐含的动词必须出现。(Lapata & Lascarides 2003)宾语压制在汉语和英语中都存在,但与英语相比,汉语更倾向于事件外显。(宋作艳 2014a,2015)比如,“张三开始这本书”不合法,动词“写”“读”等必须出现。这一差异缘于语言类型差异,事件外显是汉语高解析性的表现,也是汉语作为动词型语言的表现,还与规约化有关。不过,古汉语比现代汉语综合性高,但“始”也没有宾语压制用法。而且,除了事件论元,汉语宾语位置的论元容忍度好像比英语高得多,可以是处所、工具、方式、原因,等等。可见,压制现象的多寡与语言综合性的强弱并非完全对应。一般认为汉语重意合,英语重形合,按理压制现象在汉语中更多,但事实并非如此。除了宾语压制,可数-不可数的转换英语也比汉语普遍,比如 rabbit 可以指“兔子”,也可以指“兔肉”“兔毛”。

虽然压制现象研究已经在很多语言中展开,但跨语言的比较研究还不多见。更多跨语言、跨方言的研究可以帮助我们更好地了解压制现象的共性和差异,从而揭示压制的本质与内涵,有助于解决压制的动因、机制及效应等理论问题。更重要的是,可以揭示压制现象与语言类型的关系,比如宾语压制是否与语言的某些特征有蕴涵关系。

四、结　　语

通过对压制现象研究中关键问题的梳理和探讨,可以形成以下几点基本认识:

1. 压制的根本动因是语言单位、结构规则的有限性与语言表达的无限性之间的矛盾,具体动因是各种错配现象,尤其是形式-语义错配和语义错配。压制本质上是一种协调机制,旨在通过激活词义的某一方面,或者激发词义的潜能,使之与构式或搭配成分兼容。

2. 压制的触发者既可以是构式,也可以是成分,其共同特点是功能性凸显。

3. 压制的实现机制具有多样性,涉及类型选用、类型引入、识解、转喻、隐喻、语用推理等。

4. 压制可能会造成语言变化,也可能不会,具体压制效应取决于错配的类型；压制对构式和词汇双方都会造成影响，不同的错配类型可能会造成不同的变化，导致语法、语义变化，促生新的次构式，推动构式扩张。

5. 压制现象是一种规约化现象，有典型性与非典型性之分，无论是规则制约还是词汇语义分析都无法完全预测和限制压制现象的生成。因为压制并不是一种语言形式的生成机制，而是语义生成机制，或者说是解释机制，而不是预测机制。

鉴于目前存在的一系列尚未解决的理论问题，未来的压制现象研究不在于无限扩大研究范围，而在于对典型的压制现象进行深入分析，重点从四个方面推进：基于语料库和语言实验的语言使用研究、互动关系研究、历时研究和跨语言研究。

附注

① coercion 还译成“强迫、强制、强制转换、诱迫”等。表达压制思想的术语还有 shift (Talmy 1978), enriched composition (Jackendoff 1997), override (Michaelis 2004)等。

② 这里的“变”包括临时调整和固化的变化。

参考文献

董成如(2012)构式的论元实现：基于识解的压制视角，《解放军外国语学院学报》第 4 期。

——，杨才元(2009)构式对词项压制的探索，《外语学刊》第 5 期。

黄师哲(2008)语义类型相配论与多种语言形名结构之研究，《汉语学报》第 2 期。

李勇忠(2004)构式义、转喻与句式压制，《解放军外国语学院学报》第 2 期。

刘玉梅(2010)“吧”族词形成的认知机制研究，《解放军外国语学院学报》第 1 期。

——(2013)论构式压制的多重互动关系，《山东外语教学》第 3 期。

秦洪武，王克非(2012)基于语言运用的体动词逻辑转喻分析，《外国语》第 5 期。

施春宏(2012)从构式压制看语法和修辞的互动关系，《当代修辞学》第 1 期。

——(2013)新“被”字式的生成机制、语义理解及语用效应，《当代修辞学》第 1 期。

——(2014)“招聘”和“求职”：构式压制中双向互动的合力机制，《当代修辞学》第 2 期。

——(2015)构式压制现象分析的语言学价值，《当代修辞学》第 2 期。

——(2016)互动构式语法的基本理念及其研究路径，《当代修辞学》第 2 期。

宋作艳(2013)逻辑转喻、事件强迫与名词动用，《语言科学》第 2 期。

——(2014a)汉英事件强迫之比较研究，《语言暨语言学》第 2 期。

——(2014b)定中复合名词中的构式强迫,《世界汉语教学》第 4 期。
——(2015)《生成词库理论与事件强迫现象研究》,北京：北京大学出版社。
——(2016)从强迫看新兴结构“各种 X”,《语言教学与研究》第 2 期。
谭景春(2008)语义综合与词义演变及动词的宾语,《中国语文》第 2 期。
王仁强,陈和敏(2014)基于语料库的动词与构式关系研究,《外语教学与研究》第 1 期。
王　寅(2009)构式压制、词汇压制和惯性压制,《外语和外语教学》第 12 期。
——(2011)《构式语法研究》,上海：上海外语教育出版社：374。
袁　野(2010)构式压制、转喻和广义转喻框架,《外国语言文学》第 3 期。
赵　晨(2013)中国学生解读英语逻辑转喻的认知机制,《现代外语》第 1 期。
Bergs A, Diewald D. (eds.)(2008) *Constructions and Language Change*. Berlin/New York: Mouton de Gruyter.
Briscoe T. *et al*. (1990) Enjoy the Paper: Lexical Semantics Via Lexicology. *In Proceedings of the 13th International Conference on Computational Linguistics*. Helsinki, Finland.
Copestake A, Briscoe E J. (1995) Semi-productive Polysemy and Sense Extension. *Journal of semantics* 12(1): 15-67.
De Swart H. (1998) Aspect Shift and Coercion. *Natural Language and Linguistic Theory*(16): 347-385.
Francis E J, Michaelis L. (eds.) (2004) *Mismatch: Form-function Incongruity and the Architecture of Grammar*. Stanford, CA: CSLI: 1-27.
Godard D, Jayez J. (1993) Towards a Proper Treatment of Coercion Phenomena. *Proceedings of the 6th Conference of the European Chapter of the ACL*. Utrecht: OTS Utrecht.
Goldberg A E. (1995) *Constructions: A Construction Grammar Approach to Argument Structure*. Chicago: Chicago University Press: 238.
——(1997) The Relationships Between Verbs and Constructions. In Verspoor M. *et al*. (eds.) *Lexical and Syntactical Constructions and the Construction of Meaning*. Amsterdam: John Benjamins Publishing Company.
——(2006) *Construction at Work: The Nature of Generalization in Language*. Oxford: Oxford University Press.
Hsu C-C, Hsieh S-K. (2013) To Coerce or Not to Coerce: A Corpus-based Exploration of Some Complement Coercion Verbs in Chinese. In *Proceedings of the 6th International Conference on Generative Approaches to the Lexicon*.
Jackendoff R. (1997) *The Architecture of the Language Faculty*. Cambridge: MIT Press.
Katsika A. *et al*. (2012) Complement Coercion: Distinguishing between Type-shifting and Pragmatic Inferencing. *The Mental Lexicon* 7(1): 58-76.

Langacker R W. (1999) *Grammar and Conceptualization*. Berlin: Mouton de Gruyter.

——(2009) Cognitive (construction) Grammar. *Cognitive Linguistics* 20(1):167-176.

Lapata M, Lascarides A. (2003) A Probabilistic Account of Logical Metonymy. *Computational Linguistics* 29(2): 261-315.

Lauwers P, Willems D. (2011) Coercion: Definition and Challenges, Current Approaches, and New Trends. *Linguistics* 49(6): 1219-1235.

McElree B. *et al*. (2001) Reading Time Evidence for Enriched Semantic Composition. *Cognition* 78: B15-B25.

Michaelis L. (2004) Type Shifting in Construction Grammar: An integrated Approach to Aspectual Coercion. *Cognitive Linguistics* 15(1): 1-67.

——(2005) Entity and Event Coercion in a Symbolic Theory of Syntax. In östman J-O, Fried M. (eds.) *Construction Grammars: Cognitive Grounds and Theoretical Extensions*. Amsterdam/Philadelphia: Benjamins.

——(2006) Tense in English. In Aarts B, Macmahon A. (eds.) *The Handbook of English Linguistics*. Oxford: Blackwell.

——(2011) Stative by Construction. *Linguistics* 49(6): 1359-1399.

Panther K U, Thornburg L. (1999) Coercion and Metonymy: The Interaction of Constructional and Lexical Meaning. In Barbara L T. (ed.) *Cognitive Perspectives on Language*. Frankfurt am Main: Peter Lang.

Piñango M, Deo A. (2016) Reanalyzing the Complement Coercion Effect Through a Generalized Lexical Semantics for Aspectual Verbs. *Journal of Semantics* 2: 1-50.

Pustejovsky J. (1995) *The Generative Lexicon*. Cambridge: The MIT Press.

——(2006) Type Theory and Lexical Decomposition. *Journal of Cognitive Science* 6: 39-76.

——, Bouillon P. (1995) Aspectual Coercion and Logical Polysemy. *Journal of semantics* 12 (2): 133-162.

——, Rumshisky A. (2008) Between Chaos and Structure: Interpreting Lexical Data Through a Theoretical Lens. *International Journal of Lexicography* 21(3): 337-355.

——(2011) Coercion In a General Theory of Argument Selection. *Linguistics* 49 (6): 1401-1431.

Taylor J. (2002) *Cognitive Grammar*. Oxford: Oxford University Press: 287.

Talmy L. (1978) The Relation of Grammar to Cognition-a Synopsis. In Waltz D. (ed.) *Theoretical Issues in Language Processing-2*. New York: Association for Computing Machinery.

Traugott E C. (2007) The Concepts of Constructional Mismatch and Type-shifting from the

Perspective of Grammaticalization. *Cognitive Linguistics* 18(4): 523-557.

Traxler M J. *et al*. (2002) Coercion in Sentence Processing: Evidence from Eye-movements and Self-paced reading. *Journal of Memory and Language* 47: 530-547.

Utt J. *et al*. (2013) The Curious Case of Metonymic Verbs: A Distributional Characterization. In *Proceedings of the Towards a Formal Distributional Semantics Workshop at IWCS*. East Stroudsburg PA: ACL.

Verspoor C M. (1997) *Contextually-Dependent Lexical Semantics*. University of Edinburgh.

Ziegeler D. (2007) A Word of Caution on Coercion. *Journal of Pragmatics* 39: 990-1028.

——(2010) Count-mass Coercion and the Perspective of Time and Variation. *Constructions and Frames* 2(1): 33-73.

(100875 北京,北京师范大学文学院 meszy@163.com)

句法歧义与主观大量构式的形成*

朴珍玉

摘要 文章主要讨论三类表达主观大量义的句法歧义结构:“VP了+NumP+的+NP”结构(以下简称“的”式),“VP了+有+NumP+NP”结构(以下简称“有”式),“VP了+他+NumP+NP”结构(以下简称“他”式)。文章首先确认三类主观大量构式都来源于“VP了+NumP++NP”结构(原式),且三者都是歧义结构,造成歧义的原因各不相同,但都是在客观构式向主观构式的过渡过程中产生的。“的”式、“有”式、“他”式在客观构式义“完成一定量的动作”基础上增加了表达“言者主语”对“量”的评价义功能。语用意义是语言的主观意义,语用成分有时具有调节、标记信息结构和使句子完备的作用。与客观表达式相比,“的”“有”“他”都是“言者中心”的标记主观大量的附着成分,这与“言者主语”对现实世界的认知密切相关。“的”“有”“他”是言者向听者发出的语义协商的信号词,从句法-语义功能到被指派凸显主观大量功能的过程就是语用信息句法化的过程。随着“的”“有”“他”的附缀化,“的”式、“有”式、“他”式的语用功能也发生变化,从而使其重新获得独立的表达主观大量的新构式的句法地位。

关键词 焦点;主观量;句法歧义;数量短语;语用功能

一、引　言

以往学界对句法歧义的研究已经相当深入,研究成果颇丰,但对主观性

* 本研究受延边大学博士科研启动基金项目“基于第二语言汉语教学的数量成分完句分析”资助,并曾于2015年“第八届现代汉语语法国际研讨会”上宣读,得到与会专家的宝贵意见,谨致谢忱。

歧义的认识还显不足。这是因为以论元客观实现为研究对象的语法理论对句子主观性问题并不关注,这就导致学界对一类特殊的句法歧义构式——主观量歧义构式——关注度不够。我们认为,这类歧义构式应该引起学界的重视,应该专设为一类。

我们认为,主观大量构式往往都是在表客观量的常规句式基础上形成的。因此为讨论的方便,我们把表示客观量的句子设为原式,把在此基础上通过一定的语法手段表示主观量的句子称为变式。变式是原式的引申发展,它介于严格秩序和无秩序之间,表义比原式丰富,而变式一旦形成,新的语义也会涌现出来。

早期题元理论假设动词的词汇语义基本上可以预测论元的句法实现。比如"送"的三个题元角色分别指派施事、受事、与事三个论元,生成"我送他一本书"这样的句子。但现实语料中存在大量"不合法"的投射,于是动词的论元结构投射到句子上而不完全符合其在词库中规定的语言现象便成了语法研究的试金石,不同的语法理论都试图从不同视角对此进行合法性解释。然而,一个语句除了作为结构式要合法,作为命题要合理以外,还有表达情感、态度等主观性功能。我们认为,一个表达客观意义,实现语义真值的结构式在表达主观性时,必然会对原有构式进行重新分析或增减句子成分,构式的组成成分会发生相应的语义、语用变化。

本文从构式中的虚义成分入手,提出虚义成分参与句法分析是主观化表达的手段之一,虚义成分在表达真值语义方面具有调节、凸显、聚焦的作用,体现说话人对命题内容的主观态度和评价,因此主观性也就更容易附着其中。"的"式、"有"式、"他"式旨在说明"言者中心"的语用成分是如何嵌套在固有格式中对原式产生影响的。例如[①]:

(1) a. 谈了两小时工作

b. 谈了两小时<u>的</u>工作(即"的"式)

c. 谈了<u>有</u>两个小时工作(即"有"式)

d. 谈<u>他</u>两个小时工作(即"他"式)

例(1)b中的"的"、例(1)c中的"有"、例(1)d中的"他"都不是通过投射理论投射出来的,而是在原来表达式基础上增加的表达言者主语对"量"的大小的主观评价,因此我们能明显感到一种强调的意味。三者与例(1)a句存在着微妙的不同,虽然"的""有""他"来源和语法意义不尽相同,都存在不同程度的虚化，但我们不能因为其语义弱化、不做句法成分而忽视其生成新构式的语义-语用作用。

二、原式的确立

传统结构主义分析法不把虚词作为句法成分，但是在构式分析中虚词的作用往往非常大。我们认为，有些虚词是构成变式的关键，虚词的有无和进一步虚化（或者在原位虚化，或者在原式基础上添加）是语义变化的重要线索。

我们在确定原式时充分考虑到时体标记与其他句法成分的互动和影响，因为要考察客观量和主观量的内在联系，因此，量的表达是原式的必要组成部分。在确立原式时为了减少变量，直接把“V了”作为原式不可分割的一部分，理由如下。

（一）体标记“了”与动词的宾语论元

典型的及物动词带宾语不依赖于时体标记，但汉语里有个有趣的现象，就是不及物动词不是绝对不能带宾语，不及物动词后加体标记“了”就可以带宾语了。例如：

(2) a. 王冕死了父亲

*b. 王冕死父亲。

*c. 王冕死父亲了。

(3) a. 中国出了个毛泽东。

*b. 中国出毛泽东。

*c. 中国出毛泽东了。

从表面上看，例(2)—例(3)中“死”“出”的词汇语义都不蕴含宾语论元，但加上“了”以后就可以带上宾语。可见，动词的时间性对论元实现存在制约作用。对于不及物动词后的“了”的来源问题，学界尚存分歧。刘晓林(2007)认为“了”是及物动词虚化而来的，可以起“及物化”作用，因而能带宾语。李讷、石毓智(1997)从历时的角度探讨了体标记的形成，认为“了”来源于不及物动词，本来不能带宾语，但是随着“V了”的逐渐凝固，被看做一个整体，“了”发生了形态化，“V了”就能带宾语了。董秀芳(2002)提出异议，认为古代汉语中“不及物动词+了”不能带宾语，后来产生的不及物动词带宾语的结构不是“V 了”形态化之后具有了带宾语的功能(因为动词的次范畴特征并没有改变),而是名词性成分向后位移造成的,移位的动因是要表达焦点信息。

赵元任(1979)建立的零后缀模型有以下要求:(ⅰ)习惯性动作;(ⅱ)最近将来的动作;(ⅲ)非叙述性的谓语。可见,把动词的零后缀形式作为原型形式是有条件限制的。零后缀模型不适合事件句。

我们认为,时体标记“了”从词汇性动词到“附缀”的演变使之与前面的动词不再彼此分离而是紧密相依,同时也与周边成分形成了某种固定的表义模式。对某些论元或某类句式的实现起到调节作用,同时也起到调节焦点结构关系和使句子表达完备的作用。

因为在现代汉语中,当宾语为数量名结构时,不及物动词在“了”的帮助下也能带宾语(如“在场的哭了一大片”“托儿所里病了五六个孩子”,详见刘探宙 2009),且我们在讨论时不区分动词的及物与否,因此,为了讨论的集中性,暂时把“V 了”看成一个整体,以方便讨论数量宾语。

(二)现实性与“V 了 + NumP + NP”

上文我们提到,不及物动词后接数量宾语时带时体标记“了”更符合汉语语法要求和语义要求。其实对及物动词来说,当宾语为数量宾语时,也必须加“了”。沈家煊(1995)从认知上的“有界/无界”理论进行了分析,即有界动词带有界名词做宾语。我们认为,无论是从“完句”功能的角度,还是从谓词的时间参照角度,数量宾语和“V 了”在常规语境下都是最常见的搭配。尤其是,事件句最好从动态角度确立原式。例如:

(4) 理发/跳舞(活动)

(5) 理了一个发/跳完一支舞(完成)

例(4)仅表达一个活动,作为一个抽象的短语是成立的。而如果考察单位是句子,那么作为表达层面的单位,我们需要对动作的真实情状,也就是动词的入句形式进行考察,入句必须有时间参照。

郭锐(2015)提到,考察一个语言片段的时间性须区分三个维度:真实动作的情状,语言中以词汇形式编码的情状类型,说话人以何种视角来观察事件的内部结构。对句子至关重要的时间指示是以具有现实性的话语时刻为基准点之前的过去时,比如“谈两个小时工作”在句子层面是不自足的,应该加“了”,由于说话人常常把整个事件打包成一个整体,这与“V 了”表达“完成”性的情状类型一致，我们把原式码化为：“V了+NumP+NP”。原式也是一个构式，其构式义为“完成了一定量的动作”。本身没有歧义，是以V为中心的动词短语，表示客观现实性。

但其变式主要表达的是“言者主语对完成的动作的‘量’的主观评价”，形成新构式之初，“的”式、“有”式、“他”式都有歧义，我们知道，在从原式到变式的过渡过程中，往往需要一个桥梁语境，在这个语境下，新构式最初往往有两种解读，随着使用频率的变化，新的构式义会固定下来，在语义固定的过程中，往往存在两种语义并存于一个形式的情况，这时就需要对构式在不同语境下的具体语义进行重新分析，这不符合经济原则，所以原式和变式会一分为二，形成两种构式。

三、“的”式、“有”式、“他”式的句法歧义与焦点表达

以往，学界对歧义结构的研究成果颇丰。然而，很少有专文讨论客观构式与主观构式的衍生关系，以及主观大量义是如何产生的。我们认为，主观性是在客观性的基础上发展形成的。主观量也是在客观量的基础上“言大”或“言少”的。李善熙(2003)提出主观量的主观性程度与实际量与期待量之间的差距有关。主观量的表达有多种手段，如语音、词汇、语序、重叠、固定格式等。

（一）“的”式的两解与焦点结构

一般情况下，数量成分很少和“的”连用。尤其是个体量词、容器量词等，但可以与时量词连用。例如：

（6）*a. 买了<u>三本的书</u>

*b. 吃了<u>三碗的饭</u>

c. 喝了<u>三小时的酒</u>

例(6)a和例(6)b都不合法。只有例(6)c合法，但却是一个句法歧义结构。按照层次分析法，例(6)c有两种切分方式：（ⅰ）第一层在时量词后，即[[喝了三小时]的酒]，构成定中结构；（ⅱ）第一层在时量词前，即[喝了[三小时的酒]]，构成述宾结构。

两种切分表义重点不同：第一种切分，语义中心在名词上，数量结构表达的是名词“酒”的量的多少。而第二种切分，语义中心在动词上，主要是表

达动作持续的时间,整个结构的表述功能还是陈述。我们可以通过添加后续句的方式分化歧义。例如:

(7) 养了七八年的一个活物,说没就没了,换了谁都受不了。(格非《江南三部曲》)

(8) 打了八年的仗,他倒不像长了八年岁数,还是那样跟谁也不客气。(严歌苓《陆犯焉识》)

添加后续小句实际上就是提供语义解读的语境,因此具有消除歧义的作用。例(7)根据后续小句可以判断出是定中结构,以名词为中心,做此解时,数量成分"七八年"是约量表达,实际上还是客观量,没有主观大量义。然而,例(8)后续句中的"长了八年岁数"与之形成对举,应按照第二种切分,整个结构是述宾结构,有歧义,既可以表达"一场仗打了八年",也可以表示"反复打仗的状态持续了八年的时间"。可见,"的"式产生歧义的原因不仅与结构层次有关,还与"的"的句法-语义有关。具体如下:

Ⅰ,"V了+数量短语"与名词之间有限定关系,整个结构有歧义。"的"可以是结构助词,也可以是语气词。如"吃了六年的人参"。两种语义分别是:[[吃人参][吃了六年]],[[吃了][六年生的人参]]。

Ⅱ,数量短语与名词为同位关系时,"的"为结构助词,没有歧义。如"用了三天时间"。

Ⅲ,数量短语与名词没有修饰关系时,"的"为语气词,没有歧义。如"受了半辈子的气"。

那么,"的"式与原式的语义差异来自哪里呢?陈小荷(1994)认为,研究语义还要考虑到人的主观看法或心理因素,对客观量的主观评价使整个结构获得主观量解读。即,客观量+评价=主观量。我们用副词"才"进行检验,发现主观量的表达与语境关系密切,与人的认知关系密切。当说话人认为某个动作持续时间超过他的期待值时,时量成分就有了主观大量的解读。例如:

(9) a. 他喝了三小时的酒才不喝了。

b. 他坐了三小时的车才到家。

与原式相比,"的"式增加了时量成分的对比性。"的"对时量成分起到语义-语用上的凸显作用。"三小时"在"才"的触发下,主观大量义得到进一步凸显。与"的"相比,时量成分给结构提供了一个内在的终止点,使整个结构表达一个有界事件，具有结构上的必选性，也就是以往学者提到的"完句"功能。而"的"的作用主要不在句法上，而在于焦点结构的改变。"的"式是一种典型的主观大量构式，其焦点结构也有别于一般的宾语焦点句。

汉语是话题优先型语言，句子成分的信息功能对句法-语义都有制约作用。从焦点结构的角度看，汉语常常采用句末尾焦点的语序手段组织信息。在从已知信息到未知信息的信息流动中，一般句末成分是自然焦点。而在原式中插入"的"，在语法上看似可有可无，但是从信息结构的角度看，却有改变焦点性质和结构的作用。如例(9)a句，没有"的"也是成立的，"喝了三小时酒"自然焦点落在宾语"酒"上，但插入"的"后，时量短语"三小时"成了"对比焦点"，这样就和说话人对喝酒所需时间产生了认知联系，形成暗比、形成评价，于是主观大量义得到识解。"的"式的焦点不再自然落在宾语上，而是落在时量成分上，增强对比性。而此时，作为宾语中心语的"酒"在信息价值上失去了原有的地位，反而成了可有可无的。证据之一就是当强调时量成分时，宾语可以省略，如"他喝了三小时才不喝了"。除了省略意外，名词和数量成分的语序也受到焦点结构的影响。储泽祥(2001)《"名+数量"语序与注意焦点》一文也谈到名词和数量成分的位序调整受到焦点结构的制约。

(二)"有"式的两解与"有"的语义虚化

根据语料显示，"有"式常用来表示主观大量，但也有其他解读，因此也是个歧义结构。例如：

(10) 检查一下是否有一个上帝；而一旦我<u>找到了有一个上帝</u>，我也应检查一下他是否是骗子。(笛卡尔《笛卡尔文集》)

(11) 有一次我们见面，从东四走到雅宝路，走赛特，走蓝岛，又走回来，<u>走了有20多里地</u>。(王小波《东宫西宫》)

例(10)"找到了有一个上帝"中的"有"有实际语义，表示"存在"，因此不做主观大量解读。例(11)与例(10)的不同在于第二层，也就是"有"与"数量短语"的关系。"走了有20多里地"中"有"语义已经虚化了，不表示"存在"，也不表示"领有"，甚至在例句中删除，对句子的合法性也不构成影响，因此对数量短语的支配力减弱。例(10)按层次分析法分析，应为[[找到了][有[一个[上帝]]]]，而例(11)按层次分析法分析，应为[[走了][[有20多里][地]]]。类似结构在日常生活中更为常见。比如"(下午我给他)

打了有30次电话”“(足足)商讨了有20多分钟”等。可见,“有”式中的“有”触发“现有数量已超出说话人主观预期值”这一预设。另外,与上文讨论的“的”式,和下文讨论的“他”式不同,“有”式虽然用例不多(我们以“V了有+数量”在BCC汉语语料库中进行搜索,得到有效例句285条),但大部分表达主观大量义。

那么,当“有”为实义动词时,应该如何分析呢?是述宾结构,还是连谓结构呢?我们认为,当“有”表示“存在”“领有”等意义时,应该是连谓结构。还有一类比较特殊,就是表示“达到”义的“有”。郭锐(2015)认为,“V了+有+数量短语+(NP)”中的“有”是动词,但可以省略。“(有)+数量短语”可以给前面的动词提供外部时间参照,相当于后续小句,因此“V了+有+数量短语”应该分析为连谓结构。我们认为,这种分析的确适用于“有”表示“达到”义的情况。但是本文讨论的“有”式是类似例(11)的情况,“有”发生了语义漂白,从“达到”义弱化为语用上表达“超出说话人预期”的含义,并语法化为一个表示语气的助词。可见,在现代汉语中,根据“有”的语义,结构也会发生不同的变化。仅就在语法上可以省略的“有”来说,“有”不仅可以表示“达到”义,还表示“超出预期”义。当“有”表示“超出预期”义,“有”对命题真值语义不发生影响,此时,不适宜分析为连谓句,从母语者的语感方面也不适合再分析为连谓结构了。相应地,在语法上也变成了非强制性成分,失去赋格能力。与“的”式一样,“有”在新构式中的作用也主要体现在语用上,凸显主观大量。

(三)“他”式和“他”的指称变化

“他”式也是个歧义结构,与“的”式、“有”式不同,“他”式的致歧的原因是“他”的指称性的变化:“他”如果指称某个实体(entity),则“VP了+他+NumP+NP”结构为双宾结构;如果“他”空无所指,则“VP了+他+NumP+NP”结构为单宾结构。例如:

(12) 这也不能说全是骗人,有钱人家<u>赚他几个钱</u>,穷人家给他解个心焦,除个心病。(李凖《黄河东流去》)

(13) 赚钱也是看人的,比如那些大商人、大客官、汉奸队那些歪戴帽子斜抽烟的东西,你不<u>赚他几个钱</u>还有罪哩!(李凖《黄河东流去》)

(14) 这一年我当牛当马,累得衣裳能拧下来汗水。一个月才<u>赚了他十块钱</u>。(李凖《黄河东流去》)

例(12)“他”指代前面“有钱人家”,例(13)前面“大商人、大客官、汉奸队那些歪戴帽子斜抽烟的东西”是复数,本应该与“他们”对应,这里用“他”指代,从指称性的角度看,已经虚化了。到了例(14)“他”进一步虚化,已经不指称外部世界的某个实体了。这几个例句部分地展现了“他”指称义的虚化轨迹。在现代汉语中,“他”几种指称义都同时存在,与第一人称、第二人称相比,第三人称的虚化具有类型学共性。

上文我们已经提到,为了讨论的方便,我们选定沈家煊(1995)提出的典型的事件句“V了+数量名”作为原式,如“吃了两碗饭”,“了”和“数量成分”确保了句子表达的是基于现实性的完整的事件句,与非现实句形成互补分布。王晓凌(2008)在考察双及物构式时提出,“$他_2$”与“了”对立互补,是非现实体标记。我们认为,“$他_2$”作为附着形式初期,也许的确与“了”构成互补分布,但随着“$他_2$”表达主观性功能的进一步发展,对语境的依赖程度越来越小,语境规约义逐渐离析出来,进而发展到现实情态中。由于“$他_2$”来源复杂,我们将另文专述,但可以肯定的是,在当代汉语中,尤其是网络语言中已经有“$他_2$”不做非现实体标记的用例了,如“睡了他10个小时”,在日常口语中也有很多用例,可见,“$他_2$”并不一定表示非现实情态,可以只是“主观大量”标记。

陈嘉映(2003)提出,意义离不开感觉,有时候客观量的表述,没有意义,比如“她的眼睛三平方厘米”这句话虽然很精确,但“三平方厘米的眼睛”要绕到“大小”概念上,比如说“她的眼睛大”(主观量),才有意义。数量宾语如何表示主观量呢,换句话说,把表义精确的数量成分变成有意义的程度量,或者说主观量需要哪些条件呢?我们认为,“的”“有”“他”起到关键性的作用。

四、语用信息句法化与主观大量义的表达

司富珍(2011)认为汉语的虚词常常出现在标记句法和语用部门相互影响和关联的接口上,并发挥着核心作用。句法-语义-语用等部门密切相关,并相互影响,司文把“与语用相关的信息在句法层次上的编码”称为语用信息的句法化。

(一)"的$_2$"的焦点标记功能②

与原式相比,我们讨论的"的"式、"有"式、"他"式正是语用信息句法化的最好证明。比如"看了一晚上电影"和"看了一晚上的电影",后者明显有一种主观大量的意味。

上文我们已经分析了,"的$_2$"使数量成分具有对比焦点的属性,表量的性质得到凸显,可以看做"主观大量"的标记。具体来说,本来数量式组合定语修饰名词时不需要加"的"(如"三本书"),但有时为了凸显数量信息,或者说为了使焦点落在数量成分上,信息结构会对句法进行强迫解读。比如用重读的方式使数量成分成为对比焦点。也可以如上文例(6)c 句在数量短语和名词之间加上一个"的",变成"(喝了)三小时的酒"。我们知道,单从结构的合法性上看,"的"是可有可无的,但是为了使"三小时"这个说话人认为的"大量"得到凸显,说话人有意地增加了这个"的",变成"(喝了)三小时的酒"。又如:

(15) 他竟然孤陋寡闻至此,整整挨了五天的骂!(严歌苓《陆犯焉识》)

例(15)完全可以说成"挨了五天骂",为什么加"的"? 这是因为与黏合式定语和数量式组合定语相比,"的"字组合式定语独立性最强,因此也最容易得到凸显。陆丙甫(2003)提出,通常不用"的"的定语,如果增加描写性,可以用"的",如"三大张的纸"。"数量短语+的"中,NumP 可以作为独立的个体被凸显,从而成为语义焦点。

综上,合法只是表达的基本要求,"的"式通过增加音节的方式,起到言者和听者之间的语义协商的交互主观性。使言者主语要表达的"大量"义传递给听者,使表达不仅合法合理,更加合情合意。

(二)"有$_2$"的弱化与主观大量义的表达③

刘丹青(2011)提出"有+NP"的常规理解是对主体有益的,数量多的领有,NP 被理解为好而多的事物。因此排斥主观小量或贬义定语。例如:

(16) a. 关于博福特的流言有很多。(伊迪丝·华顿《天真年代》)

*b. 关于博福特的流言有很少。

c. 关于博福特的流言很少。

例(16)b 不成立,原因在于表"少"受到"有"字领有句的强烈排斥。为什么表"少"受到排斥呢? 刘文认为,量化定语必须是表"大量"的才能与宾语核心的语义倾向一致,而表"少"作为表小量的定语与宾语核心不一致,无法与领有宾语核心共组一个信息块充当自然焦点，而会在信息结构上盖过核心的信息地位，与汉语的尾焦点规则相冲突，因而受到排斥。

同样，“有”式也排斥“表少”。我们认为“有$_2$”和上文讨论的“的$_2$”在句法上的表现十分相似，都是语法上可有可无的成分，但在语义-语用上非常重要，都有凸显数量的作用。下面例(17)“写了三篇论文”是一种常规表达(原式)，但加上“有$_2$”后就多了一种“超过预期”的语义解读，也就是“主观大量”的解读。因此可以用添加表示小量的“稍微”“仅仅”“只”“就”等副词进行检验。例如：

(17) a. 他写了(有$_2$)三篇论文。

b. 他才写了(＊有)三篇论文。

c. 他仅仅写了(＊有)三篇论文。

表示小量的副词不能与“有”共现。可见，虽然“有”的语义在新的构式(即“有”式)中弱化了，但“有”本来含有的表“多”和表“好”的用法依然对主观量的解读发挥作用。

Lambrecht(1994)提出，焦点并不是和新信息简单对应的。句子成分的信息功能并不是固定的，焦点落在哪里，及其作用范域都对语法有制约作用。从大的方面看，焦点结构一般分为窄焦点、谓语焦点和句子焦点。我们再以例(17)为例进行说明，“他写了三篇论文”可以作谓语焦点来回答“他干什么了？”这个问题，即他[写了三篇论文]$_{Foc}$，而“有”式因为只有“三篇”是“未知信息”，所以不能做谓语焦点。具体如下：

(18) a. 问：他干什么了？

答：他[写了三篇论文]$_{Foc}$。

*答：他[写了有三篇论文]$_{Foc}$。

b. 问：他写了多少篇论文？

答：他写了[三篇论文]$_{Foc}$。

答：他写了有[三篇论文]$_{Foc}$。

这说明，当提问是针对整个谓语部分，那么谓语的语义内容是第一位的，也就是述宾结构是焦点。然而，当述宾结构作为背景信息，只是对数量进行特指问时，“有”可以在表达客观量的同时对该数量进行评价。“有”的语义弱化后，在语用上主要起到“线索”作用——从词汇性语义到被指派凸显主观大量功能的过程就是其语法化的过程，也是语用信息句法化的过程。

可见,“有”是一个“言者中心”的标记成分。从动词“$有_1$”到语用标记“$有_2$”,不仅仅是一个词的语法化过程,“牵一发动全身”,整个结构也发生了变化,整个构式从客观到主观,形成了有别于原式的变式,没有“有”,主观大量义无从体现。

(三)“$他_2$”是主观大量的标记成分④

上文提到“他”式的主观化主要受“他”指称变化的影响。当“他”空无所指时,不再是代词,而是主观大量的标记成分。例如:

(19) 他又轻描淡写地说:“唔,如若以学生之言为是,那么就请将军连夜移师,攻他一个措手不及,如何?”(刘斯奋《白门柳》)

(20) 不就是笔墨应酬的事儿么,拖他几日又有什么打紧了?(刘斯奋《白门柳》)

我们在BCC语料库检索发现,“他”后接数量名而空无所指的用例非常少。“他”式一共有3 305个用例,但无指称意义的“$他_2$”在前500条例句中只有6例,不到2%。而“$他_2$”与“了”共现做主观大量标记的例子就更少了。

由于“$他_2$”不具有指称性,且其中数量成分的指称性也发生了相应的变化,不是实指成分,数量成分的功能也就从称代功能转移到了计量性功能。既然“他”式的功能重在计量,那么数量成分必然就是说话人要重点强调和凸显的成分,因此数量成分成为必选成分,而客体论元却成了非必选成分。如下面例(21)的中心名词“钱”就可以不出现。例如:

(21) 你何不也加上一个名字,每月至少弄他一百元。(张恨水《春明外史》)

一般来说,“V + 了 + NumP”只是客观陈述,而“V + $他_2$ + NumP”有一种说话人对数量成分进行评价的意味。副词“刚好”一般来说是指客观量与主观预期量完全相同,因此我们可以用“刚好”来检验句中数量成分的属性。上面例(21)加上“刚好”不成立。例如:

*(21)' 你何不也加上一个名字,每月刚好弄他一百元。(张恨水《春明外史》)

因为“刚好弄他一百元”不是真实经历,而只是言者主观认为能达到满足程度的方式和手段。言者通过可能世界中的“结果事件”隐喻“目的事件”,而“目的”显然不具有现实性,因此这里的数量成分表达的只能是主观量、约量,因此不能与“刚好”共现。

通过对“的”式、“有”式、“他”式的句法-语义分析,我们发现造成表达式句法歧义的根本原因是成分的语用化。“的”“有”“他”的隐现对整个结构的合法性及合理性并不造成影响,然而,“的”“有”“他”的出现对语义和语用功能影响巨大。“的”“有”“他”的词义都发生了不同程度的弱化,甚至词性也发生了不同程度的语法化。比如“的”从结构助词变成了焦点标记,“有”从实义动词变成了语气成分,“他”从代词(指称实体)变成了主观大量标记(无指称义)。然而,从语用的角度来看,“的”“有”“他”都有凸显数量,强化焦点的作用,因此构成了新的表达主观大量的构式义。

附注

① 文章所用例句大部分来自 BCC 汉语语料库。部分短语类用例为自拟。

② “的$_1$”是结构助词,定语标记;“的$_2$”是语气助词。

③ 有$_1$ 为动词,有$_2$ 为语气助词。

④ 他$_1$ 为代词,他$_2$ 为语气助词。

参考文献

陈嘉映(2003)《语言哲学》,北京:北京大学出版社。

陈小荷(1994)主观量问题初探——兼谈副词“就”、“才”、“都”,《世界汉语教学》第4期。

——(1996)跟副词“也”有关的偏误分析,《世界汉语教学》第2期。

储泽祥(2001)“名+数量”语序与注意焦点,《中国语文》第5期。

董秀芳(2002)论句法结构的词汇化,《语言研究》第3期。

郭　锐(2015)汉语谓词性成分的时间参照及其句法后果,《世界汉语教学》第5期。

李　讷,石毓智(1997)论汉语体标记诞生的机制,《中国语文》第2期。

李善熙(2003)汉语“主观量”的表达研究,中国社会科学院研究生院博士毕业学位论文。

李宇明(1997)主观量的成因,《汉语学习》第5期。

刘丹青(2011)“有”字领有句的语义倾向和信息结构,《中国语文》第2期。

刘探宙(2009)一元非作格动词带宾语现象,《中国语文》第2期。

刘晓林(2007)也谈“王冕死了父亲”的生成方式,《中国语文》第5期。

陆丙甫(2003)“的”的基本功能和派生功能——从描写性到区别性再到指称性,《世界汉语教学》第1期。

朴珍玉(2015)非常规损益构式“V+他$_2$+NumP”的主观化,《当代修辞学》第1期。

沈家煊(1995)“有界”与“无界”,《中国语文》第5期。

——(2004)再谈“有界”与“无界”,载北京大学汉语语言学研究中心《语言学论丛》编委会编,《语言学论丛》第三十辑,商务印书馆。

——(2001)汉语主观性与主观化研究,《外国语文双月刊》第4期。

司富珍(2011)语用信息在句子和名词短语层面的句法化,《伊犁师范学院学报》第2期。

袁毓林(2003)无指代词“他”的句法语义功能——从韵律句法和焦点理论的角度看,载中国语文杂志社编,《语法研究和探索》十二,北京:商务印书馆。

王晓凌(2008)说带虚指“他”的双及物式,《语言教学与研究》第3期。

朱德熙(1982)《语法讲义》,北京:商务印书馆。

赵元任(1979)《汉语口语语法》,北京:商务印书馆。

Lambrecht K. (1994) *Information Structure and Sentence Form: Topic, Focus, and the Mental Representations of Discourse Referents*. Cambridge: Cam bridge University Press,1994.

(133002　延吉,延边大学朝汉文学院　zhenyupark@163.com)

领有动词与完成体表达的类型学研究*

吴春相　杜　丹

提要　文章采用语言类型学的研究方法，在汉藏语系、印欧语系、阿尔泰语系、南亚语系等语系中寻找领有动词演变为完成体标记的语言样本，证明完成体标记来源于领有动词是人类语言的一种普遍现象；同时，通过与其他完成体标记的演变方式对比分析，探求跨语言中领有动词与完成体标记的语法化动因，认为领有动词是经由结果体结构演变为了完成体标记，这一演变现象具有类型学上的普遍性。

关键词　领有动词；完成体；类型学

一、引　　言

按照 Bybee *et al*.（1994）的说法，人类语言完成体标记的来源主要有两个，一是完成义动词，二是领有动词，属于第一种类型的语言有高棉语（Khmer）、提姆语（Temne）等。而宋金兰（1994）研究发现，属于第二种类型的语言有汉藏语系中的汉语、藏语、仫佬语（Mulam）等，印欧语系中的英语、法语、西班牙语、德语、拉丁语等，阿尔泰语系中的保安语、撒拉语等。目前学界对领有动词演变为完成体标记的相关研究很少，其中陈前瑞、王继红（2012）描述了从完成体到最近将来时是类型学与汉语的常见现象、石毓智（2004）只是探讨了汉语领有动词与完成体表达的现象。据本文调查发现，

* 本文得到教育部人文社科一般项目“语言动态观下语法和修辞界面的同形结构研究”（项目编号 15YJA740044）、上海外国语大学重大规划项目“主要生源国学习者汉语学习与认知多角度研究”（项目编号 KX1601045）的资助。论文初稿曾在“第三届语言类型学国际学术研讨会”（上海外国语大学 2017）宣读，于秀金、陈前瑞等老师给予许多宝贵意见，特此感谢。

学界对领有动词演变为完成体标记还缺少较为系统的研究分析。同时,在《世界语言结构图册》[①]中领有动词演变为完成体标记的语言样本只有7个,且这些样本多集中于印欧语系。基于以上情况,有必要扩大观察范围,进一步验证人类语言完成体标记来源于领有动词这一普遍共性,同时从跨语言角度分析领有动词与完成体标记的语法化动因。

本文采用语言类型学的研究方法,在汉藏语系、印欧语系、阿尔泰语系、南亚语系等语系中寻找领有动词向完成体标记演变的语言样本,证明领有动词演变为完成体标记是人类语言的一种较为普遍的现象;同时探求跨语言中领有动词与完成体标记的语法化动因及蕴含的共性。

二、领有动词演变为完成体标记的分布

本文在《世界语言结构图册》与宋金兰(1994)研究基础上扩大语言样本观察范围,通过对研究文献的梳理,在汉藏语系、印欧语系、阿尔泰语系、南亚语系中发现了共25个领有动词向完成体标记演变的语言样本,详见表1“领有动词演变为完成体标记的分布”。

表1　领有动词演变为完成体标记的分布

语系	语言样本	语素形式	时体标记	资料来源
汉藏语系	汉语	有	完成体助词	刘利,1997
	闽语	有	完成体助词	石毓智,2004
	瓯语	有	完成体助词	陈叶红,2007
	吴语	有	完成体助词	石毓智,2004
	客家话	有	完成体助词	石毓智,2004
	粤语	有	完成体助词	石毓智,2004
	藏语	Jφ?	完成体助词	宋金兰,1994
	仫佬	mε?	完成体助词	宋金兰,1994

（续表）

语系	语言样本	语素形式	时体标记	资料来源
印欧语系	英语	have	完成体助词	Dahl,1985
	法语	avoir	完成体助词	Dahl,1985
	西班牙语	haber	完成体助词	Dahl,1985
	葡萄牙语	haver	完成体助词	Narrog & Heine,2011
	拉丁语	habre	完成体助词	Dahl,1985
	德语	haben	完成体助词	Dahl,1985
	波斯语	ɑḶ	完成体助词	《波斯语汉语词典》,2012
	瑞典语	ha	完成体助词	Dahl,1985
	冰岛语	hef	完成体助词	Einarsson,1949
	罗马尼亚语	avea	完成体助词	Dahl,1985
	加泰罗尼亚语	haver	完成体助词	Dahl,1985
阿尔泰语系	保安语	wi	完成体助词	照那斯图,1981
	撒拉语	var	完成体助词	宋金兰,1994
	韩语	있다	完成体助词	구본관,2015
南亚语系	克木语	hóoc	完成体助词	Dahl,1985
	越南语	có	完成体助词	Dahl,1985
南岛语系	毛利语	kua	完成体助词	Dahl,1985

三、领有动词与完成体标记的语法化过程

通过考察汉藏语系、印欧语系、阿尔泰语系与南亚语系等众多语言样本，本文遴选其中部分样本，分析领有动词演变为完成体标记的语法化过程，进而证明领有动词演变为完成体标记是人类语言的一种较为普遍的现象。

(一) 汉藏语系中的考察

我们这里以汉语为例。汉语领有动词“有”最早出现在“有 + NP”结构中,然后“有 + NP”进一步发展,NP 后可以带一个复杂的谓语,构成了“有 + NP + VP”结构,可表达完成义。这种形式最早出现在上古汉语早期《尚书》,并且一直沿用至今。(陶红印 2011)[336]例如:

(1) 我有大事休。(《尚书·大诰》)

(2) 君有大臣在西南隅。(《左转·衰》)

(3) 谢弈作判令,有一老翁犯法。(《世说新语·德行》)

《古代汉语虚词词典》(1999)中也记载《诗经》中“有”已具有完成体的表达功能,如“女子有行,远父母兄弟。”“胡能有定? 宁我不顾?”等。刘利(1997)对先秦代表性著作进行了考察,典型的“有 + VP”表完成义结构仅发现 7 例。“有 + VP”结构集中出现在《国语》《左传》《穀梁传》《孟子》和《荀子》中,但是当表示动作行为完成义时多用“既”与“已”表示。“有 + VP”结构也出现在《老乞大》和《朴通事》中,并且与先秦汉语的用法有明显的一致性。例如:

(4) 我有认色了,不拣几时要换。(《老乞大》)

(5) 黑夜道场里你有来么? 我有来。(《朴通事》)

由“有”构成的表达完成义结构“有 + VP”在现代汉语普通话陈述句中一般不存在,多用“VP + $了_1$”表示。但“有”可与部分双音节持续动词搭配表示完成义。例如:

(6) 农产品短缺的问题不几年就彻底解决了,农民的收入逐年多少也有提高。(BCC 汉语语料库)

(7) 突然觉得有种感动,是的,我们真的都有进步。(BCC 汉语语料库)

“有 + VP”表示完成体形式在现代闽南话等南方方言中十分普遍,出现了完成体肯定形式和否定形式表达的对称现象:肯定形式“有 + VP”和否定形式“没有 + VP”。同时“有 + VP”表达功能与现代汉语普通话的“VP $了_1$”一致,粤方言中就存有这类现象(石毓智 2015)[668],例如:

(8) a. 我有收着汝个批。(我收到了你的信。)

b. 我无收着汝个批。(我没有收到你的信。)

(9) a. 渠有交作业。(他交作业了。)

b. 渠无交作业。(他没有交作业。)

目前,“有 + VP”已有明显进入普通话的趋势,对此研究的文献也较为丰富。

结合陈前瑞、王继红(2011)对汉语“有”字句语法化主要路径的描述,“有”是由结果体演变成完成体标记:

确定事件　　　　　　　　确定状态

有 + 动态谓词　有 DP_E(完成体)←有 DP_S(广义结果体)

↓　　　　　　　　↑

有 + 静态谓词　有 DA_E(完成体)　有 SP_S(广义结果体)

“有 + 动态谓词”具有表示肯定事件状态变化的结果或状态变化的完成的功能,也就是说,“有”肯定了某种客观事件的已然结果,进而肯定某种状态或表示变化的完成。

(二) 印欧语系中的考察

Narrog & Heine(2011)[59]研究发现古英语(450—1150AD)把动词分为轻动词和重动词,其中 habban(have)属于轻动词,而 wesan(be)属于重动词。在古英语中,“have/be + 过去分词”都可表完成义。但在中世纪英语中,随着迂说法的发展,同时 bēon(be,11 世纪)的语法功能比较多,可用于被动句、进行时和完成时。为了避免产生时态的混淆,“have + 过去分词”在 16 世纪成为表示完成体的唯一形式。表达完成义结构的“have + 动词分词”是从“habban + 动词分词”结构演化来的,habban 被视为助词。但是在最初表达完成义的结构“habban + 动词分词”中,habban 作为领有动词后的成分视为“habban”的宾语。例如:

(10) ðonne　habbe　we　begen　fet　gescode(acc. pl.)

Then　have　we　both　feet　in-a-state-of-having-benn-shod

Suiðe　untællice

very　blamelessly

Then let us have both our feet very shod.

印欧语系中完成体结构大部分都来源于拉丁语的完成体结构“habeo + $V_{past.\ participle}$”,且由主语从句形成的,Subj has [$Object_{acc}$ $V_{past.\ participle}$]。这些短语从句与主句主语指称有一定的联系,如果主语从句隐含参数由主语引导,那么“have”能够管辖这个从句。在早期的完成体形成阶段,从句中的动词就是施事主语发出的动作,如:Joanna has [a mouse killed],意思为 Joanna 使老鼠死了。这种结果事件通过重新分析重组为“have + $V_{past.\ participle}$”融合为一个结构——"have killed a mouse"。由以上可知,完成体结构"have done X"是从表示结果的构式"have X done"演变而来的(Narrog & Heine 2011)[171]。例如:

(11) a. Ic habbe pā bō cā writeen

b. I [VP [V have] [[NP the book] [A written down]]]

c. I [VP [have [V written [NP the book]]]]

(Traugott 1992; Mitchell 1985)

法语体助词"avoir"及西班牙语中领有动词"haber"也是不可缺少的完成体表达手段。"领有动词+动词过去分词"结构最初表示结果完成义,领有动词与形容词分词共现,然后演化为表达完成义结构。例如:

(12) Había / he / habré preparado una cena fenomenal

Have / have / have prepare- INDEF. meal terrific

'I had/have/will have prepared a terrific meal.'

"我 完成体标记 准备 一顿 糟糕的 饭"

(Narrog & Heine 2011: 588)

(三)阿尔泰语系中的考察

阿尔泰语系中保安语、撒拉语及韩语的领有动词也可充当完成体助词。以韩语为例,具本宽、高永根(2008)将"아/어 있다"定义为完成体标记,"不及物动词+아/어 있다"表示动作完成后持续的状态。例如:

(13) 영수-는 의자-에 앉아 있다.

英洙-(话题标记) 椅子-(处所格标记) 坐 完成体标记

英洙坐在椅子上。

例(13)表达了英洙实现了"坐在椅子上"这个动作,并将"坐"的状态持续下去。"아/어 있다"是完成体的形态标记,与其结合的不及物动词是带有结果性的完成动词,因此"아/어 있다"使得动词的完成义在句法上得以实现。

"앉아(坐)"在说话时或说话之前动作就已经完成,句中已完成的动作一直持续到说话时间或说话时间之后。성광수(1975)将"있다"的意义分为"领有"和"存在",并认为辅助动词"있다"具有"动作进行"和"状态持续"的意义。同时"-고있다""-아있다"可表示结果义、终结义,即状态存在结果的抽象化。구본관等(2015)认为,"있다"表示领有义时,当"있다"与"아/어"和"고"连用,组成表达时体意义的构式时,则被称为补助动词,具有表达时体

意义的语法功能。

（四）南亚语系中的考察

我们这里以越南语为例。越南语中的领有动词 có 也可作为完成体助词、表示"完成"义。例如：

（14）Bởi vì ít lâu nay, Dần có về thật, nhung nó vẫn gầy như một cái que.

因为　最近　阿寅有回真　但是　她　还　瘦　如　一根拐杖

因为最近阿寅真的有回来，但是（不过）她还瘦得像一根拐杖似的。（南高《一场婚礼》）

（15）Chí Phèo đã về đâu, mà hắn có về thì cũng say khu'ớ't ….

志飘　已经回　哪有而且　他　有　回　就　也　醉了……

志飘还没回来哦，而且他要是回来了也醉了……（南高《志飘》）

Có 在例（14）中充当领有动词，同时也可作为完成体助词表完成义，如例（15）。陈叶红（2007）和刘利（1997）认为由于语言的接触，先秦"有 + VP"结构的盛行也受古越语的"有 + VP"的影响，因此南亚语系中的领有动词与汉藏语系中的领有动词的演变路径及动因应具有一致性。

（五）领有动词演变为完成体标记的蕴含共性

目前语法化理论的一个重要观点就是语法化的单向性原则，如领有动词"有""have""avoir""haber""có"等随着语言的演变，实义动词的特征逐渐丧失进而演化为完成体的标记，充当时体助词，通常意义由具体到抽象，并且词汇意义减少、语法意义增加。以上语言领有动词的语法化过程也再次证明了语法化斜坡的合理性：

实词 > 语法词 > 屈折词 > 词缀（Hopper, Traugott 1993：8）

基于本文以上对汉藏语系中的汉语、印欧语系中英语、阿尔泰语系中的韩国语、南亚语系中的越南语等语言样本领有动词与完成体表达的语法演变研究，我们发现以上语言样本中的完成体结构形成之前都由领有动词演变而成且都具有表示结果义的功能，领有动词演变为完成体标记语法过程可总结为由领有动词演变为表示结果体结构，最后演变为完成体标记。在此可以归纳出跨语言中领有动词经由结果体结构演变为完成体标记的蕴含共性：

领有动词 > 结果体结构 > 完成体标记

根据以上语言领有动词演变的结构特征，可知领有动词经由结果体结构演变为完成体标记具有类型学上的普遍性。

四、完成体标记演变的动因和机制

领有动词之所以能够演化为完成体标记，是因为领有动词语义结构与完成体标记在认知上是对应的，并且也是由主观化推动的；同时，语法化过程具有高度的一致性，重新分析、类推和语言复制是语言演化的主要机制。本文通过分析发现，语言类型不同，时体表达方式也不同。研究表明，除了领有动词可演变为完成体标记，还有其他语言的完成体标记是由系动词、位移类动词、存在类动词演变而形成的。

（一）演变的动因和机制分析

任何语法标记的演化及形成都不是任意的，都有一定的来源理据。Langacker（1991）曾指出领有动词与完成体的语义结构是对应的：

领有动词：过去某一时刻拥有的某种东西 + 具有现时的实用性

↓　　　　　　↓　　　　　　↓

完成体：　过去某一时刻发生的动作　　+ 具有现时的相关性

领有动词和完成体标记之间的这种语义结构的对应关系，是导致它们之间演化关系的认知基础。其次，主观化也作用于它们之间的语义及语法演化。以印欧语系中的英语现在完成体为例。英语现在完成体表示过去发生的时间与当前有关，其中“与当前有关”表明说话者对发生事件的主观判断，同时完成体结构“have done X”是从表示结果的构式“have X done”演变而来的（Narrog & Heine 2011）[171]。这一演变就是“因果”概念的抽象和泛化的结果，即动作和结果越来越不依赖动词本身的词义，而是越来越依赖说话人的主观判断。

除了主观性方面的动因，使用频率也是历来作为语法演变的主要动因之一。Haspelmath 从语言演变的共性角度将语法化的频率条件概括为：“一个语法化的候选者相对于其他参与竞争的候选者使用频率越高，那么它发生语法化的可能性就越大”（转引自吴福祥 2004）[18-24]。而领有动词正是由于具有极高使用频率，在使用过程中语义不断虚化，最后演变为完成体标记，同时也保留了完成体助词所不具备的句法特征。例如，在英语中，

“have”和助动词与词汇动词不同，在构成疑问句时，可以和主语的词序直接倒装，如“Have you forgotten anything?”（你忘了一些事情吗?）；还可以和否定词“not”一起使用而不是与“do not”一起构成否定形式，如“they have not left yet.”（他们还没有走。）。

领有动词演化为完成体标记来源人类的认知机制，当领有动词通过重新分析演变为完成体标记后并通过类推的力量，迅速扩大使用范围最终演化为固定结构。引起这种语言现象演变的机制除了重新分析和类推，还有语法复制。语法复制包括“接触引发的语法化”和“结构重组”。（吴福祥2013）第一，“接触引发的语法化”是指一个语言对另一个语言的语法概念或语法概念演变过程的复制。陈叶红（2007）和刘利（1997）认为，正是由于语言的接触，先秦“有 + VP”与古越语的“有 + VP”相互推动，从而促进了领有动词向完成体标记的演变。以上可以说明为什么领有动词演变为完成体标记多出现在汉藏语系和南亚语系中，正是由于地理位置和语言接触的影响，造成了这一语言现象的产生。第二，“结构重组”指一个语言对另一个语言语法结构的复制，如法语、英语、西班牙语等印欧领有动词演变为完成体标记都是模仿拉丁语的演化路径。

（二）“有”的领有语义与存在语义的时体分化

动词“有”基本意义可分为两类，一类表示“领有”；另一类表示“存在”。根据类型学考察，领有动词“有”和存在动词“有”演变为体助词是人类语言中的一种普遍现象。汉藏语系的诸多语言中“有”和“在”同词（黄成龙2013），同时宋金兰（1994）也认为“在”作为体助词，其性质与“有”相同。当动词“有”表存在义时，吴福祥（2010）根据东南亚语言“居住/存在”义语素的多功能模式及其演变的过程，概括出“居住/存在”义动词的语法化路径：‘居住/存在’义动词 > 持续体/进行体标记。

在汉藏语系中，拉祜语、傈僳语、景颇语、载瓦语、浪速语的存在动词“有”都可以做持续体助词。载瓦语有一部分体助动词是由动词充当，它们做动词时，意义比较具体；做助动词时，意义比较抽象。例如 ŋjiv 做动词时，表示“在、有”；做助动词时，表示动作的正在进行，充当持续体标记。（徐悉艰，徐桂珍 1982）[85]例如：

（16）a. naŋ√ jum√ ma˥ khă˥ nam√ ŋji√ le√
你 家 （结构助词） 什么 时候 在 （谓语助词）

你什么时候在家?

b. xu√ sik˥ phjo√ ma˥ xai√ ŋji√ to√ ʒa˥
那(上面)树梢 (结构助词) 什么 在 (助动词)(语气助词)
那树梢上有什么?

(17) jaŋ√ lăV ŋji˥ e˥ lai√ka˥ ka˥ ŋji√ ʒa˥
他 一 天 的 字 写 在 (语气助词)
他整天在写字。

同样在汉藏语系傈僳语中,"有"不仅表存在意义,也可充当持续体标记表进行时,可以单独作谓语,位于核心动词之后(徐琳,木玉璋,盖兴之 1986)[41-78]。例如:

(18) a. nio˧ kho˦ kho√ ʃua˦ tɯ˦ su˦ niɛ˥
上边 玉 米 点播 人 有
上边有人点播玉米。

b. ɑ˦ ɣo˧ tʃua˧ niɛ˥ ŋa˧
叔 叔 下边 住 是
叔叔住下边。

(19) a. hi˧ sɪ˥ niɛ˥
房 扫 正在
正在扫房。

b. o√phiɛ√ lu˧ niɛ˥
菜 炒 正在
正在炒菜。

正是由于领有动词语义与存在动词语义的时体分化,导致了一部分演变为"完成体标记",一部分演变为"持续体标记"。正如在阿尔泰语系保安语中,表示存在语义的动词演变为持续体,表示领有语义的动词"有"可做情貌助动词 uărə- "完了",sou-"正在",是由动词 uărə-"完毕、完结"及 sou-"坐、住"意义虚化形成的。助动词 uărə-用于动词词干形式后表某个行为的完结;sou-表某个行为状态的持续。而完成体形式由领有动词"有"与动词词干后加过去时形动词附加成分-saŋ 构成。(照那图斯 1981)[46-47]例如:

(20) pətçiaɢ ɢur wi
豆 面 有
有豆面。

(21) bu ȡʑeiənjiŋ rdʑeiə-sang wi
我 电影 看 有(肯定意义助动词)
我看过电影。

(22) tantəgədə bədannə kədə uniaŋ ɢuraŋ wi-sanŋ i.
从前 我们 家 奶牛 三 有
从前我们家有三头奶牛。

根据领有语义与存现语义的演变,可总结为表2"'存在义'语素的时体演变"。

表2 "存在义"语素的时体演变

语系	语言样本	语素形式	时体标记	资料来源
汉藏语系	拉祜语	$tsh\varepsilon^{3}$	有,持续体助词	常竑恩,1986
	傈僳语	$ni\varepsilon^{35}$	有,持续体助词	徐琳等,1986
	景颇语	$ŋa^{21}$	有,持续体助词	刘璐,1984
	载瓦语	$ŋji^{51}$	有,持续体助词	徐悉艰、徐桂珍,1982
	浪速语	na^{31}	有,持续体助词	戴庆夏,2005
	傣语	ju	有,持续体助词	罗美珍,2008
	德昂语	goi	有,持续体助词	陈相木、王敬榴、赖永良,1986
	布芒语	$ɲɔ^{24}ɔ$	有,持续体助词	刀洁,2007
	老挝语	juu	有,持续体助词	吴福祥,2010
	缅甸语	nei	有,持续体助词	吴福祥,2010

(三)时体类型的构成方式与完成体

金立鑫(2017)[200]根据动词或动词的配价成分把语言分为情状类型语言和行为类型语言。如果一种语言的动词主要依赖相应的体标记、配价成分和补语等成分所形成动词短语,从而构成时间语义类型,并通过完整的短语来体现时间类型,这种语言就是情状类型凸显的语言;同时,不同的动词表达不同的行为类型,由此,就可以依据动词本身判断动词的时体特征,称为行为类型凸显的语言。

在印欧语系中英语、法语、西班牙语、拉丁语等的完成体结构中,动词的"V-变体"形式实际上更多表达的是"体"意义,"时"通常是由助动词表达的,如英语 have 中的助动词 V-en。助动词 has/had 的形态变化表达现在时与过去时,V-en 形式主要表达事件的实现。以上结构基于动词及相应的体标记成分形成的动词短语多属于情态类型的时间语义类型。同时汉藏语系、阿尔泰语系、南亚语系、南岛语系的语言借助体标记"有"表达完成体意义,也属于情态类型的时间语义类型。从领有动词演变为完成体标记的语言形式来看,以上语言多属于情态类型。

印欧语系、阿尔泰语系、汉藏语系、南亚语系、南岛语系中的大多语言也以词缀或附加成分的形式表达时体类型,也属于情态类型的一种方式。汉藏语系中的土家语、独龙语、白语、格曼语、阿侬语等,印欧语系中俄语、芬兰语等,阿尔泰语系中的日语、哈萨克语、柯尔克孜语、土耳其语、阿塞拜疆语等,南岛语系中的阿眉斯语、排湾语、布嫩语等,南亚语系中德昂语、佤语、布朗语等,尼日尔刚果语系中的基库尤语、印第安语系中的爪拉尼语、盖丘亚语系中的盖丘亚语、爱斯基摩-阿留申语系中的爱斯基摩语等,都是以词缀或动词词干的附件成分表达完成义。以阿尔泰语系哈萨克语为例,一般在元音和浊辅音结尾的动词词干后加-kan/-gen 及在清辅音结尾的动词词干后加-qan/-ken,然后再加上表示人称和数的附加成分来表达完成义。

根据《世界语言结构地图》,人类语言完成体标记最常见的来源除了领有动词,还有完成义动词"finish"(完成)或"already"(已经)。根据类型学调查,有些语言属于行为类型、可直接使用完成义动词表达完成体,如表 3"完成义动词作为完成体标记"。

表 3　完成义动词作为完成体标记

语系	语言样本	形式来源/语素形式	时体标记	资料来源
尼日尔-刚果语系	南非荷兰语	het + PtP	完成体	Dahl, 1985
	腾内语	finish	完成体	Bybee *et al.*, 1994

（续表）

语系	语言样本	形式来源/语素形式	时体标记	资料来源
尼日尔-刚果语系	Tenyer	finish，already	完成体	Dahl,1985
	伊策基里语	V + rē	完成体	Dahl,1985
	Engenni	finish	完成体	Bybee *et al.* ,1994
	约鲁巴语	ti + V	完成体	Dahl,1985
汉藏语系	曼尼普尔语	finish，already	完成体	Dryer & Haspelmath,2013
	泰国语	V + lœǽo	完成体	Dahl,1985
	缅甸语	finish，already	完成体	Dryer & Haspelmath,2013
印欧语系	古吉拉特语	finish，already	完成体	Dryer & Haspelmath,2013
南亚语系	老挝语	complete	完成体	Bybee *et al.* ,1994
	高棉语	finish，already	完成体	Dryer & Haspelmath,2013
	巽他语	Kantos + V	完成体	Dahl,1985
	斐济语	finish，already	完成体	Dryer & Haspelmath,2013
达罗毗荼语系	Bongu	be ready；finished；completed	完成体	Bybee *et al.* ,1994
南岛语系	瓜哇语	Tahu + V	完成体	Dahl,1985
	Amele	finish，already	完成体	Dryer & Haspelmath,2013
爱斯基摩-阿留申语系	因纽特语	already	完成体	Dahl,1985
马来-波利尼西亚语系	印度尼西亚语	Pernah + V	完成体	Dahl,1985
	Buli	already	完成体	Bybee *et al.* ,1994

（四）其他完成体标记来源

由于不同语言的思维与认知方式不同，不同语言对时体感知方式与程度也各有差异，因此对完成体的来源方式也肯定不同。根据 Bybee *et al.*

(1994)[64]研究发现,巴斯克语、蒂格雷语、马诺语、迈蒂利语等语言的完成体标记由系动词"是"演变而来;马吉语、科卡马语、德昂语、亚玛利亚语等语言的完成体标记由位移动词演变而来,尤其是阿琴语、瓦奥、瓦拉以"来"义动词及图卡努语以"去"义动词演变为完成体标记;蒂格雷语、迈蒂利语、维吾尔语等语言的完成体标记由"存在"义动词演变而来。

根据赵相如(1983)调查发现,在阿尔泰语系中维吾尔族语中,存在动词也可以演变为完成体标记。维吾尔族语表示动作的完成或结束义的助动词主要有:bol,qal,qoj,tʃiq,kɛt,ɛt 等,其中表"是、存在、成为"的 bol 是主要的完成体助动词。例如:

(23) a. ular wɛzipisini tygitip bol-di
他们 把任务 使结束(bol + 确定过去式)
他们完成了任务。

b. mɛn bu kitapni oqup bol-dum
我 这 把书 读 (bol + 确定过去式)
我读(完)了这本书。

五、结 语

本文在语言类型学视野下,对汉藏语系、印欧语系、阿尔泰语系、南亚语系领有动词演变为完成体标记的语法化过程进行了比较分析,证明了完成体标记来源于领有动词的合理性。以上语系中领有动词演变为完成体标记的语法化过程,论证了跨语言中领有动词经由结果体结构演变为完成体标记具有类型学上的普遍性,由此可得出领有动词与完成体标记的蕴含共性:

领有动词 > 结果体结构 > 完成体标记

领有动词之所以能够演化为完成体标记,是因为领有动词语义结构与完成体标记在认知上是对应的并且也是由主观化推动的。同时,语法化过程具有高度的一致性,重新分析、类推和语言复制是语言演化的主要机制。最后,本文根据大量语料调查,并通过与其他完成体形式的演变方式的对比分析,发现语言类型的不同,时体表达方式也不同,有些语言属于行为类型凸显的语言,有些语言属于情态类型凸显的语言。也就是说,有的语言完成义动词可直接做完成体标记,这些语言属于行为类型凸显的语言。有的语言采用词缀或附加形式表示完成义，如领有动词演变为完成体标记与动词词干相结合形成完成体表达形式。领有动词演变为完成体标记的语言属于情态类型凸显的语言。由于不同语言对时体的认知方式不同，除了领有动词可演变为完成体标记，其他语言的完成体标记多由系动词、位移动词、存在类动词演变而形成的。

附注

①《世界语言结构图册》：The World Atlas of Language Structure，简称 WALS，http://wals.info。

参考文献

北大东方语言文学系波斯语教研室（2012）《波斯语汉语词典》，北京：商务印书馆。
常竑恩（1986）《拉祜语简志》，北京：民族出版社。
陈前瑞，王继红（2011）南方方言"有"字句的多功能性分析，载吴福祥、张谊生编，《语法化与语法研究》五，北京：商务印书馆。
——（2012）从完成体到最近将来时——类型学的罕见现象与汉语的常见现象，《世界汉语研究》第 2 期。
陈叶红（2007）从南方方言的形成看"有 + VP"结构的来源，《甘肃联合大学学报》第 4 期。
陈相木，王敬骝，赖永良（1986）《德昂语简志》，北京：民族出版社。
戴庆夏（2005）《浪速语研究》，北京：民族出版社。
刀　洁（2007）《布芒语研究》，北京：民族出版社。
黄成龙（2013）藏缅语存在类动词的概念结构，《民族语文》第 2 期。
金立鑫（2017）《语言类型学探索》，北京：商务印书馆。
刘　利（1997）古汉语"有 VP"结构中"有"的表体功能，《徐州师范大学学报》第 1 期。
刘　璐（1984）《景颇族语言简志（景颇语）》，北京：民族出版社。
罗美珍（2008）《傣语方言研究（语法）》，北京：民族出版社。
具本宽，高永根（2008）《韩国语语法论》，首尔：集文堂。
石毓智（2004）汉语的领有动词与完成体表达，《语言研究》第 2 期。
——（2015）《汉语语法化史》，南昌：江西教育出版社。
宋金兰（1994）"有"字句新探——"有"的体助词用法，《青海师专学报》第 2 期。
陶红印（2011）汉语抽象动词存现句的历史发展及其主观化过程，载吴福祥编，《汉语主观化与主观性研究》，北京：商务印书馆。
吴福祥（2004）近年来语法化研究的进展，《外语教学与研究》第 1 期。

——(2010)东南亚语言“居住”义语素的多功能模式及语法化路径,《民族语文》第6期。
——(2013)关于语法演变的机制,《古汉语研究》第3期。
徐　琳,木玉璋,盖兴之(1986)《傈僳语简志》,北京:民族出版社。
徐悉艰,徐桂珍(1982)《景颇族语言简志(载瓦语》,北京:民族出版社。
照那斯图(1981)《土族语简志》,北京:民族出版社。
——(1981)《东部裕固语简志》,北京:民族出版社。
中国社会科学院语言研究所古代汉语研究室编(1999)《古代汉语虚词词典》,北京:商务印书馆。
赵相如(1983)《维吾尔语简志》,北京:民族出版社。
Bybee J L, Perkins R, Pagliuca W. (1994) *The Evolution of Grammar: Tense, Aspect and Modality in the Languages of the World*. Chicago: The University of Chicago Press.
Dahl Ö. (1985) *Tense and Aspect Systems*. Oxford: Basil Black well.
Dryer M S, Haspelmath M. (eds.) (2013) *The world Atlas of Language Structures Online*. Leipzig: Max Planck Institute for Evolutionary Anthropology.
Einarsson S. (1949) *Icelandic Grammar, Text, Glossary*. Baltimore: The Johns Hopkins Press.
Hopper P, Traugott E. (1993) *Grammaticalization*. Cambridge: Cambridge University Press.
Langacker R W. (1991) *Foundations of Cognitive Grammar-Vol. II, Descriptive Application*. Stanford: Stanford University Press: 131.
Mitchell B. (1985) *Old English Syntax, vols I. II.* Oxford: Clarendon Press: 280-305.
Narrog H, Heine B. (2011) *The Oxford Handbook of Grammaticalization*. New York: Oxford University Press.
Traugott E C. (1992) Syntax. In Hogg R M. (ed.) *The Cambridge History of the English Language*. Cambridge: Cambridge University Press.
성광수(1975)존재(동)사 “있다”에 대한 재고,한국어문논총.
구본관 等(2015)한국어 문법 총론. 집문당.

(吴春相　200083　上海,上海外国语大学国际文化交流学院　shdwchx@126.com;
杜　丹　200083　上海,上海外国语大学国际文化交流学院　13176770100@163.com)

句式研究应贯彻“形义结合”原则

范　晓

句式研究是语法研究中最重要的课题之一。这是因为,句子是语言的基本运用单位,而任何句子都是按照特定的句式构造的;因此,语法学的发展与句式研究有着密切的关系:对句式进行专题的理论研究并把汉语语法里的各种句式研究好,不仅有理论意义,能丰富语法学理论,而且有重大的实用价值。

句式是句子的语法结构格式,即指由一定语法形式显示的表示一定语法意义的句子的结构格式。“结构格式”也可简称“构式”,句式也就是句子的构式。(范晓 2010b)

句式是形式和意义的匹配体,是句式形式和句式意义的统一。句式形式在表层(显层),它总是表示着一定的句式意义;句式意义在深层(隐层),它总是由一定的句式形式表示。没有无句式形式的句式意义,也不存在无句式意义的句式形式。所以,句式研究应该贯彻“句式形式和句式意义相结合的方法论原则”,简称“形义结合原则”。

一、句式的形式和意义

(一) 句子的两个部分都有形式和意义

研究句式的形式和意义要抓住句子的两个部分。这是因为任何句子都由两部分组成,即句干和语气。比如:

(1) 张三喝酒吗?(句干 + 疑问语气)

(2) 张三喝酒了。(句干 + 直陈语气)

上面两例中的“张三喝酒”是句干,“吗、了”在句中表语气义[①]。单靠句干还不是句子,单是语气也形成不了句子;“句干 + 语气”才能成为句子,两者缺一不可。两个部分都存在着句式,如例(1)、例(2)的句干部分句式为“N_1 +

$Vt + N_2$”词类序列形式,表示的句式义[②]为“施事施加动作于受事”;语气部分表达的语气义(语用交际功能义),例(1)是“吗字句”(“X + 吗?”)形式的句式,表示“询问”语气义;例(2)是“了字句”(“X + 了。”)形式的句式,表达“陈述”语气义。

(二)句式的形式

句式的形式指表现句式意义的形式。汉语的句式形式主要有三种:

一是词类序列形式,如“人物名词 + 及物动作动词 + 不及物状态动词 + 事物名词(记作 $N_1 + Vt + Vi + N_2$”,如“张三踢破了皮球”之类)。

二是特征词(也称“特征字”,特别是“虚词”)形式,如汉语里的“把”字句、“被”字句、“有”字句、“得”字句、“使”字句、“比”字句等都是以特征词命名的。

三是固定格式或类固定格式形成的形式,如“V 不/没 V”“越 A 越 B”“一 A 就 B”“因为 A,所以 B”“虽然 A,但是 B”“如果 A,就 B”之类。

词类序列形式是最基本的形式,因为“特征词”和“固定格式”也存在于词类序列里。此外,句式的形式还有层次分合形式、语音节律(包括重音、轻声、停顿、音节、语调等)形式、句法结构形式[③]、变换形式等。(范晓 2013,2016)

(三)句式的意义

句式的意义指句式形式所表示的意义。每个句式都有自己的某种独立的意义,不同的句式有不同的意义。由于句子或句式是由句法、语义、语用“三维”(三个平面或三个角度)综合构成的,所以存在着三种句式的意义:

一是句法平面的意义。指句法成分之间的关系意义,如“主谓”形式表示“陈述被陈述”意义,“谓宾”形式表示“支配被支配”意义,“定心”形式表示“限饰被限饰”意义等。

二是语义平面的意义。指语义成分[④]之间的关系意义,如“施动”(施事 + 动核)、“施动受”(施事 + 动核 + 受事)、“施动与受”(施事 + 动核 + 与事 + 受事)、“系动”(系事 + 动核)、“起动止”(起事 + 动核 + 止事)等意义。语义平面的意义表达句干句式的基本信息,反映思维逻辑或认知心理的抽象的基本框架。

三是语用平面的意义。指句式表达的语用意义。主要有三种:1)语气义,指语气所表示的语用意义(如“疑问、陈述、祈使、感叹”等表达言语行为目的的交际功能意义);2)句干句式所表达的"句式义"(包括句干句式所表达的述题对主题所表述的意义及整体的语用意义);3)句式的主观情态意义,即表达主观性意图的意义。[5]

(四)贯彻"形义结合原则"的注意点

研究句式应贯彻"形义结合原则"(即"形式和意义相结合的原则")。要贯彻这个方法论原则,就得注意两条:

第一,要重视并兼顾意义和形式。

这就要在进行研究时把句式的形式和句式的意义有机地结合起来,做到:既要研究一个句式的形式,又要研究该形式所表示的意义。也就是既要探求和描写句式的形式,又必须发掘并说明句式形式所表达出的句式的意义;要尽力揭示二者之间的对应关系。

第二,可以从两条不同的路线来研究句式。

一条路线是从句式的形式出发去发现和理解句式的意义,即从解码角度去研究句式。另一条路线是从句式的意义出发去寻找和描写句式的形式,即从编码角度研究句式。实际操作时,既要探求句式的形式,又必须发掘句式的意义;力求做到句式的语法意义和语法形式的相互验证。下面分别论述句式研究的两条不同的路线。

二、从形式出发研究句式的路线

从形式出发研究句式的路线是一种发现程序,研究的过程就是解码的过程,也就是以句式外在形式为起点出发去寻求句式的内蕴的意义的过程。[6]下面仅就从词类序列和特征词这两种形式出发来着重探索并说明句式在语义平面和语用平面的意义做扼要的举例性的说明。

(一)从句干的词类序列形式出发去挖掘和理解句干句式的意义

1. 特定的词类序列形式能表达句干句式的意义

句干里一定的词类序列形式能显现一定的句式意义。比如"张三喝酒、李四喝茶、赵五看小说"之类句干体现的句式,它们可记作"$N_1 + Vt + N_2$"的词类序列形式。如果 N_1 是指人名词,Vt 是及物动作动词,N_2 是指物名词;那么就可推定这个句式的意义包含有:1)语义平面的语义成分之间是"施动受"关系意义组成的动核结构或句模;[7]2)语用平面的句式义是"施事主动地施加动作于受事”。

如果一个句干语义结构相同,但是词类序列形式不同,形成的句式也就不同,就会有不同的句式义。例如:

(3) a. 十个人吃了一锅饭。　b. 一锅饭吃了十个人。

(4) a. 两个人骑着一匹马。　b. 一匹马骑着两个人。

这两例中的 a 和 b 是两种不同的句式: a 为“数量名$_{(指人名词)}$ + Vt + 数量名$_{(指物名词)}$”句式,b 为“数量名$_{(指物名词)}$ + Vt + 数量名$_{(指人名词)}$”句式。句式不同则句式义也不同: a 的句式义是“一定量的人施加动作于一定量的物”,b 的句式义是“一定量的物供一定量的人使用(用于某种动作)”。如果说前者是主动句,后者可称为“供动句”(或称“供让句”)。[⑧]

2. 词类序列表面形式相同但其句式意义不同

值得注意的是: 有些表面词类序列形式相同但句式意义不同,这是一种“假同形”,实际上是“异形异义”。这有几种情形。

第一种: 表面序列形式相同;但由于层次不同,从而形成“假同形”。请看实例:

(5) 他们派遣小陈去北京工作。/他们选举老王当代表。

(6) 他们主张小陈去北京工作。/他们同意老王当代表。

上面两例词类序列都是“N_1 + V + N_2 + VP”形式,但却是层次不相同的异形句式。这可以用语音停顿形式来验证(停顿记作[|]): 例(5)是“派小陈|去北京工作”(“派小陈”后可以有较大的停顿),实际是“N_1 + (V + N_2) + VP”形式;例(6)是“主张|小陈去北京工作”(“主张”后可以有较大的停顿),实际是“N_1 + V + (N_2 + VP)”形式。由于这是两个层次不同的词类序列形式的句式,句式义当然也不同: 例(5)一般语法书称为“兼语句”[⑨],句式义为“施事发出动作致使某人干某事”;例(6)是主谓短语作宾语的句子,句式义为“施事发出动作涉及某事”。可见例(5)、例(6)所代表的句式只是表面同形,实质上是“异形异义”的句式。

第二种: 不仅表面序列形式相同,而且该词类序列层次也相同;但由于句式里谓语动词的句法性质和语义特征不同,从而形成“假同形”。请看实例:

(7) 牧人宰了一头羊。

(8) 牧人死了一头羊。

例(7)和例(8)两个句子所代表的句干句式表面上都是“$N_{人}+V+N_{物}$”形式,但例(7)中的动词“宰”是二价及物动作动词,例(8)中的动词“死”是一价不及物状态动词。由于谓语动词的性质特点不同,就可以分化为不同的句干句式:例(7)可记作“$N_{人}+Vt+N_{物}$”句式,例(8)可记作“$N_{人}+Vi+N_{物}$”句式。这种不同还可用变换形式来验证,其中例(9)a可以变换成例(9)b和例(9)c,例(10)a则不能变换成例(10)b和c。比较:

(9) a. 牧人宰了一头羊。→b. 牧人把一头羊宰了。→c. 那头羊被牧人宰了。

(10) a. 牧人死了一头羊。→b. *牧人把一头羊死了。→c. *一头羊被牧人死了。

这两例所属句式不同,句式义也随之不同:例(9)的句式义是“施事施加动作于受事”(如果受事物“羊”是属于“牧人”自己的,句式义也可说“某人施加动作于自己的领属者”),例(10)的句式义是“某人损失了自己的领属者”。

第三种:表面词语及词类序列及其层次完全同形;但由于句中动作动词所联系的施事和受事不同而形成“同形歧义”的“假同形”。这是由具体词语构成的脱离语境而孤立地形成的蕴含不同意义的(或多义)“歧义句式”或“多义句式”。例如:

(11) 反对的是少数人。/同意的是多数人。

(12) 支持的是张老三。/批评的是李老四。

对于这种脱离语境的孤立的“Vt的+是+$N_{人}$”句式,可通过语境分析来分化和验证所包含的多义或歧义。在这种句式里,“的”前动词Vt(“反对、支持、同意、批评”之类)所联系的语义成分可能是施事,也可能是受事:假设动词所联系的指人名词是“我们”,则:在一种语境下(如下面的A)动词所联系的人是施事;在另一种语境下(如下面的B)动词所联系的人是受事。比较:

A. [我们]反对的是少数人。/[我们]支持的是张老三。/[我们]批评的是李老四。

B. 反对[我们]的是少数人。/支持[我们]的是张老三。/批评[我们]的是李老四。

这种同形句式的意义必须放在语境里才能理解,歧义也就得以消除。

（二）从特征词“同形”出发去挖掘和理解句式的意义

语气部分和句干部分都有一些特征词表现的句式形式。下面仅举若干特征词的例子略做说明。

1. 语气部分的特征词形成的同形句式举例

以特征词“吗”构成的“吗”字句式（“X＋吗？”式）为例，“吗”这个“同形”形式表示句式义为“疑问”，形成疑问句；但“吗”字句式具有“层级性”，除了上位的共同形式“吗”及其表达的共同意义“疑问”外，下位还有其特定的形式和特定的意义。比较：

（13）他是老师吗？／你去北京吗？［“(N_1+V+N_2)＋吗？”句式］

（14）一个法院出点问题，我们能关闭法院吗？显然不能。／我们工作上会有困难吗？当然会有。［“（N＋助动词＋VP）＋吗？”句式］

（15）黑灯桥是要继续黑下去吗？（标题句。笔者按：武汉一桥不安装路灯，致使发生车祸 86 起）／这种不良风气不是明摆着的吗？［“（N＋是／不是＋VP）＋吗？”句式］

例（13）的“吗”字句式表达常规的“疑问”（“是非问”）义，即如果有疑问，要询问别人以求释义。例（14）、例（15）两式表达“吗”字句式的非常规意义：其中例（14）的“吗”字句式表达“设问”义，即虽然心里有定见，但为了引起人们的注意，故意提问，语境里通常是“自问自答”；例（15）的“吗”字句式表达“反问”义，即既不是有疑而问，也不是自问自答，而是反问、激问（带有反诘的口气，语气较强）。[10]

2. 句干部分的特征词形成的同形句式举例

以句干里的“被字句”为例，“被”字句式也具有“层级性”。“被”这个“同形”形式表示句式义为“被动”，形成被动句；但除了上位的共同形式“被”及其表达的共同义“被动”外，下位还有其特定的形式和特定的意义。比较下列各个“被”字句式：

（16）李四被张三批评了。／那些垃圾被我把扔了。（“N_2＋被＋N_1＋Vt”形式）

（17）老虎被武松打死了。／那瓶茅台酒被他喝光了。［“N_2＋（被＋N_1）＋Vt＋Vi”形式］

（18）李四被张三批评得一无是处。／那瓶茅台酒被他喝得精光。［“N_2＋（被＋N_1）＋Vt 得＋VP”形式］

(19) 那桌子被他搬回房间里了。/那些垃圾被我扔进垃圾箱里了。[“N_2+(被+N_1)+Vt+趋向动词+VP”形式]

(20) 那些衣服被我赈济给灾民了。/那只手表被我转送给老李了。[“N_2+(被+N_1)+Vt给+VP”形式]

上述各例都含有“被动”义,但又各有自身独特的句式义:例(16)表达“受事被动地承受某种动作”,例(17)表达“受事被动地承受某种动作致使自身发生某种结果”,例(18)表达“受事被动地承受某种动作使得受事产生某种情状”,例(19)表达“受事被动地承受某种动作致使受事趋向于某处所”,例(20)表达“受事被动地承受某种给予性动作行为致使受事转移到与事”。

反之,也可以从特征词的各种“特形”出发去挖掘和理解句干句式的意义,如先从“吗”字句式和“被”字句式的下位特定句式形式出发推定句式意义,然后在概括归纳所有“吗”字句式和“被”字句式的共同形式和共同意义。

3. 特征词形式相同,但其句式意义不同

值得注意的是,有些表面序列及其特征词同形,但由于语境差异或句中VP的语义特征不同而形成“假同形”。以“N+(给+N)+VP”句式里的特征词“给”为例,由于在不同语境里“给N”的意义不同,也可分析出“N+(给+N)+VP”形式的“同形多义”。比较:

(21) 他给我寄了个包裹。(寄[给]我,指明动作的给予对象)

(22) 你要给我作主。(“给我”相当于“替我、为我”,指明动作的服务对象)

(23) 你快给他磕头。(“给他”相当于“向他、对他”,指明动作的指向对象)

(24) 你那钢笔给我写坏了。(“给我”相当于“被我”,指明动作的施事)

(25) 高妈给他脸上涂抹了一下。(“给他脸上”相当于“在他脸上”,指明动作的处所)

(26) 这事给他带来许多苦恼。(“给他”相当于“使他”,指明某事所致使的对象)

(27) 她给屋子打扫干净了。(“给屋子”相当于“把屋子”,指明动作的受事)

(28) 你给我闭嘴!(“给我”相当于“替我”,指明发出命令语气者)

(29) 我就上吊给你看看(“给你”相当于“让你”,指明动作的让/叫对象)

上述各例中的“给N”中的特征词“给”同形,但在具体句和语境里才能了解“给N”的意义。有时同一个“给N”出现在同一个句子里也可能表示不同的

意义,即所谓歧义。要辨别歧义,主要是通过变换或替换来辨认。例如:

(30)你给我打个电话。

这句里的"给我"孤立地看就有两种意义。可以通过变换或替换来分化出两种意义:若变换成"你打个电话给我",则"给N"指明动作的给予对象;若替换成"你替我打个电话",则"给"指明动作的服务对象。

三、从意义出发研究句式的路线

从意义出发研究句式的路线是一种生成(产出)程序,研究的过程就是编码的过程,也就是从句式的意义为起点去发现和描写句式外在形式(包括词类序列形式、特征词形式、固定格式等各种可能存在的形式)的过程。[11]下面拟从语义平面和语用平面两方面的意义为起点来探索描写句式的形式并做扼要说明。

(一)从语义平面的意义出发去寻找、生成和描写句式的形式

语义平面的"同义",是指基本意思相同,动核结构相同,就是通常所说的"同义异形"的"同义句"。通过基本意思相同的特定句式的变换,可以确认并描写特定句式及说明其句式义。比如,有这么一个事实或意义:"某物从甲转移给乙",反映到语义平面的动核结构是一个表"给予"义的动核联系着施事、与事、受事,即"施动与受"动核结构。在汉语里,表达这种语义平面意义的至少有下面几种基本的句干句式的形式。例如:

(31)"$N_1 + Vt + N_2 + N_3$"词类序列形式,如"张三送给/赠给李四礼物"之类;

(32)"N_1 + 把 $N_3 + Vt + N_2$"词类序列形式,如"张三把礼物/赠给送给李四"之类;

(33)"N_3 + 被 $N_1 + Vt + N_2$"词类序列形式,如"礼物被张三送给/赠给李四"之类。

例(31)—例(33)描写出的词类序列形式不同,句法结构也不同,但它们的基本意义相同,表现基本意义的语义结构相同,都是"施动与受"构成的动核结构。由于句式形式不同,与其相适应的句式义也就不同:例(31)的句式义是:"施事发出'给与性'的动作使受事转移到与事",例(32)的句式义是:"施事处置受事以'给与性'的动作使受事转移到与

事”，例（33）的句式义是：“受事承受施事施加的‘给与性’动作而使自身转移到与事”。属于“同义异形”的例（31）—例（33）句式在特定语境里适用于不同的主观表达需要。

（二）从语用平面的意义出发去寻找、生成和描写句式的形式

无论是语气部分还是句干部分，都可以从语用平面的意义出发去寻找、生成和描写句式的形式。

1. 从语气意义出发去寻找、生成和描写句式的形式

语气的语用意义主要有“疑问、陈述、祈使、感叹”等。以“疑问”为例，在汉语里，可以发现表达这种语用平面意义的至少有下面几种基本的句式形式。例如：

（34）特征词“吗”构成的“吗字句”句式形式，如“你去北京吗？”之类；

（35）“疑问代词”构成的“V＋疑问代词”句式形式，如“你去哪里/哪儿？”之类；

（36）“V不（没）V”固定格式构成的句式形式，如“你去不/没去北京？”之类；

（37）“是A还是B”固定格式构成的句式形式，如“你去北京还是去天津？”之类。

例（34）—例（37）描写出的句式形式不同，但它们的基本的、共同的语用意义相同，都是表达“疑问义”；但由于句式形式不同，与其相适应的句式语用意义也就有所差别：例（34）的句式意义是“是非问”义，要求对命题回答“是”或“否”；例（35）的句式意义是“特指问”义，要求针对疑问代词所提出的疑问点（即未知部分）做出回答；例（36）的句式意义是“正反问”义，要求对动作做出肯定或否定；例（37）的句式意义是“选择问”义，提出两个或两个以上可供选择的疑问点项目，要求对可供选择的疑问点选择其中一个作答。

2. 从句干的句式义出发去寻找、生成和描写句式的形式

句干的句式义很多。比如表示句干“某处存在某物”的所谓“存在义”，如果从这种表“存在义”的句干的句式义出发去寻找和描写句式的形式，在汉语里可发现有许多（参看范晓 2010c），其中比较重要的有以下几种形式：

（38）“$NP_{(处所)}$＋有＋$NP_{(事物)}$”（“有”字句形式），如“墙上有一幅油画”之类；

(39)“$NP_{(处所)}$ +是 +$NP_{(事物)}$”(“是”字句形式),如“墙上是一幅油画”之类;

(40)“$NP_{(处所)}$ +V着 +$NP_{(事物)}$”(“V着”句形式),如“墙上挂着一幅油画”之类;

(41)“$NP_{(事物)}$ +V有 +$NP_{(处所)}$”(“V有”句形式),如“墙上挂有一幅油画”之类;

(42)“$NP_{(处所)}$ +$NP_{(事物)}$”(无动词的句式形式),如:“墙上一幅油画”之类。

例(38)—例(42)描写出的句式形式不同,但它们有个共同的语用意义,即都是表达“某处(墙上)‘存在’某物(油画)”的“存在义”。[12]由于句式形式不同,与其相适应的句式义也就有某些差别(即除了“存在”这个共同的句式义外,还各附加有特定的意义):例(38)为“有”字句式存在句,表达“存在义”时句式义是“某处存在有某物”,强调或凸显的是处所对物的“领有性”;例(39)为“是”字句式存在句,表达“存在义”时句式义是“某处是存在某物”,强调或凸显存在的主观的“断定性”(“断定或肯定”);例(40)为“V着”句式存在句,表达“存在义”时句式义是“某处以何种方式或状态持续存在某物”,强调或凸显存在的“方式或状态”的持续性;例(41)为“V有”句式的存在句,表达“存在义”时句式义是“某处以何种方式或状态领有存在某物”,强调或凸显存在的“方式或状态”的领有性;例(42)为中间没有动词的“名谓存在句”句式,表达“存在义”时句式义是“某处显示存在某物”,强调显示景物存在的“意会性”。孤立地看,上述5个表达“存在”的句式基本意思类似,大体上能够互相替换。但在具体话语里,由于受语旨或语境的制约,一般不能任选其中的一种,也不能随意替换,它们各有自己的应用价值。朱自清最喜欢用例(42),他说在记述显示景物间的关系,采用这种句式可“盼望给读者整个的印象,或者说更具体的印象”(朱自清 2002)。他是根据文艺作品的语境特点和个人风格特点来选用“$NP_{(处所)}$ + $NP_{(事物)}$”句式的,但不等于说其他表示“存在”义的句式没有用处。上述这些表示“某处存在某物”句式义的不同句式形式谈不上孰好孰坏,在一定的语旨或语境里都可能是适用的,即各句式都有自己的应用价值或适用价值。言语交际中究竟用哪个句式,应该依据语境和言者表达的需要。

四、余　　论

（一）形式和意义相互验证

研究句式，既可以从形式出发去探求隐藏在形式背面的意义，也可以从意义出发去寻找表达意义的形式。还可以综合起来，让形式和意义相互验证，以求得形式和意义的某种对应关系。[13]比如，有些表面层次相同的词类序列共形，在一般情况下句式应该相同。但如果内部语义结构（动核结构）不完全相同，句式就会不同，随之句式义也不同。请比较：

(43) 他喝干酒了。

(44) 他喝醉酒了。

(45) 他喝伤胃了。

第一步，形式描写。从形式出发，这三个句子所代表的句式形式有共性：特定层次的词类序列可描写为“N_1 +（Vt + Vi）+ N_2”形式；句法平面可以描写为“主 +（谓补）+ 宾”形式。

第二步，由形及义。即透过形式去发现意义，可以看出语义平面和语用平面的意义不完全一样：

首先，从语义平面看，虽都是“施动受” + “系动”两个动核结构；但作系事的名物不一样：例(43)是“他喝酒 + 酒干”，是作为受事的物“酒”为系事，例(44)是“他喝酒 + 他醉”，是作为施事的人“他”为系事，例(45)是“他喝酒 + 他的胃伤”，是施事的部分（他的胃）为系事。

其次，从语用平面看，句式义虽都有“致使”义（两个动核结构之间的关系意义），但由于致使的对象不一样，所以句式义也不一样：例(43)的句式义是“施事施加动作于受事致使受事产生某种结果状态”，例(44)的句式义是“施事施加动作于受事致使施事自身产生某种结果状态”，例(45)的句式义是“施事施加动作于受事致使施事所属的某部分产生某种结果状态”。

第三步，由义及形。上述句式的句式义不一样可再用变换形式验证：例(43)可变换成把字句和被字句（他喝干酒了→他把酒喝干了→酒被他喝干了）；例(44)则不可变换成把字句和被字句（＊把酒喝醉/＊被酒喝醉），但可做如下变换：他喝醉酒了→他喝醉了→他喝酒喝醉了；例(45)可做如下变换：他喝伤胃了→他的胃喝伤了→他喝酒把胃喝伤了，但是例(43)、例(44)

则不可做例(45)这样的变换(*他的酒喝伤了/*他喝酒把酒喝伤了/他喝酒把他喝伤了)。

第四步,再由形及义。上述三种形式不一样可从语义说明方向来验证。即通过 Vi(补语)在语义平面的"语义指向"来测定:例(43)的 Vi 语义指向受事(指"酒干"),例(43)的 Vi 语义指向施事(指"他醉"),例(45)的 Vi 语义指向从属于施事的部分(指"他的胃伤")。

通过"形式→意义→形式→意义"反复验证,"N_1 + (Vt + Vi) + N_2"词类序列形式里的例(43)—例(45)实际上代表着三种不完全相同的句式形式,它们只是表面同形,而表达的意义并不一样,所以是不同的句式。反之,也可以采取"意义→形式→意义→形式……"反复验证某种句式的形式和意义。

(二)研究句式路线问题小结

语法研究竟从形式出发还是从意义出发,过去有争论,有人主张从形式到意义,有人主张从意义到形式。讨论研究句式的路线,同样也存在不同的看法。其实这种争论没有多大必要。这是因为研究的目的不同,研究句式的程序或路线当然也可以不一样:如果目的是着眼于析句,即以理解、解码为目的;由于形式是"入门的向导",只有通过形式才能发现意义,就应该从形式到意义,析句的程序就是透过形式去发现意义。如果目的着眼于造句(句子的生成或产出),即以表达、编码为目的;由于意义是"内蕴的本质",只有通过意义去寻找相应的形式,就应该从意义到形式,造句的程序就是基于意义去发现和描写形式。

从研究句式的全局看,本文认为既可以从形式出发研究句式,也可以从意义出发研究句式,两者应该相辅相成。至于将研究的结果或成果写成论著,那是属于"叙述的方法",可以是多种多样的:既可以从形式到意义来叙述,也可以从意义到形式来叙述,甚至可以分两部分:一部分从形式到意义,一部分从意义到形式,然后再综合起来。

附注

① 表示语气的形式除语气词外,还有句调(也称语调)、疑问代词、某些副词及类固定形式"V 不/没 V"等。

② 句干句式的独立的整体意义,简称为"句式义"(参看范晓 2010a;2015)。这种意义是

句干句式本身所具有的意义，它独立于句干中的词语而存在，不能全然从句式的组成成分说明，也不能从能互相变换的、意义相近的其他句式推知。

③ 句法平面的句法结构相对于语义平面的语义结构也是形式（参看范晓，胡裕树 1992）。

④ 关于语义成分，参看范晓（2003），范晓、张豫峰等（2003）。

⑤ 写说者如何表达某个事件或思想，都随自我立场、自我认知、自我情绪的支配，所以句式在表达动核结构、句模、思想内容、交际目的时必然会伴随出现表达者“自我表现的成分”，从而在句干里留下自我表现的印记。这种自我表现印记就是“表达的主观情态”（包括写说者表达的自我的目的、视角、态度、意旨、情感、口气等）。

⑥ 朱德熙的研究句式的文章，大多从形式到意义，如《“在黑板上写字”及其相关句式》（1981）一文，就是先描写出 6 类相关的句式形式，并从这些形式出发通过变换关系探求意义，从而分化这 6 类句式形式所蕴含的不同句式的句式意义。

⑦ 关于动核结构可参看范晓（2011）；关于句模可参看范晓（1996）。

⑧ 参看范晓（2009）[255-257]。

⑨ 笔者把这种句式里的 VP 分析为补语，参看范晓（2009）[197]。

⑩ 表示“反问”的“吗”字句式实际上是用于对命题的“否定”，有否定词的反问句，用意在肯定，没有否定词的反问句，用意在否定。参看吕叔湘（1982）。

⑪ 构式语法认为“基本的句子层面的构式”（句式）是“基于体验的完形”，即表示“人类经验有关的基本情景。”（Goldberg 1995），主张研究句式时用“感知完形推导句式义”。有人根据构式语法理论明确提出“基于认知图景来归纳和描写句式”，并从“放置-认知图景”出发描写归纳出 7 种句式。（卢英顺 2017），这实质上是采取从心理认知出发研究句式形式的路线。笔者认为认知的“完形”或“图景”是心理认知和语言之间的关系，与语言本身句式中的意义和形式是属于不同层次的。前者可以是解释某些句式形成的理据，但它不等于句式意义，与本文所说的从句式意义出发研究句式形式的路线是两回事。（参看范晓 2012）

⑫ 朱德熙（1986）把“施动受”之类的意义称为“低层次语义”，把“存在义”称为“高层次语义”。前者是指语义平面的意义，后者的“高层次语义”实质上是指语用平面的意义。

⑬ 朱德熙（1985）提出“语法研究的最终目的就是弄清楚语法形式和语法意义之间的对应关系。……讲形式的时候能够得到语义方面的验证，讲意义的时候能够得到形式方面的验证。”这是很有见地的。研究句式的形义对应关系，也应该让形式和意义相互验证。

参考文献

范　晓（1991）动词的“价”分类，《语法研究和探索》第 5 期，北京：语文出版社。

——(1995)句型、句模和句类,《语法研究和探索》第7期,北京:商务印书馆。
——(1996)《三个平面的语法观》,北京:北京语言学院出版社:375-379。
——(2003)说语义成分,《汉语学习》第1期:181-195。
——(2009)《汉语句子的多角度研究》,北京:商务印书馆。
——(2010a)试论句式意义,《汉语学报》第3期。
——(2010b)关于句式问题,《语文研究》第4期。
——(2010c)存在句的性质、范围、分类及其相关问题,载张先亮、范晓等,《现代汉语存在句研究》,北京:中国社会科学出版社。
——(2011)论"动核结构",载复旦大学汉语言文学学科《语言研究集刊》编委会编,《语言研究集刊》第八辑,上海:上海辞书出版社。
——(2012)句式义的分析策略,《汉语学报》第1期。
——(2013)关于句式的几点思考,《汉语学习》第4期。
——(2016)句式研究的几点思考,载徐阳春主编,《汉语句式问题探索——汉语句式国际学术研讨会论文集》,北京:中国社会科学出版社。
——,胡裕树(1992)有关语法研究三个平面的几个问题,《中国语文》第4期。
——,张豫峰等(2003)《语法理论纲要》,上海:译文出版社。
——,陈昌来著(2015)《汉语句子及其句式研究》,上海:学历出版社:61-72。
卢英顺(2017)关于句式研究的一点理论思考,载张豫峰、曹秀玲主编,《现代汉语句式研究》第二辑,上海:复旦大学出版社。
吕叔湘(1982)中国文法要略,北京:商务印书馆:290。
朱德熙(1981)"在黑板上写字"及其相关句式,《语言教学与研究》第1期。
——(1985)《语法答问》,北京:商务印书馆。
——(1986)变换分析中的平行性原则,《中国语文》第2期。
朱自清(2002)《欧游杂记》,杭州:浙江人民出版社。
Goldberg(1995)《构式——论元结构的构式语法研究》,吴海波译,北京:北京大学出版社,2007:5,64。

(200433　上海,复旦大学中文系　xfan89@163.com)

被动范畴与汉语被动句的发展

熊仲儒　石　玉

提要　被动句是包含被动范畴的句子。汉语先后出现低位被动范畴与高位被动范畴,并沿用至今。低位被动范畴先是零形式,后出现“见”,现在主要是“给”;高位被动范畴先是“为”,后出现“被”及其他的语音形式。低位被动范畴扩展外部论元被贬抑的动词短语,所以最初出现的于字句与见字句,其外部论元都是由介词“于”等引进的。高位被动范畴扩展带外部论元的动词短语,所以后来出现的为字句与被字句,其外部论元是直接引进的,内部论元在移位后也可留复指代词“所”与“之”等。两种被动范畴还可以共现,如“为……见……”“被……见……”等。被动句中的外部论元可以是施事,也可以是别种语义角色。

关键词　被动句;语法化;被动范畴;被动化;题元角色

王力(1958)认为先秦的被动句可以大致分为三种类型:于字句、见字句、为字句,到了汉代,被动句有了新的发展,主要表现为两种形式:“为……所”式与被字句。魏培泉(1994)也有类似的描述。吴福祥(2015)也将于字句、见字句、为字句看作先秦汉语中的常见被动句。于字句与见字句是不是被动句,学界仍有争议。梅广(2015)认为于字句与见字句在句法上还不具备被动句的要件,只有为字句可视为汉语被动句的滥觞,晚出的被字句才是汉语真正的被动句。为字句是不是被动句也有争议(杨剑桥 2016)。本文将根据生成语法把于字句与见字句重新确认为被动句,并指出被动范畴有不同的特征,于字句与见字句中的被动范畴是低位被动范畴,为字句与被字句中的被动范畴是高位被动范畴,这两类被动范畴自出现之后就一直沿用至今,只是具体的语音实现不同。

一、被动句的判断

(一)梅广的判断:施事与被动标记

什么是被动句,以及如何判断被动句,学界有不同的看法。语言类型学中的 Siewierska(2005)认为被动句应该具备以下五种属性:第一,对立于其他句式,如主动句;第二,主动句中的主语对应于被动句中的非强制性的旁语,或在被动句中没有显性的表达;第三,被动句的主语,如果有的话,它对应于主动句的直接宾语;第四,相对于主动句而言,被动句在语用上更受限;第五,被动句的动词有特定的形态标记。尽管汉语的被字句并不具有被动句的全部属性,如动词缺乏形态标记,但 Siewierska(2005)[436]仍旧将其考虑作被动句。这个案例表明被动句是个原型范畴,形态属性并不具有绝对地位。

汉语学者在判断被动句时也不依赖于形态属性,所以都认为汉语有被动句,只是在范围确定上有差异。如王力(1958)与魏培泉(1994)等认为上古汉语中有三种被动句:于字句、见字句、为字句,梅广(2015)认为于字句与见字句不是被动句,只有被字句才是被动句。我们以下具体来谈梅广的判断。梅广的判断是基于 Huang(1999)的描述,认为被动句要么具有英语式被动句的特点,要么具有汉语式被动句的特点。

一般所言的被动态实际上是针对英语式被动句来说的,刘丹青(2008)说:"被动态主要用于及物动词,及物动词带上被动态后,其主语便不再由施事而由受事充当。同时该动词通常便失去带宾语(或双宾语之一)的能力:在及物动词原来的受事类宾语升格为受事主语(被动主语)的同时,原来的施事类主语降格为需要介词等旁格标记介引的旁格成分,或者干脆不出现(删除),从而使动词原有的论元结构发生根本性变化。"Siewierska(2005)实际上也是以英语式被动句为原型来概括被动句属性的。英语式被动句不仅涉及外部论元的被贬抑,而且涉及动词格指派能力的丧失,其表现是外部论元要么不出现,要么由介词引进,名词性内部论元必须移位到主语位置,如:

(1) a. I ate the cake.

b. The cake was eaten (by me).

I 与 the cake 分别是 eat 的外部论元与内部论元,在主动句中分别实现为主语与宾语,如例(1)a,在被动句中分别实现为附加语与主语,如例(1)b。

汉语式被动句不涉及外部论元的被贬抑,也不涉及动词格指派能力的丧失,而是动词所投射的子句(IP)充当不及物动词"被"的补足语,共同构成复杂的不及物性谓词,如:

(2) a. 蛋糕被我吃了。

b. 蛋糕被[$_{IP}$ OP_1 我吃了 t_1]

例(2)b 显示"吃"的内部论元采用的是空算子形式,为获得"蛋糕"解而移到 IP 的左边界,这种分析也被称为空算子移位分析(Huang 1999)。

语态(voice)有三类:主动态、中动态与被动态。梅广(2015)将这三种语态的句子分别称为主动句、受动句与被动句,受动句就是一般所说的中动句,在汉语学界也被称为无标记的被动句。梅广(2015)观察到:尽管英语式被动句依赖于形态变化,而汉语式的被动句不依赖于形态变化,但都有标记,如汉语式的被动句有"被"这样的标记,此外,论元结构中都有施事。简言之,梅广(2015)判断被动句的标准有二——标记与施事。

从标记来说,为字句与被字句可以将其中的"为""被"看作被动句的标记,见字句大概可以将"见"看作被动标记,但于字句就比较麻烦了,虽然有很多学者将其中的"于"看作被动标记,但梅广(2015)并没有如此看待。梅广认为,于字句并没有被动标记,其中"于"引导的也并非施事,不能看作被动句;相应地,见字句也不是被动句,因为它和于字句一样都会用到"于",即其中的"于"引导的也不是施事。既然见字句不是被动句,相应地,"见"就不是被动标记,而是受动标记。为字句虽然也有"为动于宾",但不多见,他视为"背离汉语常规的畸变"。

见字句中的"见"应被视为被动标记还是受动标记,实际上和它是被动句还是受动句有关。所以相对而言,施事在梅广(2015)的判断标准中更为重要,于字句与见字句之所以不处理为被动句,是因为"于"所引进的成分在他看来并非施事,而是来源与原因等。但事实上,施事在被动句的判定中并不重要。比如说英语被动句,其中的 by 所引进的被贬抑的外部论元可以是施事,也可以是其他的题元角色(Marantz 1984),如:

(3) a. Hortense was pushed by Elmer. (AGENT)

b. Elmer was seen by everyone who entered. (EXPERIENCER)

c. The intersection was approached by five cars at once. (THEME)

d. The porcupine crate was received by Elmer's firm. (GOAL)

e. The house is surrounded by trees. (LOCATION?)

对汉语而言,也是如此。如果被字句确实如梅广(2015)所认定的那样,属于被动句的话,那也说明被动句中的动词不一定需要施事论元,“被”后的成分像by后的成分一样,除了施事之外,还可以是狭义致事、感事、工具、受事等。如:

(4) a. 那张字据被他烧掉了!

b. 那本书被老鼠咬破了!

(5) a. 你回到房间,突然被疲倦攫住了。

b. 带着钱想买草帽的客人老远地就被那四台哒哒作响的机子吸过来了。

(6) a. 林黛玉被贾宝玉爱上了。

b. 春梅被我恨得咬牙切齿。

(7) a. 那些东西早上已经被卡车运回来了。

b. 身体的中段被毛巾被裹得严严实实。

(8) a. 爸爸被一连串的问题问烦了。

b. 不上一个月,小运华被牛奶喂胖了,体重增加了一公斤。

这些被字句也叫长被句。例(4)中“被”后成分的语义角色是施事,例(5)中“被”后成分的语义角色是狭义致事,例(6)中“被”后成分的语义角色是感事,例(7)中“被”后成分的语义角色是工具,例(8)中“被”后成分的语义角色是受事。从这个角度看,根据施事的有无来判断被动句是不充分的。俞光中、植田均(1999)也说,带不带施事者,各种被动式情况不一样,带上施事者固然是被动式,不带施事者也是被动式。换言之,如果不特别地考虑施事的话,见字句是可以分析为被动句的。

(二)我们的判断:被动范畴与介词

对被动句而言有两个要素很重要,一是被动范畴,类似于早先的be + -en或后来的-en,一个是介词,类似于by。这两个要素是相关的,在GB理论中,-en这样的被动范畴起着吸收动词向名词性内部论元指派格与向外部论元指派题元的能力,为引进被贬抑的外部论元,需要借助于by这样的介词。在汉语长被句中,由于动词仍有指派格的能力,相应地,按照Burzio概括,这样的动词则仍有向外部论元指派题元的能力,如Huang(1999)的分析。这样一来,至少就长被句而言,它就不会有英语那样的被动范畴,也无需借助于介词，因为外部论元没有被贬抑。正是如此，冯胜利（1997）、Huang（1999）将长被句中的“被”分析为动词，请参见例（2）b 的分析。

Baker, Johnson & Roberts（1989）将英语中的被动语素视为外部论元，实现于 I 位置，这使得动词原有参与者式的外部论元只能被贬抑，I 的指示语位置自动成为非题元位置，并进而允准内部论元提升。这一方案的问题在于多个助动词的共现，理论上其他助动词会阻止 I 位置的被动语素-en 和主动词的核心移位。为此，他们将助动词 be 处理为带 IP 的选择者。随着分析技术的发展，Chomsky（1995）将名词性内部论元的格与外部论元的题元角色由动词转给了轻动词，Chomsky（2001）进一步规定了轻动词的特征，有些轻动词的 phi-特征集完整，有些轻动词的 phi-特征集不完整，前者具有既能为外部论元指派题元角色，又能为名词性内部论元的格特征定值的能力，后者既不能为外部论元指派题元角色，又不能为名词性内部论元的格特征定值，得不到题元角色的外部论元即被贬抑。如：

（9）a. Several fish was caught.

b. . . . [Prt [$_{VP}$ catch [several fish]]]

Chomsky（2001）将 Prt 看做这样的轻动词，实为被动范畴，其 phi-特征集不完整，它扩展的是不含外部论元的 VP，在操作中，它不能为有完整 phi-特征集的 several fish 的格特征定值。再如：

（10）a. John caught several fish.

b. . . . [$_{vP}$[John][$_{v'}$[$_{v}$][$_{VP}$ catch [several fish]]]]

Chomsky（2001）将 v 看作 phi-特征集完整的轻动词，能为有完整 phi-特征集的 several fish 的格特征定值，在这个 v-VP 构型中 John 获得题元角色。熊仲儒（2003）在研究汉语被字句的时候，假定例（9）中也有类似于例（10）的轻动词，如例（11）b：

（11）a. Several fish was caught.

b. . . . [$_{vP}$[$_{v}$] [$_{VP}$ catch [several fish]]]

c. . . . [Prt[$_{vP}$[$_{v}$] [$_{VP}$ catch [several fish]]]]

例（10）b 与例（11）b 的差别在于 v 的 phi-特征集，前者完整，后者不完整，其直接表现是例（10）b 中 vP 内部可以引进外部论元，例（11）b 中 vP 内部不能引进外部论元。例（11）b 中 v 的 phi-特征集不完整，several fish 的格特征也得不到定值。例（11）b 接着受 phi-特征集不完整的 Prt 扩展，如例

(11)c,其结果与例(9)b 同。在此基础上,熊仲儒(2003)提出两种被动范畴,一是扩展以 phi-特征集不完整的 v 为核心的 vP,如例(11)c,二是扩展以 phi-特征集完整的 v 为核心的 vP,后者也可记作 v＊P。如:

(12) a. $\ldots[_{PassP}[_{Pass}][_{vP}[_{v}][_{VP}\cdots]]]$

b. $\ldots[_{PassP}[_{Pass}][_{vP}[_{DP}][_{v'}[_{v}][_{VP}\cdots]]]]$

例(12)a 属于英语式被动句,其 vP 中并无外部论元;例(12)b 属于汉语式被动句,其 vP 中有外部论元。为简单起见,我们也可以将例(12)a 换为例(9)b,如例(13)a:

(13) a. $\ldots[_{PassP}[_{Pass}][_{VP}\ldots]]$

b. $\ldots[_{PassP}[_{Pass}][_{vP}[_{DP}][_{v'}[_{v}][_{VP}\ldots]]]]$

即:英语式被动范畴扩展 VP,汉语式被动范畴扩展 vP,差别在于有无外部论元,更严格地说,差别在于有无完整的论元结构。Chomsky(2001)指出 v 的 phi-特征集完整与否,其表现就是论元结构完整与否。

熊仲儒(2003)认为汉语被字句中的"被"属于引导完整论元结构的被动范畴,与英语中的-en 不同,后者是引导不完整的论元结构的被动范畴。如:

(14) [$_{PassP}$[$_{Pass}$被][$_{vP}$...]]

在他看来,长被句与短被句中的"被"相同,都是被动范畴。长被句与短被句的差别在于动词的外部论元删略与否,如:

(15) a. 玻璃被张三打碎了。

b. [$_{PassP}$[$_{Pass}$被][$_{vP}$张三打碎了玻璃]]

(16) a. 玻璃被打碎了。

b. [$_{PassP}$[$_{Pass}$被][$_{vP}$~~张三~~打碎了玻璃]]

外部论元的删略,可能是不想说、不能说或说不出造成的。Huang(1999)认为长被句与短被句中的"被"不同,一种引导的是 IP,一种引导的是 VP。如果 Huang(1999)是正确的,我们可以在熊仲儒(2003)的基础上认为有两个"被",一个是引导完整论元结构的被动范畴,如例(13)b 中的被动范畴;一个是引导非完整论元结构的被动范畴,如例(13)a 中的被动范畴。

据此,我们可以根据被动范畴与介词判定被动句。这两个参项的地位不同,只有当被动范畴没有语音实现的时候,介词的判定作用才会凸显。

第一,被动范畴有语音实现时,为被动句。例如:

(17) a. 玻璃被张三打碎了。

b. 玻璃被打碎了。

例(17)a 是长被句，例(17)b 是短被句，两句中被动范畴都实现为“被”，故为被动句。长被句，可能也包括短被句，其中动词的外部论元没有被贬抑，这是因为“被”以带完整论元结构的轻动词短语为补足语；动词的内部论元倒是常常提升，这是被动范畴或者说是 T 的缘故。再如例(9)，记作例(18)：

(18) a. Several fish was caught.

b. ...[$_{PassP}$[$_{Pass}$-en] [$_{VP}$ catch [several fish]]]

其中被动范畴语音实现为-en，在动词核心移位之后，动词出现形态变化；例(18)中的动词 catch 没有引进外部论元，根据 Burzio 概括，该动词也不能为内部论元“several fish”指派格，所以该内部论元最后提升到主语位置。Siewierska(2005)对被动句属性的概括，反映的也是例(18)这种被动范畴，其中被动范畴具有黏附性，在激发核心移位之后引发动词的形态变化。换言之，Siewierska(2005)关于被动句的五项属性是可以由例(18)b 推导出来的，至于英语为分析型被动句，那是因为-en 具有改变范畴的属性，所以需要借助系动词 be 指出承担时制范畴的屈折形态，构成 be... en 形式。如果考虑汉语这样的孤立语，也是可以重新概括被动句的属性。

第二，被动范畴没有语音实现，但存在引进被贬抑外部论元的介词时，可认为是被动句。

(19) a. 郤克伤於矢。

b. ...[$_{PassP}$[$_{Pass}$ ◎] [$_{VP}$伤郤克[於矢]]]

例(19)涉及被动化的两项重要操作，一是外部论元的贬抑，如“於矢”；二是内部论元的提升，如例(19)a 中“郤克”做主语。当然它也有对应主动句，如“矢伤郤克”；也有语用受限的属性，如“郤克”得有话题性。唯一缺乏的似乎是被动范畴，但在生成语法中认为可以有零形式的被动范畴，如例(19)b。所以我们可以将例(19)视为被动句。从理论上说，被动范畴也应该有三种形式：

(20) a. 独立形式(被) > b. 黏附形式(-en) > c. 零形式(◎)

第三，除此之外，就不算被动句。

(21) a. 苹果，张三吃了。

b. 苹果吃光了。

例(21)a 是话题句，不是被动句。例(21)b 是中动句或者说是梅广的受动句,不是被动句。例(21)a既没有被动范畴的语音形式,也没有引进外部论元的介词,不能看作被动句。例(21)b既没有被动范畴的语音形式,也没有引进外部论元的介词,虽然动词的外部论元没有出现,但也不能看作被动句。陆俭明(2004)将例(21)b称为“无标记被动句”,他将这种被动句定义为“句中没有任何表示被动意义的标记性词语的被动句”。这种无标记的被动句,我们处理为中动句,而不作被动句,因为它既无被动范畴的语音形式,也无引进外部论元的介词。

这里的判断标准,强调的是被动范畴的语音实现,如果被动范畴没有语音实现,则潜在的外部论元必须由介词引进。至于这外部论元是什么样的题元角色,那是不论的,如例(3)—例(8)。

二、低位被动范畴及其语音实现

(一)于字句

唐钰明(1985)认为于字句是较早的被动句,他说:“先秦汉语被动式的起源,应上溯至商代。商代被动式为数不多,形式单一,‘于’字式是最早出现的形式。”董莲池(1998)指出:“晚商武丁时期已经产生了‘于’字被动式,西周初金文中所见到的‘于’字被动式是对晚商时期‘于’字被动式的沿用。”张玉金(2006)也认为“在殷商时代确实已存在‘于’字式被动句”。如:

(22) a. 鬲锡贝于王。(《鬲尊》)

b. 予小子新命于三王。(《尚书·金滕》)

(23) a. 御人以口给,屡憎於人。(《论语·公治长》)

b. 郤克伤於矢。(左传·成公二年)

(24) a. 公子翚恐若其言闻乎桓。(《公羊传·隐公四年》)

b. 万尝与庄公战,获乎庄公。(《公羊传·庄公十二年》)

王力(1958)认为这些于字句为被动句,他说:“本来外动词是要求宾语的,现在外动词后面没有宾语,并且紧跟着介词‘于’字,可见行为是施及于主语所代表的事物的了。”“本来外动词是要求宾语的”,这是从动词的属性来说的;“现在外动词后面没有宾语”,这是说内部论元被提升了;“可见行为是施及于主语所代表的事物的了”,这是说内部论元提升做了主语;“外动词后面没有宾语,并且紧跟着介词‘于’字”,这是说外部论元被贬抑了。从这

些特征来看,于字句是可以被看作被动句的。根据生成语法,可为这些句子指派如下的句法结构,其中的被动范畴没有语音形式,如:

(25) a. 郤克伤於矢。

b. $[_{TP}[_{DP}$郤克$_i]$$[_{T'}[_T]$$[_{PassP}[_{Pass}]$$[_{VP}$伤 t_i於矢$]]]]$

这个被动范畴 Pass 扩展的是 phi-特征集不完整的 vP,其表现是外部论元被贬抑,内部论元被提升。外部论元被贬抑的重要表现是由介词引进外部论元,如例(25)中的"於"。也许 Pass 并不空,如"春秋伐者为客,伐者为主(《公羊传·庄公二十八年》)",何休的注释是"伐人者为客,读伐,长言之,齐人语也;见伐者为主,读伐,短言之,齐人语也"。"长言""短言"应该属于形态音位规则的作用。(魏培泉 1994)

需要特别指出的是:在于字句中,"於""于""乎"并不表示被动,它们只是介词,其作用在于引进被贬抑的外部论元,句中表示被动的是被动范畴 Pass,如例(25)所示。姚振武(1999)也指出一些学者否定"于"的被动作用,并指出其作用在于引进受事、施事、处所、时间、原因等。这是对的,但不能因此而否定于字句为被动句。于字句是不是被动句,关键在于其中的主动词有无受到被动范畴的扩展,而不在于句中有无"于"这样的介词,"于"只是外显形式。

由于被动范畴没有语音形式,被动的判断颇为不易。王力(1989)在《汉语语法史》中特别声明:"过去我曾经认为这(即'于'字式)是被动式(《汉语史稿》中册,第 420—421 页),现在修正我的错误。"他认为:"这(即'于'字式)似乎是被动式了,其实不是。这只是借用处所状语来引进施事者。从结构形式上看,它和处所状语'于'字结构毫无二致。"从生成语法来看,王力先生的早期判断比晚期判断可能更符合事实。例(25)是可以存在的被动结构,只是被贬抑作附加语的"於矢"像处所性附加语一样处于动词的右侧。

梅广(2015)也不认为这是被动句,其理由是"于"引进的并非施事,而是来源,如认为例(22)a 中的"于王"是指"所赐的来源,而不是指施事者",例(22)b 中的"'命于三王'是从三王那里得到任命,而不是指施事者,因为三王是已故的三王,周的祖先。所以'于'介词组也是指来源。'命'是受命的意思"。从诠释的角度看,梅广的说法无疑是有道理的,从语法的角度来看则不然。像例(26)a 中的"锡",它是三元动词,"鬲"与"贝"是确定无疑的目标(goal)与受事(theme),"王"宜分析为其施事(agent);像例(26)b 中的

“克”,它是二元动词,“郑伯”与“段”分别是其施事与受事:

(26) a. 鬲锡贝于王。

b. 郑伯克段于鄢。

c. 夫制於燕者,苏子也。

对被动句而言,“于”后的成分是不是施事不重要,关键是它是不是外部论元,即在核心句(kernel sentence)中能不能做主语,如例(26)a中“王”在核心句中做主语,例(26)b中的“鄢”在核心句中不能做主语,例(26)c中的“燕”在核心句中也不能做主语。例(26)c中的“燕”姚振武(1999)认为是受事,“制”的外部论元是“苏子”,说的是“苏秦控制燕国”。

姚振武(1999)将于字句视为“意念句”,并认为“意念句之表被动,是由受事成分处于主语位置决定的”。这实际上是把表被动的于字句当作中动句处理。我们将表被动的于字句看作被动句,其中的被动范畴为零形式,被贬抑的外部论元由“于”引进。关键是这样的被动范畴是可以有语音实现的,如实现为“见”,见下文,甚至实现为“为”与“被”,见3.2节。

(二)见字句

被动范畴作为功能范畴,其语音具有可选性,可实现为零形式,如上文的于字句,也可以实现为“见”。按文献描述,“见”有可能是后起的。见字句中,被贬抑的外部论元也是由“于、於”等介词引进,如:

(27) a. 唯公大史见服于宗周年,才二月既望乙亥,公大史咸见服于辟王,辨于多正。(乍册魖卣)

b. 吾长见笑於大方之家。(《庄子·秋水》)

c. 吾尝三仕,三见逐於君。(《史记·管晏列传》)

(28) a. 年四十而见恶焉,其终也已。(《论语·阳货》)

b. 爱人者必见爱也,而恶人者必见恶也。(《墨子·兼爱下》)

c. 出必见辱。(《墨子·公孟》)

例(27)中的外部论元由介词引进,例(28)中的外部论元没有出现。外部论元由介词引进或不出现,都是贬抑的结果。

王力(1958)指出:“‘见’字和被动词的中间不能插进一个关系位名词(即施事者)。”之所以不能插进“关系位名词”,一则是因为“见”不是介词,二则是因为“关系位名词”被贬抑,只能借助于介词引进,如例(29)a,也可以不被引进,如例(29)b:

(29) a. 吾见笑於大方之家　　　　b. 爱人者必见爱也

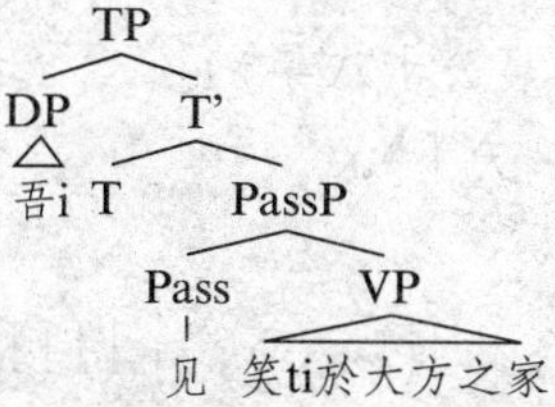

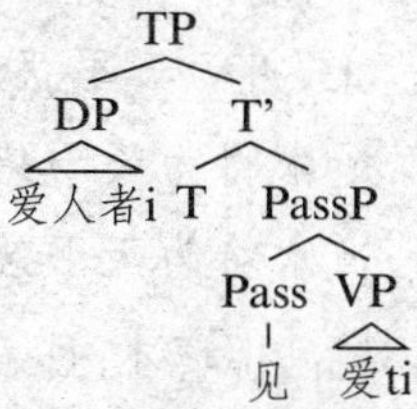

例(29)a是“见V于S”式,例(29)b是“见V”式,两者的外部论元都被贬抑,前者通过介词“于”引进被贬抑的外部论元“大方之家”,后者干脆省略了外部论元。

“见V于S”消失得比“见V”早(魏培泉 1994),原因很可能与汉语语序的演变有关[1]。“于”引进的是被贬抑的外部论元,并且“于S”充当附加语,而汉语附加语的演化趋势是由动词之后转到动词之前。附加语的演化趋势大概是于字句与能引进被贬抑外部论元的见字句衰落的原因。由“于字句”到“见字句”,最大的变化,应该还是被动范畴Pass的语音实现,即由零形式变为“见”,如:

(30) a. 郤克伤於矢　　　　b. 吾见笑於大方之家

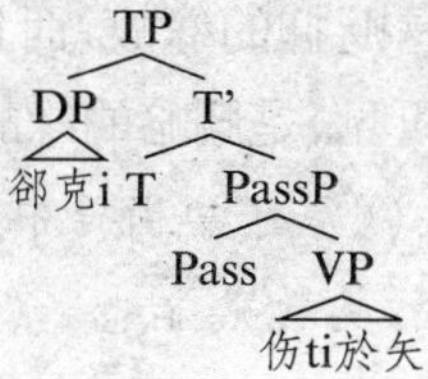

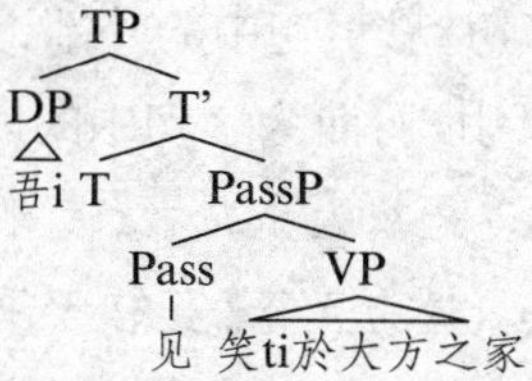

语言的变化,通常是由独立的语音形式变成黏附形式,再变成零形式,这属于语法化的研究。但也有另一种相反的变化,就是由零形式变成有语音的形式,这可能是词汇问题,即原来的词库中没有某个词,后来通过某种手段有了这个词。

三、高位被动范畴及其语音实现

(一) 为字句

高位被动范畴扩展的是phi-特征集完整的vP,其表现是外部论元出现

于动词短语内部,内部论元被提升。实现高位被动范畴的是“为”,如:

(31) a. 不为酒困。(《论语·子罕》)

b. 止,将为三军获。(《左传·襄公十八年》)

c. 道术将为天下裂。(《庄子·天下》)

(32) a. 道术将为天下裂。

b. $[_{TP}[_{DP}$道术$_{i}][_{T'}[_{T}][_{PassP}[_{Pass}$为$][_{vP}$天下裂$t_{i}]]]]$

“为”的范畴,语法学界一直有不同的看法,可参见姚振武(1999)。我们将它处理为被动范畴。被动范畴,按 Chomsky (1957) 的说法实为助动词(auxiliary)的子类。所以,王力(1989)将“为”处理为助动词是可以接受的。助动词不一定非得和动词毗邻,如:

(33) a. 他能处理这件事　　　b. 他能把这件事处理好

(34) a. 他应该来　　　　　　b. 应该他来

像例(33)a 与例(34)a 一样,没有人会怀疑例(33)b 与例(34)b 中的“能”与“应该”为情态动词(能愿动词),虽然它们都没有与动词毗邻。所以也没必要否定外部论元之前的“为”为被动范畴。被动范畴、情态动词,都是助动词。

“为”字被动句中的外部论元可以被删略,即外部论元可以不出现。这不同于见字句,见字句中的外部论元的不可见是贬抑的缘故,而且只能通过“于”等进行引进;而为字句中的外部论元的不可见,是删略的缘故。

(35) a. 是故天鬼罚之,使身死而为刑戮。(《墨子·尚贤中》)

b. 贵为天子,富有天下,而身为禽者,其救败非也。(《贾谊·过秦论》)

c. 灵公少,侈,民不附,故为弑易。(《史记·晋世家》)

“为”是高位被动范畴,“见”是低位被动范畴,两种可以共现,并严格地按照一定次序进行投射。也就是说,“见”还可以被引进外部论元的功能范畴扩展,该范畴可以接着受高位被动范畴“为”扩展,形成“为……见……”句,如:

(36) a. 烈士为天下见善矣。(《庄子·至乐》)

b. 不好徼名於世,不为利害见将。(《论衡·自纪》)

c. 妾自孩提时,为伯舅见念,命为己女,故以卢为小字。(《太平广记》卷二八一《侯生》)

这类似于“给”，它也可以接着受“被”扩展(熊仲儒 2011)，如：

(37) a. 那个水淋淋的纸袋被她给扔在江麟的脸上。

b. 那首诗又被她给解释了一遍。

c. 酒已经被他给戒了。

“为……见……”句可以指派如下部分结构：

(38) a. 烈士为天下见善矣。

b. [$_{TP}$[$_{DP}$烈士$_i$][$_{T'}$[$_T$][$_{PassP}$[$_{Pass}$为][$_{vP}$[$_{DP}$天下][$_{v'}$[$_v$][$_{PassP}$[$_{Pass}$见][$_{VP}$[$_V$善][$_{DP}$$t_i$]]]]]]]]

“见”作为低位被动范畴 Pass，扩展带不完整论元结构的“善烈士”，得到 PassP；接着 PassP 受引进外部论元的 v 的扩展，得到“天下见善烈士”这样的 vP；接着受高位被动范畴 Pass“为”的扩展，得到新的 PassP；最后 PassP 受 T 的扩展，在 T 的激发下，“烈士”移位到 T 的指示语位置，得到“烈士为天下见善”。

“为”扩展的是 phi-特征集完整的 vP，这意味着动词的宾语论元可以获得格位，或者说动词宾语的格特征可以被核查并被定值。重要证据是内部论元移位后所留下的复指代词。

证据一，复指代词“之”。如：

(39) a. 吾子，白帝子也，……今(吾子)为赤帝子斩之，故哭。(《史记·高祖本纪》)

b. (人)才登细径，为猛虎逐之。(《太平广记》卷四三三《王行言》)

c. 至朱梁时，王镕封赵王，为部将张文礼灭之。(《太平广记》卷七八《骆山人》)

d. 僧将入佛宇，辄为物拒之。(《太平广记》卷四一七《田登娘》)

“之”在例(39)a 中复指“吾子”，在例(39)b 中复指“人”，在例(39)c 中复指“王镕”，在例(39)d 中复指“僧”。

证据二，复指代词“所”。如：

(40) a. 方木不用，为人所疑。(《荀子·尧问》)

b. 申徒狄谏而不听，负石自投于河，为鱼鳖所食。(《庄子·盗跖》)

c. 楚遂削弱，为秦所轻。(《战国策·秦策四》)

“为……所……”中的“所”也能证明“为”扩展的是phi-特征集完整的vP,因为“所”也是代词,尽管王力(1958)认为“在表示被动的情况下,‘所’字失去了原来的代词性,而成为外动词的词头。”王力(1958)说:“先秦的‘所’字有两重的性质:一方面,它具有代词性;另一方面,它所接触的一般是外动词,外动词后面往往不再带宾语。而被动式的动词也必须是一个外动词,它的后面也不能带宾语。”王力(1958)把被动式为字句在被动词前面插入一个“所”字看作是一种类化的结果。其实这里的“所”依然具有代词性,复指被移位的内部论元,并具有附缀性(Feng 1996;熊仲儒,郭立萍2016)。具有附缀性的“所”上移到附缀短语(ClP)的指示语位置,并右向依附。在例(40)中,“所”依附于动词,得到“所-V”,王力称之为词头也未尝不可,但需注意的是,它本为代词。“所”只要求依附于某个黏附组,这一黏附组中与之毗邻的成分不必是动词。例如:

(41) a. 今凉州部皆有降羌,羌胡被发左衽,而与汉人杂处,习俗既异,语言不通,数为小吏黠人所见侵夺,穷恚无聊,故致反叛。(《全后汉文》卷二十三,班彪《复护羌校尉疏》)

b. 金城郡昔为韩遂所见屠剥,死丧流亡……户不满五百。(《魏志·苏则传·注引魏名臣奏张既答文帝问》)

c. 壹年九岁,为先母弟表所见孤背,十二,蒙亡母张所见覆育。(《晋书·卞壸传·上笺自陈》)

“所”依附于低位被动范畴“见”。“所”依附于“见”,可凑成双音节。杨伯峻、何乐士(1992)指出:“仅以姚秦凉州沙门竺佛念所译的《出曜经》为例,全书‘为……所见……’式及其省略式共67例,有65例与双音节动词搭配,占全部用例的97%;而‘为……所……’式共出现310例,其中262例与单音节动词搭配,占全部用例的84.5%,其余48例与双音节动词搭配,只占15.5%除了佛经,《三国志》是‘为……所见……’式出现频率最高的文献,总计9例,全部与双音节动词搭配。”

(二)被字句

“被”在最初的时候是作为低位被动范畴的语音形式的,后来才成为高位被动范畴的语音形式。“为”也作过低位被动范畴[②],如“为制于秦”这样的“为V于S”中“为”,其中被贬抑的外部论元“秦”由“于”引进。现代汉语中的“被”与上古汉语中的“为”同为高位被动范畴,有词汇替代关系,所以,洪诚(1958)指出:“古汉语的被动句最后和现代汉语相承接的句型是‘为’字句。”

王力(1958)指出:“‘被’字在汉代的作用大致和‘见’字相当;当时的‘被’字句还不容许有关系语(施事者)出现,只是简单地把‘被’字放在被动词的前面。”如果仅仅是“施事者”不出现,还是不能确定“被”为低位被动范畴的,因为它完全有可能是被删略的。杨伯峻、何乐士(1992/2001)发现“被……於”式,这可以证明“被”为低位被动范畴,如:

(42) a. 自子夏,门人之高弟也,犹云“出见纷华盛丽而说,入闻夫子之道而乐,二者心战,未能自决”,而况中庸以下渐渍於失教,被服於成俗乎?(《史记·礼书》)

b. 栗腹以十万之众五折於外,以万乘之国被围於赵。(《史记·鲁仲连邹阳列传》)

杨伯峻、何乐士(1992/2001)指出:“以助词‘被’作标志的被动式可用‘於’引进施动者。”如果他们的判断正确,可以认为“於”引进的是被贬抑的外部论元,“被”为低位被动范畴。既然“被”为低位被动范畴,自然也就“不容许关系语(施事者)出现”,如:

(43) a. 今兄弟被侵,必攻者,廉也;知友被辱,随仇者,贞也。(《韩非子·五蠹篇》)

b. 国一日被攻,虽欲事秦,不可得也。(《战国策·齐策》)

(44) a. 万乘之国被围於赵

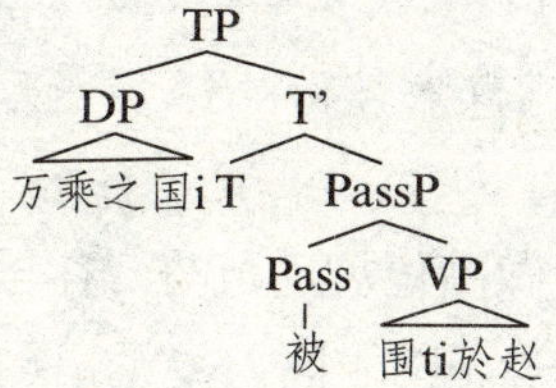

b. 今兄弟被侵

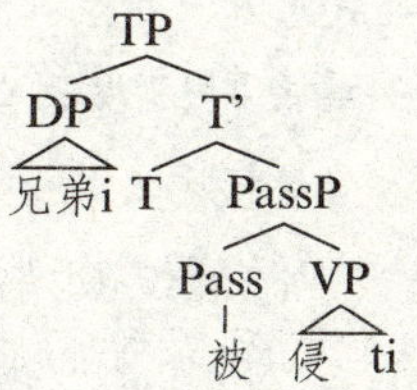

例(44)中的“被”为低位被动范畴,与“见”一样,动词的外部论元被贬抑,或由介词“于”引进,如例(44)a,或干脆省略,如例(44)b,试对照例(29)。

在汉末,“被”开始可以作为高位被动范畴的语音形式。其重要变化是“‘被’字句也能插入关系语(施事者),它在一般口语里逐渐代替了‘为……所’式”(王力 1980)。如:

(45) a. 五月二十日,臣被尚书召问。(《蔡邕·被收时表》)

b. 亮子被苏俊害。(《世说新语·方正》)

c. 若官未通显,每被公私使令,亦为猥役。(《颜氏家训·杂艺篇》)

(46) a. 臣被尚书召问

b. $[_{TP}[_{DP}$臣$_i][_{T'}[_T][_{PassP}[_{Pass}$被$][_{vP}$尚书召问 $t_i]]]]$

例(46)中的"被"是高位被动范畴,动词的外部论元(关系语)由轻动词直接引进,轻动词可以为"臣"核查格特征,"臣"的移位不是为了格,而是为了T的EPP特征。

在"为"字被动句中,我们指出"所"为复指代词,它的存在可以证明动词没有失去格指派能力。换言之,就是"为"扩展带完整论元结构的vP,为高位被动范畴。"被"与"为"一样也为高位被动范畴。

证据一:与"为"一样,允许复指代词"所"。例如:

(47) a. 我被烦恼箭所射。(《佛本行集经》卷二四)

b. 因被匈奴所破。(《隋书·西域列传》)

c. 其弟今被贼所杀。(《敦煌变文·搜神记行孝》)

证据二:与"为"一样,允许复指代词"之"。例如:

(48) a. 其财物被淫女人悉夺取之。(《西晋竺法护译·生经》)

b. 若被诸物犯之,用便无验。(《抱朴子·金丹》)

c. 县令有马,互被蛇吸之。(《太平广记》卷四五六《邛都老姥》)

证据三:与"为"一样,允许低位被动范畴"见"与之共现。例如:

(49) a. 仆是弃背帝乡宾,今被平王见寻讨。(《敦煌变文集·伍子胥变文》)

b. 延之问:"汝何故来?"答曰:"被人见讼。"(《太平广记》卷三八〇《韦延之》)

"被"先实现做低位被动范畴,后实现做高位被动范畴。在早先,"见"为低位被动范畴,"为"为高位被动范畴。被字句"能插入关系语(施事者),它在一般口语里逐渐代替了'为……所'式",针对这种变化,王力(1980)指出:"'被'就由'见'字的意义转到'为'字的意义上,也就是说,'被'字句除了承担'见'句的职务以外,还承担了'为'字句的职务。"被字句"承担'见'句的职务",是说"被"为低位被动范畴,并最终取代了"见";"承担'为'字句的职务"是说"被"为高位被动范畴,并最终取代了"为"。在Huang(1999)的框架中,我们可以说两种"被"都还在,一种用于短被句,一种用于长被句;在熊仲儒(2003,2011)的框架中,我们可以说作为低位被动范畴的"被"消失了,而作为高位被动范畴的"被"仍然存在,用作被字句。

(三) 真正的被动句

王力(1957)将于字句、见字句、为字句看作被动句,是从结构上判定的,他说:"当我们讨论被动式的时候,指的是具有结构特点的被动式,而不是概念上的被动。"所以他首先将可字句及类似格式与"借用一般主动的形式来表示被动的意义"的句式排除在被动式之外,如:

(50) a. 夫道有情有信,无为无形,可传而不可受,可得而不可见。(《庄子·大宗师》)

b. 鲁酒薄而邯郸围。(《庄子·胠箧》)

例(50)都属于中动句。中动句采用主动的形式表示被动的意义,为允准内部论元前置,句子常有状语,或采用否定、情态动词、对比重读、强调助词和语境等手段。被动句采用被动形式表示被动意义,如英语的被动形式是 be-en... by,be-en 属助动词,by 属介词。所以王力(1957)在谈及于字时,首先点明它在结构上采用介词"于";讨论见字句与为字句时,首先点明它们在结构上采用助动词"见"与"为"。简言之,王力(1957)的判断是有所本的。后来,王力(1989)将于字句排除于被动式之外,也是有所本的,因为一般认为被动句中动词的外部论元是施事,而"于"可引进施事与处所等,且两者"毫无二致",所以将他早年判定的施事处理为处所,即"借用处所来引进实施者"。梅广(2015)是对王力(1989)的发挥。若 Marantz(1984)是对的,则"by"也可引进不同的参与者,但不能因此认为相关的"by"句不是被动句。

后来的学者大多根据现代汉语的被字句来判断被动句,现代汉语中(典型的)被字句中的被动范畴是高位的,而上古汉语中的于字句与见字句都只含低位被动范畴,所以有人将于字句与见字句都排除在被动句之外。姚振武(2015)认为"(N)为所 V"是上古汉语中的真正被动式,就因为这个构式中的"为"为高位被动范畴,扩展带完整论元结构的 vP,其中 v 能够为内部论元指派格特征,这使得构式中可以出现"所"这样的复指代词,如例(40)。

蒋绍愚(2005)认为只有在"被"字和动词之间出现关系语(施事者)的时候,真正的被字句才形成。蒋绍愚实际上也是认为只有含高位被动范畴的被动句才是真正的被动句。如:

(51) a. 万乘之国,被围于赵。(《战国策·齐策》)

b. 邾娄人常被兵于周。(《公羊传·昭公三十一年》)

c. 吾不能举全吴之地,十万之众,受制于人。(《三国志·诸葛亮传》)

蒋绍愚(2005)认为"被围于赵""被兵于周"与"受制于人"一样,不是表示被动的被字句,其理据是"于周""于赵""于人"都是用作整个动宾词组"被围""被兵""受制"的补语,而不是表示其中"围""兵""制"的施事者。在我们看来,例(51)a、b是被动句,但不是现代汉语意义上的被动句,因"被"是低位被动范畴而非高位被动范畴,请参见例(44)图示。

蒋绍愚(2005)也指出"被围于赵"是"被"字句的萌芽,其理据是这些格式里"被"字后面的是动词,这样,"被+动"就有可能由"动词+宾语"(汉语中动词作宾语是常见的)变为"助动词(表被动)+动词"。说"被围于赵"是被字句的萌芽,应该是可信的。"被围于赵"中的"被"是低位被动范畴,从上古汉语来说,不管是"为"还是"被",都经历了由低位被动范畴到高位被动范畴的发展,"见"则停留在低位被动范畴阶段。换句话说,低位被动范畴可能是高位被动范畴的必经阶段,可算为高位被动范畴的萌芽。

在古汉语语法研究中,究竟哪些表被动意义的结构式是被动式,一直有不同的看法。主要的问题是,很多研究文献都是基于现代汉语被字句进行立论,如是否采用高位被动范畴,按这种看法,只有为字句、被字句才能被称为真正的被动句;有的学者则以"被动意义""被动标记"将于字句、见字句也考虑作被动句。"被动标记"在英语等屈折语中可能表现为动词的形态,在汉语中则表现引进外部论元的介词"于"(或扩展动词性短语的被动范畴)"见""为""被"。若我们的研究仅以形态为基础,则汉语同其周边的东南亚区域的大多语言那样缺乏被动句;若我们的研究以被动范畴为基础,则汉语从古至今都有被动句,于字句、见字句、为字句与被字句都是真正的被动句。

四、结　语

被动句是由被动范畴扩展主动词形成的句子。被动范畴扩展带不完整论元结构的动词短语,形成英语式被动句;被动范畴扩展带完整论元结构的动词短语,形成汉语式被动句。英语式被动句中的被动范畴在本文中被称为低位被动范畴,汉语式被动句中的被动范畴被称为高位被动范畴。在被动句的识别或判断中,被动范畴最为重要,介词只是在被动范畴为零形式的时候才需要考虑。Siewierska(2005)在很大程度上只考虑有黏附特征的被动范畴,尽管汉语缺乏黏附特征的被动范畴,但她还是认为汉语属于有被动句的语言。

汉语既有高位被动范畴,又有低位被动范畴,而且这两种被动范畴还可以共现,并且按照严格的语序,如"为……见……""被……见……""被……给……"等。这两种被动范畴在汉语中都由来已久,而且一直沿用到今,只是语音形式上有变化,或者说只有词汇上的更替,同一时期还可以采用不同的词汇形式 。从目前的文献来看,汉语被动句的发展表现为:

第一,被动范畴由零形式到语音形式并显示词汇更迭。于字句中的被动范畴为零形式,"于"不是被动范畴;后来的见字句、为字句、被字句中的被动范畴都有相应的语音形式,分别为"见""为""被"。大致过程是"见"取代零形式,"为"取代"见","被"取代"为"等。

第二,被动范畴由低位被动范畴发展出高位被动范畴。于字句与见字句都使用低位被动范畴,为字句与被字句中的"为"与"被"最初都是低位被动范畴,后发展为高位被动范畴。

第三,外部论元的引进由先使用介词到后不使用介词。于字句、见字句使用介词"于"引进外部论元,所介引的外部论元可以是施事,也可以是别的题元角色,不必非施事不可;为字句与被字句发展到后来,都不使用介词引进外部论元,外部论元可直接由轻动词引进,其中的"为"与"被"都是被动范畴,不是介词。

附注

① 有趣的是,汉语被动句在发展中没有采用介词短语的左向嫁接。这可能是因为汉语已经发展出了高位被动范畴,即产生了为字句与被字句,外部论元已经由轻动词引进。

② "为"也有用作低位被动范畴的案例,如《墨子·法仪》中的"贼其人多,故天祸之,使遂失其国家,身死为僇於天下"。魏培泉(1994)用此例否定"为"的介词身份,而认定其为动词。在我们这儿,"为"仍为被动范畴,只是低位被动范畴,扩展的 VP 中的 V 不能引进外部论元,外部论元只好由"於"引进。

参考文献

Baker M, Johnson K, Roberts I. (1989) Passive Arguments Raised. *Linguistic Inquiry* (20): 219-251.

Chomsky N. (1957) *Syntactic Structures*. The Hague: Mouton.

Chomsky N. (1995) *The Minimalist Program*. Cambridge, Mass.: MIT Press.

Chomsky N. (2001) Derivation by Phase. In Kenstowicz K. (ed.) *Ken Hale: A Life in Language*. Cambridge, Mass.: MIT Press: 1-52.

Feng Shengli. (1996) Prosodically Constrained Syntactic Changes in Early Archaic Chinese. *Journal of East Asian Linguistics* 4: 323-371.

Huang C.-T J. (1999) Chinese Passives in Comparative Perspective. *Tsing Hua Journal of Chinese Studies* 29(4): 423-509.

Marantz A. (1984) *On the Nature of Grammatical Relations*. Cambridge, Mass.: MIT Press.

Siewierska A. (2005) Passive Constructions. In Haspelmath M, Gil M D, Comrie B. (eds.). *The World Atlas of Language Structures*. Oxford: Oxford University Press.

董莲池(1998)甲骨文中的“于”字被动式探索,《古籍整理研究学刊》(4-5): 71-72。

冯胜利(1997)“管约”理论与汉语的被动句,《中国语言学论丛》第1期: 2-28。

洪　诚(1958)论古汉语的被动式,《南京大学学报》第6期。

蒋绍愚(2005)《近代汉语研究概要》,北京: 北京大学出版社。

刘丹青(2008)《语法调查研究手册》,上海: 上海教育出版社。

陆俭明(2004)有关被动句的几个问题,《汉语学报》第2期: 9-15。

梅　广(2015)《上古汉语语法纲要》,台北: 三民书局。

唐钰明(1985)论上古汉语被动式的起源,《学术研究》第5期: 98-100。

王　力(1957)汉语被动句的发展,《语言学论丛》,上海: 上海知识出版社。

——(1958)《汉语史稿》,北京: 科学出版社。

——(1980)《汉语史稿》修订本,北京: 中华书局。

——(1989)《汉语语法史》,北京: 商务印书馆。

魏培泉(1994)古汉语被动式的发展与演变机制,《中国境内语言暨语言学》第2辑,台北: 商务印书馆: 293-319。

吴福祥(2015)《近代汉语语法》,北京: 中国社会科学出版社: 332-334。

熊仲儒(2003)汉语被动句句法结构分析,《当代语言学》第3期: 206-221。

——(2011)被动范畴“给”的句法语义特征,《现代外语》第2期: 119-126。

——,郭立萍(2016)所字短语的句法分析,《语言科学》第5期: 474-487。

杨伯峻,何乐士(1992/2001)《古汉语语法及其发展》,北京: 语文出版社。

杨剑桥(2016)论上古汉语确有“为”字句被动式,载复旦大学汉语言文字学科《语言研究集刊》编委会编,《语言研究集刊》第二辑,上海:上海辞书出版社:232-251。
姚振武(1999)先秦汉语受事主语句系统,《中国语文》第1期:43-53。
——(2015)《上古汉语语法史》,上海:上海古籍出版社。
俞光中,植田均(1999)《近代汉语语法研究》,学林出版社。
张玉金(2006)关于殷墟甲骨文中有无被动句式的问题,《殷都学刊》第3期:1-7。

(熊仲儒　100083　北京,北京语言大学语言科学院　zhongruxiong163@163.com
石　玉　241000　芜湖,安徽师范大学文学院/
422000　邵阳,湖南邵阳学院外语系　27820158@qq.com)

互补删略与上古汉语反诘语气词“为”[*]

李　果

提要　马建忠(1898)以来,一般认为语气词“为”是由动词“为”虚化而来。文章提出结构[何/奚为+(以)+XP]中的状语“何/奚为”经过互补删略(distributed deletion)生成语气词“为”,形成结构[何/奚+(以)+XP+为]。在此视角下,诸多相关现象可得到更好的统一解释,如[何/奚+(以)+XP+为]中“为”与其他动词“为”的互补分布,[何/奚+(以)+XP+为]与“何/奚为”“何/奚以”在孤岛效应(island effects),与焦点算子“不/无”组合的对立等;并把“为”的产生纳入世界语言共性的视角。

关键词　为;语气词;互补删略;上古汉语

一、问题的提出

在上古汉语(前770年至220年,春秋到东汉)和中古汉语时期(220年至618年,魏晋到隋),“为”是一个常见的表反诘的句末语气词(sentence final particle,简称“SFP”)[①]。(俞理明 1991;杨伯峻,何乐士 1992等)[②]。例如:

(1) a. 何厚葬乎?(《史记·酷吏列传》)

---

* 本文部分内容曾在“乾嘉段王的科学理论和科学方法国际研讨会”(天津大学,2016年6月)发表,得到与会专家很多宝贵的意见。此外,本文在写作过程中也得到邓思颖、冯胜利、万波、王云路、杨永龙等学者的指正,特此致谢。不当之处,皆由笔者负责。本文得到四川省社会科学研究“十三五”规划2017年度青年项目“羌语韵律-语法接口研究”(项目编号SC17C021)及四川大学中央高校基本科研业务费项目“《马氏文通》中韵律语法理念研究”(项目编号2018skzx-pt230)的资助。《语言研究集刊》编辑部和匿名审稿人也提出了宝贵的修改意见,在此一并表示感谢。

(怎么隆重地安葬呢?)[3]

b. 何厚葬为?(《汉书·张汤传》)

(怎么隆重地安葬呢?)

(2) 龙等来为?(康僧会译《六度集经》卷5)

(龙们来了吗?)

例(1)中“为”与“乎”可以互换;例(2)中未出现“何/奚”,反诘语气直接用“为”表达。自马建忠(1898)以来,一般认为句末语气词“为”是由结构[何/奚+以+XP+为]中的单音节动词“为”虚化而来(周法高 1959;魏培泉 1989;蒋绍愚 2015 等)。这一历时演变过程可表述为:动宾结构“为何/奚”中的“何/奚”移至介宾结构[以+名词短语]前。当动词短语替换[以+名词短语]中的名词短语,形成[以+动词短语]时,经过重新分析(reanalysis),“何”与“以”合并为[宾语+介词]结构“何/奚以”,而句末动词“为”则移至标句词(complementizer,简称“C”)的位置变成“为”。但这一观点仍无法解释下列四个事实:

第一,上古汉语中单音节动词不能在句末独立存在(冯胜利 1994),但[何/奚+以+XP+为]中的“为”可以。于是“为”与其他动词形成互补分布。例如:

(3) a. 其何福*(之)为?(《左传·成公十二年》)[4]

(有什么福气?)

b. 何以文为?(《论语·颜渊》)

(何必要有文化?)

例(3)a中“为”是动词,意为“有”,它必须和“之”组成双音节音步(disyllabic foot)才能出现在句末,所以“之”不能省略。例(3)b中“以文”组合在一起,“为”独自出现在句末。如果例(3)b的“为”也是动词,为什么和例(3)a的“为”出现的环境截然对立?这是第一个难题。

第二,“何/奚为”也是由[动词+宾语]结构“为何/奚”移位生成。但“何/奚为”与[何/奚+以+名词短语+为]却存在系统对立:

(4) 子[何为者]邪?(《庄子·外物》)

(您是做什么的人呢?)

(5) a. 君长有齐,奚[以薛]为?(《韩非子·说林下》)

(您一直拥有齐国,怎么用薛国呢?)

b. *子奚[以薛]为者邪?

(您是怎么用薛国的人呢?)

“者”作为名词化标记,在动词短语后引导关系从句(朱德熙 1983;陈丹丹 2009 等)。由“何”移位形成的“何为”可合法出现在关系从句中,如例(4),但结构[何/奚+以+XP+为]不能,如例(5)b。不仅在关系从句中,在附加语(adjunct)中也出现类似的对立:

(6) a. 将军于若子如是,尚[[何为]而]泣?(《韩非子·外储说左上》)

[将军这么对你儿子,(你)怎么还哭呢?]

b. *尚[[何以之为]而]泣?

[(你)还怎么为这哭呢?]

出现在连词“而”前的“何为”是“泣”的附加语(Aldridge 2010)。“何为”合法,如例(6)a,“何以之为”非法,如例(6)b。如果“何为”与[何/奚+以+XP+为]都是“何”移位的结果,为什么它们在关系从句和附加语中存在系统性的对立?这是第二个难题。

第三,[宾语+介词]结构“何/奚以”与结构[何/奚+以+动词短语+为]也存在对立:

(7)《凯风》[何以]不怨?(《孟子·告子下》)

(《凯风》怎么不哀怨?)

(8) a. 是社稷之臣也,何以伐为?(《论语·季氏》)

(这正是和鲁国共安危存亡的藩属,为什么要去攻打它呢?)

b. 何以(*不)伐为?

(怎么不讨伐它呢?)

否定词“不”可出现在“何以”后,如例(7),不能出现在[何/奚+以+动词短语+为]中,如例(8)b。如果[何/奚+以+动词短语+为]中“何/奚”已与“以”组成[何/奚以],为什么存在这样的对立?这是第三个难题。

第四,结构[何/奚+以+动词短语+为]中的“何/奚”可替换为“安、恶”等疑问副词,却不能替换为“谁、孰、何物、何等”等疑问代词(魏培泉 2004):

(9) 恶/*谁/*孰/*何物/*何等用是鶃鶃者为哉?(《孟子·滕文公下》)

(怎么用这个嘎嘎叫的东西呢?)

如果结构[何/奚+以+XP+为]中的“何/奚”是动词“为”的宾语，为什么“何/奚”只能替换为副词“恶”，如例(9)，却不能替换为代词“谁/孰、何物、何等”呢？这是第四个难题。

综上所述，我们认为上古汉语句末语气词“为”虽然来源于结构[何/奚+以+XP+为]，但并非由动词“为”经过重新分析虚化而来，语气词“为”是“何/奚为”互补删略生成的。

二、互补删略

吕叔湘(1954)指出结构[何/奚+(以)+XP+为]是“何/奚为”拆置而成。我们认为这种拆置不是宾语“何”进行句法移位，而是“何为”进行互补删略。结构[何/奚为+(以)+XP]中的“何/奚为”经过互补删略推导出[何/奚+(以)+XP+为]。

互补删略是一种在世界语言中普遍存在的语法操作，在英语、德语、克罗地亚语、俄语及现代汉语中都存在(Fanselow & Ćavar 2002; Ott 2009; 潘海华，叶狂 2015 等)。疑问词移位[如例10(a)]名词短语与修饰语的分离[如例10(b)-(c)]离合词( )等句法上的“离合”现象均是互补删略的产物。例如：

(10) a. [~~a photo of~~ Who] did you see [a photo of ~~who~~]?

b. [~~all~~ The students] have [all ~~the students~~] written a paper on logic.

c. [A book ~~about Chomsky~~] appeared [~~a book~~ about Chomsky].

(Fanselow & Ćavar, 2002)

(11) 我[帮　忙]了他的一个[帮　忙]。(潘海华，叶狂 2015)

“互补删略”和移位(movement)是不同的句法操作。在最简方案框架下(Chomsky 1995; Nunes 2001)，移位是在原句法位置复制(copy)一个副本 α 到新位置，并完全删除原位置的语音形式 α，留下 t(a)(语迹，trace，简称 t)：

(12) a. . . . α. . .

进行复制

b. . . . α. . . α. . .

完全删除低层副本

c. . . . α. . . α. . .

但 Fanselow、Ćavar (2002)指出例(12)c 这类完全删除底层副本的语法操作不是唯一可能的结果。互补删略就是另一种可能的结果。如例(10)a 中 A photo of who 复制了一个副本 A photo of who 到(Spec., CP);在上层副本(upper copy)和下层副本(lower copy)中分别删去 a photo of 和 who,形成"Who did you see a photo of ? Fanselow, Ćavar (2002)基于最简方案指出,因为句法上要求在(Spec., CP)和 see 的宾语位置都需要有语音形式占据该位置,所以短语 A photo of who 要同时在(Spec., CP)和 see 的宾语位置出现。而且,从句法-语义界面(syntax-semantics interface)来看,每个句法位置的句法-语义要求不同,保留的语音形式随之也有差别。因为(Spec., CP)的疑问句法特征(wh-feature)要求 A photo of who 出现,所以语音形式上保留了 who,删掉了 a photo of。⑤

在[何/奚为+(以)+XP]中,疑问短语[interrogative phrase,简称"IntP"(tsai 2008, 2015)]将"何/奚为"的副本"何/奚为"复制到标句词 C,生成了[何/奚为+(以)+XP+何/奚为]:

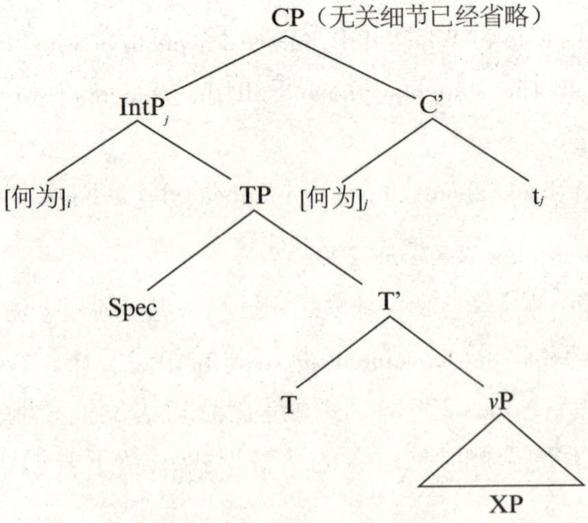

图1 "何为"进行复制

到了语音层面,[何/奚为+(以)+XP+何/奚为]进行“互补删略”,位于C的副本“何/奚为”删掉首音节“何/奚”,在IntP的“何/奚为”删掉了尾音节“为”。这样就从结构[何/奚为+(以)+XP+何/奚为]推导出[何/奚+(以)+XP+为]:⑥

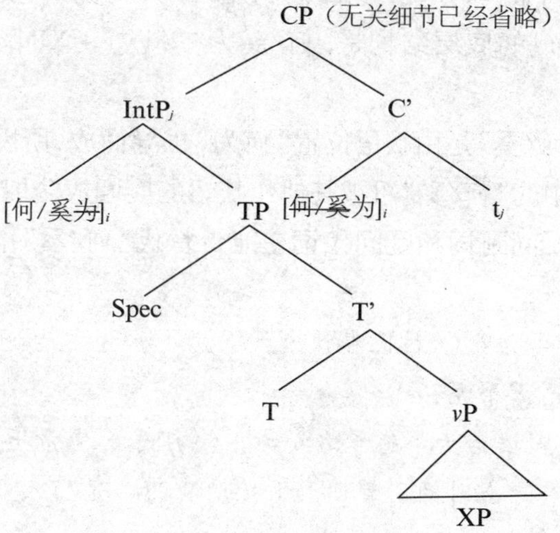

图2 “何/奚为”进行互补删略

这一过程可以“何不来为”为例:

(13) 亡人得生,又何不来为?(《国语·楚语上》)

(又怎么能不回来呢?)

a. 何为不来?

进行复制

b. [何为]不来[何为]?

互补删略

c. [何为]不来[何为]?

三、互补删略生成模式的解释力

和前人认为由动词虚化为语气词的研究相比,立足于互补删略的生成模式可以统一解释结构[何/奚+(以)+XP+为]的以下几个方面。

(一) 底层结构是[何/奚为+(以)+XP]

"何为"出现在动词前。黎锦熙(1933)把"何为"出现的位置称为"副位",从今天的句法结构看,"何为"占据状语位置。罗元诰(1980)指出进行拆置的"何为"位于动词短语前。我们认为,结构[何/奚+(以)+XP+为]中的"何/奚"也由疑问短语的"何为"生成,亦即[何/奚+(以)+XP+为]的底层结构是[何/奚为+(以)+XP],有以下四个方面的事实。

第一,因为"何/奚"是由状语位置"何为"推导而成,所以结构[何/奚+(以)+XP+为]中的"何/奚"可被其他作状语的疑问成分取代,但是不能被疑问代词取代。疑问副词和疑问代词在能否替代"何/奚"上呈现出系统性的对立。例如:

(14) 恶用天下为?(《吕氏春秋·天下》)

(怎么用天下呢?)

(15) 汝又何暇以治天下感予之心为?(《庄子·应帝王》)

(你又有什么时间用管理天下扰动我的心呢?)

(16) 何故深思高举而令自放为?(《楚辞·渔父》)

(怎么沉思隐居放逐自己呢?)

例(14)中疑问副词"恶"占据[何/奚+(以)+XP+为]中"何"的位置。在例(15)、例(16)中分别用状语"何暇、何故"取代"何"。它们都不是体词性成分:在上古汉语中"恶"不能做动词"为"的宾语(罗元诰 1980),"何暇、何故"也未见做动词"为"宾语的用例[见例(17)]。

(17) *为+恶/何暇/何故

与疑问副词"恶、何暇、何故"相对,"谁、孰、何等、何物"均是体词性疑问成分,"谁、何等、何物"均可作动词"为"的宾语。例如:

(18) 而名为谁?(《吕氏春秋·报更》)

(你的名字叫什么?)

(19) 在我为何物?[⑦](《朱子语类·孟子五》)

(对我来说是什么东西?)

(20) 且以拍板为何等?(《太平广记·贡举三》)

(拍板是什么?)

但在上古汉语中"谁、孰、何物、何等"从未出现在结构[何/奚+(以)+XP+

为]中。(魏培泉 1989)

(21) ＊谁/＊孰/＊何等/＊何物用天下为?

如果[何/奚+(以)+XP+为]中的“何/奚”是“为”的宾语,那么“谁、孰、何物、何等”等体词性成分应该可以替代“何/奚”。疑问副词和疑问代词在能否替代“何/奚”上的对立,说明是由状语“何/奚为”推导出了结构[何/奚+(以)+XP+为]的“何”。

第二,因为“何/奚”是由状语位置“何为”推导而成,所以[何/奚+(以)+XP+为]中“何”可出现在副词“但、乃”等之前。

(22) 何但亡匿幕北寒苦之地为!(《汉书·武帝纪》)

(怎么藏匿到大漠北边又冷又荒凉的地方呢!)

(23) 何乃污王为乎?(《史记·张耳陈余列传》)

(怎么玷污赵王呢?)

何乐士(1989)、Feng(1995)指出,“‘(代词)何’位于副、动之间”,而副词“何”位于“其他副词之前”。而如例(22)、例(23)所示,“何”均出现在副词“但、乃”之前,说明结构[何/奚+(以)+XP+为]中“何”为副词,并非“为”的前置宾语。

第三,因为“何/奚”是由状语位置“何为”推导而成,所以历代经学家在分析结构[何/奚+(以)+XP+为]时,把“何/奚”释为疑问副词“何为、何必、何用”等,而非疑问代词“何物、何等”。在对“何/奚”的对译方面,历代经学家统一采用疑问副词,均不采用疑问代词,呈现出系统性的对立。例如:

(24) 于是加宠,将何治为?(《国语·晋语八》)(三国吴韦昭:晋加宠于子,将何为治乎?)

(您将怎样治理国事呢?)

(25) 君子质而已矣,何以文为?(《论语·颜渊》)(南朝梁皇侃:何必用于文华乎?)

(要那些文彩干什么?)

(26) 何乃污王为?(《汉书·张耳陈余列传》)(唐颜师古:言何为乃污染王。)

(怎么玷污大王呢?)

(27) 欲令君自为计,何多以对为?(《汉书·张汤列传》)(唐颜师古:

言何用多对。)

(频繁回答干什么呢?)

(28) 我何以汤之聘币为哉?(《孟子·万章上》)(宋孙奭:我何为用汤之聘币为出哉!)

(我干什么要接受汤的这个聘礼呢?)

在例(24)、例(26)和例(28)中,均用“何为”解释原文的“何”。例(25)和例(27)分别使用只充当状语的“何必”与“何用”对应“何”。虽然中古汉语时期已出现双音节疑问代词(如“何等、何物”),但他们均使用疑问副词或疑问副词组对应“何”,不采用疑问代词。这些系统性的对立说明结构[何/奚+(以)+XP+为]中的“何”也占据状语位置,并非“为”的前置宾语。

第四,因为由[何/奚为+(以)+XP]推导出[何/奚+(以)+XP+为],所以在“而”引导的状语从句和“者”引导的关系从句中,“何为”与[何/奚+(以)+XP+为]的分布存在对立。这种对立体现在“何为”可以合法出现在上述两种从句中,而经历了移位操作的[何/奚+(以)+XP+为]不能出现在这两种从句中。例如:

(29) a. 女[[何为]而]饿若是?(《吕氏春秋·报更》)

(你怎么饿成这样?)

b. *女[[何以之为]而]饿若是?

(你怎么饿成这样?)

(30) a. 子[[何为]者]邪?(《庄子·外物》)

(您是做什么的呢?)

b. *子[[何以之为]者]邪?

(您是做什么的呢?)

“何为”可合法出现在“而”引导的状语从句和“者”引导的关系从句中,如例(29)a和例(30)a。但在同样的环境中[何/奚+(以)+XP+为]出现会使整个句子非法,如例(29)b和例(30)b。

我们先来看“何为”能够合法存在的语言机制。首先,根据Huang(1982)、Fingo *et al*.(1988)对汉语疑问句的分析,在语音层面“何为”留在原位(Wh in-situ),在逻辑层面(logic form,简称“LF”)包含疑问词的关系从句或状语从句先整体进行类似“量词提升”(quantifier raising)那样的操作,之后“何为”再由关系从句或状语从句中移出。虽然“何为”以全句作为范域(scope),但未出现“孤岛效应”(island effect, Ross 1967)。以“者”引导的关系从句为例:

(31) LF:[$_{CP}$ [何为]$_i$ C [$_{IP2}$ [e_i 者]$_j$ [$_{IP1}$ 客 e_j]]]?

IP 拆分为 IP_1 和 IP_2,“何为者”整体从 IP_1 内部移至 IP_2。“何为”再由关系从句中移位(Wh- Movement)至 CP。“何为”分两步移位,而非直接由关系从句移至(Spec., CP),没有产生“孤岛效应”。

其次,“何为”也满足了 Chomsky(1981)提出的空语类原则(Empty Category Principle):

(32) The Empty Category Principle (ECP)

A non-pronominal empty category (i. e trace) is properly governed.

[一个非指代性空语类(例如语迹)需要恰当的管控。]

例(29)a、例(30)a 中“恰当的管控”要求动词“为”与宾语“何”的语迹满足管控要求。Feng(1995)指出单音节疑问宾语“何”附着在“为”上,二者占据同一个句法位置 V。

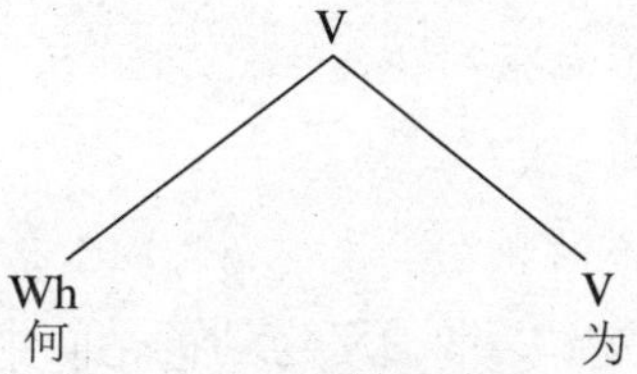

图 3 “何”附着在“为”上

与“何为”相对,结构[何/奚为+(以)+XP]不能在关系从句或状语从句中出现。例(29)b、例(30)b 中“恰当的管控”要求先行词(antecedent)管控留在原位的语迹,形成“先行词管控”(antecedent government),这要求移位的成分与语迹间不能存在句法“岛”的边界。因为结构[何/奚+(以)+XP+为]中的疑问词“何”做外状语,在 LF 层面,从关系从句或状语从句移出的“何”与语迹不满足“先行词管控”。所以结构[何/奚+(以)+XP+为]不能出现在“者”引导的关系从句或“而”引导的状语从句中。

(33) LF:[$_{CP}$何$_i$[$_{IP}$ | …t_i…]$_j$[$_{IP}$…t_j…]]]

因此,在上古汉语文献中结构[何/奚+(以)+XP+为]从未出现在“者”引导的关系从句或“而”引导的状语从句中,所以“何/奚”不是从“为”的宾语位置移位而来。

(二)“何为”是疑问短语的核心

Tsai(2008, 2015)指出,普通话疑问词“怎么”占据疑问短语的核心(the head of the interrogative phrase),表达反诘语气。与现代汉语的“怎么”类似,我们认为结构[何/奚为+(以)+XP]中,“何为”占据疑问短语的核心,表达反诘语气。由它推导得到的[何/奚+(以)+XP+为]也表示反诘语气。因此,“何为”在句法上总是出现在否定词、情态助动词(modal auxiliary)等功能词之前。[8]

首先,如果表达相同的含义,“何/奚为”总是出现在否定词“不、弗”等之前,主语之后。例如:

(34) a. 吾[何为]不豫哉?(《孟子·公孙丑下》)
(我怎么不高兴呢?)
b. *吾不[何为]豫哉?
(我怎么不高兴呢?)

(35) a. 王[何为]弗为?(《战国策·燕策二》)
(大王怎么不做呢?)
b. *王弗[何为]为?
(大王怎么不做呢?)

“何/奚为”不能出现在否定词“弗、不”与动词之间。它们的句法结构关系如图4:

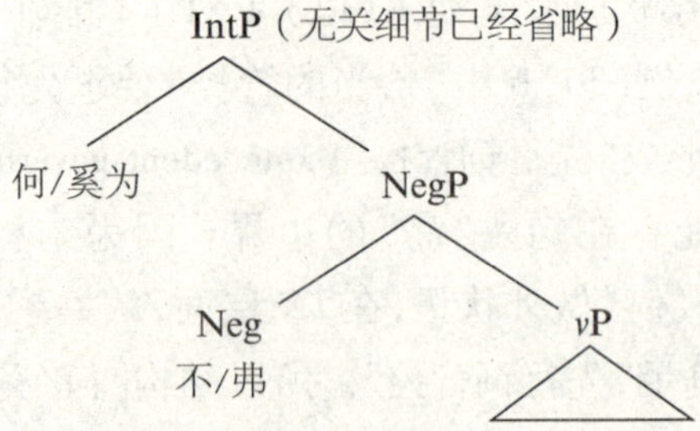

图4 “何/奚为”与否定词的句法关系

否定词占据否定短语(negative phrase,简称“NegP”)的核心,统制(ccommand)轻动词短语(light verb phrase,简称“vP”),如“豫”[见例(34)a]、“为”[见例(35)a]。“何/奚为”位于疑问短语核心,在否定词之前,统制否定短语。[⑨]

其次,如果表达相同的含义,句法上“何为”总是在情态助动词(如“可、能”)之前,主语之后。例如:

(36) a. 而鱼[何为]可得?(《逸周书·周祝解》)
(鱼怎么可以被抓到?)
b. *鱼可[何为]得?
(鱼怎么可以被抓到?)

(37) a. 死者[奚为]不能言生术哉?(《列子·说符》)
(死人怎么不能说生存的方法呢?)
b. *死者能[奚为]不言生术哉?
(死人怎么不能说生存的方法呢?)
c. *死者不能[奚为]言生术哉?
(死人怎么不能说生存的方法呢?)

例(37)a显示出“不”在“能”之前。而例(34)、例(35)显示上古汉语中“何/奚为”在“不”之前,所以“何/奚为”位于情态助动词“可、能”之前[见例(36)a、例(37)a],但不能出现在情态助词之后[见例(36)b、例(37)b和例(37)c]。它们的结构关系如图5所示:

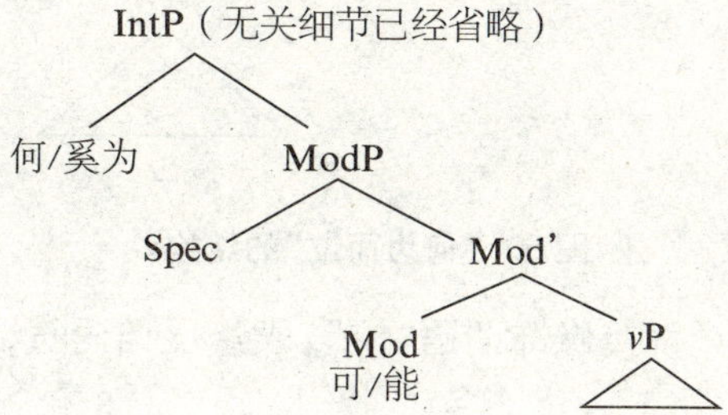

图5 “何/奚为”与情态助动词的句法关系

助动词占据情态短语核心(Mod,ModP)。“何/奚为”在“可、能”之前,统制助动词。

综上所述,在上古汉语中“何/奚为”作为疑问短语的核心,统制否定词、助动词,表达反诘语气。

(三)[何/奚+(以)+XP+为]的孤岛效应

因为由结构[何/奚为+(以)+XP]通过“互补删略”生成[何/奚+(以)+XP+为],所以当结构[何/奚为+(以)+XP]中的“何/奚为”出现在句法的“岛”中时,“何为”不能越过“岛”的边界进行“互补删略”。例如:

(38) 将军于若子如是,尚何为而泣?(《韩非子·外储说左上》)
(将军对你儿子这样好,怎么还哭呢?)

(39) 将军于而子如是,尚何为泣?(《说苑·复恩》)
(将军对你儿子这样好,怎么还哭呢?)

(40) 子卒也,而将军自吮其疽,何哭为?(《史记·孙子吴起列传》)
(你儿子是士兵,而将军亲自吸吮他的毒疮,怎么哭呢?)

例(38)—例(40)是不同文献对同一件事的描述,使用不同的结构表达对士兵的母亲哭泣的不理解。在例(38)中,“何为”出现在“而”引导的状语从句中,修饰谓语“泣”。结构如图6所示⑩:

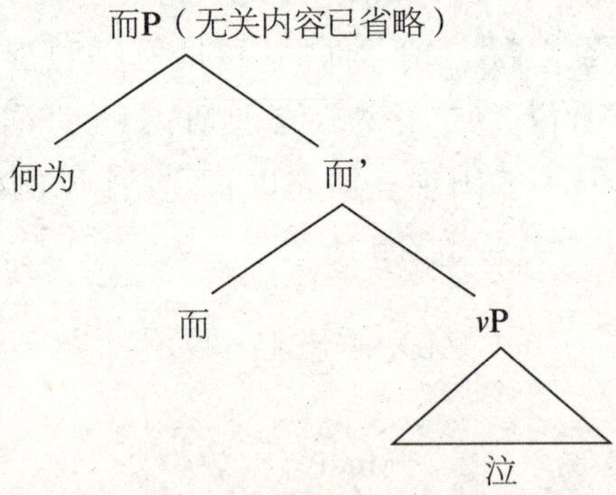

图6 “何为而泣”的结构

例(39)是状语“何为”直接修饰谓语“泣”,表达反诘语气,如图7所示:

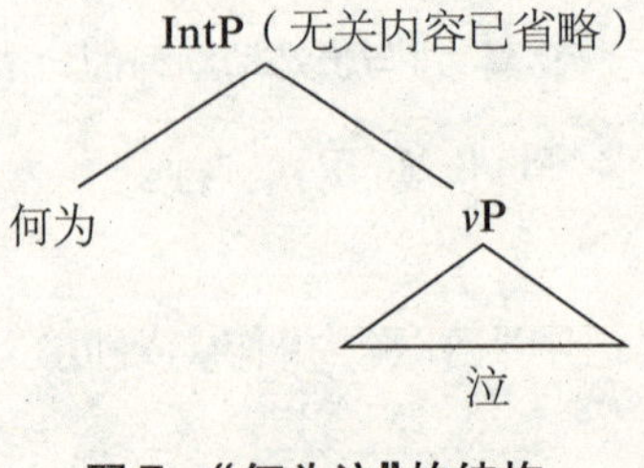

图7 “何为泣”的结构

与例(38)、例(39)不同,[何为+哭]经过互补删略推导出例(40)“何哭为”,它的句法结构如图8所示:

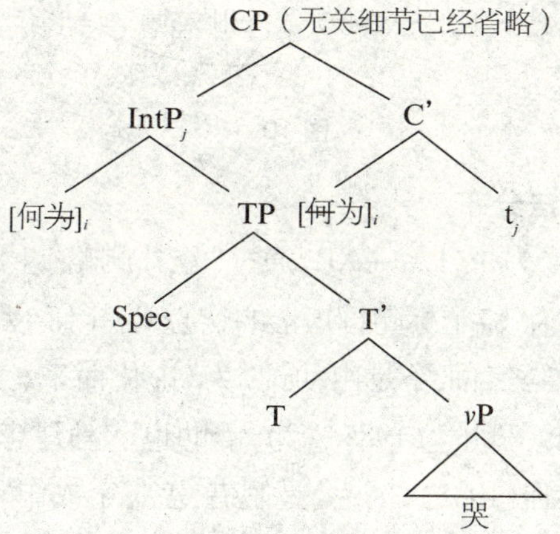

图8 “何为哭”的句法结构

如果“何为”处于类似图6的结构中,那么“何为”无法进行“互补删略”。事实确实如此,文献中没有出现过“*何而哭/泣为”的用例。“何而哭/泣为”的句法结构如图9所示:

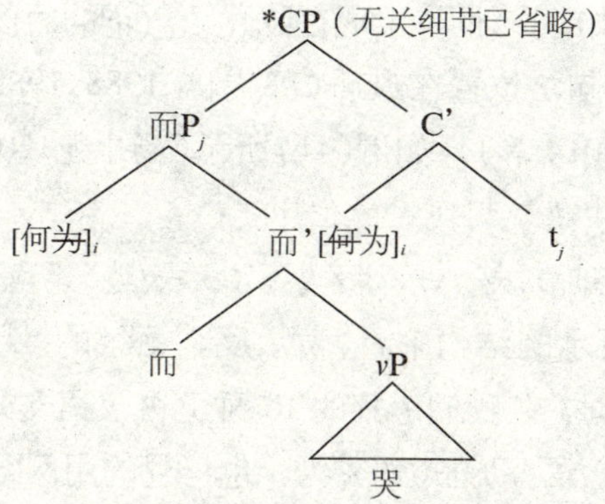

图9 “何(*而)哭为?”的句法结构

和例(39)“何为”直接做状语不同,例(38)“何为”所在的状语从句形成句法“孤岛”(Ross 1967)。前面已指出,移位与互补删略的差别只在于移位会在语音层面将下层副本的音节全部删除,而互补删略仅删除部分音节形式,而句法操作上移位与互动删略没有差别。所以当“何为”的互补删略需越过“孤岛”时,位于C的“为”与状语“何”无法满足“空语类原则”,“孤岛”内的

“何为”无法得到恰当的管控,因此结构“何而哭/泣为”产生了“孤岛效应”,在语法上被删除,在文献中也没有这样的用例。如图 10 所示:

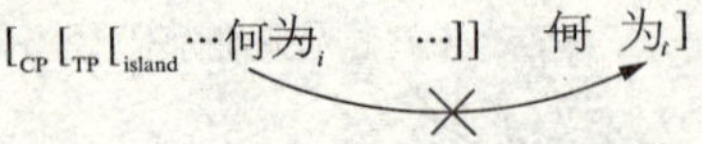

图 10

(四)“为”的句法分布

如上所述,[何/奚为+(以)+XP]通过“互补删略”生成[何/奚+(以)+XP+为],在句法上“为”位于标句词短语的核心 C。[何/奚+(以)+XP+为]中的“为”始终是句末语气词,不是由动词“为”虚化而来。这也得到了以往学者研究的印证。例如:王引之(1985)“为,语助也”,马建忠(1898)“‘为’有解作语助不为义者”,黄侃(1985)“‘为’是假借,盖本字或作‘与’或‘矣’”等。

我们发现“为”的句法位置介于语气词“也、矣”和“乎、哉”之间。这是由“为”的句法属性和它的生成机制决定的。[11]首先,研究(杨永龙 2000;邓思颖 2016 等)指出,语气词在句法上所属的层次不同,限制了它们在句中的位序。不同的句末语气词占据不同的句法位置,表达不同的语气。从线性序列来看,上古汉语中表陈述语气的语气词(如“也、矣”)句法位置最靠前,表疑问语气的语气词(如“乎、邪”)出现在陈述语气词的后面,表反问或感叹的语气词(如“哉、夫”)句法位置在最后(郭锡良 1988,1989;朱承平 1998;杨永龙 2000;冯胜利 2014 等)。如例(41)所示(杨永龙 2000):

(41)上古汉语中语气词同现的位序

焉>而已>耳>也>矣>乎/邪/与>哉/夫(“>”读作“先于”)

因此从句法树所示的结构来看,表示反诘语气的“为”的句法位置高于“也、矣”等陈述语气词。在我们考察的 10 种上古汉语文献中,没有发现结构 *[何+(以)+名词短语/动词短语+为+也/矣]的用例[如例(42)所示]。

(42)上古汉语中“为”与“也/矣”的组合

	何+(以)+XP+为	何+(以)+XP+为+(*矣)	何+(以)+XP+为+(*也)
《论语》	2	—	—
《孟子》	2	—	—

（续表）

	何＋（以）＋XP＋为	何＋（以）＋XP＋为＋（＊矣）	何＋（以）＋XP＋为＋（＊也）
《韩非子》	—	—	—
《国语》	2	—	—
《墨子》	7	—	—
《庄子》	5	—	—
《荀子》	2	—	—
《左传》	2	—	—
《战国策》	4	—	—
《吕氏春秋》	2	—	—
总计	28	0	0

同时，句法上“为”低于语气词“乎、哉”等，可出现在“乎、哉”之下构成反诘问句。例如：

（43）a. 子何以其志为哉？（《孟子·滕文公下》）
（你为什么要论动机呢？）
b. 我何以汤之聘币为哉？（《孟子·万章上》）
（我干什么要接受汤的这份聘礼呢？）

（44）a. 又何以梦为乎？（《庄子·田子方》）
（又怎么用梦呢？）
b. 今我何以子之千金剑为乎？（《吕氏春秋·异宝》）
（现在我干什么用你的千金剑呢？）

但“为”未出现在“乎、哉”之前，文献中没有“＊乎为、＊哉为”的用例。例如：

（45）a. ＊我何以汤之聘币哉为？
（我干什么要接受汤的这份聘礼呢？）
b. ＊今我何以子之千金剑乎为？
（现在我干什么用你的千金剑呢？）

从生成的机制来看,“为”是“何/奚为”经过互补删略形成的。“乎、哉”与“为”不同,它们是直接在句末C位置上生成的。不同的生成机制直接导致“为”与“乎、哉”等在语义上存在差异。而语义制约是决定不同语气词在同现时不同位序的重要条件(杨永龙 2000;邓思颖 2016等)。“词汇义越强,就越容易与短语组合,位序也就越容易靠前;而句类义越强,则越容易属于句子,位序越容易靠后。”(杨永龙 2000)“何为”互补删略形成“为”,与“乎、哉”等相比,“为”的词汇义更强一些,而“‘乎、哉、夫’专用于表示疑问和感叹,词汇义很弱”(杨永龙 2000)。因此在位序上,“为”比“乎、哉”等语气词更靠前。

四、句末语气词“为”的语法效应

互补删略产生的语气词“为”导致了一系列语法效应。

首先,结构[何/奚+(以)+XP+为]中的“为”是句末语气词,因此“为”可在句末单独出现,如例(46)。此类例证还有:

(46) a. 郄疵谓知伯曰:“君又何以疵言告[韩、魏之君]为?”(《战国策·赵策一》)

(您怎么把我的话告诉韩国、魏国的国君呢?)

b. 使安平君知,则奚以[赵之强]为?(《战国策·赵策四》)

(那又拿赵国的强大怎么办?)

例(46)中“为”独自出现在句末,不参与核心重音(nuclear stress)的指派。按照先秦汉语核心重音指派规则(冯胜利 1994),例(46)a和例(46)b中承担核心重音的句法成分是$[韩魏之君]_{NP}$和$[赵之强]_{NP}$。“为”是“界外成分”(marginal constituent),不在核心重音的范域内,因此单音节“为”可以独立在句末出现。与“为”相对,句末的主要动词必须承担核心重音,所以例(3)a中句末动词“为”必须和“之”组成双音节组合以承担核心重音。

(47) =(3)a 其何福*(之)为?(《左传·成公十二年》)

(有什么福气?)

其次,因为结构[何/奚+(以)+XP+为]中的“为”是句末语气词,所以“为”可替换为其他语气词。例如:

(48) a. 何厚葬乎?(《史记·酷吏列传》)

(怎么隆重地安葬呢?)

b. 何厚葬为?(《汉书·张汤传》)

(怎么隆重地安葬呢?)

(49) a. 智过入见曰:"君以臣之言告二主乎?"(《韩非子·十过》)

(您把我的话告诉二位国君了吗?)

b. 郄疵谓知伯曰:"君又何以疵言告韩、魏之君为?"(《战国策·赵策一》)

(您怎么把我的话告诉韩国、魏国的国君呢?)

在例(48)和例(49)中,"为"都可替换为语气词"乎",却没有被动词替换的用例。

最后,从汉语的历时演变来看,到了魏晋时代,结构[何/奚+(以)+XP+为]可省略"何/奚",只有"为"单独出现在问句中,形成结构[XP+为]。例如:

(50) a. 汝非臧洪俦,空复尔为?(《三国志·魏志·臧洪传》)

(干嘛白白地做这种事呢?)

b. 汝等默然,专问是为?(西晋·竺法护《如幻三昧经》卷上)

(怎么就问这个呢?)

五、结　语

在汉语史研究中,上古汉语句末语气词"为"的产生一直是语言学家长期关注的一大难题。从王引之、马建忠开始一直讨论到今天。但这个现象仍有诸多未解之谜。按照本文的研究,"为"是由结构[何/奚为+(以)+XP]经过互补删略(distributed deletion)而生成的。在此视角下重新观察上古汉语中"为"及结构[何/奚为+(以)+XP+为],我们发现了多个未曾讨论且与此结构密切相关的新现象:如句末语气词"为"与动词"为"的互补分布,结构[何/奚为+(以)+XP+为]与疑问词"何/奚为、何/奚以"在语法上的对立。这些现象可用互补删略的操作统一解决。且本文的研究也为互补删略本身提供了一个很好的释例与证明,这种语法操作不仅分布在德语、英语中,也存在于上古汉语中。因此,上古汉语句末语气词"为"的生成也是语言共性在汉语中的一种具体体现。

附注

① 在上古汉语中,除了用于反诘句外,"为"也可以用于否定句,例如"无以为也"(《论语·子张》)。我们认为这是两种不同的"为",它们的句法分布不同:反诘句的"为"从不出现在"也/矣"前,而否定句的"为"可以。限于文章的篇幅,这里仅讨论出现在反诘句中的"为"。

② 杨伯峻、何乐士(1992)[889]将反诘句的特点归纳为"一是用反问句的形式来表示确定(包括肯定和否定)的意思;二是它……起着加强说话人语义重点的作用"。常用于反诘句的语气词包括"乎、哉、为、邪、耶"等。俞理明(1991)也指出用于反诘的"何为"在先秦发展出了语气词"为"。感谢匿名审稿人在此处给出的建议。

③ 文中的翻译如有权威译本,则采用权威译注,如杨伯峻的《论语译注》《孟子译注》。如果没有译本,则均为笔者自译。

④ 现代汉语的研究中,我们能够找到母语者(native speaker)进行语感判断,用"*"标识不合语感的句子。但我们无法找到上古汉语的母语者进行语感判断,因此文中用"*"表示该结构在上古汉语时期的文献中没有用例。如例5(b)"*子奚以薛为者邪?"表示在上古汉语文献中找不到结构[何/奚+以+XP+为]出现在"者"字结构中的用例。另外,如果"*"紧邻"( )"之外,表示如果"( )"内的成分省略,那么省略后的结构在上古汉语文献中没有用例。如例(3)a"其何福*(之)为?"中"*"紧邻"(之)",表示结构"其何福之为?"合法,省略了"之"的结构"其何福为?"在上古汉语文献中没有用例。如果"*"出现在"( )"之内,表示如果"( )"内的成分出现,那么加入该成分的句法结构在上古汉语文献中不存在。如例(8)b"何以(*不)伐为?"表示结构"何以伐为?"合法,加入"不"的结构"何以不伐为?"在上古汉语的文献中不存在这种说法。感谢匿名审稿人对此处提出的建议。

⑤ 感谢匿名审稿人此处的建议。

⑥ 由于篇幅有限,此处我们没有详细分析结构[何/奚为+(以)+XP]进行互补删略的促发动因,相关讨论会另文详述。潘海华、叶狂(2015)认为促发普通话中离合词互补删略的动因是强化谓词的动词性、实现核心一致及凸出核心的共同作用。我们认为上古汉语中句末语气词、声调与句调交互作用促发了[何/奚为+(以)+XP]的互补删略。我们已统计了30部上古汉语文献中143例[何/奚+(以)+XP+为]和[何/奚为+(以)+XP]的用例,并按照XP末字的声调进行了系统分类。我们发现,在互补删略形成的结构[何/奚+(以)+XP+为]中,如果XP末字的声调为仄声(上、去、入声),[末字+为]的组合会形成前低后高的上升调(rising tone),与全句的反诘语调更加匹配。这一韵律要求是促发互补删略的重要条件。感谢匿名审稿人此处的建议。

⑦ [何/奚+(以)+为]在汉代以后出现。而"何等、何物"是中古汉语时期才出现的疑

问代词，这里“何等、何物”的例子都是汉代以后的用例。

⑧ 在上古汉语文献中还存在动词短语没有紧接此含义的“何为”出现，“何为”单独出现在句末。这也分为两种情况。第一种情况是动词短语在“何为”之前，从句法学的角度来看，是动词短语从“何为”后移位至“何为”前的结果。例如“相鼠有皮，不死何为？”（《诗经·鄘风·相鼠》）。程俊英、蒋见元（1991）指出，“不死何为”的语序应该是“何为不死”。对《左传》中的类似结构，周法高（1959）也持相同观点，认为“何为”在动词短语前的语序是典型语序。第二种情况是动词短语在前文出现。例如“赵孟曰：‘亡乎？’对曰：‘何为？’”（《左传·昭公元年》）周法高（1959）指出这类“何为”后的动词短语承上省略，这里的“何为”就是“何为亡”。这两种情况与本文所论“何为”出现在否定词、助动词前的结论没有冲突。感谢匿名审稿人此处的建议。

⑨ 在本文的句法树中，动词短语一律采用轻动词短语 vP，而非传统的动词短语 VP。在当代生成语法的研究中，立足于 Larson（1988），Hale、Kayser（1993）等的空动词理论，Huang（1997）、冯胜利（2000）、Feng（2003）、Lin（2002）等对古汉语和现代汉语的大量事实研究指出，在句法上存在一个轻动词短语的层次，它以动词短语 VP 作为它的补述语（complement）。在语义上，轻动词表达的是谓语共同拥有的事件意义，主要分为 Do（做、弄）、Be（是）、Become（成为）和 Cause（使）四大类。感谢匿名审稿人此处的建议。

⑩ 这里对附加语成分“而 P”的结构，采纳 Tsai（2008，2015）、蔡维天（2012）对汉语中附加语的研究，把它们视为功能词短语。本文将例（38）“何为而泣”视为功能词“而”组成的一个短语。感谢匿名审稿人这里的建议。

⑪ 感谢匿名审稿人此处的建议。

参考文献

蔡维天（2012）从“这话从何说起？”说起，载北京大学中国语言学研究中心《语言学论丛》编委会编，《语言学论丛》第 43 辑，北京：商务印书馆。

陈丹丹（2009）汉语史上关系从句的类型学考察，中国社会科学院博士学位论文。

程俊英，蒋见元（1991）《诗经注析》，北京：中华书局：144。

邓思颖（2016）制图理论与助词的联合结构说，载复旦大学汉语言文字学科《语言研究集刊》编委会编：《语言研究集刊》第 1 辑，上海：上海辞书出版社。

冯胜利（1994）论上古汉语的重音转移与宾语后置，《语言研究》第 1 期。

——（2000）“写毛笔”与韵律促发的动词并入，《语言教学与研究》第 1 期。

郭锡良（1988）先秦语气词新探（一），《古汉语研究》第 1 期。

——（1989）先秦语气词新探（二），《古汉语研究》第 1 期。

蒋绍愚（2015）词义变化与句法变化，载何志华、冯胜利（编），《承继与拓新》上，香港：商务印书馆。
李　果(2015) 从姓名单双音节选择看上古韵律类型的转变,《古汉语研究》第2期。
——(2017) 从韵律看上古汉语的“胡 * gaa”与“何 * gaal”,载俞理明、雷汉卿主编,《汉语史研究集刊》第二十二辑,成都: 四川大学出版社。
黎锦熙(1933/1986)《比较文法》,北京: 中华书局。
罗元诰(1980) 谈谈“何为”的拆置与“为”的虚化,《江西大学学报》第4期。
吕叔湘(1954/2002)《文言虚字》,沈阳: 辽宁教育出版社。
马建忠著,吕叔湘,王海棻编(1898/2001)《马氏文通读本》,上海: 上海教育出版社。
潘海华,叶　狂(2015) 离合词和同源宾语结构,《当代语言学》第3期。
王引之(1985)《经传释词》(黄侃、杨树达批本),长沙: 岳麓书社。
魏培泉(1989/2004)《汉魏六朝称代词研究》,台北:“中央研究院”语言学研究所。
邬国义,胡果文,李晓璐(1994)《国语译注》,上海: 上海古籍出版社。
杨伯峻(1960)《孟子译注》,北京: 中华书局。
——(1980)《论语译注》,北京: 中华书局。
杨伯峻,何乐士(1992)《古汉语语法及其发展》修订本,北京: 语文出版社。
杨永龙(2000) 先秦汉语语气词同现的结构层次,《古汉语研究》第4期。
——(2009)《汉语史论稿》,北京: 中国社会科学出版社。
俞理明(1991) 从早期佛经材料看古代汉语中的两种疑问词“为”,《四川大学学报》第4期。
周法高(1959)《中国古代语法·称代编》,台北: 台联国风出版社: 179。
朱承平(1998) 先秦汉语句尾语气词的组合及组合层次,《中国语文》第4期。
朱德熙(1983) 自指和转指,《方言》第1期。
Aldridge E. (2010) Clause-internal Wh- movement in Archaic Chinese. *Journal of East Asian Linguistics* (1): 1-36.
Chomsky N. (1981) *Lectures on Government and Binding*. Foris, Dordrecht.
——(1995/2008) *The Minimalist Program*. 北京: 外语教学与研究出版社。
Fanselow G, Ćavar D. (2002) Distributed Deletion. In Alexiadou A. (ed.) *Theoretical Approaches to Universals. Linguistik Aktuell, Vol. 49*. Amsterdam: John Benjamins: 65-107.
Feng Shengli. (2003) Light Verb Syntax in Classical Chinese. Paper Presented in the *Conference on Research and Pedagogy in Classical Chinese and Chinese language History*. March 28-30, 2003. Columbia University, New York.
Fingo R, Huang C.-T J, Lasnik H, Reinhart T. (1988) The syntax of wh-in-situ. *WCCFL* (7): 81-98.

Hale K, Keyser S J. (1993) On Argument Structure and the Lexical Expression of Syntactic Relations. In Hele K, Keyser S J. (ed.) *The View from Building 20: Essays in Linguistics in Honor of Sylyain L. Bromberge*. Cambridge: MIT Press: 53-109.

Huang C.-T J. (1982) *Logical Relations in Chinese and the Theory of Grammar* Ph. D. dissertation, MIT.

——(1997) Lexical Structure and Syntactic Projection. *Journal of Chinese Language and Linguistics*(3): 45-89.

Larson R. (1988) On the Double Object Construction. *Linguistic Inquiry*(19): 335-391.

Lin Tzong-Hong. (2002) *Light Verb Syntax and the Theory of Phrase Structure*. Ph. D. dissertation, UC Irvine.

Nunes J. (2001) Sideward Movement. *Linguistic Inquiry* (31): 303-344.

Ott D. (2009) Multiple NP split: A Distributed Deletion Analysis. *Groninger Arbeiten zur germanistischen Linguistik* (48): 65-80.

Tsai W. (2008) Left Periphery and How-Why Alternations. *Journal of East Asian Linguistics* (17): 83-115.

Tsai W. (2015) A Tale of Two Peripheries: Evidence from Chinese Adverbials, Light Verbs, Applicatives and Object Fronting. In W.-T D Tsai. (ed.) *the Cartography of Chinese Syntax*. New York: Oxford University Press: 1-32.

数据库：香港中文大学中国文化研究所刘殿爵中国古籍研究中心汉达文库 www.chant.org.

（610064　成都，四川大学中国俗文化研究所/
四川大学文学与新闻学院　liguofd@126.com）

跨方言视角下终竟义词的共时多义性及其历史溯源研究*

张秀松

提要 在现代汉语方言中,很多表示"结束"或"最后"义的复音词是多义词,兼有如下意义中的多种:① 空间移动/空间位置义;② 时间流逝/时间先后义;③ 强调事件发展最终结果(之合目的/反期望)的"终于/终究"义;④ 强调事物根本特点或原因的"毕竟"义;⑤ 表示肯定语气的"无论如何/反正"义;⑥ 表示对问题答案的追究语气的"究竟"义。具体多义模式因词语或方言而异。文章考察这些词的共时多义性,追溯其历时语义演变。

关键词 终竟义词;多义性;语义演变

一、引　　言

终竟义词指源义是"结束"或"最后"义的词,如"终于、终归、毕竟、究竟、到底、到头"等。汉语终竟义词意义多样,用法灵活。本文尝试基于对方言语料的调查和分析,揭示终竟义词在现代汉语中的规则多义性,追溯它们在汉语史上经历的语义演变,从而对其共时多义性做出解释。文中所用历史语料出自北京大学 CCL 古代汉语语料库(以下简称"CCL 语料库")。方言语料除源自调查外,亦有源于各种辞书、方言志、方言研究文献的。限于篇幅,都径直标注方言点名称。但将引用其语料的辞书、研究文献等列在文

* 本研究得到国家社会科学基金重大招标项目"功能-类型学取向的汉语语义演变研究"(项目编号 14ZDB098)、国家社科基金后期资助项目"认知-功能视角下完结表达的共时变异与历时演变研究"(项目编号 14FYY023)、江苏高校品牌专业建设工程资助项目(PPZY2015A008)、江苏高校优势学科建设工程项目(PAPD)的资助,特此致谢!

末参考文献中。

二、现代汉语方言中的终竟义词

(一) 至竟(则竟)

调查可知,方言中"至竟"犹普通话"到底",多见于吴语区(如江苏无锡)。例如:

(1) 苟五、六与一、二易地而处,未为序倒而体乖也。然三、四而下,直陈至竟,中无疏宕转换……(钱锺书《谈艺录》)

在吴语浙江象山话中,"至竟"有"终究"义(《汉语方言大词典》,1999)。而在贵州毕节话中"则竟"兼有"毕竟"义评注语气副词和"究竟"义疑问语气副词(以下分别简称"评注副词"和"疑问副词")两种用法。例如:

(2) 则竟去了就是去了,没得去就是没得去。| 则竟有就是有,没得就是没得。(贵州毕节话)

(3) 你则竟得了人家的东西没得? 得了还给人家。| 你则竟吃了没得? 不要讲客气呕。(贵州毕节话)

那么,"至竟"和"则竟"到底是什么关系? 因两者音近义通,我们推测它们是同词异写,"至竟"是本词。那么,事实如何呢? 详见下文第三节进行的历时考察。

(二) 到罢(到巴/到把/到靶/到坝)

"到罢"又作"到巴、到把、到靶、到坝"(下文统一记作"到罢",但例句中仍保持原作或被调查人的写法),犹"到了(liǎo)"或"到底"。它本表示"到终了"义。试对比:

(4) 年纪到巴作到头/差不多了。(吴语·江苏启东话)

(5) 年纪本来也到了把,瓜熟自落。(王鲁彦《屋顶下》)

例(5)中"到罢"内部插入了体标记"了",这表明其中的"到罢"是动宾短语。可见,现代汉语方言中的支配式复合词"到罢"很可能来源于历史上的动宾短语。

在吴语上海话、徽语绩溪话中,"到罢"还可表示"(事物具有某属性的程度)达到极限"。[①] 比如上海话"功夫到巴"犹言"功夫好到家了/极好"。再如:

(6) 迭椿生活做来到巴个这个活干得(好)到家了。(吴语·上海话)

(7) 尔尔回考尔的几分你每回那么几分,真係到把了真是(差)到家了。(徽语·绩溪话)

上两例“到罢”,李荣(1998)主编《现代汉语方言大词典》之《上海方言卷》和《绩溪方言卷》分别释作“达到相当的水平”和“到了最坏的程度”。我们认为这是随文释义,没考虑到“到罢”前有谓词隐含现象。上两例中“到罢”前隐去了“好、差”之类的谓词。“达到相当的水平”义和“到最坏的程度”义都是“到极限”义的语境实现。换言之,“到罢”用于属性域时,它所形容的属性可以不诉诸语言编码(即实现形容词隐含)。再如:

(8) 我本事差不多到巴哉。(《说新书》三,吴语·上海话)

(9) 我看你也是到巴了。(徽语·绩溪话)

在晋语山西溯县/忻州话和陕北话中,“到罢”可用作“终于/终究”义时间副词和“究竟”义疑问副词。例如:

(10) 你倒把儿终于来了。(晋语·山西溯县话)

(11) 我到罢儿终究也没赶上他。(晋语·山西忻州话)

(12) 他到巴儿到底/究竟来哩不?(晋语·陕北话)

(13) 老四到靶儿到底/究竟走咧没裸没有?(晋语·山西忻州话)

综合现代多种方言中“到罢”的意义和用法,结合普通话中“到底”的多义性,我们把“到罢”的语义演变路径初步构拟为:

到终了 → [程度]到极限
到终了 → [时间]到最后 → [时间](在)最后 → [事件]终于/终究
到终了 → [询问]到最后,究竟

(三)到了

方言中的“到了”犹普通话中的“到底”,有四种用法:完结义短语、“最后,终于/终究”义时间副词、“毕竟”义评注副词、“究竟”义疑问副词。在北京话、冀鲁官话(河南新乡话、山东济南/枣庄话)中,“到了”主要用作短语和时间副词。在西南官话湖北襄樊话、中原官话安徽阜阳话中,“到了”分别主要用作评注副词和疑问副词。在东北官话哈尔滨话和兰银官话银川话中,“到了”分别主要用作时间副词和疑问副词。例如:

(14) 手段使尽,到了儿(到)最后/终究她也没把儿子管教好。(《北京晚报》,1987-08-13)

(15) 到了儿(到)最后这事儿总得解决。(冀鲁官话·山东济南/枣庄话)

(16) 他到了终于还是赢啦,累得满头大汗。| 他到了终究没来。(东北官话·黑龙江哈尔滨话)

(17) 心里一直在斗争,博客到了毕竟是好东西,开还是不开?(西南官话·湖北襄樊话)

(18) 他到了究竟走了没有? 你要问清楚。(中原官话·安徽阜阳话、兰银官话·宁夏银川话)

如上所示,在表示客观真值义[即"(到)最后"义]时,"了"常可儿化。在冀鲁官话(河北保定话)里,"到了"还可以离析成"到归了儿"。例如:

(19) 他到归了儿还是去了。(冀鲁官话·河北保定话)

而在表示主观强调义("终于/终究""毕竟""究竟")时,"到了"中的"了"很少儿化。基于"到了"在现代方言中的多义性,我们可以把它在汉语史上经历的语义演变初步构拟为:

到终了 → [时间]到最后 → [时间](在)最后 → [事件]终于/终究
到终了 → [推理](到)最后,毕竟
到终了 → [询问](到)最后,究竟

(四)到头

"到头"习见于现代汉语方言,南北方均有。比如贵州(毕节)、湖南(衡阳)、江苏(常州/江阴/高邮/连云港)、河北(邯郸)等地方言中都有"到头"。但是,相对来说以南方居多。"到头"多表示"到尽头"义或"(到)最后,终究"义。例如:

(20) 一个揖作到底,一条船撑到头到尽头。(西南官话·贵州毕节话)

(21) 吵吵闹闹能偕老,恩恩爱爱不到头到最后。(江淮官话·江苏连云港话)

(22) 鸡婆带鸭仔母鸡抚养小鸭,到头到最后/终究一场空。(湘语·湖南长沙话)

(23) 小户摔着汗珠子开一两垧荒,到头最后都由他霸占。(周立波《暴风骤雨》)

但偶尔也可表"到本质、(程度变化)到极限"义。这时它多做状语或补语,偶做谓语。例如:

(24) 说到头到本质,您毕竟是一个仁慈并且心软的人。(卡夫卡《致父亲》)

(25) 腴丰满也轮不上你,你也就捏捏她手到头到极限了。(王朔《橡皮人》)

但现代方言中"到头"很少有做评注副词和疑问副词的用法。在我们的调查范围内,仅在广州和山东等地极少数方言中"到头"有"毕竟"义评注副词的用法。例如:

(26) 王侯将相与草民百姓有何区别? 到头毕竟这一生难逃那一日。(庄小鱼《像杂草一样疯长》)

(27) 提倡在继承的基础上创新……因为"入帖"最终为了"出帖"。继承到头毕竟是第二,创新才能有第一,这是人所共知的道理。(曹柏昆《希望在于继承》)

那么,"到头"在汉语史上有无评注副词用法和疑问副词用法呢? 详见下文第二节。

(五) 到尾

在闽语和粤语中,短语"到尾"犹普通话"到底、到头"。例如:

(28) 要交这样纳那样,一年到尾辛苦呀刀到底能养得活几口人?(舒巷城《雪》)

"到尾"做短语时可以插入体标记,扩展成"到了尾/到落尾"。例如:

(29) 我来真久咯,伊到了尾则叫人来讲伊不来。(闽语·福建厦门话)

(30) 逐个大家拢散阵散伙,到落尾伸我家己咧收拾物件东西。(闽语·福建厦门话)

短语"到尾"既有空间运动义("到尾部,到尽头"),又有时间流逝义("到最后")。例如:

(31) 十月的甘蔗——甜到尾。(欧阳若修《中国歇后语大词典》)

(32) 西王萧朝贵……天王的妹夫教育会员要站稳立场,跑路跑到尾,莫转左转右也。(盛巽昌《太平天国文化大观》)

(33) 因此,使一些商数不能一连到尾,而需要连商几段。这就出现几节的加减乘积的动作。(陈升《珠算学》)

上三例中"到尾"分别表示"到尾部"义、"到尽头"义和"到最后"义。

短语"到尾"做补语时常出现在位移或动作动词后[见例(32)、例(33)],但也可用在形容词后,如"从头错到尾的爱情悲剧"。做补语时还常与"由头/从头"组合成框式结构"从头/由头~到尾",表示"(空间域位移运动)从(路径)源点进行到终点”或“(时间域活动)从开始持续到(过程)最后”,例如:由头望不到尾的长队、从头走到尾、从头笑到尾的幽默、从头“癫”到尾的演唱会。

在闽语福建泉州话中,时间域“到尾”既有客观真值义“(到)最后”[见例(34)、例(35)]②,又有主观强调义“终究,最终一定”[见例(36)]。

(34) 好歹到尾到最后才会知。(傅孙义《泉州俗语故事》)

(35) 到尾最后 ha^{55}个关将跳河自杀 o^{44}。(张慧英《语言现象的观察与思考》)

(36) 劝哥若卜免嘴紧不要太着急,姻缘到尾终究会成。(闽语·福建泉州话)

而且,在闽语和粤语中“到尾”与普通话“到底”一样,能残缺编码“说到底”义。例如:

(37) 太上老君:一言到尾,万万不能干涉人间的事。(电视剧《搜神传》第1集)

上例中“一言到尾”意即“一句话说到底,总之”。言说概念的零编码为短语“到尾”向“毕竟”义评注副词演变提供了条件。据《汉语方言大词典》和许极炖(1998),在闽语台湾话、福建厦门话、广东中山隆都话及粤语广东增城话中,“到尾”有“毕竟”义。

综上所述,基于现代方言中的共时多义性,“到尾”的语义演变可构拟为:

[运动]到尾部→[运动]到尽头→[时间]到最后→[时间](在)最后→[事件]终于/终究

↘[推理]到最后,毕竟

那么,它在汉语史上是否经历了这样的语义演变呢?详见下文第二节。

(六)到老

在湖北等地方言中,“到老”表示“到最后,到头来”义。例如:

(38) 芒种不见苗,到老不见桃。(湖北话)

(39) 练功不收功,到老一场空。(黄瑞彬《中国民间四季养生秘诀》)

东北官话黑龙江哈尔滨话和佳木斯话中“到老”可用作“终于/终究”义时间副词。例如:

(40) 白费了半天力气,到老还是过不去江。(杨朔《三千里江山》)

在胶辽官话山东长岛话和牟平话中,“到老”还用作“一直”义时间副词。

这与汉语史上“到底”等其他终竟义词相似。例如:

(41) 你不能到老一直这么样。(胶辽官话·山东牟平话)

(42) 到老一直这个样儿还行吗?(胶辽官话·山东长岛话)

在东北官话辽宁沈阳话和冀鲁官话中,“到老”可用作“究竟”义疑问副词。例如:

(43) 到老究竟怎么样?你给我个明确任务来。(杨朔《北线》)

在吴语浙江温州话中,“到老”还用作“反正”义语气副词(详见沈克成,沈迦 2004,郑张尚芳 2008),可后附语气词“煞”。“到老煞”可缩合为“到煞”。例如:

(44) 随便你那訾讲怎么说,我到老(煞)反正不听。(吴语·浙江温州话)

(45) 逮个皮箱匄我爻这个皮箱给我吧,你到(老)煞冇用反正没用。(吴语·浙江温州话)

(七) 到半(到伴)、到究(倒究)

“到半”又作“到伴”,在晋语里是“终于”义时间副词,犹普通话“到底”。例如:

(46) 他到半还是来啦。(晋语·山西隰显话)

(47) 尔刻红军真的要来了,咱穷人翻身的一天到伴要来了!(贺敬之《惯匪周子山》)

“到半”疑似“到罢”的音变,因为其读音[tɑu⁵⁵ pər⁵⁵]近于“到罢”。在陕北晋语里,它还有“究竟”义疑问副词用法。例如:

(48) 我才将听老乡说过了,周子山这人到伴究竟怎样?(晋语·陕北话)

“到究”又作“倒究”,在方言中兼有“终于”义时间副词、“毕竟”义评注副词和“究竟”义疑问副词三种用法。其时间副词用法见于山西北部晋语,其评注副词用法见于吴语上海话,其疑问副词用法见于吴语上海/苏州话、晋语和兰银官话。例如:

(49) 他装货郎担,倒究终于脱了险。(孔厥《人民英雄刘志丹唱本》)

(50) 到究毕竟是小青年,勿怕冷。(吴语·上海话)

(51) 侬你倒究究竟来勿来?(吴语·上海话/江苏苏州话)

(52) 你说你到究究竟拿了没?(兰银官话·甘肃山丹话)

(53) 只有这里才能证实他亲爱的人倒究究竟是死了还是活着!(路遥《平凡的世界》)(晋语·陕西榆林话)

其“终于”义当是从“到最后”义经“(在)最后”义演变而来。

“到最后”义“倒究”在反预期语境中通过语境吸收获得了“结果,原来”义。例如:

(54) 老汉:(捉住老婆手中的带子)可把你捉定了啊,我说我这树是谁糟蹋的,倒究是你这死老婆子!(苏一平、陈明《延安文艺丛书·第七卷》)

例(54)中,“到究”的字面义是“搞/弄/闹到最后”。因泛义动词“搞/弄/闹”隐含,[③]即零编码,字面意义“搞/弄/闹到最后”在上例所示反预期语境中的语用推理义[“结果(发现真实情况是),原来”义]被重新分析为“到究”的词义。“到究”也随之演变为醒悟语气副词。类似演变也见于河南新蔡话“半天”和山东话“归齐”,分别详见本文附注③和下文第(八)小节。

那么,现代汉语方言中的副词“到究”是如何形成的?详见下文第三节的考察。

(八) 归齐(归其)

在山东话、天津话和北京话中,“归齐”又作“归其”,可用作介宾短语。例如:

(55) 挑明了说吧,这果实房归其了还不知姓啥哩!(《新华文摘》,1981年第6期)

(56) 说了归齐,还是有人老觉着是给经理干活儿,吃经理的饭。(老舍《春华秋实》)

上两例中“归齐”意即“到最后”,“说了归齐”意即“说到最后/说到底”。

方言中“归齐”和普通话“到底”一样还有“(在)最后”义、“终于/终究”义。例如:

(57) 没人送她,归齐(到)最后她自个儿走的。(天津话)

(58) 归其(在)最后赔了他二百块钱,算拉倒儿了。(冀鲁官话·山东德州/平原话)

(59) 等了好长时间,归其最后他也没有来。(冀鲁官话·山东德州/平原话)

(60) 花了老些钱,我的疮归齐最后/终究也没有好。(冀鲁官话·山东聊城/莘县话)

方言中“归齐”常用在固定短语“说/闹/弄了归齐”中。其中,“了”表示“到”义,“归齐”是“最后”义时间名词。所以,例(56)中“说了归齐”和下例

“说到归齐”同义。

(61) 说到归齐,大家谁都不晓得所长太太与小赵的关系……(老舍《离婚》)

固定短语“搞/弄/闹了归齐”还从本义“搞/闹/弄到最后”引申出“结果,原来”义[见例(62)、例(63)]。[④]相应地,“归齐”就会演变为醒悟语气副词。试比较下举前两例和末例:

(62) 好,闹了归齐,你在这儿!(曹禺《北京人》)

(63) 我以为你早走了,闹了归齐你还在这睡觉呢!(东北官话)

(64) 我当是谁,归其是你。(冀鲁官话·山东平度话)

醒悟语气副词“归齐”的形成动因与上文第(七)小节所说“倒究”及本文附注③所说河南新蔡话中的“半天”相同,都是泛义动词隐含所致。

鉴于现代汉语方言中“归齐”的多义性与“倒究、到底”相似,我们推测“归齐”是记音词,其本词是“归讫”。事实究竟如何,详见下文。

(九) 遘底(顶底、到个)、到来(倒来)、到只(到支)

“遘底、顶底、到个、到(倒)来、到只”是普通话“到底”的方言对应词。其中,“遘底、顶底、到个”与“到底”是词汇替代/方言对应关系,“到只”与“到底”是准-同源关系。它们与“到底”一样具有规则多义性。下面逐个探讨。

闽语“遘底”犹普通话“到底”[⑤],兼具短语和单词用法。短语“遘底”用于空间、时间和属性三个概念域。例如:

(65) 沉遘底。(闽语·福建厦门/福州话)[空间域]

(66) 共伊战遘底和他斗争到底。(闽语·福建厦门话)[时间域]

(67) 说遘底,都是我的错。(闽语·海南海口琼山话)[时间域]

(68) 介大也贻遘底呢止再大也大不到哪儿去。(闽语·福建厦门话)[属性域]

(69) 有整隆经过考虑,唔鲶郑遘底呢止不会错到哪儿去。(闽语·福建福州话)[属性域]

单词“遘底”表示“毕竟”义时是评注副词;表示“究竟”义时是疑问副词。[⑥]例如:

(70) 上海遘底毕竟是上海,机会很多。(闽语·海南海口琼山话)

(71) 你遘底到底去不去?(闽语·海南海口琼山话)

在中原官话河南洛阳话中,“顶(定)底”犹普通话“到底”[⑦],是“终于/终究”义时间副词。例如:

(72) 我早就告诉他过,不要那么做,可他定底终究还是那样做了。(中

原官话·河南洛阳话）

兰银官话宁夏同心话中的"到个"和陕西（户县、旬阳）和山西（长治）等地方言中的"到（倒）来"，都是表示追究语气的"究竟"义疑问副词。例如：

（73）他到个到底走了没？（兰银官话·宁夏同心话）

（74）你倒来到底是去不去？（陕西户县话、山西长治话）

那么，它们是如何形成的呢？我们推测"到个"是"到底"的方言对应词，正如普通话中"真的"在古汉语和部分南方方言中常说成"真个"。这么看来，仿"到底"而造出"到个"是以对"到底"中"底"的语法性质和语义的误解为基础的。至于"到（倒）来"，孤立地看，很难理解它为何能表示追究语气。但若把它和"到底"联系起来，再结合古汉语"到底"又说成"到底来"（正如"到头"常说成"到头来"）这个事实（详见下文），则可把"到底"和"到来"视为"到底来"的异体，正如古汉语"元自"⑧和"元（原）来"可看作"自元来"的异体、温州话"到老"和"到煞"可视作"到老煞"的异体（详见下文），日语"終に"和"程に"可视作"程の終に"的异体（详见下文）。

西南官话湖南常德话中"到只"兼有"毕竟"义评注副词和"究竟"义疑问副词两种用法。例如：

（75）到只毕竟是读啊过书哒的，几得很懂道理。（西南官话·湖南常德话）

（76）到只究竟是哪门回事？｜你到只究竟想哪门怎么搞？（西南官话·湖南常德话）

而西南官话湖北随州话中"到支"有"究竟"义疑问副词用法（许宝华，宫田一郎 1999）。故我们推测"到只、到支"是"到止"的两种写法，"到止"则是"至竟"的仿词（详见下文）。

（十）小结

上文所述各方言点终竟义语词的意义和用法可以综合表示如表1：⑨

表1　现代汉语终竟义语词的意义和用法的方言分布

意义 词项	到尽头； 到最后/到结束	最后；终于/ 终究	毕竟/终归； 好歹/反正	到底/究竟
至竟/则竟	吴语（江苏无锡）	吴语（浙江象山）	西南官话（贵州毕节）	西南官话（贵州毕节）
到罢/到巴/到坝	吴语（上海/苏州） 徽语（安徽绩溪）	晋语（山西忻州）		晋语（陕北；山西忻州）

(续表)

词项＼意义	到尽头;到最后/到结束	最后;终于/终究	毕竟/终归;好歹/反正	到底/究竟
到了	东北官话(黑龙江安达);冀鲁官话(山东济南/枣庄);北京话	冀鲁官话(山东济南);北京话、东北官话(哈尔滨)	西南官话(湖北襄樊)	中原官话(安徽阜阳)、兰银官话(宁夏银川)
到头	湖南衡阳;江苏常州/江阴/高邮/连云港;河北邯郸	兰银官话(甘肃兰州)	粤语(广东广州)	
到尾	闽语(福建厦门)	闽语(福建厦门/泉州)	闽语(福建厦门、广东中山隆都、台湾)、粤语(广东增城)	
到老	西南官话(湖北)	东北官话	吴语(浙江温州)	东北官话(辽宁沈阳);冀鲁官话
到半/到伴		晋语(山西隰显、陕北)		晋语(陕北)
到究/倒究		晋语(陕北)、吴语(上海)	吴语(上海)	兰银官话(甘肃山丹);晋语(陕北);吴语(上海)
归讫/归齐/归其	冀鲁官话(山东);北京话	东北官话、冀鲁官话(河北东部、山东聊城/莘县/德州/平原)、北京/天津话		
遘底	闽语(福建福州/厦门)		闽语(海南海口)	闽语(海南北部)
顶底	中原官话(河南洛阳)			
到个/到来				兰银官话(宁夏同心);晋语(陕西户县/旬阳)
到只/到支			西南官话(湖南常德)	西南官话(湖南常德、湖北随州)
始终		粤语(广东顺德/大良/珠海前山、澳门)	吴语;江淮官话(江苏阜宁)	
终归		山东阳谷		

表1显示,在现代汉语方言中,强调结果的"最后,终于/终究"义、强调事物根本特点或原因的"毕竟"义、表示对问题答案的追究语气的"究竟"义,一般都用概念结构为或其中含有【TO END】(到尽头)或【TO FIN】(到终了/到最后)的支配式复音词。它们表达的运动概念的精细度和形象性呈现如下高低等级: A类: 到头、到尾、到底、遘底、到究;B类: 到老、至竟、到罢、到了、归讫;C类: 始终、顶底、终归、终究;D类: 到个、到来、到半。A类词的概念结构为【TO END】,对完结概念的表达最形象,用具体的空间移动来表达;B类词的概念结构为【TO FIN】,对完结概念的表达较形象,用抽象的时间流逝来表达。C类词只是语义中蕴含【(TO)END/FIN】,对完结概念的表达更间接。D类词是它词的音变或截取,概念结构不透明,激活完结概念难度大。可见,从A类词到D类词,对完结概念的表达越来越抽象。这样,其概念结构越来越不易从空间域向时间域,再向知域和言域扩散,从而越来越难呈现多义性。所以,A类和B类词的义位都多达三四个[10];C类和D类词至多只有两个义位("顶底、终归、到个、到来"甚至只有一个义位)。

二、现代汉语方言终竟义词的历史溯源

(一)至竟

现代汉语方言中"至竟"是历史的遗留。根据我们对CCL语料库中的历史语料的调查,"至竟"在历史上的使用情况如表2所示: [11]

表2 "至竟"在历史上的使用情况

用法 / 年代	短语(至竟$_0$)	时间副词(至竟$_1$)	评注副词(至竟$_2$)	疑问副词(至竟$_3$)	合计	文本总字数
先秦—六朝	4(1.73)	2(0.86)	0	0	6	2,312,567
唐五代	0	2(0.10)	10(0.52)	12(0.63)	24	19,143,676
宋代	1(0.07)	4(0.27)	2(0.13)	1(0.07)	8	14,881,679
元明	1(0.07)	0	0	0	1	15,285,387
清代	1(0.10)	1(0.10)	0	0	2	9,700,559

表2表明,先秦至六朝,"至竟"主要用作短语和时间副词。唐代以降,始用

作评注副词与疑问副词。元以后,文献中几乎见不到了。根据上文第二节的论述,在现代方言中“至竟”也很少见,仅见于吴语浙江象山话和江苏无锡话等极少数方言。下面详细论述“至竟”的历时演变。

短语“至竟”始见于春秋战国时期。那时它多用于空间域,表示“(空间移动)到边境”。例如:

(77) 过国至竟,哭尽哀而止。(《礼记》)

(78) 用兵之道,当先至竟侵责之,不服乃伐之。(《左传·庄公二十九年》)

在汉代,它扩散至时间域和事件域,表示“(时间流逝或事件发展)到终了/到最后”。例如:

(79) 入息至竟数一,出息至竟数二。(《大般涅槃经》第12卷)

因“竟”本有完结义(该义出现较早),所以“至竟”的语义结构与“到了”(详见下文)相同。

在汉魏六朝,短语“至竟”向时间副词词汇化。变成时间副词后,它还经历了从表示客观真值义(“最后”)向表示主观强调义(“终于/终究”)的语义演变。例如:

(80) 以诤止诤,至竟不见止;唯忍能止诤,是法可尊贵!(《中阿含经》第17卷)

(81) 贪嗔至竟未能除,荷荷空悲净居殿。(《南史·梁纪中·武帝》)

上两例中“至竟”主要表示“终究”义,但还滞留有语义主观化前的“最后”义。

六朝期间,短语“至竟”还表现出向评注副词演变(即向知域扩散)的倾向。例如:[12]

(82) 且默以观之,其是非行自可见。或有小是不足是,小非不足非,至竟可不言以待之。(嵇康《嵇中散集·家诫》)

例(82)中“至竟”主要表示“毕竟”义,但还滞留有“说到底/说到最后”义。短语“至竟”的演变历程与“到底”近似(详见张秀松 2011,2012a),因为在后时语料中我们发现了“至竟”残缺编码“说到底”义的用例。例如:

(83) 勘破富贫贵贱,参透死生寿夭,至竟本同条。(冯取洽《水调歌头[四月四日自寿]》)

例(83)中“至竟”表示“说到了(liǎo),其实”义。[13]

到唐五代,“至竟”的评注副词用法已很成熟。这一时期,“至竟”还从短语用法发展出疑问副词用法(即扩散到了言域)。可见,至迟到唐五代,“至竟”就已完全具备普通话“到底”的各种意义和用法(见上文表2)。例如:

(84) 未知至竟最后将何用,渭水泾川一向流。(罗隐《关亭春望》)

(85) 如何忠为主,至竟终究不封侯。(贯休《即边将》)

(86) 至竟毕竟不如隋炀帝,破家犹得到扬州。(罗隐《故都》)

(87) 至竟究竟江山谁是主,苔矶空属钓鱼郎。(杜牧《题横江馆》)

至宋代,“至竟”式微。比如疑问副词“至竟”在约1 488万字的宋代语料中仅如下一见:

(88) 语及族人,都非庞氏之事,庞方讶之。因问:“至竟郎君何姓?”(《太平广记》第53卷)

元明时期,除在仿古语境、特定搭配或个别方言中可见外,副词“至竟”已基本不见(详见上文表2)。明代李翊《戒庵老人漫笔》卷三:“唐人多言‘至竟’,如云‘到底’也。”这说明李翊已意识到至明代“到底”已基本取代了“至竟”。

调查显示,语气副词“至竟”(即“毕竟”义、“究竟”义“至竟”)因语义透明性差在文献中常被写作“止竟”。例如:

(89) 止竟悲君须自省,川流前后各风波。(元稹《六年春遣怀》)

(90) 止竟闲人不爱闲,只偷无事闭柴关。(司空图《狂题》)

(91) 止竟多情何处好,少年长抱长年悲。(韦庄《古别离》)

由于“止”和“只”音近(在中古分别是章母之韵上声字和章母支韵上声字),“止竟”在《敦煌变文集》中偶尔又作“只竟”。例如:

(92) 俗间大有同名姓,相似颜容几百般。形容大(不)省曾相识,只竟思量没处安。……”(《敦煌变文集·大目乾连冥间救母变文》,转引自蒋礼鸿 1988)

例(92)中“只竟”表示“毕竟”义,画线句意谓“(造次相认,)想起来毕竟不妥当”。近代汉语“只竟”当是现代汉语方言贵州毕节话“则竟”的源头[14],因为在有入声的方言里“只、则”音近,都是精母德韵入声字,而毕节话有入声。毕节话中“则竟”具有的也是语气副词用法。

综上所述,历时考察表明“止竟、只竟、则竟”是“至竟”的同词异写。“至竟”的语义主观性越强,其语义透明性越差,越易发生音变,越易被写成

“止竟、只竟、则竟”等。“至竟”的语义演变可以表示为：

到终了→[时间]到最后→[时间](在)最后→[事件]终于/终究
到终了→[推理]到最后→毕竟
到终了→[询问]到最后→究竟

(二) 到罢

在汉语史上“到罢”基本未见，我们只是在近代汉语语料中发现如下一例：

(93) 据兄弟看来，企渊先生卖国贼的资格还没有到巴呢！众位兄弟的话说得错了没有？(陆士谔《十尾龟》第20回)

上例(93)中的“到巴”，许少峰(2008)《近代汉语大词典》释作“吴语，到头，够格”。显然，“够格”义是随文释出的，是“到头/到极限”义的语境实现。因此，现代汉语方言中“到罢”的多义性当是它因袭了“到了”等近义词的多义模式所致。那么，现代方言中“到了”的多义性是怎么形成的呢？详见下文。

(三) 到了

语料调查表明，现代汉语方言中“到了”是历史的遗留。根据我们对CCL语料库历史语料的调查，汉语史上“到了”的使用情况如表3所示：

表3 历史上“到了”的使用情况

年代＼用法	短语(到了$_0$)	时间副词(到了$_1$)	评注副词(到了$_2$)	疑问副词(到了$_3$)	合计	文本总字数
先秦—六朝	0	0	0	0	0	2,312,567
唐五代	1(0.05)	1(0.05)	0	2(0.10)	4	19,143,676
宋代	19(1.27)	9(0.60)	17(1.14)	5(0.33)	50	14,881,679
元明	5(0.33)	3(0.20)	0	1(0.07)	9	15,285,387
清代	3(0.30)	0	0	0	3	9,700,559

表3显示，“到了”始见于唐五代，盛行于宋代。在唐五代约1 914万字的语料中仅4见，而在宋代约1 488万字的语料里就有50见。其各用法的全面出现也在宋代。元代以后，“到了”式微，各用法的用例渐少。至清代，在文献中基本不见，今仅存于方言。下面详细论述。

短语“到了”表示“到终了/到最后”义，常做连谓前项或状语[见例

(94)、例(95)],偶尔也做谓语中心或补语[见例(96)]。在汉语史上各朝代都可见到。例如:

(94) 贪生莫作千年计,到了都成一梦间。(吴融《武关》)[15]

(95) 姑苏台下烟波远,西子近来何许,能唤否?又恐怕、残春到了无凭据。(王沂系《摸鱼儿》)

(96) 我心里想着,姊妹们从小长大,亲也罢,热也罢,和气到了儿,才见得比人好。(《红楼梦》第28回)

在宋代,短语"到了"在状位正式词汇化为"最后,终于/终究"义时间副词[见例(97)]、"毕竟"义评注副词[见例(98)、例(99)]和"究竟"义疑问副词[见例(100)、例(101)]。

(97) 人间多少乘除事,到了英雄恨不消。(周文凄《濑上贞女祠》)

(98) 人事几时穷,我性偏宜静。世上谁无富贵心,到了须由命。(《卜算子》)

(99) 攒万舸,开一棹,散无踪。到了书生死节,蜂蚁愧诸公。(王奕《水调歌头》[过鲁港堵渡江之地有感])

(100) 身外纷纷,傥来适去,到了成何事?(袁去华《念奴娇》)

(101) 天池神堂到了是北朝地土,是南朝地土?(沈括《乙卯入国奏请(并别录)》)

在元代,"到了"的时间副词用法仍时或可见(但语气副词用法基本不见)。例如:

(102) 呀!到了呵须按实田地,不要你狂言乱语、花唇巧舌、信口支持,则要你依头缕当,分星劈两,责状招实。(孟汉卿《魔合罗》四[鲍老儿])

(103) 你这三条计,比当日曹公在霸陵桥上三条计如何,到了出不的关云长之手。(关汉卿《单刀会》一[金盏儿])

上面的历时考察表明,"到了"本表"到终了/到最后"义,而后从该义引申出"最后,终于/终究"义、"毕竟"义和"究竟"义。但历史上"到了"无"到尽头"义,而现代方言中"到了"有此义,例如黑龙江安达昌德话:这条路走到了就到医院了。"到了"这种用法的产生或是受到"到头、到底"的多义模式的类推。既然"到头、到底"都兼有"到尽头、到最后、最后/终于/终究、毕竟、究竟"五义,而"到了"兼有这五义中的后四种,因而可以因袭"到头、到底”的多义模式从“到最后”义逆向引申出“到尽头”义。这种语义演变是借助相因生义机制而发生的反流式演变。

(四)到头

现代汉语方言中“到头”也是历史遗留。根据我们对CCL语料库的调查,“到头”在汉语史上的使用情况如表4所示:

表4　历史上“到头”的使用情况

用法 年代	短语 (到头$_0$)	时间副词 (到头$_1$)	评注副词 (到头$_2$)	疑问副词 (到头$_3$)	其他	合计	文本 总字数
唐五代	29(1.51)	15(0.78)	14(0.73)	14(0.73)	7	79	19,143,676
宋代	33(2.22)	20(1.34)	19(1.28)	4(0.27)	2	78	14,881,679
元明	57(3.73)	5(0.33)	10(0.65)	1(0.07)	6	79	15,285,387
清代	54(5.57)	5(0.52)	2(0.21)	1(0.10)	2	64	9,700,559

表4显示,从用频看,“到头”的短语用法呈持续上升态势;其副词用法在唐五代最为鼎盛。唐五代以后,其疑问副词用法持续下降,到元明清已极罕见。宋代以后,其时间副词和评注副词用法也持续下降,只是在清代其时间副词用法略有回升。表4的统计也预示着在现代汉语方言中“到头”多做短语和时间副词。对比表4与张秀松(2012a)表一,可见:① 虽然“到头”在汉代就已出现,但其鼎盛再早也要到唐五代,故不难理解“到底”最早也要到唐五代才出现;② 尽管“到底”在唐代也有少数疑问副词用例,但这种用例的大规模出现要晚至明清;而“到头”在唐代各用法基本都已具备;③ 或是因为从宋代到明清,“到底”的时间副词、评注副词和疑问副词用法次第鼎盛起来,副词“到头”的使用在总体上逐渐式微。

考察发现,“到头”始见于汉代。当时它是“到尽头”义短语。例如:

(104) 闻欢下扬州,相送江津弯。愿得篙橹折,交郎到头还。(《乐府诗集·清商曲辞六·那呵滩》)

(105) 各自是官人,那得到头还。(《乐府诗集·清商曲辞六·那呵滩》)

但在我们检索的语料中,先秦至六朝仅见到上两例,且用于乐府诗。故我们推测“到头”可能是当时的方言用法。王学奇和王静竹(1999)认为“到头”

一开始就是个来自方言的俗语,因而在反映地方民歌的乐府诗中可见。自唐代起,"到头"在诗词、戏曲和小说等多种体裁中频繁出现。这表明它已由方言开始进入到共同语。

到唐代,短语"到头"从"到尽头"义引申出"到最后/完结"和"到极限"义。例如:

(106) 语未到头,遂见其子,身着旗袍,在娘前立。(《敦煌变文集·秋胡变文》)

(107) 何用梯媒向外求,长生只合内中修。莫言大道人难得,自是行心不到头。(张辞《谢令学道诗》)

(108) 莫言大道人难得,自是工夫不到头。(吕岩《绝句》)

"到极限"义"到头"犹现代汉语普通话"到家"和上海话"到罢"(详见上文第二节)。"到最后"义短语"到头"可以独立做谓语。例如:

(109) 掘井须到流,结交须到头。(贾岛《不欺》)

(110) 未会到头要已老,岂知终被死于(相)瘵。(《敦煌变文集新书》)

(111) 不辞宛转长随手,却恐相将不到头。(鱼玄机《打球作》)

它在连谓前项位置上虚化出了介宾短语用法。

在唐代,推论语境中的短语"到头"可以残缺编码"说到头"义,即言说概念零编码(一如"到底",详见张秀松 2012a)。例如:

(112) 到头称意须年少,赢得时光向酒杯。(罗隐《送姚安之赴任秋浦》)

例(112)中"到头"犹"说到底,总之"。"到头"可残缺编码"说到底"义,这使它在唐代逐渐词汇化为"毕竟"义评注副词(演变机制同"到底",详见张秀松 2012a)。例(113)就是这种演变的过渡用例。其中,"到头"虽可释作"说到底",但释作"毕竟"更好。

(113) 休说雄才间代生,到头难与运相争。(徐寅《龙蛰二首》)

在唐代,"到头"在诗歌中开始频繁出现在疑问句句首,残缺编码"说到底"义。这时它通过语境吸收而词汇化为疑问副词(演变机制同"到底",详见张秀松 2012a)。例如:

(114) 到头谁是复谁非,云拥根株抱石危。(陆龟蒙《自遣诗三十首》)

(115) 到头苦节终何益,空改文星作少微。(方干《赠黄处士》)

(116) 到头袅娜成何事,祗解年年断客肠。(孙魴《柳》)

但上几例中“到头”还不能完全排斥“到最后”义的解读。比如,次例勉强也可说成“苦节到头终何益”。这样,“到头”就是补语,“苦节到头”与现代汉语“追根到底”结构平行,“终”作“究竟”义疑问副词解(历史上“终”确有“究竟”义,详见张秀松 2011a)。

到了宋代,评注副词“到头”用频更高(见表4)、更成熟,可跟“毕竟”对举使用。如:

(117) 毕竟水朝沧海去,到头云自觅山归。(《圆悟佛果禅师语录》第20卷)

元明以后,评注副词“到头”的用例越来越少,但并非没有。例如:

(118) 角儿粗蹄儿圆,有两湿有三干,到头就值七两半。(《聊斋俚曲集·寒森曲》)

(119) 任拘谁人作下恶,到头都是你承担,心腹人拥撮你头儿断。(《聊斋俚曲集·磨难曲》)

自唐五代至明清,短语用法一直是“到头”的主流用法(见表4)。短语“到头”习见于诗词曲和小说。在戏曲对白等口语性强的语料里,“到头”常后附语气词“来”。[16]例如:

(120) 唉! 你个呆柳翠,呆柳翠早回头,则你那事,到头来怎出的这无常勾?(李寿卿《度柳翠》第2折)

(121) 赌十场九遭说赢,到头来一文不聚。(吾丘瑞《运甓记》第25出)

(122) 想当时联镳游赏,怎到头来刚做了恁般随倡。(洪昇《长生殿》第32出)

“到头来”习见于宋金元明清曲辞。因宋金元明清时期的南戏用的多是江浙等地的江南口语(袁宾 1992),所以“到头”在今天主要存在于南方方言。

(五) 到尾

语料调查表明,“到尾”在古汉语里一般只用作短语,常与“从头”搭配。例如:

(123) 每件须要贯穿,从头到尾,皆有次第。(《朱子语类》第10卷)

(124) 而今人是从头到尾,皆无用。(《朱子语类》第34卷)

也有单独使用的,例如:

(125) 亲情对在林厝了,有银也不得共伊争。须著学古人例,到尾了终会团圆。(《荔镜记》第18出)

故而我们推测:方言里单词“到尾”的有关用法可能是受“到底、到头”等的聚合类推的结果，是在现代汉语中，在相对较短的时间内发展出的，而不是历史的遗留。

（六）到老

现代汉语方言中"到老"为何会兼有"到最后、终于/终究、反正、究竟"诸义呢？有三种可能：（1）"到老"是"到了"尾音节发生介音丢失的变体。（2）方言中"到老"的多义性是其历时演变的共时投影。（3）方言"到老"受共同语相关词语多义模式的聚合类推而在相对较短时间内发生了类似演变，从而获得多个义位。我们认同第(3)种解释，下面详加论述。

语料调查表明，"到老"始见于东汉，但在历史上用例较少，用法单一，基本都表示"到年老"义。例如：

（126）凡不急之事，不敢与焉，有知而为此行，到老无知乃已。（《太平经》第98卷）

（127）我做媒婆做到老，不曾见这般好笑。（高明《琵琶记》第18出）

（128）纵然不死，也是个到老的破伤风！（《西游记》第22回）

在元明，"到老"曾短暂出现过向时间副词、评注副词演变的趋势。例如：

（129）你道是官人则合做官人，信口喷，不本分。你道穷民到老是穷民，却不道"将相出寒门"。（王实甫《西厢记》第3折）

例(129)中"到老"似可看作"毕竟"义评注副词，但也可看作"到年老/到终老"义短语。在我们调查语料中未见只能释作"毕竟"而不能释作"到年老/到终老"的"到老"。所以，虽然在上例所示语境中"到老"有向评注副词演变的趋势，但这种演变并未最终实现。再如：

（130）我也见出你那心来了，一味在我面上虚情假意，倒老还疼你那正经夫妻。（《金瓶梅》第67回）

例(130)中"到老"可释作"（到）最后"，似可认定为时间副词，但该用法的"到老"仅如上一见。因孤例不足为凭，我们认为"到老"在汉语史上虽一度有向时间副词演变的趋势，但该演变终未实现。

当然，从"到年老"义引申出"（到）最后"义在认知上是有可能的。如果认知主体把死亡感知为生命旅程的终结，那么就可通过"生活是旅行（LIFE IS A TRAVEL）"隐喻把从年轻到年老这种生命状态的转变看作生命体在人生道路上的移动。这样，通过重新分析，"到老"就可从"到年老"义引申出

"至死/到人生的最后"义,继而进一步泛化出"到最后"义,从而走上向时间副词和疑问副词演变之路。而且,在汉语史上还出现过有助于"到老"把这种认知可能变成语言事实的现象,即"究竟、到底、到头"的义位也曾呈现过"到(人生的)最后,到老"义面。例如:

(131) 父母恩重经云:……一者怀胎守护恩,二者临产受苦恩,三者生子妄(忘)忧恩……十者究竟怜愍恩。(《敦煌变文集新书》第2卷)

(132) 为诗告友生,负愧终究竟。(韩愈《东都遇春》)

(133) [二煞]想着我同胞的能有几,我大哥哥又不到底,提起来尚兀自肝肠碎。(无名氏《两军师隔江斗智》)

(134) 文姬对满生道:"妾见父亲敬重君子,一时仰慕,不以自献为着,致于失身。原料一朝事露,不能到底,惟有一死而已……"(《二刻拍案惊奇》第11卷)

(135) 却是戏文倒说崔张做夫妻到底。(《初刻拍案惊奇》第28卷)

(136) 梨花含羞,泪雨交流,可恨丁山不到头,真正可杀不可留。(《明清民歌时调集·霓裳续谱》)

(137) 那看命的看得是一对上好到头夫妻,夫荣妻贵,并无冲犯。(《二刻拍案惊奇》第9卷)

例(131)中"究竟怜愍"指父母对儿女的爱怜至死不变。例(132)中"负愧终究竟"意为"终究将背负着这种愧疚直到老死"。例(133)中"不到底"指没活到自然老死,犹言早死,与例(136)中"不到头"同义。例(137)中"到头夫妻",许少峰《近代汉语大词典》释作"白首到老的一对"。可见,该例中"到头"和例(136)中"到头"一样呈现"到老"义面。历史文献中"到底"可与"偕老"或"终(身)"同现[见例(138)],这暗示句中"到底"呈现"到老"义面。

(138) 郑生忽然对陆氏道:"我与你二人相爱,已到极处了。万一他日不能到底,我今日先与你说过:……"陆氏道:"正要与你百年偕老,怎生说这样不祥的话?"(《二刻拍案惊奇》第11卷)

那么,古汉语中"到最后"义"到底"是如何呈现出"到老"义面的呢?它可能先是在"团圆到底/到底团圆"中呈现出该义面的。"团圆到底/到底团圆"犹"厮守到老/到老都在一起",在宋词和元明清戏曲中习见。仅元曲中就有9见。例如:

(139) 免告官司,免告官司,和你团圆到底。(柯丹邱《荆钗记》第29出)

(140) 愿得前意镇如初,团圆到底。(无名氏《张协状元》[添字赛红娘])

"团圆到底/到底团圆"起初是表示空间位移运动进行到容器的底端或路径的尽头。例如:

(141) 荼蘼架边,蔷薇洞前,管教你到底团圆,不离了半步儿远。(萨都剌《妓女蹴鞠》[南吕]一枝花)

例(141)中"到底团圆",指"(蹴鞠)到尽头都是团状圆形的"。全句意谓踢球过程中完成一组动作而不让球因中途着地而散开变形。当"到底团圆/团圆到底"用在时空双关这种创新性语境中时就有可能获得时间用法。例如:

(142) 铁球漾在江边,江边;终须到底团圆,团圆。(施惠《幽闺记》第40出)

(143) 铁球儿漾在江心内,实指望团圆到底。(杜善夫《耍孩儿·喻情》)

(144) 我为甚将几陌黄钱漾在水里? 便死呵,也博个团圆到底。(马致远《青衫泪》第3折)

(145) 我和你一似皓月澄清,团圆到底。(无名氏《白兔记》第28出)

上几例中,"到底团圆/团圆到底"的字面意义是(铁球、线团、月影)直到水底还是团状圆形的,比喻爱侣到老都不分离。首例中"到底团圆"主要凸显空间义,尽管它因作爱情婚姻故事的引子而有表时间义的潜能;余例中"团圆到底"主要凸显时间义,但因前句加虚下画线部分的激活,其空间义也处于可及状态。正是在这种过渡语境中"团圆到底/到底团圆"获得了"厮守到老"义。当然,"到底团圆/团圆到底"虽有习语化倾向,但并未彻底变成习语。证据是它还可离析开来使用。例如:

(146) 流苏锦帐同欢会,锦被里鸳鸯对,永远团圆直到底。(《金瓶梅》第73回)

"团圆到底"在戏曲、小说等文献中又作"团圆到头、团圆到老"。试比较上例中的"到底"和下例中的"到头、到老"。

(147) 从此一夫二妇,团圆到老。有诗为证:恩爱夫妻虽到头,妻还作妾亦堪羞。(《喻世明言》第1卷)

既然历史上"究竟、到底、到头"等都呈现过"到老"义面,那么与其语义结构相似的"到老"在理论上自然也可经历类似语义演变,即:"到年老">"到(人生的)最后">"最后,终于/终究"|"究竟"。但事实上"到老"在历史上并

未经历上述语义演变。“到老”的上述演变发生于方言,是在相对较短时间内完成的。那么,温州话中“到老”为何能表示“反正”义呢？因为它受到了“到底”的类推,“到底”的“反正”义用法是其表“毕竟”义时在复句中移动到“无论s”所在空位或受“无论 s”的组合同化而获得的(详见张秀松 2012b)。

(七) 到究(倒究)

现代汉语方言中的单词“到究”的语源,有三种可能:一是“到底”和“究竟”的缩合,二是历史的遗留,三是在现代汉语方言中、在相对较短的时间内从“到尽头”义短语经“到最后”义演变而来,因为汉语史上“究”有“尽头”义(详见张秀松 2010)。语料调查显示历史文献中无“到究”用例,所以第二种观点不能成立。其实,第一种观点也不能成立,这是因为“到底”和“究竟”在历史上很常见,如果“到究”是它们的缩合,则在历史文献中也该可以见到。但事实并非如此。所以,我们认同第三种观点。“到究”在现代汉语方言中在较短时间内发生的语义演变可描写为:到尽头 > 到最后 > (在)最后,终于/终究 | 毕竟 | 究竟 | 原来。

(八) 归齐(归其)

据张秀松(2017),现代方言中的“归齐(归其)”在汉语史上又写作“归起、归期、皈起”。表示“总共”义时其本词是“归起”,表示“到最后、(在)最后、终于/终究、究竟、原来”义时记录的本词是“归讫”[17]。“归讫”经历的语义演变路径如下:

归讫:到完了 ⟶ 到最后 ↗ [时间域]最后,结果$_1$ ⟶ [事件域]终于/终究
⟶ [认识域]结果$_2$,原来 | [语篇域]总之
↘ [言语行为域]究竟

可见,“归讫”的语义演变和“到究”相似。只是“归讫”的源义是“到完了”,而“到究”的源义是“到尽头”;“到究”有“毕竟”义评注副词用法,而“归讫”有“总之”义话语标记用法。它们都发生了从客观真值义(“最后”)到主观强调义(“终于/终究、究竟”)的演变。该演变还见于上文考察的诸词语。

三、结　　论

本研究表明,现代汉语方言终竟义词,若是多义词,往往兼有如下意义中

的多种：1. 表示空间领域位移运动进行到路径的终点（“到底端/到尾部/到尽头”义）；2. 表示时间领域时间流逝到最后（“到最后”义）；3. 表示事件域事件发展到有了结果，强调结果的久盼而至或力避还来（即强调结果的合目的或反期望）[“（在）最后，终于/终究”义]；4. 强调认识域中溯因推理的结论（即原因），亦即事物具有某根本特点（“毕竟”义）；5. 强调认识域解惑行为的结果（即表示醒悟语气，“原来”义）；6. 用在言语行为域，表示对问题答案的追究语气（“究竟”义）。其中，“毕竟”义评注副词、“究竟”义疑问副词用法的形成跟言说概念的零编码有关；“原来”义醒悟语气副词用法的形成跟终竟义词前的泛义动词（如“弄/搞/闹”）的潜隐有关。这些终竟义词，有些（如“至竟、到了、到头、归讫”）的共时多义性是其历时语义演变的共时投影；另外一些（如“到罢、到究、到尾”）的共时多义性则是受上述第一类词的历时演变和共时多义性的类推而在现代方言中、在相对较短时间内发生类似演变的结果。终竟义词的语义演变与空间移动、时间流逝、事件发展、推理进行、问答推进之间在意象图式上的相似性密不可分。认知主体可以用感知空间位置/移动中所获得的经验来认识时间流逝；可以用时空感知经验来认识事件进展（包括自然界或人类社会具体事件的发展、思维领域从前提到结论的推理活动的展开、交际领域从问题到答案的推进）。其语义演变路径如图 1 所示：

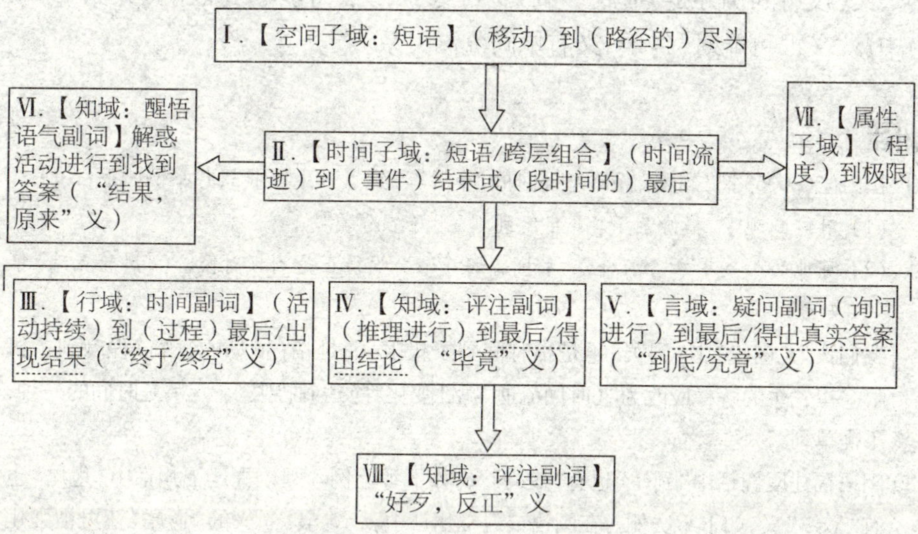

图 1

在图1所示演变过程中,各方言选择的具体词不一样,起讫点也各不相同。有的从第Ⅰ站开始(如"到头、到底、遘底"),有的从第Ⅱ站开始(如"至竟、到罢、到了、归讫"),有的走到了最后一站(如"至竟、到罢、到头、到究"),有的还停留在中途(如"归讫")。有的从用法Ⅱ演变出了Ⅲ、Ⅳ、Ⅴ(如"到尾、到了、到老"),有的只是演变出了Ⅲ、Ⅳ、Ⅴ中的一两项用法(如"到罢、遘底")。但其演变方向是一致的。我们尚未发现有哪个方言终竟义语词具有上述路径中两端的意义,而没有中间的意义。我们知道,如果属于同一范畴的多个词语有共同的语义基础、句法位置,且发生演化,那它们一般会朝着同一方向发生相同或相近的演化(叶建军 2007),而方言里的"至竟、到罢、到了、归讫、到头、到尾、到底、遘底"等的语义结构都与"到底"近似。所以,它们会朝着相同方向或沿着相同路径演化。这就是所谓的"类化、平行衍生、聚合类推"。这些复合词有些(如"始终")虽不是动宾式,但其语义结构中蕴含"到最后"义,也会呈现出如图1所示的演变路径。因行、知、言三域抽象度递增(详见 Sweetser 1990,沈家煊 2003),故终竟义语词的概念结构发生领域扩散时通常遵循"行域 > 知域 > 言域"顺序。这在上文表1中也有反映。表中凡有"究竟"义的通常也有"终于"义(仅有的例外是"遘底""到个/到来""到只/到支"[18]),反之不然;凡有"毕竟"义的通常也有"终于"义(仅有的例外是"遘底""到只/到支"),反之不然。这表明"究竟"义和"毕竟"义很可能对"终于"义有单向蕴涵关系。

附注

① 崔山佳(2006)把"到罢"解释为"(时间、年龄等)到了一定极限",并举例如下:

(1) 时候到坝了,稻好割了。| 年纪到坝了,好结婚了。

(2) 见他……一手拿着烟枪,一手执着烟扦……吃得正是到坝时候。(《黑籍冤魂》第4回)

我们认为,例(2)中"到罢"不是指时间到了极限,而是指(抽烟的过瘾)程度到了极限。崔先生的解释应改为"(时间流逝、属性变化等)达到极限"。年龄是时间的一种,不需单列。

② 闽语福建厦门话中"到尾"也有"最终"义,如下举首例。闽语福建福州话中"遘尾"也有"最终"义,如下举次例。在闽语福建福州话中表示"最终"义的"遘尾"还可被强化为"遘终尾"。

(1) 到尾啥人赢?(《现代汉语方言大词典·厦门方言卷》)

(2) 开始无去,遘尾复去了。(《现代汉语方言大词典·福州方言卷》)

③ 同理,河南新蔡话中表示"结果(发现真实情况是),原来"义的"弄了半天"里泛义动词"弄"的隐含导致"半天"演变为醒悟语气副词。例如:

(1) 我说以为他们走了哩,半天结果/弄到最后他们还在这等着。

(2) 我说咋怎么找不到那本书哩,半天原来是你拿走了。

④ 湘语"搞(到)圆功"与北京话、东北话"弄/闹归齐"一样可表示"结果,原来"义,详见张秀松(2017)。

⑤ 闽语中"遘"(多读作[tau^{55}])表"到"义,见于福州、长乐、福清、永泰、古田、福安、宁德、寿宁、周宁、福鼎、沙县等地(详见林寒生 2002),比如"遘尾"表"到尽头"义,"遘期"表"到期"义。

⑥ 闽语表示追究语气常用"遘底",不能用"到底、究竟"。(符其武 2008)

⑦ 因为"顶"有"到"义(比如"顶巷尾"犹"到巷尾"),"顶底"本表示从顶部到底部,后来变成侧重表示"到底"义的偏义复词,犹"始终"变成侧重表示"至终"义的偏义复词。这使"顶"有了"到"义。

⑧ 详见曹海东(2009),这里仅举一例:面脸照人元自赤,眉毛覆眼见来乌。(东坡《赠黄照道人》)

⑨ 限于篇幅,表中未反映出"到究、归齐"的"结果,原来"义用法,并把"好歹/反正"义并入"毕竟"义栏,因为"好歹/反正"义源于"毕竟"义(详见张秀松 2012b),两者之间有时界限模糊。在我们统计的语料中,只有"到老"在温州话中有"好歹/反正"义。故我们的合并处理对结论的得出不会有什么影响。表中反映出的"始终、终归"的副词用法上文未作说明,读者可自行验证。

⑩ 表中"归讫/归齐/归其"只有两义,似乎是我们这里的结论的反例。其实不然。该词有三义,只是其"结果,原来"义在表中没有反映出来。

⑪ 表中圆括号中的数字表示用频,单位为次/百万字,下同。

⑫ 在 CCL 语料库中,先秦至六朝期间没有发现"至竟"的"毕竟"义用例,下例是笔者的阅读积累。

⑬ 其中言说概念未编码。推论、疑问语境中言说概念零编码现象习见于多种语言/方言(详见张秀松 2012a)。

⑭ 可资旁证的是,在汉语史上"敢只"和"敢则"、"只除"和"则除"常可互换。

⑮ 江蓝生(1997)《唐五代语言词典》释此例中的"到了"为"最后,毕竟"。我们认为此例中的"到了"还可理解为"到终了,到最后"义短语,还不能肯定它是单词。

⑯ 有趣的是,"到底"在口语性强的作品里也可后附"来",形成"到底来"。例如:

(1) 钱聚如兄,钱散如奔。钱本无根,钱命元神。到底来养身波也那丧身,这钱呵兀的不送了多人。(刘君锡《庞居士误放来生债》第 1 折)

(2) 果证幽明,看善善恶恶随形答响,到底来那个能逃?(张岱《陶庵梦忆》)

不过,“到头”后的“来”有一定的趋向意味,而“到底”后的“来”只表示语气[如例(1)],且“到底”以后附语气词“个”为常(详见张秀松 2010)。

⑰ “原来”义“归讫”本是固定短语“闹/弄归讫”的截略,“原来”义是该固定短语在醒悟语境中通过语境吸收而生成的。后来泛义动词“闹/弄”隐含,才导致“归讫”获得“原来”义。

⑱ 这或是因为“遘底”只是普通话“到底”的方言对应词,未必拥有“到底”的全部意义。“到个”是对表义透明性最差的疑问副词“到底”中“底”的语类和意义误解引发的“到底”的方言对应词,故只有疑问副词用法而无时间副词用法。“到只/到支”是“至竟”的仿词“到止”的音变。故“到只/到支”可以只继承“至竟”的疑问副词用法,而没有继承其时间副词用法。

参考文献

曹海东(2009)也释“见来”,《中国语文》第6期。

陈泽平(2003)《闽语新探》,上海:上海远东出版社。

崔山佳(2006)《近代汉语词汇论稿》,成都:巴蜀书社:6。

戴淮清(1974[1986])《中国语音转化》,北京:中国友谊出版公司。

符其武(2008)《琼北闽语词汇研究》,成都:四川大学出版社:330。

江蓝生(1997)《唐五代语言词典》,上海:上海教育出版社。

蒋礼鸿(1988)《敦煌变文字义通释》增订第4版,上海:上海古籍出版社:460。

景盛轩(2008)朝鲜时代汉语教科书释词,《语言研究》第1期。

李　荣(1998)《现代汉语方言大词典》,江苏教育出版社。

李如龙等(1994)《福州方言词典》,福州:福建人民出版社。

林寒生(2002)《闽东方言词汇语法研究》,昆明:云南大学出版社:78。

明生荣(2007)《毕节方言研究》,北京:中国社会科学出版社。

沈家煊(2003)复句三域,《中国语文》第3期。

沈克成,沈　迦(2004)《温州话》,宁波:宁波出版社:75。

孙立新(2001)《户县方言研究》,北京:东方出版社。

王贵元,叶桂刚(1993)《诗词曲小说语辞大典》,北京:群言出版社。

王　利(2007)《长治县方言》,太原:山西人民出版社。

王学奇,王静竹(1999)《宋金元明清曲辞通释》,北京:语文出版社:270。

许宝华,宫田一郎(1999)《汉语方言大词典》,北京:中华书局:3324-3326。

许极炖(1998)《常用汉字台语词典》,台北:前卫出版社:346。

许少峰(2008)《近代汉语大词典》,北京:中华书局。

袁　宾(1992)《近代汉语概论》,上海：上海教育出版社：23。
叶建军(2007)疑问副词“莫非”的来源及其演化,《语言科学》第3期：14。
易亚新(2007)《常德方言语法研究》,北京：学苑出版社。
张安生(2006)《同心方言研究》,北京：中华书局。
张秀松(2008)“毕竟”义“到底”句的主观化表达功能,《语文研究》第3期。
——(2010)认知视角下终竟义语词的共时变异与历时演变研究,北京大学博士学位论文。
——(2011)短语“到底”向时间副词的词汇化,《语言教学与研究》第5期。
——(2012a)语气副词“到底”的历史形成,《古汉语研究》第1期。
——(2012b)语气副词“到底”在近代汉语中的后续演变,《语言研究》第1期。
——(2014)终竟义语词的肯定副词用法的历史形成与相关问题,《语文研究》第2期。
——(2017)现代汉语中“归齐”的意义和用法溯源,《语文研究》第1期。
郑张尚芳(2008)《温州方言志》,北京：中华书局：330-331。
Sweetser E. (1990) *From Etymology to Pragmatics — Metaphorical and Cultural Aspects of Semantic Structure*. Cambridge：Cambridge University Press.

（221116　徐州,江苏师范大学文学院　zxs199691@ sina. com）

河南息县方言的先行体标记词“再哩”*

叶祖贵

提要 文章讨论了河南息县方言的双音节先行义标记“再哩”的用法特点及其来源。“再哩”是由“V_1P + 再 + V_2P + 哩”结构演化而来的。先是 V_2P 省略，句中副词“再”语法化为先行义标记“再”，接着先行义标记“再”又与句末语气词“哩”发生词汇化，最终形成双音节的先行义标记“再哩”。

关键词 息县方言；先行义标记；再哩；来源

一、引　　言

汉语方言中普遍存在着表示“暂且先 VP，然后再做别的事情”的先行义标记，但多为单音节形式，如“着”“倒”“先”“正”“起”“再”“添”等。（曹志耘 2008）河南的息县方言却有一个双音节的先行义标记形式“再哩”，本文试对其用法特点及其来源做一简单探讨。

息县位于河南省南部，辖 1 区 6 镇 12 乡和 4 个街道办事处，面积 1 835 平方公里，人口 108 万。息县横跨淮河，其方言有一定的内部差异。淮河以北属中原官话漯项片，淮河以南属中原官话信蚌片。（叶祖贵 2016）本文所讨论的息县方言只限于淮河以北的漯项片。

* 本文为国家社科基金项目“地理语言学视角下的鄂豫皖方言接触研究”（项目编号 17BYY073）的阶段性成果。《语言研究集刊》编辑部和匿名审稿专家给本文提出了宝贵的修改意见，息县岗李中学的杨正明老师、息县外事侨务办的崔记伟主任及绍兴文理学院的张玉飞同学为本文提供了很多语料，在此一并致谢。文中尚存疏漏由作者本人负责。

二、“VP+再哩”的特点

息县方言的“再哩”是一个凝固结构,常用在VP后,形成“VP+再哩”结构,表达先行语义。“VP+再哩”的用法特点主要有3个:

1.“VP+再哩”的出现需要一定的语境,它常出现于对话中,且多位于对话的下句中。如:

(1) 甲:俺几个先去吃点饭。　　乙:别急,等这活做完再哩。

(2) 甲:现在斗已经六点啦,我得必须、应该走啦。

乙:急啥子,等雨不下了再哩。

(3) 甲:时候不早啦,俺们现在走。　　乙:等雨停了再哩。

(4) 甲:我去喊他回来。　　乙:饭做好了再哩。

2.“VP+再哩”多用于祈使句中,表达说话人的“希望”“要求”或“警告”的语气。如:

(5) 甲:我现在回家。　　乙:吃了饭再哩!

(6) 儿子:我想要个电脑。　　爸爸:考上大学啦再哩!

(7) 先别急,等他干完活再哩!

(8) 小家伙你还不回去,等我完了啦再哩!

“VP+再哩”也可用于陈述句和疑问句中。用于陈述句时,表确认、肯定的语气:

(9) 甲:你啥时候回老家?　　乙:工地的活干完再哩。

(10) 甲:斗就快上课了,你咋还不走?　乙:我作业写好了再哩。

用于疑问句时,表询问、惊讶或不满语气:

(11) 甲:快晌午啦,我得走啦。　　乙:你不等你大父亲来了再哩?

(12) 儿子:我今个困,想睡一会儿再做。

父亲:现在斗已经十点多啦,还想睡一会儿再哩?

3.“再哩”对VP有一定的限制:动词后一般要有补语;或后有表完成或结果义助词“了”“得”等;或是重叠动词及动补型动词;前面往往还会有动词“等”或时间词“先”,如果VP为光杆动词或动宾短语时,VP前必须有“等”或“先”。例子见上。下面再举几例:

(13) 甲:俺们今个儿今天去赶集。　　乙:天晴啦再哩。

(14) 先别急着买,看看再哩。

(15) 你先别吭声,等他作业做完再哩!

"再哩"也可以位于时间性词语后,但时间词语的实际时间必须要晚于说话时的即时时间,常见的有"明个儿明天、后个儿后天"等,如:

(16) 甲:今个儿今天给麦晒晒!

乙:今个儿天气不多好,明个儿再哩!

(17) 妻子:我想去俺娘那去。　　　　丈夫:后个儿再哩。

三、"再哩"的来源

(一) 其他方言的先行义标记的来源

在讨论息县方言先行义标记"再哩"的来源之前,下面先简单分析一下其他方言的先行义标记的来源情况。

汉语方言的先行义标记的来源非常复杂,但就目前的研究成果来看,最常见的只有两种。一种是由带持续语义的句尾助词演化而来的。如"着":

(18) 内蒙古丰镇话:你给咱来炒一炒菜。——看完这张报着。(邢向东 2004)

(19) 河南光山话:这个题目我作不倒,你给我讲讲好啵?——你等我吃了饭着。(张贤敏 2003)

(20) 湖北武汉话:送我一辆摩托车咧?——你考上了大学着如果你考上了大学就给你买。(萧国政 2000)

(21) 湖北鄂东话:你莫箇急,等我吃了饭着你别着急,等我吃完了饭(再说)。(陈淑梅 2001)

(22) 江西南昌(蒋巷)话:先不要跟渠话,等两日着先不要告诉他(她),等几天(再说)。(谢留文 1998)

这类先行标记"着"是由带持续意义的、含命令和劝勉等语气的"着"语法化而来,其虚化的语法结构为"等/待/先/且 VP 了 + 着"。关于这类先行标记的具体演变途径,杨永龙(2002)、邢向东(2004)等学者已经做了非常详细深入的论述。

另一种来自于副词的语法化。这种类型主要见于客家话(黄伯荣 1996;柯理思 2002)。此外广东廉江粤语(林华勇、李雅伦 2014)、湖南汨罗

话(陈山青 2011)、山东金乡话(马凤如 2000)及河南固始话(叶祖贵 2009)等地也有分布。如:

(23) 湖南汝城客家话:唔争□[ᶜuei]钱来□[tɕiᵓ],买归来□[tɕiᵓ]先不用拿钱来,买回来再拿钱来。(黄伯荣 1996)

(24) 广东紫金客家话:睡一觉正睡一觉再说。(柯理思 2002)

(25) 广东廉江粤语:等阿哥回来正等哥哥回来再说!(林华勇,李雅伦 2014)

(26) 湖南汨罗话:姆妈唉,我想出去耍。——病好开正妈妈,我想出去玩。——病好了再说。(陈山青 2011)

(27) 山东金乡话:快回家吃饭去吧!——慌得啥!干完活儿再干完活儿再吃饭。(马凤如 2000)

(28) 河南固始话:俺们先走!——不急,等他来了再!(叶祖贵 2010)

上述例句的先行义标记词原本都是句中副词,语义上相当于普通话的“再”,其初始的句法结构为“V_1P+副词+V_2P”。后来因为语境的影响,V_2P省略,副词由句中变为句末,这才演变为先行义标记。这里试以河南固始方言的先行标记“再”为例加以简单地分析和讨论。

(29) 甲:天快黑啦,俺们回家吧。 乙:急啥子,活做完再!

(30) 甲:都晌午过啦,俺们先吃吧。乙:不急,再等一会,等他来啦再。

(31) 孩子:我想出去玩。 母亲:作业做完啦再!

固始方言的先行义标记“再”原本是句中副词,初始句法结构为“V_1P+再+V_2P”(叶祖贵 2010),也即“再”的后面还有一个V_2P。如例(29)—例(31)都可以说成例(29’)—例(31’),且语义不变。

(29’) 甲:天快黑啦,俺们回家吧。 乙:急啥子,活做完再回家。

(30’) 甲:都晌午过啦,俺们先吃吧。

乙:不急,再等一会,等他来啦再吃。

(31’) 甲:我想出去玩。 乙:作业做完啦再出去玩!

例(29’)—例(31’)这个V_2P在上文其实已经出现过了,即:由于语境影响,V_2P只是一个旧信息。

例(29)—例(31)的“再”的结构为“VP+再”,“再”位于句末。例(29’)—例(31’)的“再”的结构为“V_1P+再+V_2P”,“再”位于句中。仔细比较这两种结构的“再”,可以发现有两点明显不同:

1. 例(29)—例(31)的“再”为先行义标记词，例(29')—例(31')的“再”为句中副词。

2. 例(29)—例(31)的“暂且先VP，然后再做别的事情”这一语义主要由句尾的“再”承担的，“再”不能省略。例(29')—例(31')的“先 V_1P 然后再 V_2P”的语义则是由整个句法结构承担的，与句中副词“再”的关系不大。即使句中副词“再”省略，其基本语义也不变。如例(29'')—例(31'')都可以直接省略句中副词“再”：

(29'') 甲：天快黑啦，俺们回家吧。

乙：急啥子，活做完(再)回家。

(30'') 甲：都晌午过啦，俺们先吃吧。

乙：不急，再等一会，等他来啦(再)吃。

(31'') 甲：我想出去玩。

乙：作业做完啦出去(再)玩！

由于 V_2P 为已知信息，是个羡余成分，因此在实际交流中大都会省去不说。V_2P 一旦省略，也就形成了例(29)—例(31)的“VP+再”结构。也即“VP+再”结构是由“V_1P+再+V_2P”结构省略 V_2P 而形成的。

V_2P 没省略前，“先 V_1P 然后再 V_2P”的语义是由“V_1P+再+V_2P”这一整个句法结构承担的，与句中副词“再”的关系不大，“再”一般也可以省略。但 V_2P 省略后，句中副词“再”就发生了巨大变化：一方面，句中副词“再”的句法位置由句中转为句末；另一方面，“先 V_1P 然后再 V_2P”这一语义主要由“再”承担，“再”不能省略。“再”的这一句法位置及意义的改变，最终促使其由句中副词演变为一个先行义标记词。演变路径大致如图1所示：

$$V_1P + 再_1 + V_2P \xrightarrow{\text{因语境影响省略 } V_2P} VP + 再_2$$

图1

图1中，“$再_1$”为句中副词，“$再_2$”为句末先行标记词。上文湖南汝城的□[tɕi꜔]，湖南鄠县、湖南汨罗及广东廉江的“正”的演变途径也都跟河南固始方言的“再”一样。①

(二) 息县方言先行义标记“再哩”的来源

息县方言的“再哩”属于哪种类型呢？我们认为属第二种类型，即来源于副词的语法化。因为息县方言普遍存在“V_1P+再+V_2P”结构，上述的

“VP 再哩”在任何时候都可以替换为“V_1P + 再 + V_2P”。如例(1)—例(3)都可以说成例(1’)—例(3’)：

(1’) 甲：俺几个先去吃点饭。

乙：别急，等这活做完再去吃点饭。

(2’) 甲：现在斗六点了，我得走了。

乙：急啥子，等雨不下了再走。

(3’) 甲：时候不早了，俺们现在走。

乙：等雨停了再走。

但奇怪的是，由“V_1P + 再 + V_2P”结构省略而来先行义标记只能是单音节的“再”，而息县方言为何却是双音节的“再哩”？这是因为息县方言的先行标记“再”又和句末语气词“哩”发生了一次词汇化过程。

息县方言的语气词“哩”的使用情况非常普遍，可用于陈述句、疑问句、祈使句中，表达多种语气。如：

(32) 天都恁那么晚了，他还在看书哩。

(33) 他几个是开车去哩？

(34) 天都黑透了，你赶紧回去哩！

例(32)的语气词“哩”对“他还在看书”这一事实加以肯定，略带有表扬、赞美的语气；例(33)的“哩”用于疑问句中，对“他几个是否开车去的”这一问题加以询问；例(33)的“哩”则表达一种要求、催促的祈使语气。

语气词“哩”还经常出现于“V_1P + 再 + V_2P”结构中，构成“V_1P + 再 + V_2P + 哩”结构。如例(1’)—例(3’)也可以说成：

(1’’) 甲：俺几个先去吃点饭。

乙：别急，等这活做完再去吃点饭哩。

(2’’) 甲：现在斗六点了，我得走了。

乙：急啥子，等雨不下了再走哩。

(3’’) 甲：时候不早了，俺们现在走。

乙：等雨停了再走哩。

例(1’)—例(3’)为“V_1P + 再 + V_2P”结构，例(1’’)—例(3’’)为“V_1P + 再 + V_2P + 哩”结构。

相对来说，“V_1P + 再 + V_2P + 哩”结构在语气上更为缓和，更易被听话者所接收。因此我们推测息县方言“VP+再哩”的最原始的结构当为“V_1P+再+V_2P+哩”,即如例(1'')、例(2'')和例(3'')那样。在这种结构中,“再”为句中副词,“哩”为句末语气词,二者被V_2P隔开,并不相连。后来因语境影响,V_2P省略,句中副词“再”便跟句末语气词紧挨在一起,形成“VP+再+哩”结构。

可以想见,在“V_1P+再+V_2P+哩”省略V_2P,形成“VP+再+哩”格式的早期时间里,“再”单独表先行语义,“哩”只是一个语气词。也即在“VP+再+哩”这种格式里,“再”和“哩”不仅是两个词,而且还分属于不同的句法层次。其中“再”为先行义标记词,修饰前面的VP,而“哩”为语气词,作用于全句[②],它们只是因为线性顺序的原因才直接相连。后来由于长时间相连,久而久之,二者便发生了词汇化,进而凝固为一个词。因此从来源上看,“再哩”这种词汇化是属于董秀芳(2002)所说的“跨层结构”的词汇化。“再哩”虚化过程大致如图2所示:

V_1P+再+V_2P+哩 —因语境省略V_2P→ VP+再+哩 —“再”和“哩”发生词汇化→ VP+再哩

图2

四、结　　语

严格来说,息县方言的双音节先行义标记“再哩”并不单纯地来源于句中副词的语法化,只有“再哩”的“再”才真正来自于句中副词的语法化。双音节“再哩”其实是先行义标记“再”和句末语气词“哩”的“词汇化”的结果,这一点和纯粹来源于句中副词的单音节先行义标记明显不同。也即:息县方言的双音节先行义标记“再哩”经历了“两次”演化才最终形成。先是“V_1P+再+V_2P+哩”的V_2P省略,使得句中副词“再”语法化为先行义标记“再”,接着先行义标记“再”又和句末语气词“哩”发生词汇化,这才最终形成双音节的先行义标记“再哩”。

此外,据息县的外事侨务办主任崔记伟同志告知,其所在的河南周口郸城县方言也有一个双音节的先行义标记“再哩”,其用法特点跟息县方言的“再哩”基本相同,演化过程也同息县方言的“再哩”类似。

附注

① 先行义标记"正"还能用于否定句中。如湖南汨罗话的:"姆妈唉,伊暂盛饭时现在盛饭吧? ——莫盛饭正!暂且别盛饭!"广东廉江的"正"还能用于复句的前一小句中,如:"你去正,我等一阵仔就去。你先去,我一会儿就去。"这些用于否定句和复句的"正"的后面根本补不出什么东西,因此不可能是"V_1P + 正 + V_2P"结构省略 V_2P 而来的。不过据我们观察,这些用法的"正"其实是后来才出现的,是"正"的使用环境的一种拓展。

② 息县的有些乡镇,如项店镇的"再哩"就是两个词,还没完成词汇化。其中"再"是先行标记,"哩"是语气词,"再哩"可以省略"哩"而直接用"再"表先行语义。

参考文献

曹志耘(2008)《汉语方言地图集》,北京:商务印书馆。

黄伯荣(1996)《汉语方言语法类编》,青岛:青岛出版社。

陈山青(2011)湖南汨罗方言的先行体貌助词"正",《长江学术》第 1 期。

陈淑梅(2001)《鄂东方言语法研究》,南京:江苏教育出版社。

董秀芳(2002)《词汇化:汉语双音词的衍生和发展》,成都:四川民族出版社:33。

柯理思(2002)客家话里表示"暂时 VP 吧"、"先 VP 再说"的句末形式"正",载谢栋元主编《客家方言研究》,广州:暨南大学出版社。

林华勇,李雅伦(2014)廉江粤语"头先"和"正"多功能性的来源,《中国语文》第 4 期。

马凤如(2000)《金乡方言志》,济南:齐鲁书社。

萧国政(2000)武汉方言"着"字与"着"字句,《方言》第 1 期。

谢留文(1998)南昌县(蒋巷)方言的两个虚词"是"与"着",《中国语文》第 2 期。

邢向东(2004)论现代汉语方言祈使语气词"着"的形成,《方言》第 4 期。

杨永龙(2002)汉语方言先时助词"着"的来源,《语言研究》第 2 期。

叶祖贵(2009)《固始方言研究》,北京:中国社会科学出版社。

——(2010)句中副词语法化与先行义标记词的来源——以固始话为例,《宁夏大学学报》第 4 期。

——(2016)河南息县、淮滨方言的归属,《方言》第 3 期。

张贤敏(2003)光山方言研究,贵州大学硕士学位论文。

(710127　西安,西北大学文学院　yezugui@163.com)

由《墨子》“贤可”例看其汉语词汇史语料价值*

——兼辨《管子·宙合》“依贤可,用仁良”例

张　萍

提要　《墨子》中有4例形容词“贤可”,为《墨子》独特词语,它的结构为“形容词+形容词”联合式复合词,其存在说明“可”具有“有才能的”形容词义;其用例为《管子》1例“贤可”句断句提供了极为重要的佐证,并有力证明其中“可”非“才”之讹,该例又为“贤可”词条补充了名词义项。“贤可”是“贤X”式同义(近义)复用双音词族中的一个,与其他“贤X”一样,兼有形容词和名词两种用法。从“贤可”用法的独特性,可窥见《墨子》在汉语词汇史研究中具有重要语料价值。

关键词　《墨子》;贤可;贤良;汉语词汇史;《管子》;句读

一、引　言

《墨子》中有4例“贤可”,其例不仅是《墨子》双音节词语丰富的一个独特表现,还有两个极为重要的作用,一是为“可”具有“贤能”义提供佐证,二是为《管子》1例“贤可”提供了校注佐证。《墨子》中“贤良”一词与“贤可”用法接近,其形容词用法突出,与先秦其他典籍中“贤良”多为名词用法不同,这为揭示“贤良”一词词法本质提供了重要对照语例。由此,呈现出《墨子》语料在汉语词汇史研究中所具有的独特价值。

---

* 本文为教育部人文社会科学研究青年基金项目“基于语义范畴的汉语句法演变研究”(项目编号17YJC740118)的阶段性成果。

二、《墨子》“贤可”例

《墨子》4 例“贤可”,3 例出现在《尚同上》篇同一段文字里,为“贤可者”形式,1 例在《非命上》篇中,为“贤可之士”形式,[①]如下:

(1) 夫明虖天下之所以乱者,生于无政长。是故选天下之贤可者立以为天子。天子立,以其力为未足,又选择天下之贤可者置立之以为三公。……诸侯国君既已立,以其力为未足,又选择其国之贤可者置立之以为正长。(《墨子·尚同上》)

(2) 上无以供粢盛酒醴祭祀上帝鬼神,下无以降绥天下贤可之士,外无以应待诸侯之宾客,内无以食饥衣寒,将养老弱。(《墨子·非命上》)

水渭松(1991)《墨子导读》将例(1)中的“贤可者”解释为:“墨家常语,指贤良而可以任职的人。”该释语有两点值得注意,一是“贤可”在《墨子》中仅有上述 4 见,称其为“墨家常语”,乃是因为“贤可”在《墨子》外其他典籍罕见,通过北京大学 CCL 古代汉语语料库(以下简称“CCL 语料库”)检索先秦典籍,另有一见“贤可”在《管子》中,但该例因受“可”常见助动词用法的影响,注本中多有将“贤可”之“可”连属下文,这一例后文将做详细分析;二是将“可”对译成“可以任职”,或认为“可”后面隐含着一个谓词 VP“任职”,这是“可”最常见的用法,即助动词用法。

谭家健、孙中原(2009)《墨子今注今译》对“贤可者”的注释也与上述看法相似,释为“贤能而可以当政者”,然而译文中这一段却又译为“明白了天下之所以混乱,是由于没有行政长官,因此,选择天下的贤能者,立为天子。天子确立了,因为他的力量不够,又选择天下的贤能之士,立为三公。……诸侯国君设立之后,因为他们力量不够,又选择国内的贤能之士,设立为行政长官”,可见注释中仍是把“可”与“贤”看成跨层结构,也是在“可”后面补出了 VP“当政”,但是在译文中这部分消失了,三处“贤可者”对应“贤能者”“贤能之士”,表层形式上,三处“贤可”都是直接译成了“贤能”。可见,在语句表达中,给“可”补出后续成分似乎并非自然的处理方式。那么,这个“可”究竟是助动词,后面隐含了谓词,还是与“贤”有着特别的关系呢?

《汉语大词典》收录了“贤可”一词,释为“贤良”,所举两例即为《墨子》

中的例(1)“是故选天下之贤可者,立以为天子”和例(2)。上引《墨子今注今译》译文中将“贤可”替换成“贤能”,与《汉语大词典》释义相一致,但其对“贤可者”的注释则未明确将“贤可”看作一个词,而是将两者显然地区分在不同句法结构层次中。

三、“贤可”同义复用

《汉语大词典》释“贤可”为“贤良”,如《墨子》中的例子,即将其看作双音节形容词,那么它的内部词法结构是如何的呢?这还是关系到“可”的性质问题。我们认为,“可”当是“贤”的近义词,为形容词,义为“有才能的”。

上古汉语中“可”是一个多功能词,《王力古汉语字典》(2000)“可”第一个义项是“可以,行”,第二个义项是“副词,表示大约的数目”。义项一实际上比较笼统,又可细分为不同词性,如其所举的例子“若火之燎于原,不可向迩,其犹可扑灭”(《尚书·盘庚上》),句中两个“可”当是助动词,而另一例“赤也可”(《左传·襄公三年》)中“可”当为形容词。

姚振武(2015)《上古汉语语法史》把“可、能”归入“表能可”的助动词类,这种“可”,“一般是对受事者承受来自外界的动作行为作出估计或认定”,“西周时期‘可’已多见,直到西汉仍很常用”。上古汉语中“可”做助动词的用法最为突出,同时,其形容词用法也确实存在,如上面提到的“赤也可”之例,完整例句如下:

(3) 祁奚请老,晋侯问嗣焉。称解狐,其仇也,将立之而卒。又问焉。对曰:“午也可。”于是羊舌职死矣,晋侯曰:“孰可以代之?”对曰:“赤也可。”(《左传·襄公三年》)

例(3)中,“赤也可”或许容易看作承接问句中“孰可以代之”而省略掉了后面的谓语“代之”,但“午也可”若说是省略谓词,则不大合适,因为前面并无相应的谓词出现。“午也可”回答的是“问嗣”,杨伯峻(2009)注“嗣谓接替祁奚职务之人”,则“可”非助动词,而是形容词,表达说话者对某人具有胜任某职务的才能的认可,故其义可释为“有才能的,有胜任能力的”。沈玉成(1981)将这两处分别译为“午可以胜任”,“赤可以胜任”,译文语意没问题,但原文中的“可”并不对应译文中的“可以”,译文中的“胜任”并非根据语境补充出来,而是“可”本身具有的语义。

《汉语大词典》“可”有“适宜、相宜”义，即为形容词义，所举例子中有一例，可与上例做一比较：

(4) 然则王若欲置相于秦，则莫若向寿者可。(《史记·樗里子甘茂列传》)

这句也是就某一职务而言，即“相”，“可”却是“适宜”的意思，与上例“可以胜任的”语义有差异。这一例完整的语境如下：

楚王问于范蜎曰：“寡人欲置相于秦，孰可？”对曰：“臣不足以识之。”楚王曰：“寡人欲相甘茂，可乎？”对曰：“不可。……茂诚贤者也，然不可相于秦。夫秦之有贤相，非楚国之利也。……然则王若欲置相于秦，则莫若向寿者可。夫向寿之于秦王，亲也，少与之同衣，长与之同车，以听事。王必相向寿于秦，则楚国之利也。”

由这一段可知，从楚国立场出发，推荐某人担任秦相，其标准不是某人是否贤能，像甘茂这样的“贤者”反而不能推荐，因为“秦之有贤相，非楚国之利”，要考虑能给楚国带来最大利益的人选，所以这一段中的几个“可”应当释为“合适，适宜”，它体现的语义侧重于客观的因素。相比之下，例(3)则侧重于个人的主观能力是否足以胜任某职务，而不是在其他客观因素作用下的“合适”，故“可”的语义相应的也有所区别。由此，我们认为“可”由“认可、许可”义引申出形容词用法(主客位变换而引申)，从客体角度而言，又有两个方向的引申，一是趋向客观性的，就是“合适、适宜”义，一是趋向主观性的，就是“有才能的、有胜任能力的”语义。前者为《汉语大词典》列为义项，后者却没有，无法为此类“可”的识别提供参考。

《汉语大词典》收“可人”一词，释为“有才德的人。引申为可爱的人，称心如意的人”，举例为“其所与游辟也，可人也”(《礼记·杂记下》)，孔颖达疏：“可人也者，谓其人性行是堪可之人也。”我们认为，“可人”词中，“可”做定语修饰名词“人”，是其形容词用法的明证，对照“可人”之义，“可”释为“有才德的”。总之，“可”是与“贤”义近的形容词，两者同义复用联合成复合词“贤可”。

考察《墨子》中“贤良”的用法，能进一步为探究“贤可”的性质提供线索。钱光(1992)将《墨子》中“贤良”列为“形容词＋形容词”联合式名词，未见其将“贤可”列为此类。《墨子》中“贤良”有名词用法，但主要还是形容词用法。我们认为《墨子》中“贤可”与“形容词＋形容词”联合式形容词“贤

良”词法相同,用法也相同,而名词“贤良”则可能是“名词+名词”联合式名词。《墨子》中“贤良”用例如下:

(5) 明乎民之无正长以一同天下之义,而天下乱也,是故选择天下贤良、圣知、辩慧之人,立以为天子,使从事乎一同天下之义。天子既以立矣,以为唯其耳目之请,不能独一同天下之义,是故选择天下赞阅、贤良、圣知、辩慧之人,置以为三公,与从事乎一同天下之义。(《墨子·尚同中》)

(6) 古之圣王,举孝子而劝之事亲,尊贤良而劝之为善,发宪布令以教诲,明赏罚以劝沮。(《墨子·非命中》)

(7) 故昔者三代圣王禹汤文武方为政乎天下之时,曰:“必务举孝子而劝之事亲,尊贤良之人而教之为善。”(《墨子·非命下》)

(8) 今贤良之人,尊贤而好功道术,故上得其王公大人之赏,下得其万民之誉,遂得光誉令问于天下,亦岂以为其“命”哉? 又以为力也。(《墨子·非命下》)

(9) 是故国有贤良之士众,则国家之治厚,贤良之士寡,则国家之治薄。故大人之务,将在于众贤而已。(《墨子·尚贤上》)

(10) 况又有贤良之士厚乎德行,辩乎言谈,博乎道术者乎,此固国家之珍,而社稷之佐也。(《墨子·尚贤上》)

“贤良”在《墨子》中共8见,仅例(6)“尊贤良”之“贤良”为名词,做“尊”的宾语,照应前面的“举孝子”之“孝子”,其余7例均是形容词,做定语,修饰名词“人、士”,有结构助词“之”连接。例(6)、例(7)内容、句式相似,分别在《非命中》《非命下》两篇,都是“尊”的宾语,一用“贤良”,一用“贤良之人”。可见,《墨子》中“贤良”还是以形容词为主。

比较例(1)、例(2)中“贤可”用例,其用法与“贤良”是相似的,《墨子》中“贤可”只有形容词用法,但“贤可”也可作名词用,在《管子》一例中即是,下文将做讨论。有一点需指出,“贤可”出现在《尚同上》《非命上》篇中,而“贤良”则出现在《尚同中》《非命中》《非命下》中,分布上呈现一定的规律,相同功能词语的不同选用,或许与墨子后学地域差异有关,不过《尚贤上》也有三例“贤良”,“贤良”的使用更为普遍。

《汉语大词典》收“贤良”一词,义项一为“有德行才能”,义项二为“有德行才能的人”。显然,两义项区别在于一为形容词,一为名词。两者之间有无引申关系？还得看“贤良”一词的历史使用情况。

通过检索 CCL 语料库，我们发现“贤良”较早的用例主要集中在《国语》《墨子》中，而《国语》中共计 6 例“贤良”均为名词，如：

(11) 昭旧族，爱亲戚，明贤良，尊贵宠，赏功劳，事耇老，礼宾旅，友故旧。(《国语·晋语四》)

(12) 若是而不从，动而不悛，则文咏物以行之，求贤良以翼之。(《国语·楚语上》)

(13) 吴王帅其贤良，与其重禄，以上姑苏。(《国语·越语下》)

例(11)“明贤良”义为“尊显贤良之臣”，例(12)、例(13)“贤良”均为“贤才之士”，可见都是名词。《左传》中无“贤良”用法，但有“贤”“良”单用，《国语》时代较《左传》稍后，又早于《墨子》，表明“贤良”起初即为名词，而非形容词，参照《墨子》中“贤良”以形容词为主的用法，《国语》中“贤良”当是由“名+名”联合而成的复合名词，若是“形+形”组合而成的复合词，当经由形容词用法引申至名词用法的过程，不会出现先有名词用法而后出现形容词用法的情况。

“贤良”最初是“名+名”联合式名词，完全是有可能的。在上古汉语中，“贤”“良”等形容词，一般都有名词用法。《汉语大词典》“贤”“良”两词条均列有名词义项，“贤”指“有德行或有才能的人”，举例为“履信思乎顺，又以尚贤也，是以自天祐之，吉，无不利也”(《周易·系辞上》)，孔颖达疏：“既有信思顺，又能尊尚贤人。”“良”指“善良的人；贤良的人”，举例如“进厥良，以率其或不良”(《尚书·君陈》)，孔传：“进显其贤良者，以率勉其有不良者，使为善。”这种用法至《左传》中仍清晰可见，《左传》中“贤”“良”多形容词用法，也有名词用法，如：

(14) 郑有叔詹、堵叔、师叔三良为政，未可间也。(《左传·僖公七年》)

(15) 庸勋、亲亲、昵近、尊贤，德之大者也。(《左传·僖公二十四年》)

至稍后的《国语》中，名词“贤”“良”同义组合而成复合名词“贤良”，这是双音词形成的一条重要途径。如果单从《汉语大词典》“贤良”词条的义项一、二来看，很容易将其名词用法看成是由形容词用法引申而来。《墨子》中“贤良”的用法给我们以新的启示，那就是“贤良”的名词用法出现早，可见它并非由“形+形”联合式形容词“贤良”引申而来，也就是说《汉语大词典》“贤良”词条义项一、二，其实是两个“贤良”，分别是“形+形”联合式形容词、“名＋名”联合式名词,两者属于同形异构体,而没有词汇化演变关系(一般而言,词性发生转变是词汇化完成的一种标记)。

马真(1980)指出先秦复合词的构造方式有一种是联合式,“两个成分并列组合成复音词,大多是由两个近义成分结合为词”,其中又有一小类是“形＋形→名”,所举例子中有“贤能”“贤良”,分别是《荀子·成相》中“世之灾,妒贤能,飞廉知政任恶来”与《荀子·尧问》“天地不知,善桀、纣,杀贤良”,认为其中“贤能”“贤良”都是“由两个形容词性成分结合而成的名词,皆指人”。虽然“贤”“能”“良”等词最初确实是形容词,但其作为单音词,在先秦时均有表人名词的用法,这是不容忽视的。表面上,名词“贤能”“贤良”等确实容易看成是由“形＋形”词组进一步凝固而产生的复音词,但通过对比《墨子》中“贤良”形容词用法在后而《国语》中“贤良”名词用法在前的语言事实,说明先出现的名词“贤良”不可能由后出现的“形＋形”式“贤良”发展而来,它只能是“名＋名”复合而成。

诸如“贤良”“贤可”等“贤X”,其组合具有一定的临时性,且部分使用频率较低,不论是“形＋形”还是“名＋名”,似乎看成词组更合适,不过我们认为其在同义复用时,语义上已经不再是简单的两者相加,而是具有一定的泛指性,故而仍广义地视之为双音词语。

《汉语大词典》“贤良”的义项一为“有德行才能”,最早引例为《汉书·孔光传》中的“退去贪残之徒,进用贤良之吏”,《墨子》中有7例形容词“贤良”,故这一义项引例可以提前至《墨子》,相比之下,《汉书》要晚了很多。

“贤良”唯独在《墨子》中以形容词用法为主,其在《墨子》中的用法,为揭示“贤良”一词内在的词法本质提供了极为重要的语料佐证,其一例“贤良”做名词,沿袭了此前“贤良”的名词用法,并非由形容词转变而来。《墨子》中4例“贤可”均为形容词用法,与《墨子》中“贤良”主体用法保持一致。“可”的形容词用法源自其动词义,未能如“贤”“良”等由形容词义引申出名词义,“贤可”只能是“形＋形”联合式形容词。

四、《管子》“贤可”例

《墨子》“贤可”用例,为《管子》“贤可”句正确断句提供了佐证。《管子》1例“贤可”如下:

(16)a. "大揆度仪,若觉卧,若晦明",言渊色以自诘也,静默以审虑,依贤可用也,仁良既明,通于可不利害之理,循发蒙也。(《管子·宙合》)

(16)b. "大揆度仪,若觉卧,若晦明",言渊色以自诘也,静默以审虑也,依贤可,用仁良,既明通于可不利害之理,犹(本作循)发蒙也。(《管子·宙合》)

对于《管子·宙合》中的这一段内容,所见版本断句有例(16)a、例(16)b两种,最大的差别在于例(16)a中"可"为助动词,后面带动词"用","仁良"做后面小句主语;例(16)b中"可"与"贤"在同一结构层次,"用"属下,带宾语"仁良"。

《管子》很多注本采取例(16)a断句,如清代戴望《管子校正》(1935)解为"君有所未晤,当渊寂其色,以自穷诘,静默其神,以审思虑,有所不晤,依贤以问之,其为可用也";如颜昌峣(1996)《管子校释》解为"以依仁贤,则昭若发蒙,……亦化而为明良也。"又如石一参(1988)《管子今诠》断句如此;又姜涛(2006)《管子新注》将"依贤"注为"倚靠贤明之人","仁良"注为"仁义善良之人"。诸如此类。与例(16)a不同的断句法例(16)b见郭沫若《管子集校》(1984)采张佩纶手稿影印本《管子学》中观点:

"静默以审虑"下当有"也"字,错于"用"下。静默审虑言恭默思道。"依贤可用仁良","可"当作"才","依",倚也,言"倚贤才,用仁良"以为己助。

这一句读理解,也为一些学者采纳,如陈鼓应(2006)《管子四篇诠释:稷下道家代表作解析》中对例(16)a句做出如下诠释:

"用"下之"也"字当前移至"虑"字下。"可"当作"才"。"良"字绝句(张佩纶说)。"循"当作"犹"(王念孙说),原文即"静默以审虑也:依贤才,用仁良,既明通于可不利害之理,犹发蒙也"。"可不"即"可否"。"犹发蒙",言虽已明通,然犹表现出如初发(启发)之蒙(蒙昧)。

我们将陈鼓应校改后的句子记为例(16)c:

(16)c. "大揆度仪,若觉卧,若晦明",言渊色以自诘也,静默以审虑也:依贤才,用仁良,既明通于可不利害之理,犹发蒙也。(《管子·宙合》)

方一新、王云路(2006)译注《管子》也是据《管子集校》引张说,改作:

“依贤(可)〔才〕,用(也)仁良,既明通于可不利害之理,(循)〔犹〕发蒙也。”译为“依靠贤德之才,任用仁良之人,既然明通于可否利害的道理,就如同启发了蒙昧者一样”。

我们注意到,由于上古汉语中“可”做助动词的用法很常见,故容易将其与后面的动词“用”连贯起来,或许这也正是前面的句末语气词“也”跑到“用”后面煞尾的原因,导致不少人理解成例(16)a。我们赞同张佩纶的句读意见,即如例(16)b、例(16)c的句读方式,不过我们认为“依贤可”之“可”并非“当作‘才’”,所谓“当作‘才’”,即认为“可”乃“才”之讹字,上面所列陈鼓应诠释及方一新、王云路译注,都据此将“可”改为“才”。其所以将“贤可”之“可”看作“才”,最主要的原因在于“可”作“有贤才”义的形容词用法在上古汉语中并不多见,即如例(3)“午也可”“赤也可”中的“可”似乎也能理解成省略了后续谓词的“可以”。此例“贤可”不当改作“贤才”,唯保留“贤可”,更符合前后句式结构的一致性。“依贤可”与“用仁良”其实是结构、语义都对应一致的成分,都为动宾结构,宾语也都是并列式双音成分,正如“仁良”由“仁”和“良”同义并列,“贤可”亦是“贤”和“可”同义并列。

谢德三(1982)认为《墨子》中“可”有名词用法,“用作词组上之加词,意犹‘能’也。此用法较少见。”其所举两例均为“贤可”句,即例(1)中的第二句“又选择天下贤可者,置立之以为三公”和例(2)“贤可之士”。其所谓“词组上之加词”,是指作后续成分的定语,盖指修饰“者”[②]和“士”,并释“可”为相当于“能”的名词,或认为“贤可”犹“贤能”,其中“能”是名词(指“能力、才能”),“贤”是形容词,则“贤能”指“具有贤德之能”,由此再进一步修饰后面的“者”和“士”,这就正如将《管子》中“贤可”解作“贤才”,释为“贤德之才”,均是解作定中式偏正结构,而不是联合式并列结构。这并不符合《墨子》中“贤可”与“贤良”用法相似、《管子》中“贤可”与“仁良”结构对举的语言事实,也不符合古汉语中“贤良”类“贤X”双音词语的普遍规律。

“仁良”在上古汉语中极少并用,检索CCL语料库,仅见一次,即为《管子·宙合》中的这一例。《汉语大词典》也收有“仁良”一词,释为“仁爱善良。亦指仁爱善良的人”,所举例子也即《管子》此例,不过其句读仍如例(16)a,引作“仁良既明,通于可不利害之理,犹发蒙中”。可以肯定的是,“仁”和“良”是同义复用组成“仁良”,其中“良”如我们前面已经提到的,当是“贤良”之义,而不仅仅是“善良”之义。与之照应对举的“贤可”也当是同义复用双音词语。

"贤"表"有才德"义,"贤"与其他同义或近义单音词复用形成双音词语"贤X"较多,兼有形容词与名词用法,在《汉语大词典》中即有"贤良(有德行才能;有德行才能的人)、贤仁(贤明的人;贤良仁爱)、贤明(有才德有见识;有才德有见识的人)、贤知(贤明多智;贤明多智的人)、贤俊(才德出众;才德出众的人)、贤哲(贤明睿智;贤明睿智的人)、贤能(有德行有才能;有德行有才能的人)、贤智(有贤德有才智;贤人智士)、贤善(贤明善良;贤明善良的人)、贤圣(道德才智极高;道德才智极高的人)、贤豪(贤明豪迈;贤士豪杰)、贤懿(贤良美好;亦指贤美的人)"等。这些双音词,《汉语大词典》列出其义项时,一般先列形容词义,后列名词义,如我们前面谈及"贤良"时所证,形容词义未必在先,这些词语有的使用频率较低,即其组合固定性不高,从"贤X"组合多样性来看,具有一定的临时性、随意性。《汉语大词典》"贤仁"条即先列名词义,再列形容词义,两义项后各举一例,分别是《吕氏春秋·开春》中的"共伯和修其行,好贤仁,而海内皆以来为稽矣"和《东观汉记·光烈阴皇后传》中的"上以后性贤仁,宜母天下,欲授以尊位"。我们检索CCL语料库,先秦典籍中"贤仁"仅《吕氏春秋》"好贤仁"一例,可见,"贤仁"名词义确实早于形容词义。"贤""仁"在先秦汉语中均有独立的名词义,故"名+名"组合成联合式双音名词"贤仁"也是自然的。这再一次证明,这些双音词语的名词义和形容词义并不具有引申关系,而是来自"名+名"与"形+形"的不同本质,其根源还在于上古汉语中"贤"系列单音词兼有形容词、名词用法,尽管其名词义当由形容词义引申而来,但两者用法均普遍,这也是上古汉语单音词表义的一个特点。

基于上述特点,我们推测《管子》"依贤可,用仁良"中"仁良"还是"名+名"同义复用形成的名词。《墨子》中4例"贤可"能较好地佐证《管子》中的1例"贤可"并非孤例,并非"贤才"之讹。《墨子》中"贤可"均用为形容词例,我们推测其当为"形+形"组合而成的双音形容词,与前面列举的"贤X"同义复用双音词语相比,"可"形容词用法有限,名词用法不见,故"贤可"为"名+名"组合的可能性不大。《管子》中"贤可"用为名词,其中"可"很可能是受到"贤X"中"X"名词性的类化作用而来,"依贤可,用仁良"中"贤、仁、良"均有名词用法,作为与这些词在形容词用法上具有同义、近义的"可",处于前后照应结构中时,用如名词,当是受到这些词用法的感染。如此说来,

《管子》“贤可”确实是名词性词语,表示“贤良的人”,与后面的“仁良”同义,“仁良”指“仁爱贤良的人”。

《墨子》中“贤可”均为形容词,其词法本质当是“形+形”联合式双音词语;《管子》中“贤可”当为名词,其词法本质是“名+名”联合式双音词语,其中“可”用如名词,是受到“贤”等名词用法的感染而来。由此,《汉语大词典》释“贤可”为“贤良”,即形容词用法,仅注意到了《墨子》用例,遗漏了《管子·宙合》“依贤可,用仁良”例中用为名词的情况,当补充义项二“贤良的人”。

五、结　　语

孙卓彩、刘书玉(2008)在说明《墨子》具有“提供例证”之“辞书编写的语料价值”时,统计得《汉语大词典》所收入的复音词语,引证直接源自《墨子》的多达1 130例,其中被认作是新词、新义的共1 053例,但在其具体列出的词语列表中,却无“贤可”。《墨子》“贤可”不仅是《墨子》特殊词语,更重要的是为《管子》1例“贤可”提供了极为重要的佐证,有力证明其中“可”非“才”之讹,这一例又为“贤可”词条补充了名词义项。“贤可”是“贤X”式同义(近义)复用双音词族中的一个,与其他“贤X”一样,兼有形容词和名词两种用法。同时,《墨子》“贤良”形容词用法突出,与先秦其他典籍中“贤良”多为名词用法不同,这不仅可以帮助确定“贤良”内在的词法结构,而且还可以将“贤良”形容词用法的引例由《汉语大词典》引用的《汉书》时代提前。

从“贤可”“贤良”用法的独特性,可以窥见《墨子》在汉语词汇史研究中具有显著的语料价值,值得重视。

附注

①《墨子》引文底本为孙诒让《墨子间诂》,北京:中华书局,2001年。

②《墨子虚词用法诠释》(谢德三 1982)将“者”看作“指称词”,“用以称代人、事、物、处所或时间等”,即看作代词,而非结构助词,故这里认为“可”是其“加词”(定语)。

参考文献

戴　望(清)(1935)《管子校正》,上海:世界书局:61。

陈鼓应(2006)《管子四篇诠释：稷下道家代表作解析》,北京：商务印书馆：260-261。

方一新,王云路译注(2006)《管子》,载许嘉璐主编,《诸子集成》(文白对照),广州：广东教育出版社：1177、1181。

郭沫若(1984)《管子集校》(一),载郭沫若,《郭沫若全集 历史编》第五卷,北京：人民出版社：295。

汉语大词典编辑委员会,汉语大词典编纂处编(1997)《汉语大词典》缩印本,上海：汉语大词典出版社。

姜　涛(2006)《管子新注》,济南：齐鲁书社：86。

马　真(1980)先秦复音词初探,《北京大学学报》第5期。

钱　光(1992)《墨子》复音词初探,《甘肃社会科学》第1期。

沈玉成(1981)《左传译文》,北京：中华书局：256。

石一参(1988)《管子今诠》,北京：中国书店：26。

水渭松(1991)《墨子导读》,成都：巴蜀书社：145。

孙诒让(2001)《墨子间诂》,北京：中华书局。

孙卓彩,刘书玉(2008)《墨子词汇研究》,北京：中国社会科学出版社：272-276。

谭家健,孙中原注译(2009)《墨子今注今译》,北京：商务印书馆：60-61。

王　力主编(2000)《王力古汉语字典》,北京：中华书局：102。

谢德三(1982)《墨子虚词用法诠释》,台北：学海出版社：101。

颜昌峣(1996)《管子校释》,长沙：岳麓书社：107。

杨伯峻(2009)《春秋左传注》修订本,北京：中华书局：926。

姚振武(2015)《上古汉语语法史》,上海：上海古籍出版社：86。

(200444　上海,上海大学文学院　xiaoyun85@163.com)

说马王堆帛书《堪舆》章用作“厭”的“庳”

程少轩

提要　马王堆帛书《阴阳五行》甲篇《堪舆》章用作神煞名“厭”的“庳”字，是一个从战国楚文字转写过来的特殊字形，原本写作从“广”（或从“厂”）从“又”（或从“攴”）从“甲”，其中“甲”是声符。它与秦文字中训为“低”的“庳”是同形字的关系。

关键词　马王堆帛书；堪舆；同形字

马王堆帛书《阴阳五行》甲篇旧亦名《篆书阴阳五行》《式法》，其中《堪舆》章是一部失传已久的式占文献。该篇开头的《堪舆神煞表》列举了一组神煞的运行方式，文字如下（释文据裘锡圭 2014；名和敏光，广濑薰雄 2016）：

【端月】戌庳；三月申庳；四月未庳；六月巳庳；七月辰庳；【九】月寅庳；【十月丑庳；十二月亥庳】。

亥無笎（堯）；酉無堯；申無堯；午無堯；巳無堯；卯無堯；寅無堯；【子】無堯。

酉鄣；未鄣；午鄣；辰鄣；卯鄣；丑鄣；子鄣；戌鄣。

……

文中的“無堯”和“鄣”，刘乐贤先生(2008)已经指出即传世文献《星历考原》《协纪辨方书》等所引《堪舆经》《天宝历》中的“無翹”和“章光”。在《星历考原》和《协纪辨方书》中，“無翹”“章光”和“月厭”三种神煞配成一组，对比帛书文字，可列表如表1（表格据刘乐贤 2008，增补了马王堆帛书“庳”的内容）所示：

表1　传世文献与帛书神煞运行对照表

		正月	二月	三月	四月	五月	六月	七月	八月	九月	十月	十一月	十二月
传世文献	月厭	戌	酉	申	未	午	巳	辰	卯	寅	丑	子	亥
	無翹	亥	戌	酉	申	未	午	巳	辰	卯	寅	丑	子
	章光	酉	申	未	午	巳	辰	卯	寅	丑	子	亥	戌

（续表）

		正月	二月	三月	四月	五月	六月	七月	八月	九月	十月	十一月	十二月
马王堆	庳	戌		申	未		巳	辰		寅	丑		亥
	無蕘	亥		酉	申		午	巳		卯	寅		子
	郶	酉		未	午		辰	卯		丑	子		戌

据表1可知，不但传世文献中的“章光”“無翹”就是马王堆帛书《堪舆》中的“郶”“無蕘”，而且传世文献中的“月厭”和帛书的“庳”也是对应的。《北京大学藏西汉竹书》五（2014）中的《堪舆》内容与马王堆帛书《堪舆》大体类似，表格部分与帛书基本一致，其中“庳”的位置也写作“厭”。根据这些文本线索，可以确定马王堆帛书《堪舆》的神煞名“庳”的确就是其他文献中的“月厭”和“厭”。

“庳”是唇音支部字（便俾切），“厭”是影母谈部或影母葉部字（於琰切、於豔切、於葉切），两者声韵远隔，不可能存在通假关系。那么，究竟应该如何解释这样的一组异文呢？

从字形来看，《堪舆神煞表》中用为“厭”的“庳”，与马王堆帛书中其他的“庳”写法并无不同，如图1、图2所示。

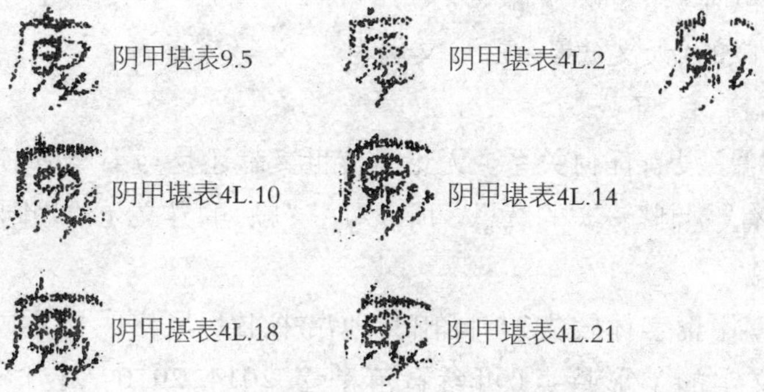

图1 《堪舆神煞表》中的“庳”

从意义上来看，作为神煞名的“厭”，显然是训为“镇”“壓”“抑”的“厭胜”之“厭”。《史记·高祖本纪》：

秦始皇帝常曰：“东南有天子气”，于是因东游以厭之。

《汉书·匈奴传下》：

元寿二年，单于来朝，上以太岁厭胜所在，舍之上林苑蒲陶宫。

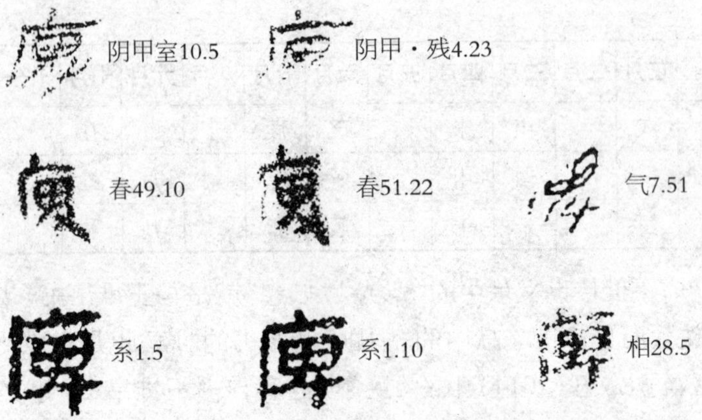

图2　马王堆帛书其他篇章的"庳"

所谓"太岁厭胜",是使用年份对应之地支,针对目标进行压制的一种数术理论。"月厭"与之类似,只是将年份对应之地支换作对月份对应之地支。从式盘上看,"月厭"的运行,与月份对应的地支"月建"恰好是相反的。这种相反关系在数术中被看作"克制"的力量。

马王堆帛书其他的"庳"都是很平常的用法。同属《阴阳五行》甲篇的《室》章,"庳"字文例为:

中宫而筑,庳(卑)东墙以为危,凶。

同样是数术类文献的《天文气象杂占》,文例为:

前庳(卑)后高,白,不战。

这些文例,皆与"厭"没有任何关系。无论是传世文献还是马王堆帛书其他篇章,"庳"都没有"壓制"一类的意思。所以"庳""厭"的异文无法用同义词或近义词来解释。

《阴阳五行》甲篇字体较古,与同出其他帛书书写风格明显不同,保留了不少战国文字的字形特点(可参看范常喜 2014,2016),应该是从一份战国楚文字的底本转抄而来。李学勤先生(1981,2001)据此推测抄手应当是生长于楚、不是很娴熟运用秦文字的人。田炜先生(2017)则认为抄写者是一位不太熟悉楚文字的秦人。我们更倾向田炜先生的意见。

我们认为,《堪舆》中的神煞名"庳"也是个从战国楚文字转写过来的特殊字形,原本写作从"广"(或从"厂")从"又"(或从"支")[1]从"甲",其中

“甲”是声符。它与训为“低”的“庳”是同形字的关系。

《说文》:“卑,贱也,执事也。从𠂇甲。”“甲”非干支字“甲”,而是象所持之物形(“卑”字形之解说可参看季旭昇 2014)。战国楚文字中的“卑”或从“卑”之字作如图3诸形:

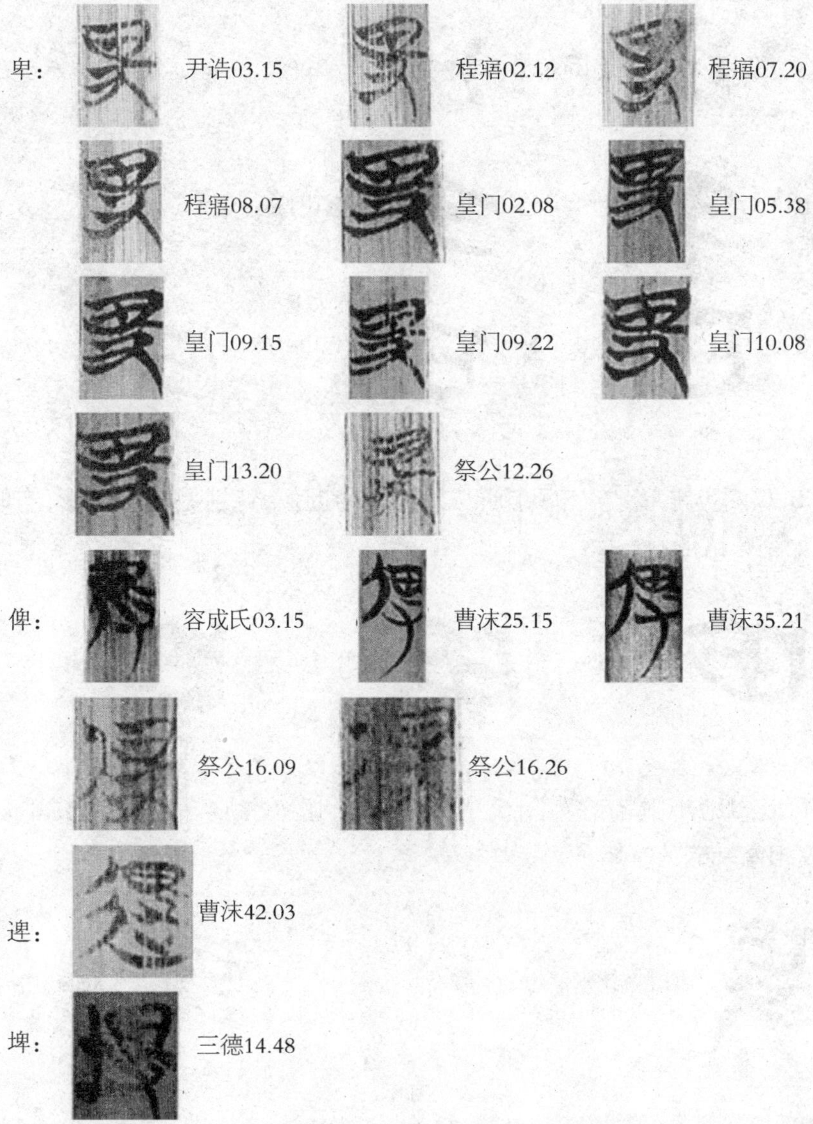

图3

战国楚文字的“甲”写作如图 4 诸形：

A： 周易18.09  周易18.13

 包山082  包山090

B： 包山046  包山185

C： 包山012  包山016  包山078

图 4

其中 B、C 两类字形，与“卑”上所从之形较为近似，特别是 C 类字形，有时会写成如图 5 诸形：

 包山165  包山186  包山189

图 5

可以想见，原本存在如图 6 左图的字形，这个字形与楚文字的“卑”(右图)仅相差一笔：

 据楚简字形假想之字形  楚简的卑字

图 6

在战国楚文字中，如果“又”的上面是一个封闭的形体，则这个封闭形体的右下方是否添加一笔往往没有区别，例如图 7 的几组例子：

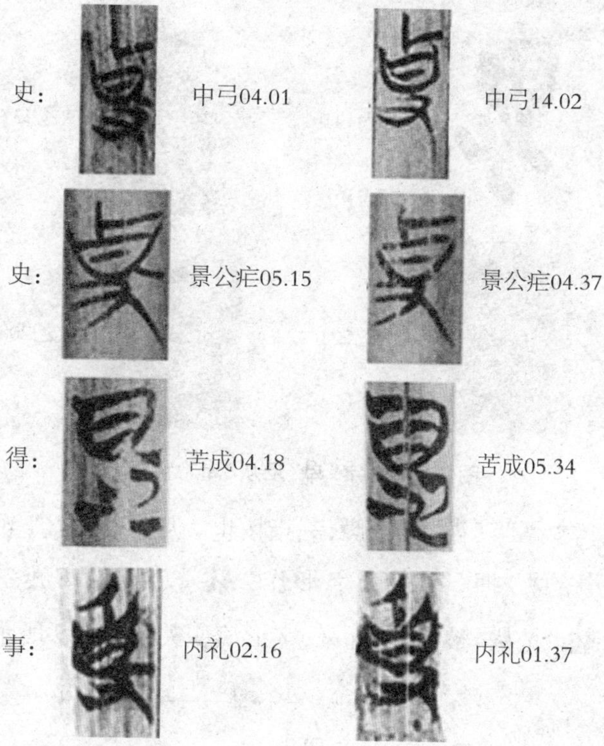

图7

图7每行均是同一篇竹书中之字例，左边字形皆比右边字形多出一斜笔。

战国时期的六国文字，“卑”上所从字形，往往与“甲”有一些区别，并不完全一致。但秦文字的“卑”，其上却与本系“甲”之形基本相同。所以，抄手在将楚文字底本转抄为秦文字文本的过程中，在秦楚文字转换并不熟练的情况下，极有可能把从“广”从“又”从“甲”的字形误抄作“庳”。

“厭”（於葉切）是影母葉部入声开口重纽四等字；“厭”在“镇”的意义上迭加义符的形声字“壓”是影母葉部入声开口二等字。“甲”是见母葉部入声开口二等字，从“甲”得声的“鸭”是影母葉部入声开口二等字。“厭”和“甲”声韵关系极近，“壓”和“鸭”的音韵地位更是完全一致。在战国楚文字中用一个以甲为声符、以又形符的字表示训为“壓”“镇”“抑”的“厭”，从音韵的角度看是最自然直接的。

在隶楷阶段的汉字中，有个从手从甲的“押”，是“壓”的后起形声俗字，张涌泉先生（2014）已有详考。另外，“壓”在“用手指按壓”这个意义上有个

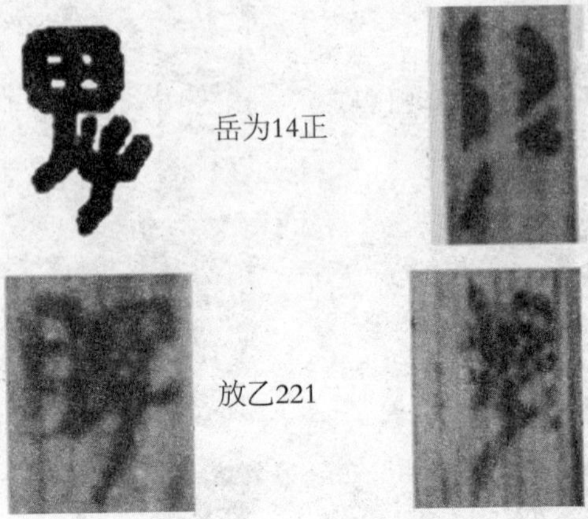

图8　秦文字“卑”及从“卑”之字

从“手”的分化字“擪”,《说文》:“擪,一指按也。从手、猒声。”

《古文四声韵》“押”下有个字形作“⿰高坴”(四5.20)。李春桃先生(2012)认为“⿰高坴”是从“壓”讹变而来,字形演变关系如图9所示:

壓:⿸广⿱猒土——→⿱猒土——→⿱⿰高犬土——→⿰高坴

图9

这一解释明白晓畅,当可信从。

前揭两位先生的文章(张涌泉 2014,李春桃 2012)还列举了不少中古文献中“押”“壓”通用的例证,如:

(1) 慧琳《一切经音义》卷六七《阿毗昙毗婆沙论》第七卷音义云:“壓,于甲反,《仓颉解诂》云:壓,镇也,笮也。论文作押……。”

(2) 慧琳《一切经音义》卷二六“打掷埳押。”注:“押,正体作壓。”

(3) 韩愈《游太平公主山庄诗》:“故将台榭押城闉。”注云:“押作壓。”

(4) “押韵”又作“壓韵”,“押宝”又作“壓宝”。

后代汉字中“壓”“擪”和“押”的关系,与楚文字以从“甲”声之字表示“厭”,逻辑基本一致。后世文字中的“押”,虽然很可能与战国文字没有直接关系,但可以证明用以“甲”为声符、以“手”“又”(或“攴”)等为义符的字形来表示“壓”“厭”的情况客观存在。既然后世有这种文字现象,那么在音韵关系不变的前提下,在秦汉之际也存在类似的文字现象,自然也是可能的。虽然现在并没有发现直接的楚文字证据,但将“庳”看作一个从战国楚文字转写过来的特殊字形，原本写作从“广”（或从“厂”）从“又”（或从“攴”）从“甲”，其中“甲”是声符，与秦文字中训为“低”的“庳”是同形字的关系，仍不失为一种合理的解释。

附注

① 楚文字中“广”与“厂”、“又”与“攴”常常讹混。

参考文献

北京大学出土文献研究所（2014）《北京大学藏西汉竹书》五，上海：上海古籍出版社：133。

范常喜（2014）《马王堆简帛古文遗迹述议》，载中国文化遗产研究院编，《出土文献研究》第十三辑，上海：中西书局。

——（2016）《简帛探微》，上海：中西书局。

季旭昇（2014）《说文新证》修订增补版，台北：艺文印书馆。

李春桃（2012）《传抄古文研究》，吉林大学古籍研究所博士学位论文。

李学勤（1981）《新出简帛与楚文化》，载湖北省社会科学院历史研究所编，《楚文化新探》，武汉：湖北人民出版社。

——（2001）《〈马王堆简帛文字编〉序》，载《马王堆简帛文字编》，北京：文物出版社。

刘乐贤（2008）《马王堆帛书〈式法〉中的“無堯”和“鄗”》，载复旦大学出土文献与古文字研究中心编，《出土文献与古文字研究》第二辑，上海：复旦大学出版社。

名和敏光，广濑薰雄（2016）《马王堆汉墓帛书〈阴阳五行〉甲篇整体结构的复原》，载中国文化遗产研究院编，《出土文献研究》第十五辑，上海：中西书局。

裘锡圭（2014）《长沙马王堆汉墓简帛集成》，北京：中华书局。

田　炜（2017）《马王堆汉墓帛书〈阴阳五行甲篇〉抄写者身份与抄写年代补说》，载复旦大学出土文献与古文字研究中心编，《战国文字研究的回顾与展望》，上海：中西书局。

张涌泉（2014）《说“押韵”的“押”》，载新建设编辑部编，《文史》第一辑，北京：中华书局。

（200433　上海，复旦大学出土文献与古文字研究中心
njuchengshaoxuan@ sina. com）

语源学视角下的“一词兼有相反二义”及其形成机制

潘薇薇

提要 文章从语源学理论出发，用“反义同源”的全新视角分析了“反义共词”现象，并从逆向思维导致的“反向引申”及认知语言学理论的“事件域”模型对这一现象的成因进行分类；从思维层面分析了语源与创世神话的同构，并在此基础上探讨了语源的模糊性特征。

关键词 语源学；反义同源；反向引申；认知；模糊性

“一词具有相反两义”的反义同源形式，训诂学上称为“反义同词”，语源学视角下“反义同词”产生原因是一个语源同时承载了一对相反或相对的语义。术语的差异体现了对这一现象的认识差异，“反义同词”是从语义角度出发，一个词具有相反的两个义项，它们之间是本义与引申义或引申义与引申义的关系，而出现这种现象的原因则是反向引申。学界关于“反义同词”现象的研究路径主要有以下两种：一种是从词汇学角度出发，将该类语词按照动作类型分为“施受同词”“买卖同词”“借贷同词”“求与同词”几类，用词义引申和上下位概念范畴来解释其他类型的“反义同词”现象（王玉鼎 1993）；另一种则引入新近的认知语言学理念，从语言的体验性特征出发，从动作的主体、特征、事物属性、事物间关系、视角等差异出发解释该类词语的产生原因（师璐 2003）。

一、反向引申与反义同源

王宁先生（1996）[123-124]在《训诂学原理》探讨了“反义共词”存在的条件，认为凡是能共存一词的两个相反的义项相互之间必然是“相因”的，因而也只能是反向引申的结果。我们认为,比起存在的条件,反向引申更确切地说,是“反义同词”的一种形式,例如“左”,本义为“辅佐、帮助”,同时还有“违背”的意思,本义通过反向引申这个形式得出了引申义。王宁先生提出了“反义”的一些限制,如“所谓反义,只能是反向引申的结果,在意义上,虽反向而不能绝然矛盾。在逻辑上,绝对对立的意义不可能共词,在感情上绝然相反的意义也不可能共词。反向除去施与受外,只是动与静、先后两端、不同侧面、相依因果……它们属反向,但不互相排斥。”(王宁 1996)[124]王先生所谓的“相因”,可以概括为两个对立的义项之间存在相互转化的可能,或者说只有当相反的两个义项之间存在相互转化的关系时,它们才可称为“反义同词”。但是何为“绝对”“绝然”?什么样的“绝对”矛盾双方是不可以互相转化的,王先生没有详说。在这里,这个看似明确的定义却有着模糊的边界。王先生举了声符字“介”为例,认为“介”既有“大”义,就绝不可能再同时承担“小”义,因为“大”与“小”是她认为的意义上绝然相反的两种概念,绝不可能同时出现在同一事物上,因而断定这两个语义是“同字不同词”。

“介”是否可以同时承载“大”“小”二义,我们可以通过系联一组同源词分析。殷寄明先生(1998)的《汉语同源词大典》分别系联了一组声符为“介”的同源词,现摘录如下:

玠:大圭。奈:大。该组同源词均有“大”义。

芥:小草。价:旧称供役使的人。砎:坚硬的石头。骱:骨坚硬。该组同源词皆有“小”的义素。

很明显,以上是一组声符相同的反义同源词组,王宁先生(2002)的《汉字构形学讲座》一书专章讨论了“构件在组合中的功能”,提出声符具有“示源”的功能。“在具有示音功能的构件中,有一部分还同时可以提示词源意义,也就是具有示源功能。这是由于一部分形声字属于源字的分化字。”很明显,在这组反义同源词中,声符“介”携带了源义素,这组同源词中的源义素“大”“小”只能来自示源构件“介”,因此在这组反义同源词中,语源同时承载了一对相反的语义,这就是反义同源现象,而训诂学上的“反义同词”,从语源学的角度看即为反义同源的一种表现形式。

结构主义认为所有的事物都是在与其他事物的关系中找到自己的位置的,我们认为这种认识符合客观现实。正如大与小、美与丑、好与坏、真与假,这些概念都是相对的产物,只有定位了参照物,才能获得彼此的位置,而这些对立的概念,它们都是彼此的参照物。湖泊与池塘相比为大,而与大海相比则为小,在这里“大”与“小”就同时寄存于同一事物,这样的例子不胜枚举。我们认为,声符“介”完全可以同时承载“大”与“小”两个相反的语义,至于后世的文献中不见“小”义,则是语言使用的选择,随着语词不断增值,表意分工也更加明确、细化,原先“介”所承载的“小”义,因为有了更多专门的语词来承载,因而也就在语言使用的过程中慢慢脱落了,这是语言的进化法则。

王先生强调,所谓反义,只能是反向引申的结果,但是反向引申只是手段,不是原因。很明显,反向引申所依据的是逆向思维。我们生活的世界不是单向度的,这个世界所有的物质都有正反两面。思维是人类主观的意识活动,根据物质与意识之间的互动关系,我们得出逆向思维的方式是合理的。在这样的客观世界里“绝对”一词本身就显得那么虚妄,正如物理学上“绝对零度”的概念,其实是 -273.15℃,相对于其他的温度,这个温度是目前人类科技可以做到的最低,因此这个“绝对”其实仍是有参照物的、相对的。

在强调语词的表意功能的同时,我们有必要再回溯一下语源的定义与历史,语源是文字发明之前,存在于口头语言中的语音与语义的结合体,是后世语词增殖、语言发展的内在根据。(殷寄明 1998)[4] 很明显,语源的起源是非常原始的,而语词表意的精确性则可视为是语言使用的要求,是漫长的发展过程中语词进化的方向。我们知道,人类可发出的音节数量是有限的,约为1 000 多个,在文字出现之前,用以表意的物质外壳资源如此有限,那么通过逆向思维而得出的一对相反或相对的语义寄于同一个音节之上,完全符合人类文明的发展水平;事实上,甲骨文中大量存在的同音或音近假借现象表明,即使是在文字创制之初,因为文字表意功能的低下,有限的音节仍然要承载日益繁多的语义,所以才会大量的假借,直到文字这一物质外壳越来越多的参与到表意中来,原来主要依靠音节来承载的语义慢慢转移到文字上来,表意的丰富性、精确性才成为可能。因此,我们可以说表意是语词的起点,而精确性则是语词进化的方向。在书契兴起之前,一个音节可以承载多个不同的语源,而一个语源当然也可以承载一对相反或相对的语义,这不仅是受人类文明发展水平的限制,也折射了我们所生活的客观世界的存在方式;因此通过逆向思维进行的反向引申,得出的一对相反或相对的语义,完全可以用一个文字形式来承载。

王宁先生在后续的论述中,阐述了共词的两个反向意义在使用上的明显差别,提出了“不共境”“使用频率不平衡”,这两点是很有见地的。一词可以兼具相反二义,但是这两个相反的语义不能同时出现在同一语境中,这类似于逻辑学中的“A”与“B”为一对相反的命题,“A”与“B”不可能同时为真,一个词同时具有相反的两个义项,而这对相反的义项同时出现在一个语句中,必然会扰乱语句的表意功能。至于使用频率不平衡,这种区分来自语言使用,而非语源,在使用中有一个语义被当做常用义经常出现,而另一个语义在使用中的位置则被更多的同义词所取代,最终脱落了,这是语言的进化论,能适应更多语言环境的语义得以保留,反之则被使用者淘汰。

二、“事件域”认知模式下的反义同源

接下来我们将从认知的角度寻找“一词兼有相反二义”的形成原因。王寅先生(2005)[152]在《认知语言学探索》中将“反义同词”现象置于“事件域认知模式”(“ECM”模式)的认识分析方法之下:

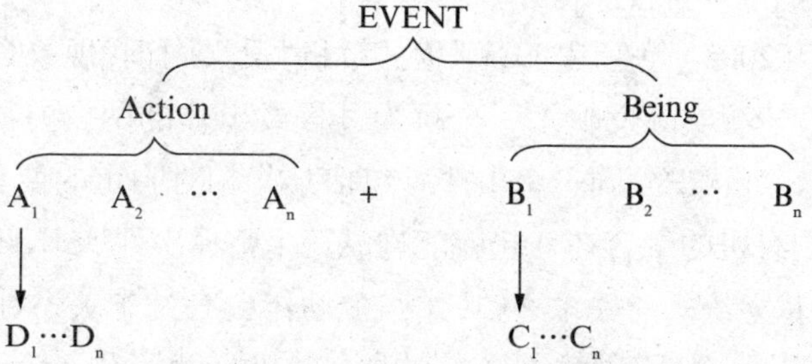

一个基本事件域包含两个核心要素——行为与事体。ECM 是个层级模式,第一层是动作要素和事体要素,第二层是这个要素所包含的子要素,第三层则是各子要素所包含的典型特征信息。(王寅 2005)[153]“事件域”认识模式的优势在于,它揭示事物可以解构为不同层级、不同方面的不同特点,反过来说,可以从不同层级的不同特征出发,来描写同一事物。《认知语言学导论》(弗里德里希·温格瑞尔等 2004)中将基本层次范畴和基本经验分为行为、事件、特性、状态和处所,这是一种更加详细化的分类方式,但是这些分类仍然是基于同一事物的,在本部分所考释的“一词兼有相反二义”的

情况中，就有从行为、事件、状态等不同视角出发得出的语义，但这些分类最终仍回归于同一整体。例如，“借”的本义为“借入”，有“借来”“出借”两个义项，就“借”这个动作行为来说，本身就是出借方与贷入方兼备才可能完成，一方“借出”，另一方自然就是“借入”，就“借”这个行为本身来说，“借出”与“借入”只是从不同的角度出发得出的语义，是一个行为的两个方面而已。再如“市”，本义为集中进行交易的场所，有“购买”及“卖出”一对相反的义项，就“市”这个事物来说，本来就是进行买卖的场所，有“买”自然就有“卖”，对“市”这个事物来说，“买”“卖”从不同的角度描述了同一件事物。“奔”的本义为“快跑”，引申出“逃跑”与“追逐”二义，这个义项描述的是同一个行为的两个方面，有“追逐”才用“逃跑”，否则只能称为“跑”，何须言“逃”？“宰”的本义为“充当家奴的罪人”，有“主宰者”的义项，“主宰”与“被主宰”是一对相互依存的整体，在这种关系中，缺了一方无以成立，因此这两个相反的义项是同一种关系的两个方面。以上所列举的例子为了证明，它们所拥有的一对相反的义项，是同一个事物、行为、关系状态……（我们可以将之简称为“一个整体”）的两个方面，它们的不同只是描述角度的不同，而它们的同则是来自同一事物的不同角度的不同特征，简言之，是基于同一整体的两个不同的方面。

王寅先生（2005）[164]在用“ECM”模式解析“反义同词”现象时得出了类似的认识，“这种情况实际反映了一个行为过程或事体的两个方面”，“人们在体验的基础上，可认识到同一个事件可包括某些相对固定的要素（包括行为和事体），它们有机的融合在一起就能构成一个整体事件域E，其中各要素互为依存，处于对立统一的关系之中，如一个动作会有始末关系、因果关系、施受关系，如果用一个词来表示这种对立关系时，就产生了一词两反义的现象”。

关于“一词兼有相反二义”，无论是词汇学术语“反义共词”，还是训诂学的“相反同根”“美恶同辞”，都不是从发生学角度做出的解释，而从语源学角度我们可以阐释其形成机制，即一个语源同时承载了一对相反或相对的语义。至于这种寄寓同一语源的相反或相对语义是如何形成的，我们已试着建构两种分析模式，一是逆向思维主导的反向引申，一是认知语言学“事件域认知模式”的认知分析，而不同的路径所形成的语义在其形式上也有所区别。

首先要区分“一物两面”与“反向引申”，前文我们已举例说明，所谓“一物两面”是指从同一事物的不同层级的不同特征来描述同一事物，在这一过程中并不触发逆向思维；换言之，“一物两面”包含的一对相反的语义，它们是从同一个事物的两个不同方面的特征概括而来，不触发逆向思维，这两个相反的语义是以义项的形式呈现的。

“反向引申”则是从一个语义出发通过触发逆向思维机制，得出另一个相反的语义，而这两个相反的语义，彼此之间只有逆向思维机制相联系，不统一到同一个事物之上，也不一定以义项的形式出现，而是义素与义项兼而有之，如：

“乖”的本义为“违背”，反向引申出“乖巧”义，“违背”与“乖巧”并非“乖”这一动作行为不同层级的两个特征，完全是触发逆向思维而来，这一对相反的语义以义项的形式出现。

再如：“周”的本义为“周密、严谨”，引申出“和调”义，再反向引申出“极端的”之义，这两个语义无法统一到“周”这个状态上，且是以义素的形式呈现相反状态。“溟”的本义为“小雨濛濛”，反向引申出“海”之义，显然这两个语义无法统一到“溟”这一事物之上，且以义素的形式呈现相反。

三、创世神话与思维同构

在既有的研究中对“反义共词”成因的解释，主要是借鉴辩证法与矛盾论。如张世禄先生(1984)在《汉语同源词的孳乳》中解释道：“因为相对或相反的意义，反映着客观上矛盾对立的事物。毛主席《矛盾论》关于矛盾同一性的理论说：‘一切矛盾着的东西，互相联系着，不但在一定条件下共处于一个统一体中，而且在一定条件下互相转化。’矛盾对立的事物，双方处于一个统一体中是互相依存的，所以反映这种关系的相对或相反的意义，也必定是互相联系的。矛盾对立的事物，又在一定条件下各向着相反的方向转化；因之反映着这种转化的过程，在词义的发展过程当中，就有反训的现象，如‘乱’训‘治’、‘故’训‘今’之类。这就是同一个词或词素有相对或相反的意义。这样词义向着对立面转化的发展结果，运用到新词的构造和孳生当中，就成为同一词源里产生反义词的现象。”张先生的看法最具代表性，在后来的诸多研究中不断地被沿用。

在本研究中,我们将尝试将创世神话与语源结构相类比,寻找超越辩证法之外的新的解释。语言与神话都是人类意识领域的产物,通过分析人类如何建构神话,我们或可从思维模式层面理解人类是如何建构语源。

中国的创世神话中,接受度最高的当属盘古开天辟地的故事。《艺文类聚·第一卷·天》引徐整的《三五历纪》载:"天地混沌如鸡子,盘古生其中,万八千岁,天地开辟,阳清为天,阴浊为地,盘古在其中,一日九变,神于天,圣于地,天日高一丈,地日厚一丈,盘古日长一丈,如此万八千岁,天数极高,地数极深,盘古极长,后乃有三皇,数起于一,立于三,成于五,盛于七,处于九,故天去地九万里。"(袁珂 1979)

无独有偶,《圣经·创世纪》的开篇,也讲了一个类似的故事,"起初,神创造天地。地是空虚混沌,深渊上一篇黑暗,神的灵运行在水面上。神说:'要有光!'就有了光。神看光是好的,他就把光暗分开了。神称光为昼,称暗为夜。有晚上,有早晨,这是第一日。神说:'众水之间要有苍穹,把水和水分开。'事就这样成了。神造了苍穹,把苍穹以下的水和苍穹以上的水分开了,神称苍穹为天。有晚上,有早晨,这是第二日。"在这个创世神话中,创世主——神用7天时间创造世界,其中就包括把天与地分开,而之前的世界是一片混沌。

赫西俄德的《神谱》中说,最早诞生的神是卡俄斯,卡俄斯是音译名,希腊文原文为 Χάοζ,英文译作 chaos,随后诞生的是大地女神该娅(*Γαῖαν*),再由该娅生出天神乌拉诺斯(*Οὐρανὸν*),"将她完全覆盖,以作为受佑诸神永远稳固的栖居地"。卡俄斯、该娅、乌拉诺斯均为音译,后两者在希腊语中分别为土地及天的意思。卡俄斯(Χάοζ),在另外一个译本中被直接译为"浑沌",并从语源学角度进行了追溯,"最接近古希腊词源解释是'开口'、'豁口'、'空洞',或'张开的深处'、'一个打开的口子'。我们可以把它想象为无限延伸的空间。因为,这时天地尚未产生,还没有或上或下的空间限制"(吴雅凌 2010)[191]。"浑沌的基本特征是黑暗。在古希腊宇宙起源叙事中,黑暗往往是最早存在的元素。"(吴雅凌 2010)[192]

于是,三个创世神话在思维结构上显现了同源的特征。世界的最初,是一片混沌,关于中国古代创世神话的混沌说,袁珂先生(1988)认为和汉代末年逐渐发展起来的"浑天说"的天文学思想有关,由混沌生出天与地,而后才有了世间万物。"混沌"一词代表着古代人类的宇宙观,中国的"浑天说",一般认为是以张衡为代表,《晋书 · 天文志 · 上》载《浑天仪注》曰:“天如鸡子,地如鸡中黄,孤居于天内,天大而地小。天表里有水,天之包地,犹壳之裹黄。天地各乘气而立,载水而浮。周天三百六十五度又四分度之一,又中分之,则半一百八十二度八分度之五覆地上,半绕地下,故二十八宿半见半隐。其两端谓之南北极。北极乃天之中也,在正北,出地上三十六度。然则北极上规径七十二度,常见不隐。南极天地之中也,在正南,入地三十六度。南规七十二度常伏不见。两极相去一百八十二度强半。天转如车毂之运也,周旋无端,其形浑浑,故曰浑天。”“周旋无端,其形浑浑”,可知“浑天说”是以形命名,而由之而来的“混沌”也应具备“周旋无端”的特征。

英文 chaos,由希腊文 Χάοζ 而来,两词同源,《二十一世纪英汉大辞典》对 chaos 的释义为:“混乱、纷乱、无秩序”,《柯林斯英汉双解大辞典》关于 chaos 的英文解释为: Chaos is a state of complete disorder and confusion. 无论是从中文还是英文、希腊文的释义来看,“混沌”一词的基本特征都为“无序”“混乱”,可以说“混沌”代表的是一种未知、未明的状态,而由“混沌”而分化天地、生育万物的过程则是由未知、未明走向澄明的过程。

神话是由人创造的,语言是由人创造并使用的,在这里我们要将“混沌”与“语源”放在一起类比。创世神话中,世界起源于“混沌”,并从“混沌”中分出天地,而天与地是相对的存在;“语源”则是语言中类似“混沌”的存在,或者说“混沌”是“语源”的内在属性之一,“反义同源”则是“语源”这个“混沌”包含着的一对语义相反或相对的因子,随着“语源”分裂,它们各自获得了独立,有了清晰的边界,从原初的“混沌”走向了澄明。“语源”和创世之初的“混沌”是完全可以类比的,因为它们都是人的创造,很明显人类在创造它们的时候包含了思维的同一性;而使用是促使语源分化的“神”,正是人类对表意明确性及语义边界清晰化的不断追求,使得一对语义相反或相对的因子所共同寄寓的这个语源发生了分化,于是“混沌”结束了,澄明诞生了。

有关“混沌”,在此我们还要引入一点哲学思考。布多(1992)在《混沌哲学》中提出,混沌可以出现在简单的系统里,既有复杂中的单纯性又有简单中的复杂性,并借分析逻辑斯蒂方程的非线性指出“混沌学揭示着虚构性,因为经典的单纯性是赝品……尺度不再是有规则的东西,而是无规则的东西。有序不再是规范,而是无秩序中例外的小岛。”在这里,混沌是真实的存在,是普遍性的规律,而单纯与有序则是被虚构出来的赝品,无规则本身就是规则,无序是运动的规律。不仅如此,混沌还是事物本身所固有的,“系统运动状态的复杂性,并不来自外部环境干扰的作用,而是系统本身内在的或固有的”。将哲学思考引入语源,我们可以说,混沌是语源本身所固有的属性,混沌不是“他者”而是语源自身,混沌即是语源的规律。“混沌规律是复杂系统的规律,是非线性规律。”“混沌是有结构的、有规律的,也可以是稳定。”(陈中立 1993)单个语源这个看似简单的系统本身就是复杂的,而一个语源同时包含一对语义相反的因子,这对因子需要依靠对方才能确立彼此,这便是混沌的语源的秩序。语源分裂后,这对因子各自语义的澄明,则是以混沌的语源中彼此之间的关联作为基础的。

伍铁平先生(1986)在《论反义词同源和一词兼有相反二义》一文开篇即引美国语言学家萨丕尔、英国语言学家莱昂斯、美国心理学家奥斯古德和宋代画家郭熙之言,试图从不同学科的不同角度证明,模糊性是语言的本质特征,而这正是反义词同源及一词兼有相反二义的根本原因,后来伍先生专门著有《模糊语言学》(2000)一书,成体系地阐释语言的这一特征以及模糊性对语言学各部门所产生的影响。

模糊是语源的特征之一,然后混沌却不止于模糊,它还有包容之义,一个混沌的语源本来就包容这一对语义相反或相对的因子,而语源的分化则可视为这对因子的各自诞生,就如同天与地的分开与诞生。

四、结　论

综上所述,“反义共词”从语源学的视角来看,就是一个语源同时含有一对相反或相对的语源,而此种类型反义同源现象的成因则可以从两个方面概括,一是触发逆向思维通过反向引申的路径形成,一是对同一事物的行为、性质、状态、处所等不同视角的描写而形成。通过反义同源的语源结构与中西创世神话结构的横向对比,从思维同构的层面再次确认了反义同源在思维层面的合理性,并探讨了语源的模糊性特征,正是由于这一特征导致了反义同源现象的存在。

参考文献

布多·A(1992)混沌哲学,世泉摘译,《世界哲学》第4期。

陈中立(1993)混沌与真理,《江汉论坛》第8期。
吴雅凌(2010)《神谱笺释》,北京:华夏出版社。
房玄龄(唐)等(1974)《晋书》,北京:中华书局。
弗里德里希·温格瑞尔,汉斯-尤格·施密特(2004)《认知语言学导论》,彭利贞、许国萍、赵微译,上海:复旦大学出版社,111-121。
师　璐(2008)同词反义的认知研究,《西安外国语大学学报》第1期。
王玉鼎(1993)反义同词的产生、发展和消亡,《古汉语研究》第2期。
王　宁(1996)《训诂学原理》,北京:中国国际广播出版社。
王　宁(2002)《汉字构形学讲座》,上海:上海教育出版社:53。
王绍辉(2010)《神谱》,赫西俄德著,上海:上海人民出版社。
王　寅(2005)《认知语言学探索》,重庆:重庆出版社。
伍铁平(1986)论反义词同源和一词兼有相反二义,《外语教学与研究》第2期。
——(2000)《模糊语言学》,上海:上海教育出版社。
殷寄明(1998)《语源学概论》,上海:上海教育出版社。
袁　珂(1979)《古神话选释》,北京:人民文学出版社:1。
——(1988)《中国神话史》,上海:上海文艺出版社。
张世禄(1984)《张世禄语言学论文集》,上海:学林出版社:533。

(200444　上海,上海大学文学院　wwpan81@sina.com)

三国、西晋诗人用韵的数理统计分析*

魏鸿钧

提要 文章以"数理统计法"讨论三国、西晋时期各韵部的历时演变及分合条件。除在前人的研究基础上审视"之咍""脂皆""蒸登""侵覃""职德""质没""月曷"等分部问题;也对"幽侯鱼歌"四部的链动关系;"阳部庚"的归属;"真文元"混押;"药铎"合并;"祭泰部"的语音内涵,等韵类交涉情况提出看法。

关键词 数理统计;上古韵;合韵;音韵层次

一、前　　言

周祖谟(1996)[1] 将魏晋以迄隋朝之音分成"魏晋宋""齐梁陈隋"两个时期。鉴于国都转移,标准语的基础可能随之改变,前期之"魏晋宋"可再分出:1. 魏、西晋:定都洛阳;2. 东晋、南朝宋:定都建康。"魏、西晋"在文学地理上以河淮为主导中心,当地的政经地位及自然条件与先秦、两汉一脉相承,主要是京邑之所在,在文化发展上有一定的领导地位。自永嘉之乱后,南北处于分裂局面,文学中心转以江东为发展重镇,(胡阿祥 2001)据此,有充分理由将两个时期分开讨论。本文旨在以"数理统计法"讨论三国、西晋时期的诗人用韵,具体的写作时间从公元 220 到 316,计 97 年。这期间的韵类研究,主要见于林炯阳(1971/1972)《魏晋诗韵考》、丁邦新(1975)《魏晋音韵研究》以及周祖谟(1996)《魏晋南北朝韵部之演变》。即便三家所处理的语料时代、内容相当,对于魏晋分部看法有别者尚有十四处:

1. 两汉宵:丁邦新分宵、豪;林炯阳、周祖谟不分。

---

* 本文获台湾科技部专题研究计划项目"周秦至隋诗歌用韵计量研究"(项目编号 NSC101-2410-H002-153-MY2)资助。

2. 两汉真文：林炯阳、周祖谟分真、魂；丁邦新分真、文、魂。

3. 两汉谈：林炯阳、周祖谟分谈、盐；丁邦新不分。

4. 两汉侵：周祖谟分侵、覃；林炯阳、丁邦新不分。

5. 两汉盍：林炯阳分叶、盍、狎；周祖谟分叶、盍；丁邦新不分。

6. 两汉缉：林炯阳、周祖谟分缉、合；丁邦新不分。

7. 祭部内涵：林炯阳，祭霁；丁邦新，皆祭废齐；周祖谟，祭霁怪。

8. 泰部内涵：林炯阳、周祖谟，泰夬废怪；丁邦新，泰夬。

9. 之部脂韵：丁邦新魏晋入脂部；周祖谟魏晋入之部；林炯阳魏入之部，晋入脂部。

10. 之部皆韵：丁邦新、周祖谟魏晋入咍部；林炯阳魏入脂部，晋入皆部。

11. 幽部脂韵：丁邦新魏晋入之部；林炯阳、周祖谟不详。

12. 职部屋韵：林炯阳、丁邦新魏晋入沃部；周祖谟魏入职部，晋入沃部。

13. 觉(沃)部觉韵：丁邦新、周祖谟魏晋入沃部；林炯阳魏入沃部，晋入屋部。

14. 蒸部耕韵：林炯阳、丁邦新魏晋入耕部；周祖谟魏晋入登部。

以下借助“数理统计法”，先以上古韵部框架对三国、西晋诗人用韵作“辙离合指数”分析；再于各辙内以中古16摄、206韵的架构进行“韵离合指数”及“卡方检验”。[①]检验结果除可归纳出三国、西晋时期的韵类关系，也可细致观察韵类的演变情况。

二、三国、西晋诗人用韵的“辙离合指数”分析

“辙离合指数>2”“韵次≥3”者共23组：[②]

1. 幽宵3.1、幽侯2.4、幽觉2.7、宵药14.1、侯鱼6.1、鱼歌2、支歌10.6。

2. 脂微7.3。

3. 职觉7.7、觉药33.3、觉屋11.7、药铎6.4、药锡14.8、铎锡4.3。

4. 质物42.3、质月9.4、物月2.9、物缉11.5、月叶21.3。

5. 蒸冬7.5、冬东4.6、冬侵2.4。

6. 真文4.9。

以下合并为十一辙，再于各辙内做细部分析：

	16 650	之	幽	宵	侯	鱼	支	脂	微	歌	职	觉	药	屋	铎	锡	质	物	月	叶	缉	蒸	冬	东	阳	耕	真	文	元	谈	侵
之	1 166	506	1.3		0.4		0.6	0.8	0.3		0.5			0.1			0.1														
幽	809	76	313	3.1	2.4	0.2		0.2			0.3	2.7	0.8	0.2																	
宵	227		34	92		0.1						1	14.1		0.5																
侯	339	9	39		58	6.1		0.1		0.1		1.3		0.9	1.5																
鱼	1 266	2	12	1	156	457				2					1.7																
支	170	7					25	1.1	1	10.6							1														
脂	357	21	3		1	1	4	69	7.3	0.6						0.7	1.4	1.7	0.5								0.1	0.2	0.1		
微	1 000	21			1		10	156	381	0.8		0.2				0.1	0.2	0.4										0.1			
歌	902	3			1	139	98	11	41	303					0.1	0.3															
职	366	12	6								158	7.7		1.6		0.3		1.6	0.4	2.4	0.5										
觉	77		10	1	2				1		13	15	33.3	11.7	0.7	1.7															
药	26		1	5								4	5		6.4	14.8															
屋	259	1	2		5						9	14		114																	
铎	301			2	9	38				1		1	3		117	4.3	0.5	0.7	0.1												
锡	130							2	1	2	1	1	3		10	53	2.5		0.6												
质	103	1					1	3	1						1	2	24	42.3	9.4												

（续表）

	16 650	之	幽	宵	侯	鱼	支	脂	微	歌	职	觉	药	屋	铎	锡	质	物	月	叶	缉	蒸	冬	东	阳	耕	真	文	元	谈	侵
物	84							3	2		3				1		22	21	2.9		11.5										
月	412							4	1		4				1	2	24	6	180	21.3											
叶	19										1								10	4											
缉	86										1							5			40										
蒸	181																					77	7.5	1.2	0.1	0.1	0.2				0.2
冬	183																					15	64	4.6							2.4
东	318																					4	16	134	0.5	0.1					0.5
阳	2 061					1																3	1	19	949	0.7	0.1				
耕	1 546																					1		2	129	679	0.5				
真	1 166	1						3														2			8	53	356	4.9	1.5		0.1
文	632							3	3																1	1	215	176	0.9		
元	1 593							4																	1	1	168	57	680		
谈	9																													4	2.1
侵	862					2																2	23	9		1	4		2	1	409

<table>
<tr><th>阴声</th><th>入声</th><th>阳声</th></tr>
<tr><td>1. 之</td><td rowspan="3">4. 职觉药屋铎锡</td><td>6. 蒸冬东侵</td></tr>
<tr><td rowspan="2">2. 幽宵侯鱼支歌</td><td>7. 阳</td></tr>
<tr><td>8. 耕</td></tr>
<tr><td rowspan="3">3. 脂微</td><td rowspan="3">5. 质物月叶缉</td><td>9. 真文</td></tr>
<tr><td>10. 元</td></tr>
<tr><td>11. 谈</td></tr>
</table>

三、三国、西晋诗人用韵的“韵离合指数”及“卡方检验法”分析

以下依“韵离合指数”及“卡方检验法”，于十一辙内部再做押韵分析：

(一) 之辙

	1166	之止	之流	之蟹
之止	967	431	5	38
之流	96	4	9	
之蟹	103	33		29
其他	154	68	74	12

上表韵离合指数均 < 50，显示“之止、之流、之蟹”互韵的情况不多，分出：

1. 之部：之止[jə(~ji)之]。

2. 哈部：之蟹(ə > ɛ 灰咍)。

＊之流[(B)ə、(B、Kw)jə > u 侯、ju 尤]，入幽部。

“之止、之蟹、之流”分指上古之部内的中古止摄字、蟹摄字及流摄字(下文同)。可以推断周秦的之部一等字(之部蟹摄)，到了三国、西晋独立为哈部(ə > ɛ)；之部二等字不见于用韵；之部三等字(之部止摄)保留央元音 ə。

“之部流摄”的情况比较复杂，从“之流、其他”74 韵次来看，“之流”受双唇及圆唇舌根音声母影响转入幽部[(B)ə、(B、Kw)jə > ju]，同幽(u)、侯(o > u)两部流摄字相押：

作者	诗名	韵字	上古韵部	中古韵目
曹植	《野田黄雀行》	牛尤丘/游柔羞酬求流遒忧/讴	之/幽/侯	尤/尤/侯
	《三郡民为应詹歌》	母/朽守阜/后	之/幽/侯	厚/有/厚

周祖谟(1996)[9] 说之部上声“否鄙轨”和去声“备”字，在晋宋时期有人用在之部，有人用在脂部，参差不齐，是语音开始转变的现象。周先生所举是之部脂韵字，从韵段上看，三国、西晋之部三等除脂韵“否鄙邳”转入脂部外，少数之韵字也有“i 音化”倾向，转与脂部(ji)、微部(jəi > ji)的止摄字相押，如疑、思：

作者	诗名	韵字	上古韵部	中古韵目
傅玄	《墙上难为趋》	疑/諮资/蕤追悲飞辉衣幾薇归围巍希肥非违	之/脂/微	之/脂/脂 脂脂微微 微微微微 微微微微 微微
阮籍	《咏怀诗》	思/姿/遗畿晞	之/脂/微	之/脂/脂 微微

（二）幽宵侯鱼支歌辙

	3 713	幽止	幽流	幽效	幽遇	宵效	宵江	侯流	侯遇	侯江	鱼遇	鱼假	支止	支蟹	歌止	歌假	歌果	歌蟹
幽止	12										21							
幽流	635		248	4		3		61	7		2							
幽效	161		5	60		32			1									
幽遇	1										125							
宵效	226		5	29		92												
宵江	1																	

(续表)

	3 713	幽止	幽流	幽效	幽遇	宵效	宵江	侯流	侯遇	侯江	鱼遇	鱼假	支止	支蟹	歌止	歌假	歌果	歌蟹
侯流	62		28					4	28		19							
侯遇	275		10	1				5	49		72				1			
侯江	2																	
鱼遇	1 041	2	8	1	1	1		9	147		413	2						
鱼假	225										3	41			1	86	89	
支止	140												13	123	102	14		
支蟹	30												9	3	52			
歌止	411								1		1	1	88	9	124	9	1	164
歌假	67											19	1		3	2	95	
歌果	423											118			2	39	132	
歌蟹	1														1			
其他	257	10	83	5		7	1	12	13	2	42	2	16	6	57	1		

我们把“字次10以下”“韵次3以下且离合指数过高”的情况去掉(下同),整理出:

1. “支止、支蟹”123、“支止、歌止”102、“歌假、歌果”95等合韵皆>90,可以合并。

2. “幽流、侯流”61、“侯遇、鱼遇”72、“鱼假、歌假”86、“鱼假、歌果”89、“支蟹、歌止”52介于90和50之间,须做“卡方检验”分析:

	幽流	侯流	侯遇	鱼遇	鱼假	歌假	歌果	支蟹	歌止
幽流	248	7.977							
侯流	28	4							
侯遇			49	37.735					
鱼遇			147	413					
鱼假					41	0.013	2.974		

（续表）

	幽流	侯流	侯遇	鱼遇	鱼假	歌假	歌果	支蟹	歌止
歌假					19	2			
歌果					118		132		
支蟹								3	18.117
歌止								9	124

表中“鱼假、歌假”0.013、“鱼假、歌果”2.974 <7.378，显示无别；“幽流、侯流”7.977、“侯遇、鱼遇”37.735、“支蟹、歌止”18.117 >7.378，应再分部。

3. “幽止”“幽效”“宵效”与各韵韵离合指数均<50，独立一部。

“幽宵侯鱼支歌辙”统计结果分部如下：

1. 幽部：幽流[（m）u 侯、ju 尤幽]。
2. 豪部：幽效[u、ru、iu > ou（~au）豪、rou（~rau）肴、iou（~iau）萧]。
3. 宵部：宵效（au 豪、rau 肴、jau 宵、iau 萧）。
4. 侯部：侯遇（jo 虞）。
5. 鱼部：鱼假（ra 麻、ja 麻）、歌假（rai、jai > ra 麻、ja 麻）、歌果（ai > a 歌戈）。
6. 支部：支止（je 支）、支蟹（re 佳、ie 齐）、歌止（jai > jei（jəi）> je 支）。

* 幽止[（Kw）ju > jə ~ ji 脂]，转入之部、脂部。
* 侯流[o > o（~u）侯]。
* 鱼遇（a、ja > o 模、jo 鱼虞）。

幽部一、二、四等（幽部效摄）元音裂化为豪部（u > ou）；三等除“幽部止摄”及少数“幽部流摄”字外，大致上元音不变。从韵段上看，“幽部止摄”先元音央化入之部；再 i 音化入脂部[（Kw）ju > jə（~ji）]，如轨字：

作者	诗名	韵字	上古韵部	中古韵目
陆云	《答孙显世诗》	子纪趾已/轨	之/幽	止/旨
曹摅	《答赵景猷诗》	否/轨/履秕	之/幽/脂	旨

少数幽部三等字有元音裂化倾向[ju >（jou）> jau]，转与“宵部字”（au）相押，如“收周稠秋”：

作者	诗名	韵字	上古韵部	中古韵目
陆机	《答贾谧诗》	条稠秋/僚	幽/宵	萧尤尤/萧
郑丰	《南山》	萧收周秋/翘	幽/宵	萧尤尤尤/宵

“秋”字,《康熙字典》曰:“又七遥切,音锹。”“周”字,《康熙字典》引《韩非子》曰:“一作翢。”“翢”字,《广韵》土刀切;从“周”声如“裯琱调雕雕鵰”,《广韵》俱入效摄。“收”从“丩”声,同从“丩”声字如“叫䚯訆”,《广韵》均读作效摄。显见这些字虽然上古读幽部,中古入流摄,实际上却有 au 韵(上古宵部、中古效摄)的读法。

部分幽部一、二、四等字(幽部效摄)元音复化后有转入宵部的倾向(u > ou > au),形成中古效摄格局的前身,如:

作者	诗名	韵字	上古韵部	中古韵目
曹攄	《赠石崇诗》	萧皋/僚朝瑶招高豪	幽/宵	萧豪/萧宵宵宵豪豪

数理统计“侯部流摄”归属不明。从“侯流、幽流”互押 28 韵次来看,“侯部流摄”有元音高化倾向,转与幽部字相押(o > u)。韵段上可见“侯部流摄”押侯部遇摄(jo)、鱼部遇摄(a > o)为保守层;押幽部流摄(ju)为创新层,如:

作者	诗名	韵字	上古韵部	中古韵目
张载	《登成都白菟楼诗》	隅殊区楼侯鉤/虚蔬餘居庐鱼蝑巫衢娱	侯/鱼	虞虞虞侯侯侯/鱼鱼鱼鱼鱼鱼鱼虞虞虞
陆云	《失题》	畴由忧留/楼	幽/侯	尤/侯

数理统计鱼部一、三等(鱼部遇摄)具有独立地位。但从“鱼遇、侯遇”相押高达 147 韵次来看,鱼部一、三等 a 元音应 o 音化读同侯部字,如:

作者	诗名	韵字	上古韵部	中古韵目
曹植	《精微篇》	拘俱躯/书如除居图	侯/鱼	虞/鱼鱼鱼鱼模

歌部一、二等字(歌部假摄)复元音单化(ai > a)与鱼部假摄字(a)合流为新的鱼部:

作者	诗名	韵字	上古韵部	中古韵目
曹植	《远游篇》	霞家华/峨阿歌多波过沙	鱼/歌	麻/歌歌歌歌戈戈麻

少数歌部三等字音变同一、二等,i 尾丢失入鱼部,如嗟字:

作者	诗名	韵字	上古韵部	中古韵目
陆机	《祖道毕雍孙刘边仲潘正叔诗》	遐华家/阿嗟	鱼/歌	麻/歌麻

歌部三等字元音高化(jai > je),同支部字合流,[③]如:

作者	诗名	韵字	上古韵部	中古韵目
潘岳	《在怀县作诗》	卑斯枝畦/垂羲移池吹椅离施宜	支/歌	支支支齐/支

(三) 脂微辙

	1 357	脂止	脂蟹	微止	微蟹
脂止	225	30	31	77	6
脂蟹	132	10	29	16	59
微止	840	114	13	296	47
微蟹	160	2	27	49	36
其他	145	39	24	72	10

“脂止、微止”77、“脂蟹、微蟹”59 介于 90 和 50 之间。“卡方检验”结果:“脂止、微止”14.792、“脂蟹、微蟹”15.437 均 >7.378,显示该辙应分出“脂部止摄”“微部止摄”“脂部蟹摄”“微部蟹摄”四部。但从“微止、微蟹”49 韵次、“微止、脂止”114 韵次来看,“微部止摄”应处于语音变动状态中,没有独立地位[jəi > jəi(~ ji)];同理,“脂蟹、脂止”10 韵次、“脂蟹、微蟹”27 韵次,也显示“脂部蟹摄”[ri、i > ri、i(~ rəi、əi)]处于语音变动状态中。以下

分出:

1. 脂部:脂止(ji 脂)。

2. 微部:微蟹(əi 灰咍、rəi 皆)。

* 脂蟹[ri、i > ri(~ rəi)皆、i(~ əi)齐]。

* 微止[jəi > jəi(~ ji)脂微]。

本辙的变化在于脂部二、四等字产生央化元音(ri、i > rəi、əi)与微部字相押:

作者	诗名	韵字	上古韵部	中古韵目
曹植	《七哀诗》	妻栖泥谐/依怀徊哀	脂/微	齐齐齐皆/微皆灰咍

微部三等字有元音高化倾向(jəi > ji),转与脂部字相押:

作者	诗名	韵字	上古韵部	中古韵目
裴秀	《大蜡诗》	肌师黎/绥追帷归	脂/微	脂脂齐/脂脂脂微

(四) 职觉药屋铎锡辙

1. "屋通、屋江" 105 >90,可以合并。

2. "职通、觉通" 68、"铎梗、铎宕" 60,介于 90 和 50 之间。"卡方检验"结果:"职通、觉通" 0.429 <7.378 无别;"铎梗、铎宕" 16.002 >7.378 分部。

"职觉药屋铎锡辙"分出:

1. 职部:职曾(ək 德、jək > jik 职)。[4]

2. 觉部:觉通(uk 沃、juk 屋)、职通[(B)jək > juk 屋]。

3. 屋部:屋通[ok(~ uk)屋、jok(~ juk)烛]、屋江[rok(~ ruk)觉]。

4. 铎部:铎宕(ak 铎、jak 药)。

5. 陌部:铎梗[rak、jak > rɛk(~ rek)陌麦、jɛk(~ jek)陌昔]。[5]

6. 锡部:锡梗(rek 麦、jek 昔、iek 锡)。

从韵段上看,职部"唇音"及"圆唇舌根音"声母字转与觉部字相押(同"之部流摄字"入幽部音变平行),中古入"屋"或"职德"韵:

	1 159	职止	职曾	职梗	职通	职流	职蟹	觉流	觉效	觉通	觉江	觉梗	觉效	药效	药江	药宕	药通	药梗	屋遇	屋通	屋江	屋梗	铎遇	铎梗	铎假	铎宕	锡梗	锡蟹	锡止	锡臻
职止	13																													307
职曾	319		146	44	38					9	36	22								3	3	54								
职梗	10		4	2						39																				
职通	15		5		1					68										18	77									
职流	6																													
职蟹	3																													
觉流	9																													
觉效	3																													
觉通	54		4	2	5					15										28	23	89								
觉江	3		1														83	166												
觉梗	5		1													188				26							24			
觉效	3													214									79							
药效	7												1																	
药江	6														2	92														
药宕	7											1			2											25	51			
药通	3										1						1													

(续表)

	1 159	职止	职曾	职梗	职通	职流	职蟹	觉流	觉效	觉通	觉江	觉梗	觉效	药效	药江	药宕	药通	药梗	屋遇	屋通	屋江	屋梗	铎遇	铎梗	铎假	铎宕	锡梗	锡蟹	锡止	锡臻
药梗	3										1													100						
屋遇	6																													
屋通	216		4		2					10		1								84	105									
屋江	35		1		1					2										29	1									
屋梗	2		1							1																				
铎遇	86												1										18	3	40					
铎梗	130																	2					1	43		60	19			
铎假	6																						1		1	27				
铎宕	79															1								27	1	25				
锡梗	120											1				3								10			52			
锡蟹	5																											1		
锡止	2																													
锡臻	3	1																												
其他	116	12	6			6	3	9	3			1	1	6					6	2			47	4	2		2	3	2	2

作者	诗名	韵字	上古韵部	中古韵目
陆机	诗	蝠/缩/辱	职/觉/屋	屋/屋/烛
陆机	诗	域/觉	职/觉	职/觉
陆云	赠顾骠骑诗	牧服嘿/育笃/觌	职/觉/屋	屋屋德/屋沃/锡

职部“蝠牧服”《广韵》入屋韵；“域嘿”却入职德韵。考域字，《经典释文》于逼反（职韵）又于目反（屋韵）；嘿字，《集韵》迄德切（德韵）又莫六切（屋韵）。这些职部字多半有保守和创新两读，保守 ək 不变中古入职德韵；创新受唇音及圆唇舌根声母影响元音后高化入屋韵（ək > uk）。部分屋部字有元音高化倾向（ok > uk），转与职部通摄[（B）jək > juk 屋]、职部曾摄[（Kw）ək > uk 德]、觉部通摄（uk 沃、juk 屋）、觉部梗摄（iuk 锡）字相押，如：

作者	诗名	韵字	上古韵部	中古韵目
陆云	《赠顾骠骑诗》	牧服嘿/育笃/觌	职/觉/屋	屋屋德/屋沃/锡
陆机	《赠武昌太守夏少明诗》	服国/迪/曲	职/觉/屋	屋德/锡/烛

少数“铎部梗摄字”受二、三等介音影响有元音高化倾向[rak、jak > rɛk、jɛk（~ rek、jek）]，转与锡部字相押，如：

作者	诗名	韵字	上古韵部	中古韵目
挚虞	《答伏武仲诗》	获尺/适壁	铎/锡	麦昔/昔锡

（五）质物月叶缉辙

	704	质臻	质山	质止	质蟹	物臻	物蟹	物止	月山	月臻	月蟹	月止	叶咸	叶蟹	缉深	缉止
质臻	59	18	26	11		85		5	15							
质山	19	2							97		14					
质止	21	1		3			109	79								
质蟹	4										88					
物臻	22	11				3		11		287						

(续表)

	704	质臻	质山	质止	质蟹	物臻	物蟹	物止	月山	月臻	月蟹	月止	叶咸	叶蟹	缉深	缉止
物蟹	3			1							78					
物止	59	1		9		1		17			7					155
月山	145	5	14						56		13			14		
月臻	1					1										
月蟹	265		2		3		2	3	11		112	117		105		
月止	1										1					
叶咸	9												4			
叶蟹	10								1		9					
缉深	81														40	
缉止	5							5								
其他	32	3	1	4	1	3		6	2		10		1		1	

1. “质山、月山”97、“月蟹、叶蟹”105 >90,可以合并。

2. “质臻、物臻”85。“卡方检验”结果:“质臻、物臻”0.452 <7.378,显示无别。

综上所述,“质物月叶缉辙”分为:

1. 质部:质臻(jit 质)、物臻(jət > jit 质术)。⑥

2. 月部:月山(at 曷末、rat 辖黠、jat 月薛、iat 屑)、质山(it > iat 屑)。

3. 祭部:月蟹(ad、rad、jad > ai 泰、rai 夬怪、jai 废祭)、叶蟹(ab > ad > ai 泰)。

4. 缉部:缉深(jəp 缉)。

从韵段上看,质部四等字 i 元音裂化为 ia,转与月部字相押(it > iat):

作者	诗名	韵字	上古韵部	中古韵目
张协	《杂诗》	节/越髮月察别设	质/月	屑/月月月黠薛薛

物部三等字(物部臻摄)ə 元音前高化,转与质部字相押(jət > jit):

作者	诗名	韵字	上古韵部	中古韵目
董京	诗	密质实室/述	质/物	质/术

叶部从“盍”得声之字转入祭部(ab > ad > ai):

作者	诗名	韵字	上古韵部	中古韵目
枣腆	《答石崇诗》	沛赖带泰介/盖	祭/叶	泰泰泰泰怪/泰

(六) 蒸冬东侵与谈辙

	1 553	蒸梗	蒸曾	蒸通	冬通	东通	东江	谈咸	侵咸	侵深	侵通
蒸梗	3		110								
蒸曾	160	3	72		4	2	4				4
蒸通	18			2	93	8					72
冬通	183		3	12	64	17	4				96
东通	276		2	1	15	101	103				37
东江	42		1		1	32	1				
谈咸	9							4	39		
侵咸	30							1	2	87	
侵深	798				1	1			25	380	
侵通	34		1	1	22	8				2	
其他	37		6		1	15	6			9	

1. “蒸通、冬通”93、“冬通、侵通”96、“东通、东江”103 皆 >90,可以合并。

2. “侵咸、侵深”87 介于90和50之间。卡方检验“侵咸、侵深”4.58 < 7.378,显示无别。

本辙分出:

1. 蒸部：蒸曾(əŋ 登、jəŋ > jiŋ 蒸)、蒸梗(rəŋ 耕)。[7]

2. 冬部：冬通(uŋ 冬、juŋ 东)、蒸通[(B、Kw)jəŋ > juŋ 东]、侵通[(B)jəm > juŋ 东]。

3. 东部：东通[oŋ(~uŋ)东、joŋ(~juŋ)钟]、东江(roŋ 江)。

4. 侵部：侵咸(əm 覃、jəm 盐、iəm 添)、侵深(jəm 侵)。

蒸部梗摄字次少，从韵段上看押蒸部一等字，如：

作者	诗名	韵字	上古韵部	中古韵目
潘岳	《为贾谧作赠陆机诗》	橙/层崩恒	蒸	耕/登

蒸部三等“唇音”及“圆唇舌根音”声母字转入冬部[(B、Kw)jəŋ > juŋ]，同之部、职部音变平行；侵部“风”字亦归属于冬部[(B)jəm > juŋ]，如：

作者	诗名	韵字	上古韵部	中古韵目
石崇	《答曹嘉诗》	梦/中融隆终戎躬冲	蒸/冬	东
阮籍	《咏怀诗》	雄/隆融冲戎崇终/风	蒸/冬/侵	东

部分东部一、三等字有元音高化倾向，转与冬部字相押(oŋ > uŋ)，如：

作者	诗名	韵字	上古韵部	中古韵目
陆机	《赠武昌太守夏少明诗》	隆戎/东工庸	冬/东	东/东东钟

(七) 阳辙、耕辙

从韵段上看阳辙、耕辙多有交涉，以下合并观察：

	3 607	阳宕	阳梗	阳臻	耕梗
阳宕	1 848	899	11		
阳梗	205	19	27		72
阳臻	8			4	
耕梗	1 546	5	124		679
其他	93	26	8		59

“阳梗、耕梗”72 介于 90 和 50 之间。卡方检验“阳梗、耕梗”40.063 > 7.378,应再分部:

1. 阳部:阳宕(aŋ 唐、jaŋ 阳)。

2. 耕部:耕梗(reŋ 庚耕、jeŋ 庚清、ieŋ 青)。

* 阳梗[raŋ、jaŋ > raŋ(~reŋ)庚、jaŋ(~jeŋ)庚]。

从韵段上看,阳部梗摄受二、三等介音影响,有元音前高化倾向,下表押“阳部宕摄”为保守层(aŋ);押“耕部梗摄”为创新层(aŋ > eŋ),无独立地位:

作者	诗名	韵字	上古韵部	中古韵目
张华	《祖道赵王应诏诗》	王相方彰/<u>明</u>	阳	阳/庚
陆云	《赠顾尚书诗》	<u>英兄明</u>/生成灵	阳/耕	庚/庚清青

(八)真文辙、元辙

从韵段上看,“真文辙、元辙”多有交涉,以下分“等第”观察:[8]

1. 真部:真臻三(jin 真谆臻)。

2. 文部:文臻一(ən 魂痕)。

3. 元部一、二:元山一(an 寒桓)、元山二(ran 删)。

4. 元部三:元山三[jan > jan(jɛn)(~jən)元仙]、真山三[in(A 类)> ian(iɛn)仙]、文山三[iən(A 类)> in > ian(iɛn)仙]、元山二[jan(jɛn)山]。

5. 元部四:元山四[ian(ien)先]、文山四[iən > in > ian(ien)先]、真山四[in > ian(ien)先]。

* 文臻三[jən > jən(~jin)真谆臻文欣]。

* 真梗三、四(jeŋ 庚清、ieŋ 青,从令声)。

“真部三等”元音不变仍读 jin;“真部四等”i 元音裂化入元部[in > ian(ien)先]。

“文部一等”元音不变读 ən;“文臻三、文臻一”53B;“文臻三、真臻三”62B,显示“文部三等”既不同于文部一等;也未并入真部三等,处在 jən ~ jin 的语音变动阶段。“文部四等”ə 元音先前高化入真部,再裂化入元部[iən > in > ian(ien)先]。

	3 387	真梗	真臻一	真臻三	真山三	真山四	文臻一	文臻三	文山二	文山三	文山四	元山一	元山二	元山三	元山四
真梗	57	1		2				3							
真臻一	4			36N			123N	44N							
真臻三	787	1	1	272		11	6	62B		19	9		4	8	2
真山三	33					65T				197N			91	99	34
真山四	285			16	8	57	17	5	28N	61T	84T	4	45	59B	77T
文臻一	47		2	2		3	9	53B					11	19	13
文臻三	526	1	1	182		5	14	149	20N	6		2	2	8	5
文山二	9					1		1			204N		66N	120N	
文山三	31			4	1	7		1			222N		111	79T	
文山四	15			1		5			1	1				87T	53T
元山一	607			1		5		4				198	70T	46	6
元山二	258			5	5	23	1	2	1	6		92	22	71B	54B
元山三	647			19	15	70	4	13	5	11	6	105	70	148	80B
元山四	81			1	1	23	1	2			1	3	7	29	6
其他	83	53		10	3	5	2	2				1	2	4	1

元部一、三、四等看起来分成三类；一等元音不变读 an；三、四等受介音影响读 ɛn、en。an、ɛn、en 看起来是同一韵类的条件变体，因诗人审音加细分成三类，我们仍拟作 an。元部二等“删”近寒桓；“山”近先仙，“文山三”只押细音一类，故放在元部三等。

“真梗、其他”53 韵次，从韵段上看“真部梗摄”与“耕部梗摄”（eŋ）、“阳部梗摄”（aŋ > eŋ）字相押，显示从“令”得声之字收舌根尾：

作者	诗名	韵字	上古韵部	中古韵目
无名氏	《济济篇》	英行/鸣倾城停庭/零	阳/耕/真	庚/庚清清青青/青

真部四等 in 裂化为 ian，转与元部字相押，同“质部四等”入月部音变平行：

作者	诗名	韵字	上古韵部	中古韵目
陆机	《塘上行》	渊坚年/边妍前宣鲜捐全	真/元	先/先先先仙仙仙仙

文部三等 ə 元音受介音 j 及前鼻音韵尾 n 影响有元音前高化倾向，转与真部字相押，处于语音变动阶段［jən > jən（~ jin）］如：

作者	诗名	韵字	上古韵部	中古韵目
傅玄	《苦相篇》	陈神尘人宾身新秦/珍辰唇春云	真/文	真/真真谆谆文

文部四等 ə 元音应先前高化入真部，再随真部四等裂化入元部［iən > in > ian（ien）］：

作者	诗名	韵字	上古韵部	中古韵目
陆机	《赠潘尼诗》	天玄/先/园兰冠	真/文/元	先/先/元寒桓

“川”字（文部山摄三等）上古入文部或元部，[⑨] 中古属仙韵 A 类。从《诗经　云汉》：“焚熏闻遯川”相押来看，周秦当入文部；三国、西晋 ə 元音先前高化入真部（iən > in），再裂化入元部（in > ian）：

作者	诗名	韵字	上古韵部	中古韵目
陆机	《长歌行》	弦/川/间闲旋全捐延然宣	真/文/元	先/仙/山山仙仙仙仙仙仙

四、相关议题的讨论

(一)之、咍二分的问题

林炯阳、丁邦新、周祖谟俱指出三国时期之部一、二等为咍部;三等为之部。数理统计显示“两汉平声”已分。(魏鸿钧 2016)[18-19]到了三国、西晋,咍部一等上、去声自之部上、去声分出(二等不见于用韵);之部三等字有元音高化倾向(jə>ji),转与脂部(ji)、微部(jəi>ji)止摄字相押;“之部流摄”转入幽部[(B)ə、(B、Kw) jə>ju],与幽(u)、侯(o>u)两部流摄字合流。

(二)“幽侯鱼歌”四部的链动关系

罗常培、周祖谟(1958)主张西汉侯鱼合为一部,其结论为林、丁、周所沿用。从丁邦新(1975)[239]的拟音来看:周秦侯部读 ug、鱼部读 ag,西汉合并同读作 ag(>aï)。到了魏晋,侯部一等转入幽部(ou);鱼部二等及部分三等字转入歌部(ra、jia)。值得商榷的是两汉侯部不论一等(侯部流摄)、三等(侯部遇摄)几乎不与“鱼部假摄字”接触(魏鸿钧 2016)[19-20],丁先生将侯、鱼无条件合并为 ag 显然不符合用韵事实。具体的情况应是:东汉歌部一、二等(歌部假摄)复元音单化与鱼部假摄合并(ai>a);鱼部一、三等受到链动作用影响元音高化(a>o),转与侯部流摄(o)、侯部遇摄(jo)接触。到了三国,侯部一等进一步元音高化与幽部流摄接触(o>u),从“幽流、侯流”61B来看尚未完全合并。换言之,侯部一等转入幽部是 ai(歌)→a(鱼)→o(侯)→u(幽)链动过程的末端阶段,林、丁、周将时间点划入魏晋,从数理统计上看直到东晋、南朝宋才完成。此外,林、丁、周俱将三国时期的“幽部效摄”并入“宵部效摄”。前文“幽效、宵效”仅32,显示不足以合并,具体合并的时间点应在南朝后期。丁邦新将宵部分出宵(jau、jiau、iau)、豪(au、rau),但未说明主要元音及韵尾相同,分部的意义何在?我们检验三国、西晋宵部字如下表:

宵部＋药部去声	234	萧韵四等	宵韵三等	肴韵二等	豪韵一等
萧韵四等	31	1	115		
宵韵三等	163	25	54	12	32
肴韵二等	13		1	1	121
豪韵一等	27		5	6	4
其他	40	4	24	4	8

表中"宵三、萧四" 115 一类；"豪一、肴二" 121 一类，确实应依洪细再分，实际音值为宵部一、二等 au、rau；三、四等 jɛu、iɛu。au、ɛu 看起来是同一韵类的条件变体，因诗人审音加细分成两类，我们仍拟作 au。⑩

(三)"脂、皆"二分的问题

罗常培、周祖谟(1958)提到周秦脂、微，两汉合并为脂部。其结论为林、丁、周所沿用，并在两汉脂部的基础下划分出魏晋脂、皆。丁邦新(1975)[240]的拟音如下表：

韵部	等第	周秦	东汉	魏晋	中古
脂部	二等	rid	riəi	rəi	皆 ǎi
	三等	jid	jiəi	jiəi	脂 i
	四等	id	iəi	iəi	齐 iei
微部	一等	əd	əi	əi	咍 âi
	二等	rəd	rəi	rəi	皆 ǎi
	三等	jiəd jəd	jiəi jəi	jiəi jəi	脂 ji 微 jěi
	四等	iəd	iəi	iəi	齐 iei

丁先生魏晋分出脂部(jiəi 脂、jəi 微)、皆部(əi 咍、rəi 皆、iəi 齐)，从拟音上看主要元音和韵尾皆相同，且魏晋拟音看起来和东汉没什么差别，既然无别，那么分部的意义何在？再看，脂部三等周秦和中古都是 i 元音，中段 iə 显得多余。照我们的观察，周秦脂、微到了两汉并非完全合并，牵涉到的音变有：

1. 脂部二等产生了央化元音(ri > rəi);2. 脂部四等 i 元音裂化为 əi;3. 微部三等有元音高化倾向(jəi > ji),尚不足以和“脂止”合并。三国、西晋“脂微辙”的语音格局大致和两汉相同。换言之,周秦“脂微”分出魏晋“脂皆”,音变路径上并非“脂微合一”后分出,而是脂部二、四等 i 元音裂化为 əi 与微部字合韵;微部三等 ə 元音前高化与脂部字相押,脂、皆即便二分,也是 i、ə 元音对立,而非相同的主要元音。

(四) 蒸、登二分的问题

周秦蒸部,林、丁、周俱于魏晋时期分出蒸、登。从蒸部三国、西晋的用韵内涵来看:

	181	蒸东三	蒸耕二	蒸蒸三	蒸登一
蒸东三	18	2			
蒸耕二	3				152
蒸蒸三	144			65	23
蒸登一	16		3	3	4
其他	27	14		11	2

“蒸部蒸韵、蒸部登韵” 23,显示确实应依等第二分。我们拟定一等元音不变仍读 əŋ(登部);三等受 j 介音影响读 jiŋ(蒸部)。“蒸部耕韵”林炯阳、丁邦新魏晋入耕部;周祖谟魏晋入登部,表中 3 韵次全押蒸部登韵,宜入登部。至于“蒸部东韵”14 韵字押“其他” ,前文已见转入冬部[(B、Kw)jəŋ > juŋ]。

(五) “阳部庚”的归部问题

罗常培、周祖谟(1958)指出“阳部庚韵”一类的字,到了东汉大半转入耕部。其结论为林、丁、周所沿用,他们将“阳部庚韵”都划入魏晋耕部。从数理统计观察,三国、西晋“阳梗、耕梗” 72B ,不构成合并条件。但是从韵段观察,“阳部梗摄”有 aŋ ~ eŋ 两读,其中押“阳部宕摄”为保守层(aŋ);押“耕部梗摄”为创新层(eŋ)。两类完全合并的时间点应在东晋、南朝宋。

(六) 真文元的合韵关系

罗常培、周祖谟(1958)指出收-n 诸部到了汉朝,真文合为一部,与元部是音近关系,其结论为诸家学者所沿用。到了晋朝,林炯阳、周祖谟把上古

“真文元”分出真(真谆臻文欣)、魂(魂痕)、寒(寒桓删)、元(元山先仙)四部;丁邦新进一步分出文部(文欣),并对各部拟测为:真(rjiən、jiən)、魂(ən)、文(jən)/寒(an、uan、ran)、元(ran、rian、jan、jian、ian)。真、魂、文同为ə元音;寒、元同拟作a元音,分部的意义是什么?丁先生没有多做说明。我们观察两汉“真文合韵”只涉及文部三等字央元音前高化(jən > jin),与真部或文部的二、四等字无涉。依此来看汉后的演变,就会清楚真部(真谆臻文欣)、魂部(魂痕)二分,实际上是文部三等央元音前高化(jən > jin)与真部字合并;文部一等(魂痕)维持央元音的结果。文部三等涵盖中古“真谆文欣”,就三国、西晋的用韵情况来说,“文部真谆”央元音前高化与真部字合流(jən > jin);“文部文欣”虽同属三等,符合央元音i音化的条件,却在音读保守(jən)与创新(jin)之间游移不定,保守(jən)又因诗人审音加细与魂痕(ən)在用韵上分出两类。同属文部三等,为什么“真谆”变化快?“文欣”或变或不变?从声母上看,“真谆”多舌齿,“文欣”多喉牙,锐音声母驱使央元音前高化;钝音声母ə或变或不变,随诗人有别。

林、丁、周俱将“元部”依洪细分出寒(寒桓删)、元(元山先仙)。从数理统计上看,元部应分出一等an、三等ɛn及四等en。an、ɛn、en虽音值有别,但不具有音位意义。“删、山”虽同属二等,但用韵上“删”近洪音一类;“山”近细音一类。从入韵字观察,山韵主要是“山闲闲间简”等字,其中除“山”字外,[11]全是见系开口二等,推测已带有细音成分,故与“先仙”三、四等字相通。

(七)侵、覃二分的问题

上古收-m诸部到了晋朝,林、周从“谈部”分出谈、盐,丁不分;周从“侵部”分出侵、覃,林、丁不分。从下表看,谈部各韵的字次太少,没提供太多语音消息。“侵部侵韵、侵部覃韵、侵部盐韵”看起来同在一部,没必要将覃韵分出:

	871	谈谈	谈盐	谈添	侵侵	侵覃	侵盐	侵添	侵东
谈谈	3	1	62						
谈盐	5	1	1	150				150	
谈添	1		1						
侵侵	798				380	88T	94T		6

(续表)

871		谈谈	谈盐	谈添	侵侵	侵覃	侵盐	侵添	侵东
侵覃	19				16	1	106		
侵盐	10				9	1			
侵添	1		1						
侵东	34				2				
其他	43				11				32

(八)职、德二分的问题

周秦职部到了魏晋,林、丁、周俱认为一、二等分出德部;三等仍归职部,丁邦新拟音如下表:

周秦		魏　晋
职	一、二等	ək(德)、rək(麦)
	三等	jək(职)

表中职、德虽分出两部,但在主要元音上没什么差异。从三国、西晋职部内的统计数字来看:

	348	职德一	职麦二(革)	职职三	职屋三
职德一	132	46	30	36	22
职麦二(革)	10	2	2	26	
职职三	191	26	2	76	27
职屋三	15	2		3	1
其他	28	10	2	8	8

"职德一、职麦二"30,要合并成一类过于牵强。从韵段上看"职麦二"的归属不明,不作讨论。"职德一、职职三"仅36,明显分出两类,其中一等元音不变仍读 ək(德部);三等受 j 介音影响 ə 音 i 化读 jik(职部)。

（九）药、铎合并的问题

周秦的药、铎，到了魏晋林、丁、周俱合并一部。丁邦新拟测药部（akw）丢失 w 尾，故与铎部字（ak）相押。检视三国、西晋药部的 14 个韵段中，仅“鹤、溺”押铎部字，很难看出药、铎有什么合并的理由。到了东晋、南朝宋，药部主要的变化是一、三等并入铎部（auk、jauk > ak、jak）；二等并入屋部（rauk > rok）。[12]换言之，即便药部并入铎部也仅限于一、三等；二等并入屋部，不与铎部字相交涉。周祖谟（1996）[28]说两汉铎部字到了魏晋“陌昔”与“药铎”有分用的趋势，但仍将铎部“陌昔药铎”同药部“药铎觉锡”合并。就铎部“铎梗、铎宕” 60B 来看，我们认为三国、西晋铎部二等分出陌部（rak > rɛk）；三等或保守（jak）或创新（jak > jɛk），前者入中古“药韵”；后者入中古“陌昔韵”。

（十）“质没”“月曷”的分部问题

周秦“质部、物部”到了两汉，罗常培、周祖谟（1958）合并一部。魏晋时期，林、丁、周的作法一是将质部（周秦质物）“质术栉物迄”与“没”对立；二是质部“屑薛黠”并入月部“屑薛月黠”；三是质月部“屑薛月黠”与月部“曷末辖”分开，三个步骤形成魏晋“质没月曷”四部分立的格局，丁邦新拟音为：

韵部	拟音
质	jət（物部迄）、jiət（质部质术、物部质）。
没	ət（物部没）。
月	rat（物部黠）、riɑt（质部黠）、riat（月部黠）、jat（月部月薛）、jiat（月部薛）、iat（质部屑、月部屑）。
曷	at（曷）、uat（末）、rɑt（辖）。

从上表来看，“质、没”（ət）、“月、曷”（at）分出四部，差异在介音而非主要元音。我们统计三国至南朝宋“质物月”三部内臻、山摄入声的交涉情况后，大致可以分出：

1. 质部：质质（jit）、物术（jət > jit）。

2. 没部：物没（ət）、月月［jat > jat（~ jət）］。

3. 月部细：质屑［it > iat（iɛt）］、月屑［iat（iɛt）］、月薛［jat（jɛt）］。

4. 月部洪：月曷(at)、月末(uat)。

从分部上可以看出“物部三等”央元音前高化并入质部(jət > jit)；“物部一等”元音不变(ət)，与受三等介音影响元音央化的“月部月韵”字相押(jat > jət)，尚不及合为一部。丁先生拟“质、没”同属 ə 元音，我们认为两部是 i、ə 元音对立的格局，相较于两汉，前者 it 的辖字扩大，中古分出质、术韵；后者 ət 的辖字缩小，中古入没韵。

“物部物韵”的情况较为复杂，林、丁、周俱认为魏晋“物”与“质术栉迄”一部。到了宋代，周祖谟(1996)[30]认为：“物韵一类又脱离质术栉而独立。”从相配“文韵”ə 元音或者(w)jən > (w)jin 与真部字相押；或者 jən 不变与真部字有别的情况来看，物韵元音或变(jət > jit)或不变(jət)，随诗人有别。

“月部”依洪、细分类，实际音值为月部一等 at；三、四等为 jɛt、iɛt。at、ɛt 看起来是同一韵类的条件变体，因诗人审音加细分成两类，我们仍拟作 at。

(十一) 祭、泰部的内涵

周秦祭部(或称月部去声)，林、丁、周魏晋都分出祭、泰，但内涵有所不同：

	林炯阳	丁邦新	周祖谟
祭部	祭(祭霁)	祭：riad(皆(介杀拜迈))、jad(祭废)、jiad(祭)、juad(祭)、iad(齐)	祭(祭霁怪(届))
	泰(泰夬废怪)	泰：ad(泰)、uad(泰)、rad(夬)	泰(泰夬废怪(介芥))

从三国、西晋祭部的用韵内涵来看：

	275	祭祭	祭泰	祭夬	祭废	祭怪	祭代	叶泰
祭祭	101	32	28	31	14	28		
祭泰	124	11	36	114	118	112		130
祭夬	19	3	13		198			
祭废	14	1	10	1				
祭怪	6	1	4					200
祭代	1							

（续表）

	275	祭祭	祭泰	祭夬	祭废	祭怪	祭代	叶泰
叶泰	10		8			1		
其他	33	21	6	2	2		1	1

表中大致上可以看出“祭部祭韵”一类（jad > jɛi）；“祭部泰韵、祭部夬韵、祭部废韵、叶部泰韵”一类（ad、rad、jad > ai、rai、jai），具体的语音变化是月部三等字 a 元音前高化，中古入祭韵；少数三等字语音不变入废韵。ai、ɛi 上古同一部，中古同一摄，看起来是同一韵类的条件变体，因诗人审音加细分成两类，我们仍拟作 ai。

五、分辙分部小结

从林、丁、周的分部来看，魏晋音相较于两汉音有很大的变动。林、周不拟音值，无法看出具体的语音变化；丁邦新凡中古有别即在韵部系统内拟上不同的音变符号，如脂部（周秦脂微）jiəi 演变到中古是脂韵；jəi 是微韵，ji 和 j 看起来是纸上区别，从两汉到南朝宋用韵一路分析下来，微部三等分出两类，已变的“微部脂韵”元音创新与脂部三等字合流（jəi > ji）；未变的“微部微韵”元音保守独立一韵（jəi > jəi），两类不必泥守于“完全相同的条件下，不可能有不同的发展”的原则，强在介音加上条件符号。同样的例子如“文部三等”真谆拟 jiən；文欣拟 jən。从用韵上看，“真谆”央元音前高化与真部字合流（jən > jin）；“文欣”虽符合三等后接元音前高化的条件，但在与“真部”分合之间踌躇难定。从吕静“真臻文”无别；阳休之、杜台卿“真臻、文”二分来看：前者文韵跨界表现出 ə 元音前高化的倾向；后者“真臻”“文”二分保留音位上的区别。换言之，在不同韵书里“文部文韵”或者（w）jən > （w）jin 与真部字相押；或者（w）jən 不变与真部字有别，如此则文部三等“真谆”“文欣”不是 ji 与 j 的不同，而是语音创新和保守的差别。

林、丁、周俱以罗常培、周祖谟（1958）两汉脂微、质物、真文无条件合并作为魏晋韵部系统起点，从丁邦新拟音来看，魏晋“脂质真”i 元音裂化为 iə，除了整个韵部系统没有 i 作为主要元音，也无法解释用韵上的诸多疑点。[13]照我们的观察,周秦到魏晋"脂质真""微物文"都是i、ə元音对立的格局,内部的音变主要是"微部、物部、文部"三等字ə元音前高化为i;"脂部、质部、真部"二、四等i元音裂化为əi或ia。如此一方面脂微、质物、真文六部有合理的音变条件;另一方面韵部系统上也保留i作为主要元音。底下总结三国、西晋时期的分部概况,凡兼押两部者下加横线,意谓处于语音的变动阶段。部分用韵字次较少,不列入分部:

韵部	上古韵部+中古韵类
之部 ə	1. 之部止摄三等[jə(~ji)之] 2. 幽部止摄三等[(Kw)ju>jə(~ji)脂]
咍部 ɛ	之部蟹摄一等(ə>ɛ灰咍)。
幽部 u	1. 幽部流摄一、三等[(B)u侯、ju尤幽] 2. 之部流摄一、三等[(B)ə、(B、Kw)jə>u侯、ju尤] 3. 侯部流摄一等[o>o(~u)侯]
豪部 ou	幽部效摄一、二、四等[u、ru、iu>ou(~au)豪、rou(~rau)肴、iou(~iau)萧]
宵部 au	1. 宵部效摄一、二、三、四等[au豪、rau肴、jau(jɛu)宵、iau(iɛu)萧] 2. 幽部效摄一、二、四等[u、ru、iu>ou(~au)豪、rou(~rau)肴、iou(~iau)萧]
侯部 o	1. 侯部遇摄三等(jo虞) 2. 鱼部遇摄一、三等(a、ja>o模、jo鱼虞) 3. 侯部流摄一等[o>o(~u)侯]
鱼部 a	1. 鱼部假摄二、三等(ra麻、ja麻) 2. 歌部果摄一等(ai>a歌戈) 3. 歌部假摄二、三等(rai、jai>ra麻、ja麻)
支部 e	1. 支部止摄三等(je支) 2. 支部蟹摄二、四等(re佳、ie齐) 3. 歌部止摄三等[jai>jei(jəi)>je支]
脂部 i	1. 脂部止摄三等(ji脂) 2. 之部止摄三等(jə>ji脂) 3. 之部止摄三等[jə(~ji)之] 4. 幽部止摄三等[(Kw)ju>jə(~ji)脂] 5. 微部止摄三等[jəi>jəi(~ji)脂微] 6. 脂部蟹摄二、四等[ri、i>ri(~rəi)皆、i(~əi)齐]
微部 əi	1. 微部蟹摄一、二等(əi灰咍、rəi皆) 2. 脂部蟹摄二、四等[ri、i>ri(~rəi)皆、i(~əi)齐] 3. 微部止摄三等[jəi>jəi(~ji)脂微]

（续表）

韵部	上古韵部 + 中古韵类
祭部 ai	1. 祭部蟹摄一、二、三等[ad、rad、jad > ai 泰、rai 夬怪、jai 废 jai(jɛi)祭] 2. 叶部蟹摄一等(ab > ad > ai 泰)
职部 ik	职部曾摄三等(jək > jik 职)
德部 ək	职部曾摄一等(ək 德)
觉部 uk	1. 觉部通摄一、三等(uk 沃、juk 屋) 2. 职部通摄三等[(B)jək > juk 屋]
药部 auk	字次少，不列入分部
铎部 ak	铎部宕摄一、三等(ak 铎、jak 药)
陌部 ɛk	铎部梗摄二、三等[rak、jak > rɛk(～rek)陌麦、jɛk(～jek)陌昔]
屋部 ok	1. 屋部通摄一、三等[ok(～uk)屋、jok(～juk)烛] 2. 屋部江摄二等[rok(～ruk)觉]
锡部 ek	1. 锡部梗摄二、三、四等(rek 麦、jek 昔、iek 锡) 2. 铎部梗摄二、三等[rak、jak > rɛk(～rek)陌麦、jɛk(～jek)陌昔]
质部 it	1. 质部臻摄三等(jit 质) 2. 物部臻摄三等(jət > jit 质术)
物部 ət	字次少，不列入分部
月部 at	1. 月部山摄一、二、三、四等(at 曷末、rat 辖黠、jat 薛月、iat 屑) 2. 质部山摄四等(it > iat 屑)
叶部 ap	字次少，不列入分部
缉部 əp	缉部深摄三等(jəp 缉)
蒸部 iŋ	蒸部曾摄三等(jəŋ > jiŋ 蒸)
登部 əŋ	1. 蒸部曾摄一等(əŋ 登) 2. 蒸部梗摄二等(rəŋ 耕)
冬部 uŋ	1. 冬部通摄一、三等(uŋ 冬、juŋ 东) 2. 蒸部通摄三等[(B、Kw)jəŋ > juŋ 东] 3. 侵部通摄三等[(B)jəm > juŋ 东] 4. 东部通摄一、三等[oŋ(～uŋ)东、joŋ(～juŋ)钟]

(续表)

韵部	上古韵部+中古韵类
东部 oŋ	1. 东部通摄一、三等[oŋ(~uŋ)东、joŋ(~juŋ)钟] 2. 东部江摄二等(roŋ 江)
阳部 aŋ	1. 阳部宕摄一、三等(aŋ 唐、jaŋ 阳) 2. 阳部梗摄二、三等[raŋ、jaŋ>raŋ(~reŋ)庚、jaŋ(~jeŋ)庚]
耕部 eŋ	1. 耕部梗摄二、三、四等(reŋ 庚耕、jeŋ 庚清、ieŋ 青) 2. 真部梗摄三、四等(jeŋ 庚清、ieŋ 青,从令得声字) 3. 阳部梗摄二、三等[raŋ、jaŋ>raŋ(~reŋ)庚、jaŋ(~jeŋ)庚]
真部 in	1. 真部臻摄三等(jin 真谆臻) 2. 文部臻摄三等(jən>jin 真谆) 3. 文部臻摄三等[jən>jən(~jin)文欣]
文部 ən	1. 文部臻摄一等(ən 魂痕) 2. 文部臻摄三等[jən>jən(~jin)文欣]
元部 an	1. 元部山摄一等(an 寒桓) 2. 元部山摄二等[ran 删、jan(jɛn)山] 3. 真部山摄三等[in(A 类)>ian(iɛn)仙] 4. 文部山摄三等[iən(A 类)>in>ian(iɛn)仙] 5. 元部山摄三等[jan>jan(jɛn)元仙] 6. 元部山摄四等[ian(ien)先] 7. 真部山摄四等[in>ian(ien)先] 8. 文部山摄四等[iən>in>ian(ien)先]
谈部 am	字次少,不列入分部
侵部 əm	1. 侵部深摄三等(jəm 侵) 2. 侵部咸摄一、三、四等(əm 覃、jəm 盐、iəm 添)

附注

① 以"数理统计法"研究诗歌押韵,较早见于朱晓农(1982)《证北宋豫鲁地区十八辙三十四组》,至今研究成果已不在少数。限于篇幅,详细作法见朱晓农(1989/2006)、麦耘(1999,2002)。

② 辙离合指数>2,但韵次<3 计有:职叶 2.4、锡质 2.5、谈侵 2.1,以上合韵不做分辙考量。

③ 数理统计显示歌部三等(歌止)元音前高化后(jai>(jei)>je)与"支止"(je)同部,而

与"支蟹"(re、ie)有别。从"支蟹"自韵3韵次,"支蟹、歌止"互押9韵次来看,"支蟹、歌止"的合韵关系并不在少数,将之合为一部。

④ 职部曾摄字随洪细分出三等职部(jək > jik);一等德部(ək),这里先在拟音上做出区别。

⑤ 铎部三等《广韵》兼入"药韵"及"陌昔韵",前者为保守层(jak);后者为创新层(jɛk)。

⑥ 物部臻摄字可再分出"物臻三"(质术物)和"物臻一"(没),央元音前高化仅限于三等(jət > jit);一等元音不变(ət)。

⑦ "蒸部曾摄"随洪细分出三等蒸部(jəŋ > jiŋ);一等登部(əŋ),这里先在拟音上做出区别。

⑧ 指数后出现T表示经卡方检验结果两类相合;B表示两类不通;N表示字次、韵次太少不具参考价值。

⑨ 郭锡良(1986/2010)入文部 ən;郑张尚芳(2003/2013)入元部三 on。

⑩ 何大安(1981)也提出相同的观点,他说:"严格分用两部(宵豪)的人,如阮籍、潘尼、庾阐、周祇,和混用两部的人,如曹植、嵇康、潘岳、陆机、郭璞、陶潜,他们之间看不出有什么地理因素上的差异。潘岳、潘尼两叔侄作风各异正好说明了这一点。换句话说,分用合用不能代表方言上的现象,而是作者押韵宽严不一造成的。"

⑪ "山"字,《集韵》《韵会》所旃切,音仙,同样有带细音读法。

⑫ 东晋、南朝宋"药宕、铎宕" 94 ;"药江、屋通" 82T ,显示药部随等第有别有不同的发展,其中一、三等并入铎部;二等并入屋部。

⑬ 如从用韵上大致可以看出脂部止摄(ji)、微部止摄(jəi > ji)逐渐合并一类;脂部蟹摄(ri > rəi;i > əi)、微部蟹摄(əi、rəi)也是同样的情况;参与音变的主要是脂部二、四等及微部三等字。如果两部完全合并,无法解释为什么"脂部三等"几乎不与"微部一、二等"相押。

参考文献

丁邦新(1975)《魏晋音韵研究》,台北:"中央研究院"历史语言研究所。

郭锡良(1986/2010)《汉字古音手册》增订本,北京:商务印书馆:347。

何大安(1981)《南北朝韵部演变研究》,台湾大学中文研究所博士论文:34。

胡阿祥(2001)《魏晋本土文学地理研究》,南京:南京大学出版社:75。

罗常培,周祖谟(1958)《汉魏晋南北朝韵部演变研究·第一分册》,北京:科学出版社:34。

林炯阳(1971/1972)魏晋诗韵考,载台湾师范大学国文研究所编,《台湾师范大学国文研究所集刊》第十六号:1105-1302。

李方桂(1971/2001)《上古音研究》,北京：商务印书馆。
麦　耘(1999)隋代押韵材料的数理分析,《语言研究》第2期：112-128。
——(2002)用卡方计算分析隋代押韵材料,载吉林大学《语言文字论坛》编委会编,《语言文字学论坛》第1辑,北京：中国社会科学出版社。
魏鸿钧(2016)两汉诗人用韵的数理统计分析,《语言研究》第2期。
郑张尚芳(2003/2013)《上古音系》第二版,上海：上海教育出版社：256。
朱晓农(1982)证北宋豫鲁地区十八辙三十四组,复旦大学硕士学位论文。
——(1989/2006)北宋中原韵辙考——一项数理统计研究,载朱晓农,《音韵研究》,北京：商务印书馆：188-300。
周祖谟(1996)《魏晋南北朝韵部之演变》,台北：东大图书。

(363000　漳州,闽南师范大学文学院　1535195206@qq.com)

论官话方言中子变韵的合音成分*

支建刚

提要 子变韵名副其实，它就是由子尾与前行音节合音而成的。官话方言中的子变韵由两类子尾合音而来，子尾的演化链可能存在两条，在分析合音成分时应分而视之；[ə]类子变韵在现实方言中有正在发生演化的实例；林州中南部方言的“子”尾[ɔ]和[lɔ]具备[+后][+圆]特征，是[u]类子变韵合音成分的现实来源。

关键词 子变韵；合音成分；[ə]类；[u]类；后圆特征

一、引　言

子变韵是汉语方言中一种特殊的变音现象，它以韵母、声调、韵母和声调的变化来表示北京话名词加子尾的语法意义。自 20 世纪 50 年代汉语方言普查以来，子变韵现象已大量分见于河南（李荣 1957；贺巍 1989；陈卫恒 2011a 等）、山西（侯精一 1985；王洪君 2004 等）、山东（陈宁 2006）、河北（宗守云 2012）及陕西（韩承红 2010；王军虎 2012 等）等地①，其中以河南北部和山西中南部地区较为集中。“子变韵”实质上是种合音现象或者合音构词法（王福堂 2005[182]；王洪君 2008[211]），但其合音成分的确定一直是官话

* 本研究得到国家社科基金青年项目“晋冀豫三省交界地带晋语的地理格局与历史演变研究”（项目编号 14CYY007）、教育部人文社会科学研究青年基金项目“官话方言中 Z 变韵的类型及其演变研究”（项目编号 13YJC740151）和天津师范大学中青年教师学术创新推进计划基金（项目编号 52WX1601）的资助。本文是笔者博士学位论文《豫北晋语语音研究》的一部分。论文写作中承蒙导师曹志耘教授悉心指导，赵日新教授点拨无数，王洪君、沈明等先生和贾坤老师也多有赐教，谨致衷心谢忱！文中尚存不足之处概由作者本人负责。

方言研究中的难题之一。起初发现郑州原阳等地的子变韵现象时,李荣先生(1957)[142]就曾说过:"我们还不能断定[-u]就从"子"来的,只能说[-u]尾相当于"子尾"就是了。"于此,后续研究者也因证据不足而无从定论。王福堂(2005)[183]曾这样描述:"由于这种变韵具有和'子'尾相同的语法功能,使名词如附后缀,因此人们倾向于把它看成是一种和儿化韵相似的变韵。又由于有这种变韵的方言一般就不再有通常的'子'尾,而且即使方言中发生这种变韵的名词后面并不写出'子'字,人们也仍然感到它是由某种'子'尾参与,采取和儿化韵相同的生成方式(合音)构成的,因此把它叫做'子化韵'或'子变韵'。后来因为一时难以肯定其中的构形语素是不是一定是'子',人们又把它叫做Z变韵或Z变音。"目前,学界关于这个构形语素或合音成分的讨论,主要有四种观点:其一,由"子"合音而来。王福堂(2005)[183]认为,"因为其中的构形语素目前基本上可以认为仍然是'子',所以也仍然把这部分变韵叫做子变韵"。对此观点表示明确支持并进行深入研究的有陈卫恒(2011a,2011b)、张慧丽(2011)、史艳锋(2013)等。其二,由"儿"合音而来。赵日新(2007)认为,"条条道路通央[ə]","所谓的'子变韵'很可能是'儿化韵'"。其三,由"头"合音而来。王临惠(2013)以临猗猗氏方言为根据,认为集中分布于河南北部、山西东南部及西南部的Z变音现象是从"头"尾演变来的。其四,待定论。王洪君(2008)[212]指出:"目前发现的方言中Z变词的演变链缺少一些环节,因此我们还不能完全确定它的本源字就是'子'。尽管从语法意义看,它很可能是'子':出现在名词词根之后,没有明显的小称义;从语音上看,是'子'似也说得通,但演化链没有全接上。"由于缺少现实方言的佐证,部分学者持相对审慎的态度。

我们在系统调查豫北晋语19市县56个方言点的基础上,结合官话方言中子变韵的不同读音类型及特点,通过梳理已有研究观点,就如何分析子变韵合音成分提出自己的认识,同时报道子变韵研究中急于寻找的合音环节。我们认为:官话地区的子变韵是由[ə]类或[u]类子尾与前行音节合音而来的,子尾的演化链可能存在两条,在分析合音成分时应分而视之;[ə]类子变韵在现实方言中有正在发生演化的实例;林州中南部方言的子尾具有[+后]、[+圆]特征,是[u]类子变韵合音成分的现实方言来源。子变韵现象名副其实。

二、必须注意子变韵有两大类型

“‘子’弱化为词缀后，语音弱化，的确有变为[ə]的可能，但变为[u]（或[o]）则几乎是不可能的。”（赵日新 2007）这应该代表了很多研究者的观点。由于缺乏现实方言材料的佐证，子变韵合音成分的讨论要想继续深入只有两种选择：其一，既然“子”路不通，不如转而寻求其他可能。于是，就有了“可能是‘儿化韵’”和“‘头’变音”的观点；其二，虽然“子”路不通，那也要守得云开见月明。可以先循着“子”的思路进行理论尝试，等待相关材料的发掘报道。

“儿”论的研究者认为“[u]（或[o]）乃至[ə]更可能是由‘儿’变来的或者甚至就是‘儿’的早期读音”。这种观点一半极有可能成立，一半则需要费力去论证。[ə]音来自“儿”极有可能成立，是因为山东平邑、江苏宝应、安徽和县、当涂及芜湖市等方言的“儿”音就是[ə]形式（曹志耘 2008）。此外，官话地区还存在大量“儿”读平舌音的现象，例如文水[e]、静乐[ɤ]、乡宁[æ]、固始[ai]、寿光[ɨ]、西宁[ɛ]、洛阳和涞源[ɯ]、淮南和宿迁[ɐ]等，它们在弱化条件下很容易央化为[ə]。[u]（或[o]）音来自“儿”需要费力论证，是缘于子变韵分布的地区乃至整个北方官话很少见到此种读音。因此假设“儿”早期曾有过[u]类的读音，其论证过程可能会因缺乏现实材料和相关文献的支撑而归于搁置，从而陷入新的等待与寻找当中。

“头”论论证的关键点有三个：第一，认为Z变韵周边方言的后缀[təʔ tə ləʔ tei nei ɣə tɛ]并非“子”缀；第二，认为临猗猗氏方言的“都[·tou]”是“头”且形成了一条弱化链；第三，有开封方言的实例作为辅证。其中第二点是立论核心与基础。但我们必须注意：临猗方言中有“都”缀，例如：女都女子[ȵy^{53} ·tou]、车都车子[tʂ^{h}ɤ^{31} ·tou]、个都个子[kɤ^{44} ·tou]、孝都孝子[ɕiau^{44} ·tou]；临猗方言中也有“头”缀，例如：木头[mu$^{31-44}$ ·t^{h}ou]、骨头[ku$^{31-44}$ ·t^{h}ou]、日头[ʐʅ$^{31-44}$ ·t^{h}ou]、手指头[ʂou^{53} tsɿ$^{53-44}$ ·t^{h}ou]等。（王临惠 2007）这个“都”缀到底是什么？它与“头”缀是何关系？它们是不同的历史层次，还是不同词汇条件下的变体？只有解答清楚这些问题，才能有效讨论“[tou]→[ou]→合音变调”的弱化链条问题。

第二种选择坚持合音成分是“子”，目前的理论尝试主要有三种观点。

陈卫恒(2011b)对子尾与子变韵的衔接问题进行了探讨,认为[əʔ]可以变成[əu],还有可能经过[·ɯ]而变为[·-u]及[-o]/[-ɔ],[·ləʔ]也还有可能经过[·l̩]而变成[-u]/[-o]/[-ɔ]。

张慧丽(2011)将调查的视野从豫北扩及湖北西北部宜城、荆门、襄樊等地,该地区的"后缀'子'在一定条件下读作一个自成音节的边颤/闪音或边音",即[lɾ]/[l]。张慧丽(2011)[28]认为:"'子'尾演变为一个边音,已经是Z变韵形成的前夜。'子'尾经由边音演变为一个圆唇元音,并与前行音节融合,从而形成Z变韵。"

史艳锋(2013)认为:子变合音时"子"尾韵母的音值是多元的,除[u]外,还有可能是[ʊ/o/ə/ɤ/ɯ/ᴇ]甚至[ŋ/ẽ/ə̃]等。

我们注意到,王福堂(2005)[196-197]曾提出:"'子'尾可以分为两类:ə类和u类,两类都可以生成子变韵。ə类'子'尾生成的子变韵较为少见,目前只在山西原平、晋城及山东的一些方言中发现。u类'子'尾生成的子变韵则分布在山西、河南许多方言里,是子变韵主要的语音形式。"因此说,以上陈、张的两种理论解释,其目标都是直指[u]类'子'尾生成的子变韵(下文以"[u]类子变韵"称说)而去的。显然,要想对子变韵的形成有一个系统完整的解释,我们还需要找到[ə]类'子'尾生成的子变韵(下文以"[ə]类子变韵"称说)在解释体系中所处的位置。

既然[u]类子变韵与[ə]类子变韵不同,且"u类'子'尾是比ə类'子'尾更早出现的语音形式"(王福堂 2005)[197],那么"子"尾的演化链会不会是多链的呢?两类子变韵发展的路径会不会相互独立呢?我们认为有这种可能。因为,从地域分布上看,[ə]类子变韵多孤立分布,如原平、晋城、博山、涿鹿等,而[u]类子变韵则集中连片分布于豫北、晋南,两种类型没有呈现出连续分布的态势;从发展阶段上看,[ə]类子变韵多处在生成过程中,如原平、博山等,而[u]类子变韵则多处于兴旺和衰落阶段,兴旺的如获嘉、和顺等,衰落的如郑州、垣曲等。(王福堂 2005)[194-195]因此说,如果非要将两类子变韵并案破解,很可能因相互干扰而不得其要;如果非要将切入点放在[əʔ]变[əu]或[l]变[u]上,很可能因求解心切而开错药方。但是,我们也得注意,与官话方言中子变韵相关的"子"尾主要是两类,子变韵合音时的子尾并非泛泛的多元论。

基于以上观点,我们认为分析合音成分时将两类子变韵区别看待,问题将得到分解，原先试图统一解决的难题因而一分为三，即：(1) 寻找[ə]类子变韵的合音成分；(2) 寻找[u]类子变韵的合音成分；(3) 寻找以上两者合链的可能。下面我们来逐项回答以上三个问题。

三、[ə]类子变韵的合音成分与方言中正在进行的演变

赵日新(2007)认为，“所谓‘子变韵’很可能是‘儿化韵’”，其研究的切入点应该是以[ə]类子变韵始，而后扩及[u]类子变韵，其论证的现实出发点之一是博山方言的名词后缀[ə]。因此，如果坚持认为参与合音的成分是“子”，那找到[ə]类子变韵的合音成分并不算完，还得确定其性质就是“子”，以排除“儿”的可能。问题的关键在于：需要论证博山方言的名词后缀[ə]是“子”不是“儿”。

从现有官话方言的材料不难得出，[ə]类子变韵的合音成分无需再去寻找。从地域上看，这类子变韵常常与[təʔ]、[tə]、[ləʔ]、[ə]等子尾形式呈连片分布态势，因此方言中[tsɿ]→[tsəʔ]→[təʔ]→[tə]→[lə]→[ə]的子尾演变链条可以对其做出有效解释。拿山西原平方言来说，子尾在大多情况下读轻声的[·ə]，如：钉子 ti$^{213-24}$·ə｜斧子 fu^{213}·ə｜绳子 ʂʅ^{33}·ə｜盖子 kæɛ$^{53-51}$·ə 等；当前字为鼻尾韵时，子尾[·ə]被同化为[ŋ̍]，如：银子 iəŋ^{33}·ŋ̍｜本子 pəŋ^{213}·ŋ̍｜疯子 fəŋ$^{213-24}$·ŋ̍｜凳子 təŋ$^{53-31}$·ŋ̍ 等；当前字韵母为[ɑ iɑ uɑ ɑʔ iɑʔ uɑʔ]时，子尾融入前行音节，生成长音型子变韵。例如：砂^{子} sɑː$^{213-243}$｜爪^{子} tsuɑː^{213}｜架^{子} tɕiɑː$^{53-51}$｜夹^{子} tɕiɑː$^{4-243}$｜刷^{子} suɑː$^{4-243}$ 等。原平方言的子尾[·ə]恰好处于周边静乐[tsəʔ]、定襄[təʔ]、忻州[tə]、五台[lə]子尾弱化链条的末端，当它成为一个音质单一、没有阻塞的弱音节时，合音会很容易发生。原平话正处在由子尾向子变韵过渡的阶段。(王福堂 2005)[195]

那么博山方言的名词后缀[ə]究竟是什么呢？我们通过对比该方言25年间的变化来解答这个问题。钱曾怡先生1981年对博山50岁左右的发音人进行调查时，发现了使用面很宽的特殊语缀[ə]，其中作为名词后缀用得最多。而陈宁(2006)对博山新老两派子变韵的调查结果是：“新派口中的子变韵一般是变长音为主，语气舒缓时收 ŋ 尾的韵母会延长，生出一个 ŋ̍ 的音来。老派口中的子变韵除了变长音外，在末尾会有一个不很明

显的 ə。如果语气舒缓,这个 ə 就会是一个独立的音节。”显然,在老派口中出现了“急言为一,慢声为二”的情况。据此可以推断,陈宁(2006)的老派在语气舒缓时[ə]为独立音节,很可能反映的是 1981 年正常语气时的状况。也就是说,原先“名词 + 后缀 ə”的情况在 25 年后已经合音了。综合以上两个研究成果,我们以部分单字韵对应的变韵为例,得出的演变过程如下:

1981 正常 =2006 老派舒缓	2006 老派正常	2006 新派正常
a·ə/ia·ə/ua·ə	⟶ aː^{ə}/iaː^{ə}/uaː^{ə}	⟶ aː/iaː/uaː
əu·ə/iəu·ə	⟶ əːu^{ə}/iəːu^{ə}	⟶ əːu/iəːu
ã·ə/iã·ə/uã·ə/yã·ə	⟶ ãː^{ə}/iãː^{ə}/uãː^{ə}/yãː^{ə}	⟶ ãː/iãː/uãː/yãː
ə̃·ə/iə̃·ə/uə̃·ə/yə̃·ə	⟶ ə̃ː^{ə}/iə̃ː^{ə}/uə̃ː^{ə}/yə̃ː^{ə}	⟶ ə̃ː/iə̃ː/uə̃ː/yə̃ː
aŋ·ə/iaŋ·ə/uaŋ·ə	⟶ aːŋ^{ə}/iaːŋ^{ə}/uaːŋ^{ə}	⟶ aːŋ/iaːŋ/uaːŋ
əŋ·ə/iŋ·ə/uŋ·ə/yŋ·ə	⟶ əːŋ^{ə}/iːŋ^{ə}/uːŋ^{ə}/yːŋ^{ə}	⟶ əːŋ/iːŋ/uːŋ/yːŋ

对于上述后两个阶段,陈宁(2006)直接将其认定为子变韵,并且认为:“河北任县‘子尾’有[ə]和[lə]两种自由变体”,“或可推测博山方言的子变韵是从任县这种状况弱化而来”。我们同意陈宁的观点,并将博山及其周边方言的子尾读音和小称形式进行了系统考察,具体情况如下②:

	博山 1981	博山 2006	临朐	章丘	邹平	莱芜	淄川
子尾读音	ə	(子变韵)	tɵʅ	tʅ/tɔ	tə/ə	tə/ə	ə
小称形式	变韵		卷舌儿化	变韵	变韵	变韵/儿化	变韵

邹平和莱芜方言的子尾有两个变体,前字韵母为口元音韵时读[tə],前字韵母为鼻音韵时读[nə],后者当是[ə]受前字鼻音韵尾影响所致。以这两个子尾变体为枢纽,博山及其周边方言的子尾读音形成了[tɵʅ]→[tʅ]→[tə]→[ə]的演变链条,这完全可以验证陈宁的判断与推测。如果认为博山的[ə]有可能是“儿”,首先要证明它与邹平、莱芜的子尾[tə]/[ə]完全没有关系;其次需理清这个“儿”化变韵(即陈宁的子变韵)与该方言小称变韵的关系,为什么 25 年间新生的“儿”化变韵不具备小称义,而成因待考的早起变韵却具有小称义。这是“儿音说”目前很难解释周全的两个问题。

四、[u]类子变韵的合音成分有其现实来源

王洪君(2008)[212]认为:“目前发现的Z变词有多种形式,但都是与后附o、ou、u或具有[+后]、[+圆]的特征有关,而前述的“-子”(笔者按:[ʦɿ]、[ʦəʔ]、[ʦə]、[zəʔ]、[zə]、[təʔ]、[tə]、[ləʔ]、[ə]等)却都是不圆唇的前或央元音。”依此来看,目前学界急于寻找的链变环节,是就[u]类子变韵而言的,即合音的子尾需要具备[+后]、[+圆]两个特征。

支建刚(2015)调查出林州中南部桂林、合涧、原康、东姚、采桑等乡镇方言的子尾读音具备[+后]、[+圆]两个特征,认为它可能就是[u]类子变韵演化链上急需寻找的衔接点。本文在此基础上,更为详细地描写了桂林方言“子”尾[ɔ]和[lɔ]的分布条件及实例,以备学界更为深入的讨论。

林州桂林方言有声母25个(含零声母):p p^{h} m f v t t^{h} n l ʦ ʦ^{h} s ʦ̢ ʦ̢^{h} ʂ ʐ ʨ ʨ^{h} ȵ ɕ k k^{h} ɣ x Ø;韵母40个:ɿ ʅ i u y a ia ua ya ɔ iɔ ɯʌ uʌ ʅɜ iɜ yɜ ai uai ei uei ɑu iɑu ou iou ɑŋ iɑŋ uɑŋ əŋ iŋ uŋ yŋ æʔ iæʔ uoʔ yæʔ ɐʔ iɐʔ uɐʔ yɐʔ l̩;声调5个:阴平[21]、阳平[213]、上声[42]、去声[55]、入声[<u>31</u>](下文实例中有连读变调现象的,不再标出本调);“子”尾有[ɔ]和[lɔ]两种语音形式,读轻声。“子”尾读[ɔ]还是[lɔ]受前字韵母末位音素的直接影响。具体来说:

(1)当前字韵母为[ɿ ʅ i u y ai uai ei uei ɑu iɑu ou iou ɑŋ iɑŋ uɑŋ əŋ iŋ uŋ yŋ l̩],即末位音素具备[+高][+浊]特征时,“子”尾读[ɔ]。例如:

基本韵	子尾词
[ɿ]	铁丝子 t^{h}iɐʔ^{3} sɿ^{42} ɔ^{0} | 枪子子 ʦ^{h}iɑŋ^{55} ʦɿ^{42} ɔ^{0} | 菜籽子 ʦ^{h}ai^{55} ʦɿ^{42} ɔ^{0}
[ʅ]	树圪枝子 ʂu^{55} kæʔ^{3} ʦ̢ʅ^{21} ɔ^{0} | 煤池子 mei^{24} ʦ̢^{h}ʅ^{21} ɔ^{0} | 软柿子 ʐua^{42} ʂʅ^{55} ɔ^{0} | 狮子 ʂʅ^{21} ɔ^{0}
[i]	椅子 i^{42} ɔ^{0} | 梯子 t^{h}i^{42} ɔ^{0} | 小鸡子 siɑu^{21} ʨi^{42} ɔ^{0} | 席子 si^{21} ɔ^{0}
[u]	裤子 k^{h}u^{55} ɔ^{0} | 肚子 tu^{55} ɔ^{0} | 杌子 u^{55} ɔ^{0}
[y]	驴驹子 ly^{55} ʨy^{21} ɔ^{0} | 柳圪絮子 liou^{55} ku^{0} ɕy^{21} ɔ^{0} | 半语子$_{\text{说话不清的人}}$ pa^{55} y^{21} ɔ^{0}
[ai]	孩子 xai^{21} ɔ^{0} | 盖子 kai^{24} ɔ^{0} | 筛子 ʂai^{21} ɔ^{0} | 鞋带子 ɕiɜ^{21} tai^{24} ɔ^{0}

（续表）

基本韵	子尾词
[uai]	筷子 k^{h}uai^{24} ɔ^0 | 线拐子 ɕia^{24} kuai^{42} ɔ^0
[ei]	砖坯子 tʂua^{55} p^{h}ei^{42} ɔ^0 | 一辈子 i^{21} pei^{24} ɔ^0 | 痱子 fei^{55} ɔ^0 | 水杯子 ʂuei^{55} pei^{42} ɔ^0
[uei]	锥子 tʂuei^{42} ɔ^0 | 玉蜀黍穗子 y^{24} ʂu^{21} ʂu^0 suei^{55} ɔ^0
[ɑu]	刨子 pɑu^{24} ɔ^0 | 羊羔子 iɑŋ^{21} kɑu^{42} ɔ^0 | 帽子 mɑu^{24} ɔ^0 | 菜包子 ts^{h}ai^{24} pɑu^{42} ɔ^0
[iɑu]	肉膘子 ʐou^{55} piɑu^{42} ɔ^0 | 小子 siɑu^{42} ɔ^0 | 裤腰子 k^{h}u^{24} iɑu^{42} ɔ^0 | 树苗子 ʂu^{24} miɑu^{21} ɔ^0
[ou]	钩子 kou^{55} ɔ^0 | 豆子 tou^{55} ɔ^0 | 绸子 tʂ^{h}ou^{21} ɔ^0 | 圪肘子 kæʔ^3 tʂou^{42} ɔ^0
[iou]	瘤子 liou^{21} ɔ^0 | 小舅子 siɑu^{21} tɕiou^{55} ɔ^0
[ɑŋ]	嗓子 sɑŋ^{42} ɔ^0 | 肠子 tʂ^{h}ɑŋ^{21} ɔ^0 | 杠子 kɑŋ^{55} ɔ^0 | 肉汤子 ʐou^{55} t^{h}ɑŋ^{21} ɔ^0
[iɑŋ]	箱子 siɑŋ^{42} ɔ^0 | 糨子 tɕiɑŋ^{55} ɔ^0
[uɑŋ]	筐子 k^{h}uɑŋ^{21} ɔ^0 | 木头桩子 mæʔ^3 t^{h}ou^0 tʂuɑŋ^{42} ɔ^0 | 天窗子 t^{h}ia^{55} tʂ^{h}uɑŋ^{42} ɔ^0
[əŋ]	盆子 p^{h}əŋ^{21} ɔ^0 | 门子 məŋ^{21} ɔ^0 | 婶子 ʂəŋ^{42} ɔ^0 | 绳子 ʂəŋ^{21} ɔ^0 | 冷子 ləŋ^{42} ɔ^0
[iŋ]	妗子 tɕiŋ^{24} ɔ^0 | 银子 iŋ^{21} ɔ^0 | 钉子 tiŋ^{21} ɔ^0 | 镜子 tɕiŋ^{55} ɔ^0 | 瓶子 p^{h}iŋ^{21} ɔ^0 | 蝇子 iŋ^{21} ɔ^0
[uŋ]	重孙子 tʂ^{h}uŋ^{21} suŋ^{42} ɔ^0 | 棍子 kuŋ^{24} ɔ^0 | 虫子 tʂ^{h}uŋ^{21} ɔ^0 | 聋子 luŋ^{21} ɔ^0 | 粽子 tsuŋ^{55} ɔ^0
[yŋ]	裙子 tɕ^{h}yŋ^{21} ɔ^0
[ʅ]	侄儿子 tʂæʔ^3 ʅ^{21} ɔ^0

（2）当前字韵母为[a ia ua ya ɔ iɔ ɯʌ uʌ ʅɜ iɜ yɜ æʔ iæʔ uoʔ yæʔ ɐʔ iɐʔ uɐʔ yɐʔ]，即末位音素具备[-高][+响]特征时，“子”尾读[lɔ]。例如：

基本韵	子尾词
[ɔ]	树杈子 ʂu^{55} tʂ^{h}ɔ^{21} lɔ^0 | 麻子 mɔ^{21} lɔ^0 | 马褂子 mɔ^{42} kɔ^{55} lɔ^0 | 牙花子 iɔ^{55} xɔ^{42} lɔ^0
[iɔ]	卡子 tɕ^{h}iɔ^{42} lɔ^0 | 豆芽子 tou^{24} iɔ^{21} lɔ^0 | 架子 tɕiɔ^{55} lɔ^0 | 一家子 i^{21} tɕiɔ^{21} lɔ^0
[ɯʌ]	大个子 tɔ^{55} kɯʌ^{55} lɔ^0 | 扑灯蛾子 p^{h}uoʔ^3 ləŋ^{55} ɤɯʌ^{21} lɔ^0
[uʌ]	脖子 puʌ^{21} lɔ^0 | 老婆子 lɑu^{42} p^{h}uʌ^{21} lɔ^0 | 骡子 luʌ^{21} lɔ^0 | 烟袋锅子 ia^{21} tai^{55} kuʌ^{21} lɔ^0

（续表）

基本韵	子尾词
[ʅɜ]	纺花车子 fɑŋ^{42} xɔ^{55} tʂʰʅɜ^{21} lɔ^{0}
[iɜ]	茄子 tɕʰiɜ^{21} lɔ^{0} | 碟子 tiɜ^{21} lɔ^{0}
[yɜ]	瘸子 tɕʰyɜ^{21} lɔ^{0} | 茓子 ɕyɜ^{21} lɔ^{0}
[a]	篮子 la^{21} lɔ^{0} | 扇子 ʂa^{55} lɔ^{0} | 盘子 pʰa^{21} lɔ^{0} | 簪子 tsa^{42} lɔ^{0} | 老汉子 lɑu^{21} xa^{55} lɔ^{0}
[ia]	辫子 pia^{55} lɔ^{0} | 钳子 tɕʰia^{21} lɔ^{0} | 骗子 pʰia^{55} lɔ^{0} | 剪子 tsia^{42} lɔ^{0} | 竹帘子 tʂuoʔ^{3} lia^{21} lɔ^{0}
[ua]	管子 kua^{42} lɔ^{0} | 缎子 tua^{55} lɔ^{0} | 小椽子 siɑu^{55} tʂʰua^{21} lɔ^{0} | 菜团子 tsʰai^{24} tʰua^{21} lɔ^{0}
[ya]	院子 ya^{55} lɔ^{0} | 鞋楦子 ɕiɜ^{21} ɕya^{55} lɔ^{0} | 菜园子 tsʰai^{24} ya^{21} lɔ^{0}
[æʔ]	尺子 tʂʰæʔ^{3} lɔ^{0} | 猪食子 tʂu^{21} ʂæʔ^{3} lɔ^{0} | 虱子 ʂæʔ^{3} lɔ^{0}
[iæʔ]	鼻子 piæʔ^{3} lɔ^{0}
[uoʔ]	谷子 kuoʔ^{3} lɔ^{0} | 秃子 tʰuoʔ^{3} lɔ^{0} | 竹子 tʂuoʔ^{3} lɔ^{0}
[yæʔ]	大麦麯子 tɔ^{24} mɐʔ^{3} tɕʰyæʔ^{3} lɔ^{0} | 一掬子柴火 i^{21} tɕyæʔ^{3} lɔ^{0} tʂʰai^{21} xuʌ^{21} | 橘子 tɕyæʔ$^{\underline{31}}$ lɔ^{0}
[ɐʔ]	鸽子 kɐʔ^{3} lɔ^{0} | 格子 kɐʔ^{3} lɔ^{0} | 锯末子 tɕy^{24} mɐʔ^{3} lɔ^{0} | 麦子 mɐʔ^{3} lɔ^{0} | 袜子 vɐʔ$^{\underline{31}}$ lɔ^{0}
[iɐʔ]	蝎子 ɕiɐʔ$^{\underline{31}}$ lɔ^{0} | 瞎子 ɕiɐʔ$^{\underline{31}}$ lɔ^{0} | 镊子 ȵiɐʔ$^{\underline{31}}$ lɔ^{0} | 油撇子 iou^{21} pʰiɐʔ$^{\underline{31}}$ lɔ^{0}
[uɐʔ]	桌子 tʂuɐʔ^{3} lɔ^{0} | 豁子 xuɐʔ$^{\underline{31}}$ lɔ^{0} | 刷子 ʂuɐʔ$^{\underline{31}}$ lɔ^{0} | 枪托子 tsʰiɑŋ^{55} tʰuɐʔ$^{\underline{31}}$ lɔ^{0}
[yɐʔ]	车脚子 tʂʰʅɜ^{55} tɕyɐʔ$^{\underline{31}}$ lɔ^{0} | 豆角子 tou^{55} tɕyɐʔ$^{\underline{31}}$ lɔ^{0} | 发疟子 fɐʔ^{3} yɐʔ$^{\underline{31}}$ lɔ^{0}

林州桂林方言“子”尾的两种语音形式互为条件变体，它们出现的核心条件是[+高]或[-高]。那么，这两个语音形式会不会是其他名词后缀（如：儿、头）的变体？支建刚（2015）认为不会。原因有三：第一，林州桂林的子尾[ɔ][lɔ]与林州城区的子尾[əʔ][ləʔ]④存在系统性的对应，它们出现的条件完全相同。第二，在林州桂林方言内部，子尾与儿化⑤在语义功能上对比鲜明。子尾词常常表示事物粗大之义，多用于泛指和总称，语用上或无感情色彩，或表示消极嫌恶；儿化词常常表示事物细小之义，多用于小称或爱

称,语用上多表示积极喜爱的色彩。第三,林州城区方言的"子""儿""头"存在不同的语音系统和语音形式,清晰可辨。因此,从方言间的系统对比和方言内的功能担当上,都可以判定林州桂林等地的名词后缀[ɔ]和[lɔ]就是"子"的具体存在形式。我们仍坚持以上观点。

林州桂林等方言的"子"尾读音是[u]类子变韵合音成分的现实来源,它们具备[+后][+圆]特征,声母脱落或流音化,读轻声,符合参与子变合音的前提条件。同类型或音值接近的子尾还可以在山西闻喜方言中找到。据侯精一、温端政(1993)描写:"闻喜话子尾大都是念轻读的 u,由于受前一个音节元音韵尾的影响,有时也念成轻读的 o,没有因子尾而变韵,也没有特殊的变调。"例如:盘子 $p^{h}ã^{21\text{-}31}$ ·u | 剪子 $tɕiã^{55}$ ·u | 扣子 $k^{h}əu^{51}$ ·u | 瞎子 xa^{51} ·o 等。由于子尾轻读,与前字界限很难确定,王洪君(2004)则将以上现象描写为 Z 变韵,并且说明 Z 变韵中的[u]实际上往往不到[u]那么高,特别是在低元音的后面,音值上更接近于[o]。这两种描写只是处理上的不同,实际现象可能是处于子尾和子变韵两者的中间状态,当研究者调查时,因为是进行定性描写,所以要么记成子尾形式,要么记成子变韵形式。而这两种记音恰恰反映的是音变连续统中两个紧密相连的阶段。同样的现象若按前者的方式处理(可认为是子变韵的前奏),可以判断出闻喜方言的子尾存在[o]、[u]两个变体。

林州中南部及闻喜方言的子尾[ɔ]、[o]、[u]能够从音理上充分解释豫北、晋南大多方言中子变韵收[o]、[u]尾的原因。这些子尾很可能在不同时期与前行音节合音,从而形成不同方言中的[u]类子变韵。至于"开封呼'茄'为'茄熬'合音;淇县呼'麦'为'密欧'合音"(民国 25 年再版本《河南》),则是合音后继续演变的结果。前者可以通过合音与裂化两个机制得到充分解释;而后者是"因 u 韵母前衍生出过渡音而成"(王福堂 2005)[184],如豫北晋语中的"梯子",辉县吴村是[t^{h}iːu],博爱清化称[t^{h}iː^{o}u],获嘉城关说[t^{h}iːou],下一步就发展为延津城关的[t^{h}iou]了。其中,长音的逐步弱化短化有利于过渡音的不断显化。关于子变韵具体的合音方式和演化过程,王福堂(2005)、王洪君(2008)已做了相关讨论,此不赘言。

五、结　　语

目前来看,[ə]类子尾的分布范围远远大于[u]类子尾,[ə]类子尾的源头形式可以追溯到[ʦɿ],而[u]类子尾的源头形式则不一定是[ʦɿ]。同时,两类子变韵的发展也不平衡。[ə]类子变韵多处于生成过程中,规模小且分散;[u]类子变韵则多处于兴旺或衰落阶段,规模大而集中。鉴于以上事实,我们认为两个子尾读音的弱化链暂不具备合链的条件,如果非要在[ə]尾与[u]尾间寻找出个母子关系,不免有些生拉硬拽勉强为之的嫌疑。另外,不合链更便于对现有方言中的子变韵进行分类型分层次探讨,更利于对合音方式和演化过程得出较为全面科学的认识。

附注

① 据侯精一、温端政主编(1993)、陈卫恒(2011a)、支建刚(2012)、王利(2008)等,目前发现或报道存在子变韵的方言分布于五个省份。河南省包括:林州(南部)、汤阴(南部)、鹤壁、淇县、卫辉(城区除外)、辉县、新乡市、新乡县、延津、获嘉、修武、焦作、武陟、博爱、沁阳、温县、济源、洛阳(吉利)、浚县、滑县、开封市、开封县、郑州、原阳、荥阳、长垣、封丘、孟州、兰考、尉氏、杞县、通许、扶沟、新郑、中牟等;山西省包括:运城、闻喜、夏县、平陆、临猗、垣曲、昔阳、和顺、阳城、晋城、陵川、泽州、高平(古寨)、平定、左权、阳泉、原平、阳高(罗文皂)等;陕西包括:太白、岐山、凤翔、眉县等;山东:博山;河北:涿鹿(县城)。

② 淄川方言的"子"单字音为[ʦɿ^{55}],但在作名词后缀时,音值受前字韵母的影响而有差别,听起来接近于[ə]、[ɤ]、[ɯ]等音素,孟庆泰、罗福腾(1994)以[ə]作为"子"的音变代表;小称形式中的"变韵"指功能相当于北京话儿化的变韵;莱芜的"儿化"指卷舌儿化,据亓海峰、曾晓渝(2008),这种现象仅出现于30岁以下的新派中。

③ 卫辉城区是豫北晋语子变韵分布区内的子尾方言岛,子尾的读音形式为[tɐ]。

④ 陈卫恒(2003)描写的林州城区子尾读音有[əʔ]和[ləʔ]两个,但说明"əʔ 在不同的词根音节后,还有些色彩上的差异,比如:在-i/y 后读音近 iəʔ,-u 后近 uəʔ,-ŋ 后近 ŋəʔ,在声化韵l̩后近 l̩əʔ(注意l̩əʔ 不同于 ləʔ)等。"支建刚(2012)描写的林州城郊、林州临淇、林州任村的子尾读音有三个,前两方言为[əʔ iəʔ ləʔ],末一方言为[ʌʔ iʌʔ lʌʔ]。[iəʔ]与[iʌʔ]可能是前字韵母末位音素[i]最先最深影响子缀读音的结果。至于描写上的差异,首先在于地点有别,其次可能与被调查人的年龄差异有关。但这不影响我们对其"子"尾性质的认定。

⑤ 据支建刚(2012),林州方言存在[r]式和[ɭ]式两种儿化,情形类似于山东寿光方言。

参考文献

曹志耘主编(2008)《汉语方言地图集》,北京:商务印书馆。

陈　宁(2006)山东博山方言的子变韵及相关问题,《方言》第4期。
陈卫恒(2003)林州方言"子"尾读音研究,《语文研究》第3期。
——(2011a)《音节与意义暨音系与词汇化、语法化、主观化的关联:豫北方言变音的理论研究》,北京:北京语言大学出版社。
——(2011b)林州方言"子"尾读音暨子尾、子变韵两条演变链的衔接,载北京大学中国语言学研究中心《语言学论丛》编委会编,《语言学论丛》第四十四辑,北京:商务印书馆。
方婷婷(2010)《山东莱芜方言语音研究》,浙江大学硕士学位论文。
高晓虹(2011)《章丘方言志》,济南:齐鲁书社。
韩承红(2010)太白、岐山一带方言的子变韵,《陕西教育学院学报》第1期。
河北省地方志编纂委员会编(2005)《河北省志·方言志》,北京:方志出版社。
贺　巍(1989)《获嘉方言研究》,北京:商务印书馆。
侯精一(1999)《现代晋语的研究》,北京:商务印书馆。
侯精一,温端政主编(1993)《山西方言调查研究报告》,太原:山西高校联合出版社:668。
黄伯荣主编(1996)《汉语方言语法类编》,青岛:青岛出版社。
金梦茵(1989)《原平方言志》,北京:语文出版社。
李　荣(1957)《汉语方言调查手册》,北京:科学出版社:142。
孟庆泰,罗福腾(1994)《淄川方言志》,北京:语文出版社。
亓海峰,曾晓渝(2008)莱芜方言儿化韵初探,《语言科学》第4期。
钱曾怡(1993)《博山方言研究》,北京:社会科学文献出版社。
——(2008)临朐方言简记,载钱曾怡,《钱曾怡汉语方言研究文选》,济南:山东大学出版社。
钱曾怡主编(2010)《汉语官话方言研究》,济南:齐鲁书社。
乔全生(2000)《晋方言语法研究》,北京:商务印书馆。
山东省邹平县地方史志编纂委员会编(1992)《邹平县志》,北京:中华书局。
史艳锋(2013)子变韵和子变韵的形成构拟——以孟州方言为例,《语言暨语言学》第14卷第5期。
王　利(2008)《晋东南晋语语音研究》,山东大学博士学位论文。
王福堂(2005)《汉语方言语音的演变和层次》修订本,北京:语文出版社。
王洪君(2004)从山西闻喜的小方言差异看Z变音的衰变,《语文研究》第1期。
——(2007)记阳高县罗文皂镇吴家堡村的Z变韵Z变调,第三届晋方言国际学术研讨会论文。
——(2008)《汉语非线性音系学:汉语的音系格局与单字音》增订版,北京:北京大学出版社。
王军虎(2012)凤翔方言的子变韵和D变韵,《咸阳师范学院学报》第3期。
王临惠(1993)临猗方言的子尾与子变韵母,《山西师大学报》第1期。
——(2007)《临猗方言研究》,天津:天津社会科学院出版社。
——(2013)晋豫一带方言Z变音源于"头"后缀试证,《中国语文》第4期。
王自万(2011)开封方言变韵的几个问题,《汉语学报》第2期。
夏俐萍(2012)河南封丘赵岗方言的子变韵,《方言》第3期。
辛永芬(2006)河南浚县方言的子变韵,《方言》第3期。
张慧丽(2011)《汉语方言变韵的语音格局》,北京大学博士学位论文。
赵日新(2007)中原地区官话方言弱化变韵现象探析,载北京大学中国语言学研究中心《语言学论丛》编委会编,《语言学论丛》第三十六辑,北京:商务印书馆。
支建刚(2012)《豫北晋语语音研究》,北京语言大学博士学位论文。
——(2015)河南林州桂林镇方言子尾的读音,《方言》第2期。
宗守云(2012)河北涿鹿县城话的子变韵现象,《燕赵学术》春之卷,成都:四川辞书出版社。

(300074 天津,天津师范大学国际教育交流学院 sevenstars0820@163.com)

湘语冷水江(锊山)方言声调的层次*

李姣雷

提要 文章对冷水江方言古全浊上声字、去声字和入声字的声调层次进行分析,认为其纷繁复杂的文读现象是受长沙方言影响所致,但其古声调来源相同的字今文读调不同,则是因为冷水江方言声调归类与声母性质密切相关所致。

关键词 冷水江方言;声调;层次;长沙方言

一、冷水江方言音系

冷水江市位于湖南省中部,资水中游,雪峰山东麓,地处北纬27°30′49″～27°50′38″、东经111°18′57″～111°36′40″之间,东抵涟源市,南邻新邵县,西接新化县。锊山镇位于冷水江市的东部,与涟源接壤。冷水江方言属于湘语娄邵片。本文记录的是冷水江市锊山镇的方言。

(一) 冷水江锊山方言共22个声母,包括零声母在内,例如:

p 包板八北	pʰ破白派炮	b 耙菢盘病	m 米忘命麦	f 湖稗粉船
t 多带端冬	tʰ拖太读炭	d 大抬田动	l 来南辣龙	
ts 借挤接棕	tsʰ取秋抢贼			s 锁修瘦茶
tʃ 狗脚整帐	tʃʰ超口赤轻			ʃ 轿声响射
tɕ 猪记紧粥	tɕʰ去臭值充			ɕ 喜认熟虫
k 街军砖揭	kʰ春缺苦牵			x 火舌件风
Ø 我年烟样				

声母说明:

1. 冷水江方言塞音(除[k]和[kʰ]外)保持三分的局面,古浊擦音、浊塞

* 本文受"天津师范大学博士基金"(项目编号52WW1507)资助。

擦音声母已经清化。

2. 泥来母相混,相混的条件大致为:在鼻尾韵或鼻化韵前读[n],其他韵母前读[l]。本文处理为[l]。

3. [tʃ][tʃʰ][ʃ]与[tɕ][tɕʰ][ɕ]出现环境互补。[tɕ][tɕʰ][ɕ]只拼细音,[tʃ][tʃʰ][ʃ]只拼洪音。

(二) 冷水江锌山方言共33个韵母,包括自成音节的m̩和n̩

ɿ 支紫死四字	i 闭鼻鸡喜直	u 禾五雾裤哭	y 书住鱼雨树
A 带排腊猜柴	iA 壁踢姐谢邪	uA 乖怪快挖滑	
ε 杯灰菜雷罪		uε 国外煨歪回	
e 血铁接舌歇		ue 缺蕨月越诀	
ø 庙偷狗烧料	iø 尿摇舀要想~腰		
ɒ 饱毛刀躁孝			
ɔ 怕哑话额炙	iɔ 爷野夜压鸦		
ʊ 多窠火歌浊	iʊ 弱约药钥岳		
		ui 鬼亏贵跪围	
əu 土路粗独梳	iou 竹嘴猪旧右		
Ã 慢反栏淡眼	iÃ 平命醒清箱	uÃ 关豌弯惯顽	
	ĩ 变尖甜浅面	uĩ 砖穿川劝远院	
õ 半短桑肠唱	iõ 秧羊娘养让		
ən 冬痛龙风送	in 本真进门升	uen 准棍困春蠢	
m̩姆尾			
n̩日人			

韵母说明:

1. [y]舌位偏后,唇型略展,接近 ʉ,略带有摩擦。

2. [u]韵母或以[u]为介音的韵母都带有非常强的摩擦,唇型略展。

3. [ø][iø]中的[ø]舌位偏后,唇型略展。

4. [uen]中的 e 元音实际音值为 ɪ。该韵母在年轻人群体中说[uən],不说[uen]。

(三) 冷水江锌山方言有7个声调

阴平[44] 东多方秋急　阳平[13] 鹅茶来眉田　阴上[31] 口柳等饼痒

阳上[21] 祸是厚件动　全阴去[45] 借带见四叶　次阴去[24] 课判寸读罪
阳去[33] 大望贱谢道

声调说明:

1. 全阴去的实际调值终点比 5 要高,高出一般的调域,称之为假声。

2. 古全浊上字白读都归阳上,文读有些归阳去,有些归全阴去或次阴去。

3. 清去字根据声母送气与否分为全阴去和次阴去。

4. 我们调查的冷水江铎山方言有七个调类,比陈晖(2006)记录的冷水江金竹山方言多了两个声调,多出的声调是阳上和阳去调。湘语古上声分两类的很少,但也不是没有,如陈晖(2006)[139]调查的涟源六亩塘方言全清上字和次浊上字归一个调读 31,而次清上和全浊上归一个调读 21。为什么其他娄邵片湘语没有分阴阳上的现象呢?我们认为有两个原因。一个是因为部分方言点的全浊上字归入了去声调,清上字和次浊上字归为一个上声调,如双峰、娄底、邵阳等;另一个是古全浊上字读浊音,通过声母与清上字保持对立,声调上的差异是羡余特征,因而没有设置独立的阳上调。但冷水江铎山方言的古全浊声母只是部分保留,大部分古清上字和古全浊上字仅靠调位相区别,必须设立单独的阳上调。类似的还有阳去调。我们调查的冷水江铎山方言有一个阳去 33 调(包含全浊去字和个别次浊去字),而陈晖(2006)[149]记录的冷水江金竹山方言白读系统没有阳去调,该方言的浊去字归阴平 44 调。这也是因为陈晖记录的冷水江金竹山方言有系统的浊音声母,清平字和全浊去字可以通过声母保持区别,而我们调查的铎山方言清平字和全浊去字仅通过声调保持区别,因此必须设立单独的阳去调。

本文主要讨论铎山方言声调异读现象,试图厘清其层次,分析其成因。铎山方言古平声字和古清上、次浊上声字的今读声调比较简单,本文不予讨论。本文主要分析古全浊上、去声、入声字的声调层次。

二、古去声字的声调层次

(一) 铎山方言古去声字声调的今读情况

湘语古去声字今读大致有三种情况:(1) 只有一个去声调,如新化方言,但该方言古去声字分为两类,浊去字归阴平(白读层),清去字独立成调;(2) 古去声字按古声母清浊分为阴去和阳去两个调类,如:长沙、株洲、湘潭、宁乡、望城、南县、湘阴、汨罗、益阳、沅江、桃江、安化东坪、衡阳、衡山、双峰、娄底、涟源桥头河、城步、武冈、绥宁、洞口黄桥镇、祁东、新宁等方言;(3) 古去声字今读三个调类,浊去字单独归为一个调类,清去字又根据今声母送气与否分为两个调类,如涟源蓝田、涟源六亩塘、安化梅城、湘乡梅桥镇、湘乡月山、湘乡泉塘、双峰梓门桥等方言(参陈晖 2006)[144-158]。冷水江锊山方言古去声字白读根据声母的不同分为三个调类,但文读比较复杂,具体读音如表1。

表1 锊山方言古去声字的今声调

古声母	今声调	例字
全清	全阴去[45]	个簸~一下过货霸橘坝水~榨炸架驾嫁价稼借泻卸装~工蔗舍宿~化布做嗉故固顾雇戽絮著据锯付赋傅驻数记~注蛀铸句贝带盖丐拜介界芥疥戒届债晒闭帝济细计继系~鞋带辈背名词对碎晦最怪挂卦岁税桂智寄戏痹四肆致至冀置志痣试记意醉帅季贵讳畏慰报到倒~掉灶扫~把告膏~油耗豹爆~胎罩潲教~育局较酵窖觉睡~孝醮笑照少~年要钓吊叫斗嗽够构购富秀绣宿星~锈咒救究幼暗担~子蘸监占厌剑店禁~止旦赞散分~干~部汉按案扮间~断变箭线战颤扇建宪献遍荐见绊半钻~子算贯灌罐冠唤焕惯转~圈眷卷贩怨进晋信浸印讯镇振震顿棍俊迅奋粪训熨当~掉葬酱相~貌账帐胀壮障向放降~落虹凳症证胜~利兴高~应~一声更~加敬竟镜映并~排性姓正~的政圣劲钉动词订冻栋粽送贡宋中~奖众嗅纵种~菜
	次阴去[24]	亚素诉塑婿会~计刽桧赐臂翅泌庇伺粹愧爆~炸昼兽断判~锻况躁
次清	全阴去[45]	怖费副
	次阴去[24]	破课怕岔铺~子吐~痰兔醋错措裤库处~长去赴讣趣沛太泰菜蔡派替涕剃砌契配退溃快筷脆刺屁次器弃厕汽气翠套靠炮泡票漂~亮俏跳透扣臭探欠歉炭叹灿看盼襻骗片判篡串劝券亲~家趁衬喷~香寸困趟炕抗畅创唱胖秤称~心庆聘听~他:随他痛控空有~铳旷
	阴平[44]	窜
全浊	阳上[21]	大白麝步白就白住白树白饭白尚和~害白会白地白自白字白旧白贱白饭白轿白稗蛋匠换撞巷背~书缝一条~鼻翡
	全阴去[45]	附械剂系联~慧惠视嗜事稚示寺忌睡文瑞邵掉袖宙柩憾羡幻宦患传~记慎竞盛兴~俸

(续表)

古声母	今声调	例　字
全浊	次阴去[24]	大文贺薄~荷座下文,~降夏谢文,~~度渡文镀互护助惧具害文,~处败第递佩队会文,开~坏画话文,~筒被避备蓖地文,~主自文,~然饲字文,~典治隧柜暴~雨盗导号效校~长召~开复~习就文寿授暂陷但焊翰办瓣便健文,~康电殿奠佃垫叛段缎县恨阵顺文,~治份藏西~脏心~状文,~元上~海邓赠净郑病文,~历定凤仲诵颂讼共洞文,~庭湖
	阳去[33]	大白,~细谢白,姓~步白渡~船住白树白害白,~人会白,不~话白,讲~地白,~上自白,~己字白,写~牸轿白逗豆就白旧赚汗苋贱现饭白顺白,~手状白,告~剩病白,得~洞白,一个~
次浊	全阴去[45]	磨一副~卧骂暮慕墓募怒路文,铁~赂露误悟滤虑御誉预豫雾起~务遇芋文,洋~寓喻裕赖癞迈卖妹文,靓~丽味文,~精耐文,~火材料内外文,~国卫荔谊义议媚易文,容~利痢二贰吏异毅伪为~什么泪类位魏胃谓冒傲貌闹妙耀料文,饲~茂贸陋廖又右祐柚谬滥验焰艳念乱文,~世难困~岸雁晏谚练炼砚漫幔恋院万文,~一愿任纫刃论运浪酿亮漂~谅辆量胆~让样旺孕孟另令泳弄用
	次阴去[24]	未润
	阳去[33]	闰问味白,没~万白,~千
	阴平[44]	饿糯夜雾~露路白,一条~芋白,~子奈白,~何艾妹白,~~累~死了耐白,~烦外~甥易白,~得:容易二~十帽庙料白,买~尿漏烂慢面脸;~粉乱白,~搞嫩晾忘望硬命梦

从表1可以看到,铎山方言古去声字不同声母来源的字,今读调不完全相同;有些字古声母来源相同,但今调类也不同。下面我们根据古声母来源分别分析。

古清去字根据声母的不同,分为全阴去和次阴去两个调类,大致是全清去字今归全阴去,次清去字今归次阴去,也即古清去字根据今声母送气与否分为全阴去和次阴去,呈现较为整齐的规律。全清去有23个字读同次清去,其中"会~计刽臂翅庇赐粹愧爆浸况躁"等12个字读送气声母,因此,这12个字归次阴去符合清去字根据送气分调的规律。全清去"丁贯切"的"断决~"是书面语词,口语中一般只说"徒管切,绝也"的"断",受全浊上来源的"断~绝"的影响也读为浊音。"锻"也受同声旁浊声母字"段"的影响而读为浊音。"断锻"读次清去24调,与全浊去文读归类相同,下文详细分析。次清去的"怖费副"声母读不送气,因此,也归全阴去。至于"窜"字读阴平调,应该是另有来源造成的。"窜"字在《集韵》里收录有平声的反切"七丸切,入穴也"。

浊去字的今读就没那么整齐了。全浊去今主要读次阴去,其次是阳去,少数读全阴去和阳上,其中读阳去和阳上的为白读,读全阴去和次阴去的为文读或不常用字的读字音,如"大"在"大细大小"一词中读阳去,在"大学"一词中读次阴去。

次浊去今读全阴去、次阴去、阳去和阴平四个调类,其中读阴平和阳去的属于白读,读全阴去和次阴去的主要是文读音或不常用字的读字音,如"路"在"一条路"中读阴平,在"铁路"一词中读全阴去。为什么次浊去字有白读阴平和阳去的现象呢?白读阴平和白读阳去的次浊去字是根据今声母分化的,今声母为 m、l 和零声母的字,白读阴平;今声母为[v]的字,白读阳去。今声母为 m、l 和零声母的次浊去字白读归入阴平,这是因为阳去 33 和阴平 44 的调值很近,声母为 m、l 和零声母的次浊声母字混入阴平,而声母读擦音[f]的"闰问味万"则仍读阳去。今声母为[f]的次浊去字不但白读与全浊去归派相同,文读音也与全浊去同:全浊去白读阳去,"问闰万味"白读阳去,全浊去文读次阴去,"未润"(声母也是[f])文读次阴去。根据读[f]的次浊去字与全浊去字有相同的变化,可以推出这里的[f]是由浊擦音[v]演变而来。理由是非敷母读[f]的去声字没有相同的变化。除了"未润"文读次阴去外,其他次浊去字文读全阴去。

综上,锊山方言全清去和次清去根据声母送气与否分归为全阴去和次阴去,规律性很强,也没有异读现象;全浊去和次浊去的今读声调比较复杂,且有丰富的文白异读现象。锊山方言古浊去字的文读来源于何种方言的影响?为什么同是全浊去字,文读有的读全阴去,有的读次阴去?

(二)锊山方言浊去字文读调的来源

上文指出,锊山方言古全浊去文读主要读次阴去,次浊去文读主要读全阴去,既然是文读,自然是方言接触的产物,因而我们需要与周边方言及权威方言进行比较分析。先看同属冷水江市的金竹山方言的声调情况。冷水江金竹山方言声调分为文白两个系统(材料来源于陈晖 2006)[149]:

白读系统:阴平[33]　阳平[13]　上声[31]　阴去[45]　次阴去[35]

文读系统:阴平[33]　阳平[13]　上声[31]　阴去[45]　阳去[35]

金竹山方言白读声调系统中古去声字三分:古清去字根据声母送气与否分阴去和次阴去两个调,浊去字归入阴平。文读系统中古去声字二分为阴去和阳去两个调,但阴去调包含全清去和次浊去字;阳去调包含次清去和全浊去字。文读系统中次浊去字归阴去,全浊去字归阳去。从文白声调系统的对比中,我们可以发现,在白读系统中归入阴平的全浊去和次浊去字在文读系统中分别归入阳去与阴去。古去声字由白读系统的三分(全清去归阴去,次清去归次阴去,浊去归阴平)变为文读系统的二分。金竹山方言全浊去与次浊去字在文读层的归派情况与铎山方言相同。

再看邻近新化方言的情况(材料来源于罗昕如 1998):

白读系统: 阴平 33　阳平 13　上声 21　去声 45

文读系统: 阴平 33　阳平 13　上声 21　去声 45　入声 24

新化方言声调白读系统中古浊去字归阴平,古清去字独立为去声调。文读系统古清去字和浊去字合并为一个去声调。通过对新化方言文白两个系统声调的比较,可以看出从白读系统到文读系统,古去声字为由二分变为一分:在白读层中浊去字和清去字归为不同的调,浊去字归阴平,清去字独立成调;而在文读层中则清去字和浊去字归为一个去声调。虽然新化方言的情况与铎山方言不太一样,但是有一个共同点:那就是从白读层到文读层古去声字分类由多变少,新化方言由两类变为一类,铎山方言则是由三类变为两类。

通过铎山、金竹山和新化这三个点的对比,我们发现,古去声字在今文读层都不同程度地合并了。前文我们提到,大多数湘语去声分阴阳两类,以长沙方言为代表。长沙是湖南的省会,政治经济文化处于优势地位,其方言是湖南省内的权威方言,对其他方言产生很大影响。长沙方言有 6 个声调(鲍厚星等 1999):阴平[33]、阳平[13]、上声[41]、阴去[55]、阳去[11]、入声[24],古去声字根据声母清浊分阴去和阳去。那么,铎山、金竹山方言去声由三分变为二分是不是受长沙方言去声二分的影响呢?但是,长沙方言去声二分是根据声母的清浊分为阴去和阳去,而铎山、金竹山方言的去声二分是全清去和次浊去归为一类,次清去和全浊去归为一类,在归类上与长沙方言不同。同时,长沙方言的影响也不容易解释新化方言去声为何由两分变为一个去声调。这就需要重新认识长沙方言古去声字演变的详细情况。

长沙方言古去声字今读的大致情况是根据古声母清浊分阴去和阳去,但大部分古浊去字有文读阴去的现象。这一现象杨时逢(1956)早就在《长沙音系》中提到:去声字白话音里阴阳去分得很清楚,浊去字在说话中大都读阳去,但读书音(即单字读音时)大部分读阴去,也有很少数字读成阳去的。由于长沙方言存在大部分浊去字文读阴去的现象,以至于江灏(1981)认为长沙方言只有一个去声调,这也可以说是长沙方言声调的文读系统。长沙方言大部分浊去字文读阴去的这个特点对新化、金竹山和锌山方言产生影响,导致新化方言白读阴平的浊去字文读与清去字合并为一个去声调;金竹山方言和锌山方言的浊去字也向清去字合并,但由于锌山方言和金竹山方言清去字根据声母送气与否分全阴去和次阴去两个调,所以在归并时,也分为两类,次浊去归全阴去,全浊去归次阴去。

上文提到全浊去字除了文读次阴去以外,还有少数文读全阴去的现象,为什么同是全浊去字有不同的文读调呢?从表 1 可以看到,读 45 调的全浊去字除了“掉”外,没有並母和定母字。锌山方言不说“掉”,只说“落”,“掉”读 45 调是个读字音。並定母文读一律读 24 调。为什么没有並定母文读读为 45 调的现象呢?这是因为並定母今仍读浊音,如:大[dA^{24}]、备[bi^{24}]、病[bin^{24}]、度[$dəu^{24}$]、第[di^{24}]、办[$b\tilde{A}^{24}$],等等。凡是今仍读浊音的全浊去字文读调归次阴去,这是因为通常浊音声母字一般读低调,而次阴去相对于全阴去来说,调值比较低,因此仍读为浊音的並定母字在向清去字归派时,归入了次阴去。而其他古全浊声母的字今虽不读浊音,但在声调归派上和仍读浊音的並定母相同,我们认为从母、船母、群母等古全浊声母清化的时间比较晚,是在文读调进入锌山方言之后才清化的。古全浊声母上声字和去声字的白读仍读低调,也可以从侧面说明这一点。

(三)锌山方言全浊去字今读阳上现象及其成因

从表 1 可以看到,锌山方言白读层部分古全浊去字读阳上,且其中多数同时又有读阳去的异读。为什么这部分全浊去字同时有读阳去和阳上的白读呢?这也是方言接触的结果。我们认为,锌山方言这些全浊去今读阳上的现象,是受到邻近涟源方言影响的结果。根据唐斯力、谭达人(1983)的记录,涟源蓝田(市政府所在地)方言有 6 个声调:阴平[44]、阳平[13]、阴上[32]、阳上[21]、阴去[55]、次阴去[25],其中阳上调包含浊上字和浊去字。陈晖(2006)提供的涟源六亩塘的材料,全浊上也与浊去字归为一个调 21 调(陈晖称之为阳去调)。锌山是冷水江最东边的一个镇,位于涟源市与冷水江市的交界处,由于离冷水江市区较远,与涟源往来更频繁。而与锌山接壤的涟源方言以及涟源市政府所在的蓝田方言都属于全浊上和全浊去归为一个调(读 21 调)的方言。锌山方言受涟源方言浊去字读21调的影响,出现了部分全浊去字今读21调(阳上)的现象。当然,铎山方言全浊去字受涟源方言影响读阳上21调,其性质与铎山方言受长沙方言影响不同。长沙方言作为权威方言对铎山方言的影响,是强势方言对弱势方言的跨地域影响,而涟源方言对铎山方言的影响是交界处方言之间频繁往来的混杂影响。

综上,铎山方言古去声字的层次可归纳如表2。

表2

<table>
<tr><th></th><th>全清去</th><th>次清去</th><th>全浊去</th><th>次浊去</th></tr>
<tr><td>白读层</td><td rowspan="2">全阴去45</td><td rowspan="2">次阴去24</td><td>阳去33</td><td>阴平44、阳去33</td></tr>
<tr><td>文读层</td><td>次阴去24、全45阴去</td><td>全阴去45(声母为m、l或零声母)、次阴去24(声母为擦音)</td></tr>
</table>

三、古全浊上声字的声调层次

铎山方言古全浊上声字今读具体情况如表3。

表3 铎山方言古全浊上声字的今声调

调类	例　字
次阴去[24]	惰厦~门部杜户沪序叙绪父聚待怠在文,~于亥罢弟文,~~倍罪文,犯~汇技巳抱道文,铁~部稻造浩赵后文,~悔妇文,~科纣受俭犯限辩辨善件文,文~尽近文,~视混荡静锭奉动文,~作重文,~量
全阴去[45]	社巨拒距蟹陛婢氏妓似祀士仕柿市绍后皇~负范甚践肾愤像文,好~象橡项幸杖仗
阳去[33]	在白罪白,受~痔兆道白,~场后白,~生:年轻人厚白舅白像白
阳上[21]	坐祸下肚~子疼苎簿腐辅柱竖在白,~不~弟白,老~荠被絮~:被子是徛皂厚白后白,~天妇白,新~舅淡件白,一~拌伴断缓皖很近白像白,不~丈上~去晃杏挺艇动白汞重白,轻~

铎山方言全浊上声字今读有阳上、阳去、全阴去和次阴去四类,其中读阳上和阳去的属于白读,读全阴去和次阴去的属于文读。如"道"在"道场"一词

中白读阳去,在“铁道部”一词中文读次阴去,“像”在“像不像”中读阳上、阳去皆可,属白读,在“好像”一词中文读全阴去。陈晖(2006)[179]对新化、冷水江等地方言少数全浊上字白读阴平的现象有两种推测:或是早期江西移民方言特点的保留,或是受浊去归阴平的感染。我们前文提到,浊去字归阴平还是独立成阳去调只是处理的不同,新化、金竹山方言全浊上归阴平与本文的全浊上归阳去属于同一现象。从上文的分析中我们知道,锊山方言乃至整个老湘语都受到长沙方言影响,因而我们可以从长沙方言中去找原因。长沙方言古全浊上声字大部分今读阳去(白读),少数读阴去(文读)。如“坐、簿、道、断、厚、后、尽、限、巷、上”等常用字白读阳去,文读阴去。锊山方言全浊上字白读阳上或阳去,文读阴去、次阴去是受长沙方言影响的结果。锊山方言古全浊上的固有读音是归阳上,早期受全浊上归阳去的长沙方言影响归入阳去,但长沙方言受只有一个去声调的西南官话影响,阳去出现读阴去的文读音,这种现象又继续影响锊山方言,导致锊山方言归入阳去的古全浊上声字也出现归入清去的文读音。由于锊山方言古清去字分为全阴去和次阴去两个调,相应地也出现了全阴去和次阴去两类文读音。也就是说,全浊上归入阳去以后随着浊去字一起又受到了权威方言(即长沙方言)阳去文读阴去的新一轮影响。所以,全浊上字读阴平并不是陈晖所说的江西移民特点的保留或浊去归阴平的感染,而是早期长沙方言影响的结果,即:全浊上归阳去的影响。新化方言早期全浊上与浊去相混(陈晖与罗昕如处理为与阴平合并,本文独立为一个阳去调),后来受长沙方言阳去文读为阴去的影响,白读阴平的浊去字文读为去声,全浊上字也随浊去字一起变化,出现去声的文读。所以,全浊上读阳上和读阳去在今天看来都是白读音,但两者性质不同,全浊上白读阳上是固有的层次,读阳去属于早期的文读(今白读)。

综上,锊山方言古全浊上字今读有三个层次,如表4。

表4

层次Ⅰ	今读阳上,如“坐、祸、下、肚、徛、断”等;
层次Ⅱ	今读阳去,如“在、道、兆、痔、像”等;
层次Ⅲ	今读全阴去或次阴去,如“部、户、沪、叙、弟文、橡”等。

四、古入声字的声调层次

湘语没有入声韵,但调类上有独立入声调和无入声调之分,有入声调的方言如:长沙、望城、宁乡下宁乡、湘潭、株洲、南县、安乡东南部、浏阳西部、衡阳、邵阳、新化、祁东等;无入声调的方言如:湘乡城关、双峰梓门桥、娄底、涟源蓝田、安化梅城、邵东、洞口黄桥镇、武冈、绥宁、城步、冷水江金竹山、泸溪、益阳、汨罗等。铎山方言没有入声调,古入声字今读比较复杂,具体情况见表5。

表5 铎山方言古入声字的今声调

古声母°	今调类	例　字
全清	全阴去[45]	萨室教~率蟀握把~式忆亿抑释益的目~滴绩成~烛文,蜡~
	次阴去[24]	答蛤喝~酒押压甲文,~乙丙鸭文,~绒劫胁跌法文,~院杀文执急文,着~级吸葛诸~亮轧别~针薛泄浙哲折打~设节文,一~课结文,~婚洁钵拨括刮雪文,~白说文,小~发~票决诀血文,~管笔毕必悉质失室吉乙一~二三骨文,~气忽恤橘博作~业各阁搁恶爵雀脚文,~气约文,条~郭霍藿剥文,~削驳文卓琢啄觉文,感~角文,一~钱握~手北则黑文,~板得文,~到逼即鲫熄媳息侧色职识饰百柏伯迫格赫责革隔碧积迹脊文,~梁惜昔适壁文嫡锡文,金银铜铁~析激击速谷~雨督沃福幅蝠腹肃宿寄~祝叔菊蓄足
	阴平[44]	眨搭插夹~子;~菜甲白,手指~鸭白,~子接折~纸法白,没~:没办法湿涩汁出~:流汁急白,~死了割八杀白瞎揭歇节白,过~屑楔结白,~桃子噎挖刷雪白,落~说白,~魂话发~财血白,出~蕨膝一白,十~骨白,~头索蠹削脚白,一只~约白,~好剥白,~开驳白桌捉角白,~落得白,~病塞黑白,墨~:很黑织吓摘脊白,背~骨只一~炙壁白,~头:墙壁屋竹筑缩粥烛白,一对~谷稻子粟~米
次清	次阴去[24]	踏塔榻恰怯贴帖泣渴察撤彻撇铁文,~路泼文,活~阔文缺七文,田~乞出文,~纳佛仿~托鹊扩朴戳确刻克测拍文魄客文,~气策册僻赤文,~道劈文戚仆秃酷畜~牲促触曲大~
	阴平[44]	擦铁白,打~切泼白,~水脱撮阔白,宽匹七白漆出白,~门壳拍白拆坼客白,有~尺赤白,~脚劈白踢吃哭覆

(续表)

古声母	今调类		例字
全浊	送气	次阴去[24]	沓炸~豆腐碟牒蝶谍集及拔铡别~人钹绝弼疾秩突薄很~锌~山：地名咋凿嚼着睡~浊特贼直值白泽择辟籍笛敌狄籴瀑曝独读族逐轴
	非送气	全阴去[45]	闸狭蛰白，惊~十舌折~本猾滑术述镬学白，~舌：传话食白，猪~剧石白，~头毒白，有~服白，~侍熟赎白续白
		次阴去[24]	杂合盒峡匣涉协极习袭蛰文达辖杰截夺活伐罚筏掘穴侄食文，~堂实勃泊~车学文，~校宅核席石文获划毒文，~药服文淑俗续文赎文属蜀局
次浊	全阴去[45]		叶页灭白，~绝立粒又笠辣热篾沫月白，坐~子密蜜栗勿莫落骆洛络略跃乐~器岳南~墨白，~水力翼域额麦亦译易姓历疫役禄六陆育绿白，~豆玉欲浴
	次阴去[24]		纳业入捺灭文列烈裂末文劣阅悦袜月文，~饼越文，~南曰粤日文，~本没律率物摸诺鄂弱若疟虐钥岳~母墨文，~鱼默勒肋脉逆液木文，~材穆目牧育录辱狱
	阴平[44]		拉腊蜡抹~布月白，正~日白，~子烙木白，~头鹿肉绿~色粒白越白，~来~好

从表5可以看到，锌山方言古入声字的今读情况如下：

清入字读阴平的主要是常用字，读次阴去的主要是文读或不常用的字，如果某字有阴平和次阴去两种读音，读阴平的为白读，读次阴去的为文读，如“杀”在“杀猪”中读阴平，在“杀虫”中读次阴去。

古全浊入字，今声母为送气音的字读次阴去，基本上没有异读；今声母为非送气音的字（包括擦音和塞音塞擦音），白读全阴去，文读次阴去，如“学”在“学舌传话”中读全阴去，在“学校”一词中读次阴去。

次浊入字读阴平和全阴去的字大都是常用字，但以白读全阴去为主；读次阴去的大都是文读音或不常用的字。

归纳起来大致是：古入声字舒化时清入字主要归入阴平；浊入字分两部分：全浊入字今声母读送气的归次阴去，非送气的全浊入字和次浊入字主要归入全阴去，也有部分很常用的次浊入字归入阴平，与清入字的白读同。但这些分别归入不同舒声调的古入声字又都有一个相同的文读调——次阴去。锌山方言古入声字今读层次具体如表6。

表 6　铎山方言古入声字今读层次

<table>
<tr><th></th><th>全清入</th><th>次清入</th><th>全浊入(送气)</th><th>全浊入(非送气)</th><th>次浊入</th></tr>
<tr><td>文读</td><td>次阴去</td><td>次阴去</td><td rowspan="2">次阴去</td><td>次阴去</td><td>次阴去</td></tr>
<tr><td>白读</td><td>阴平</td><td>阴平</td><td>全阴去</td><td>阴平/全阴去</td></tr>
</table>

从表 6 可以看到,不管是清入字还是浊入字都有读次阴去的文读,这个文读来源于何种方言呢?

在分析铎山方言入声字文读来源之前,我们有必要了解一下周围方言古入声字的今读情况。据罗昕如(1998),新化方言白读层古清入字归入阴平,古浊入字归去声,文读层有一个独立的入声调。

据陈晖(2006),涟源蓝田方言古入声字今读阴平、阴去和次阴去。我们通过例字来看涟源蓝田方言古入声字的文白异读情况,如清入字:"锡"在"锡矿山"中读次阴去,在"锡壶"中读阴平;"壁"在"墙壁"中读次阴去,在"壁头墙壁"中读阴平;浊入字:"学"在"学习"中读次阴去,在"学舌传话"中读阴去;"活"在"生活"中读次阴去,在"活鱼"中读阴去。从例字可以看出,涟源蓝田方言古清入字白读阴平,文读次阴去;古浊入字白读阴去,文读次阴去[24]调。白读阴平和阴去的古入声字有相同的文读音,都读为次阴去。

可见,铎山、新化、涟源蓝田这三个方言的古入声字今读有一个共同特点,即:在白读层中根据清浊分归不同的调,在文读层中读为同一个调,且调值都为[24],新化方言甚至出现了一个新的入声调类,铎山方言和涟源蓝田方言古入声字文读调因与本方言中已有调类的调值相同而没有出现独立的入声调。据此,我们认为铎山、新化、涟源蓝田这三个方言古入声字的文读现象是受同一种权威方言的影响所致,而且这种权威方言很可能有入声调或者入声字整齐地归入某个声调,调值为[24]或接近[24]。湘语中有入声调又算得上权威方言的自然只能是长沙方言。上文提到长沙方言有独立的入声调,且入声调值也正好是[24]调。由此,我们认为铎山、涟源蓝田和新化方言古入声字的文读音是受长沙方言影响的结果。

五、铎山方言次阴去[24]调的来源

在讨论铎山方言古去声字和入声字的声调层次时,我们发现[24]调的

来源很复杂,具体如表7。

表7

	次清去	全浊去	清入字	全浊入(送气)	全浊入(非送气)	次浊入
阴平44			白读层			白读层
阳去33		白读层				
全阴去45					白读层	白读层
次阴去24	白读层	文读层	文读层	白读层	文读层	文读层

锊山方言[24]调的来源有：古次清去字的白读,古全浊去字的文读音,古清入字的文读音,(今声母送气的)古全浊入字的白读,(今声母非送气的)全浊入字的文读音,次浊入字的文读音。这些读为[24]调的字可以分为两部分：一部分是方言本身固有的,一部分是受权威方言影响产生的,即一部分属于"自变型",一部分属于"他变型"。古次清去字今读[24]调是本方言自身固有的层次,古全浊入清化后今读送气声母归入次阴去也是本方言固有层。这可以从表1和表5所列例字得到证明：表1和表5古次清去字和古全浊入清化后今读送气声母的字,都只有一读。古全浊去、清入字、次浊入字和今声母为非送气音的全浊入字今读[24]调都是文读,另有不同的白读。但古全浊去与古入声字的文读音[24]调形成的原因却并不相同：锊山方言古全浊去文读[24]调是受长沙方言阳去文读阴去的影响,导致阳去调向次阴去归并的结果;而古入声字文读[24]调是受有入声调且调值为[24]的长沙方言影响形成。就是说,权威方言对古去声和古入声的影响是分别进行的。

六、结　　语

本文分析了冷水江锊山方言古全浊上、去声和入声字声调的文白异读现象,指出：锊山方言古去声字白读分全阴去、次阴去和阳去(部分浊去字有读阳上的又读现象)三个调,受长沙方言阳去文读阴去调的影响,全浊去和次浊去文读分别归入次阴去和全阴去。锊山方言全浊上字白读阳上,长沙方言全浊上归阳去,阳去文读阴去,这种变化影响铎山方言,导致铎山方言全浊上第二层归阳去,第三层又随浊去字分别归入全阴去和次阴去。铎山方言古入声字白读归阴平、全阴去和次阴去,文读都归为次阴去[24]调,也是受有入声且调值为[24]的长沙方言的影响。

从我们的研究来看,在讨论湘语声调演变规律时,需要特别注意相同的调类性质未必相同。如陈晖(2006)记录的金竹山方言文读调系统中有一个阳去调,与本文的阳去调性质不同。陈晖记录的阳去调包含次清去和全浊去两类字,这是浊去字向次清去字归并的结果,其实从归并方向来看,该调类叫次阴去更合适。又如,新化方言有入声调,但这并不是古入声调的保留,而是受长沙方言影响新出现的入声调。因此,在做方言对比时,首先要弄清楚所对比方言的相关现象性质是否相同,如果在不确定其性质的情况下,直接进行对比就很容易得出不恰当的结论。

参考文献

鲍厚星,崔振华,沈若云,伍云姬(1999)《长沙方言研究》,长沙:湖南教育出版社。
曹志耘(1998)汉语方言声调演变的两种类型,《语言研究》第1期。
陈　晖(2006)《湘方言语音研究》,长沙:湖南师范大学出版社。
陈忠敏(2003)重论文白异读与语音层次,《语言研究》第3期。
江　灏(1981)长沙方言去声字的文白异调,《中国语文》第2期。
罗昕如(1998)《新化方言研究》,长沙:湖南教育出版社。
唐斯力、谭达人(1983)谈谈古浊声母与今蓝田声母的关系,《湘潭大学学报》(增刊)。
王洪君(2006)文白异读、音韵层次与历史语言学,《北京大学学报(哲学社会科学版)》第2期。
杨时逢(1956)长沙音系,"中央研究院"历史语言研究所集刊第27本。

(300074　天津,天津师范大学文学院　hongsehudeijie@126.com)

祁县方言的连读变调*

王　姬

提要　祁县位于山西省中部,属晋中市。在《中国语言地图集》(2012)中,祁县方言属于晋语并州片。文章首先记载了以城关话为代表的祁县方言的声韵调概况,紧接着讨论了两字组的连读变调情况,得出结论:祁县方言中,(1)今平声不分阴阳走的是先分化后合流的道路;(2)不同的语法结构对应不同的变调类型;(3)轻声的连读变调调值受前字影响。

关键词　祁县方言;两字组;连读变调

一、祁县方言声韵调概况

祁县位于山西省晋中盆地南部汾河东岸。县东与太谷相邻,县西与平遥接壤,县南与武乡为界,县北与清徐毗连,县东南与榆社山峦相依,县西北与文水、交城隔河(汾河)相望。地势东南高、西北低,平面轮廓呈东南至西北长条状,境域面积约854平方公里。全县共辖6镇2乡:昭馀镇(城关区)、东观镇、古县镇、贾令镇、城赵镇、来远镇、西六支乡、峪口乡。人口约26万人。

祁县虽与7个县相邻,相邻地区的语音当然也受邻县一些影响,但就整体来说,全县语音基本一致,形成了自己独特的"祁县话"。祁县方言属于晋语并州片,县内部又以昌源河为界分为南北两片,昌源河的西南部为一大片,以城关话为代表;昌源河的东北部为一小片,以东观、贾令话为代表。

本文记载的是以城关话为代表的祁县方言,共有20个声母、41个韵母、5个声调。

---

* 本文的写作得到薛才德教授的悉心指导,李蓝、雒鹏两位先生及《语言研究集刊》匿名审稿人和编辑部也为本文的修改和完善提出了诸多宝贵意见,谨此一并表示感谢。

(一) 声母

祁县方言共有20个声母,包括零声母在内,如下:

p	步宝别盆	ph	怕骗普盆	m	门麦墓帽				
t	到地肚头	th	太挑土头	n	难怒恼奴			l	兰李乱路
ts	增咨主瓷	tsh	尝醋刺瓷			s	散苏思尝		
								ʐ	认绕日软
tɕ	精焦结穷	tɕh	秋全丘穷	ȵ	女硬压尿	ɕ	旋许修下		
k	干工古跪	kh	开葵哭跪	ŋ	岸案哑袄	x	河化腐下		
ø	围约儿衣								

音值说明:

1. t、th、l、ȵ 可与 ɿ 相拼;
2. ʐ 的发音部位略微靠前。

(二) 韵母

祁县方言共有41个韵母,如下:

阴声韵

ɿ	资衣地绳	i	姐爷爹且	u	过唾坐黄		
						yi	靴倔
a	爬他拉洒	ia	架牙压枪	ua	挂瓜花瓦		
ɛ	爱台赛鞋			uɛ	怪帅快怀		
ɯ	错河蛇多						
		ie	街介解				
ei	开背在盖			uei	对贵飞嘴		
		iu	要跳票桥				
au	桃闹刀到	iau	叼姚小桥				
ou	小够楼偷	iou	牛流酒求				
əuβ	布顾母祖	iəuβ	鱼需吕嘴				
ḷ	儿尔二而						

阳声韵

əm	红东温村	iəm	云胸穷晕				
		iĩ	甜严监浅			yĩ	院权玄全
ɤŋ	干看搬旱			uɤŋ	短款碗酸		

ã 杭党三咸　iã 眼间洋咸　uã 关三环芳

õ 跟根横绳　iõ 紧林心音

n̩ 你

入声韵

ɑʔ 喝割辣色　iɑʔ 百铁烈叶　uɑʔ 袜脱活落　yɑʔ 月缺绝掠

əʔ 黑日尺直　iəʔ 一急踢北　uəʔ 屋绿国出　yəʔ 局药削曲

音值说明：

1. ʅ 在自成音节或与除 ts、tsh、s 外的其他声母相拼时，实际音值为 jʅ；

2. u 在发音时开口度较大，实际音值为 ω；

3. “布鱼”等字的韵母在祁县方言中，u 为主要元音，但其前面有一个 ə 为过渡音，后有一个轻微摩擦的韵尾 β，所以记作 əuβ 和 iəuβ；

4. əm 韵母和 əuβ 韵母前面为零声母时，发音时前面带有轻微的喉音，实际音值为 ʔəm 和 ʔəuβ；

5. 保留有喉塞韵尾-ʔ。

（三）声调

1. 单字调

祁县方言有五个声调，分别是平声、上声、去声、阴入、阳入。

声调	调值	例字
平声	51 [˥˩]	高开婚穷陈寒鹅
上声	312[˨˩˨]	古展口丑好五女
去声	24[˨˦]	近厚盖帐共害岸
阴入	53[ʔ˥˧]	急曲黑割缺歇月
阳入	412[ʔ˦˩˨]	局食白合舌俗服

声调特点：

（1）平声不分阴阳，调值都为 51。

（2）清上和次浊上在祁县方言中仍为上声，调值 312；全浊上声归入去声，调值 24。

（3）入声较舒声略短促，有喉塞尾但已弱化。分阴入和阳入，清入和次浊入在祁县方言中为阴入，调值53；全浊入声为阳入，调值412。在用五度标调法标记时，前加喉塞音[ʔ]用以与舒声调相区别。

需要加以说明的是，我们在做声调调查时运用了实验语音学的方法，在用

praat 记录时,发现阴入与平声声调走势一致但时长较平声略短,故我们将阴入记作[53];而阳入同上声一样是个中折调,时长约为上声的 2/3,但阳入在发音时中间存在嘎裂声,有一段极低的基频不经软件处理显示不出来,如果抛开五度标调法的限制,我们可以用 0 来表示这个极低的基频,将阳入记作[301],但是这样又会增添很多的问题,故我们退而求其次将阳入记作[412]。

2. 变调

祁县方言中除保持本调不变的情况外,新出现的连读变调有 6 个:[˥˩]51、[˨˦]24、[˥]55、[˩]11、[˩˨]12、[˧˩]31,前两个连读变调与单字调相同(51 调和单字调的平声相同,24 调和单字调的去声相同),后四个是连读后新出现的。表 1 是祁县方言单字调的变调情况,表左为单字调调值,表端为变调调值,△表示保持本调不变,+表示可能出现的变调:

表 1

单字调 \ 连调	51	312	24	53	412	55	11	12	31
51	△					+	+	+	
312		△				+	+	+	+
24	+		△			+	+	+	
53			+	△		+•	+	+	
412					△	+•	+	+	+•

从表 1 中我们可以明显看出连读后新出现的调型[55][11][12]覆盖面非常广,其中[55]仅在前字的变调形式中出现,[11][12]仅在后字的变调形式中出现。表中标"•"的+是指入声作为前字时的变调[55]和[31]较舒声作为前字时的变调[55]和[31]时长略短。

由于低调比较难辨识,所以我们对于[11]调和[12]调的确定也是采用了实验语音学的方法,用 praat 来绘制了声调图并找了五位发音合作人来做听感辨识。我们选取两组测试中最为理想的数据来举例,图 1 为"西瓜"的声调,"瓜"在连调中单从听感上我们曾判断其为一个低降调[21],但从图中我们可以明显的看出前字为高平调后字为低平调,因此我们记作[11];图 2 为"滚水"的声调,连调中"水"的声调从听感上我们似乎能感到明显的上扬,但在实际声调图中其实只上升了很小的幅度，我们选取的还是一组比较理想的数据，部分图中如果不看数值我们甚至几乎看不出上扬，因此此处我们根据声调图记作[12]，既与[11]调相区别，又可解释听感中的上扬。

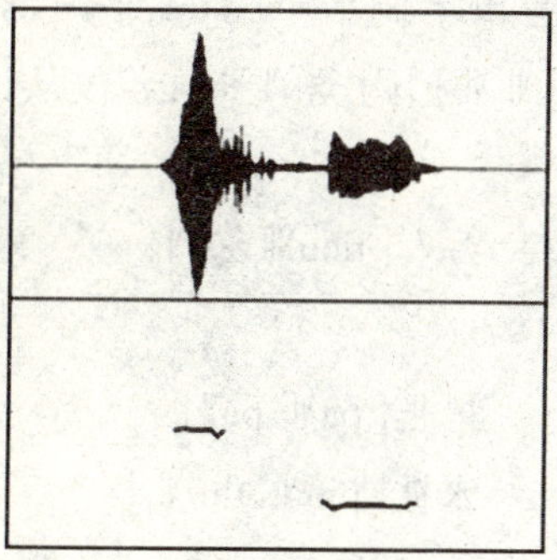
图1　西瓜

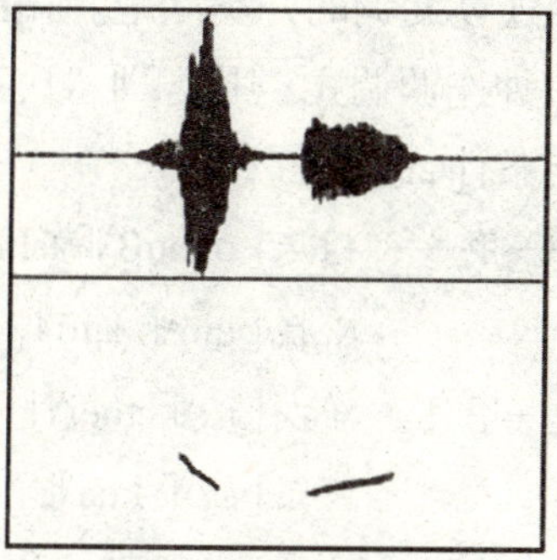
图2　滚水

二、特殊的平声

晋语声调的研究中，有很多关于平声的研究。并州片平声不分阴阳是古已有之还是后来合流，这个问题讨论已久。对于并州片晋语平声不分阴阳的解释，主要有两种看法。一是先按清浊分为阴阳两调，然后再合二为一，持这种观点的学者占多数，主要有沈明（1999）、王福堂（2005）、王莉宁（2012）等。其中最重要的一个论据是，在这些方言里，平声在单字调里虽已不分阴阳，但有的在连调中能够区分，有的在子尾、儿尾、轻声前能够区分。二是古平声未曾分化，持这种观点的主要有：王临惠（2003）认为"太原等方言古平声在连调中分阴阳的现象是古全浊声母对调值的影响在方言中的残存形式，即：在声母清浊对调值的影响还未达到形成不同调类的程度时，全浊声母便已彻底清化，导致了'清浊分调'的音变被中断了，故'平分阴阳'只能部分保留在连调中"，乔全生（2007）认为"山西方言'平声先分阴阳、再合流'的看法缺乏足够的历史记载和演变的机制条件"。因此，关于并州片平声是先分再合，还是自古未分，一直存在争论。

我们尝试从祁县方言平声字的连读变调来进行分析。

祁县方言两字组的连读调和语法结构关系密切。我们从语法结构方面限定条件，两字组可以根据变调行为分为三类：A 类是述宾式、主谓式；B 类是偏正式、并列式、述补式,名叠式(名词叠字、量词叠字、数词叠字)、名儿式(儿尾名词)也属于 B 类;C 类是动叠式(动词叠字)。

但是,如果单从语法结构方面限定条件的话,我们发现并不能很好的解决平声字连读变调的归类问题。祁县方言单字调平声[˥˩] + 平声[˥˩]调值排列对应三种连调调式:甲类[˥˩˥ ˥˩]、乙类[˥˩˥ ˥˩˩]、丙类[˥˩ ˥˩˨],若仅从语法结构方面限定条件,结果如下:

A——甲　铺床[phəuβ˥˩˥ tshuɑ̃˥˩]　丢人[tiou˥˩˥ ʐõ˥˩]
　　　　心慌[ɕiõ˥˩˥ xuɑ̃˥˩]

B——甲乙　洋灰[iɑ̃˥˩˥ xuei˥˩]　耙耙[pa˥˩˥ pa˥˩]
　　　　西瓜[sɿ˥˩˥ kua˥˩˩]　冰糖[piõ˥˩˥ thɑ̃˥˩˩]
　　　　花儿[xua˥˩˥ l̩˥˩˩]

C——丙　听听[thɿ˥˩ thɿ˥˩˨]　闻闻[ʔəm˥˩ ʔəm˥˩˨]

所以我们还必须从其他方面寻找限定条件,探寻古音来历便是一种有效的解决方法。

祁县方言的单字调平声[˥˩]不分阴平、阳平,例如:

趴 = 爬[pa˥˩]　披 = 皮[phɿ˥˩]　花 = 华[xua˥˩]　圈 = 全[tɕhyĩ˥˩]

我们从古音来历方面找限定条件,把单字调调值为[˥˩]51 调的字分为阴平(来自古平声清声母,代码为 1)和阳平(来自古平声浊声母,代码为 2)两个调类,这时再与语法结构相结合,我们似乎得到了如下的连读变调规律,见表 2:

表 2

前字 \ 后字			平声 [˥˩] 51 调	
			1	2
平声[˥˩]51 调	1	A	甲[˥˩˥ ˥˩]	甲[˥˩˥ ˥˩]
		B	乙[˥˩˥ ˥˩˩]	乙[˥˩˥ ˥˩˩]
		C	丙[˥˩ ˥˩˨]	丙[˥˩ ˥˩˨]
	2	A	甲[˥˩˥ ˥˩]	甲[˥˩˥ ˥˩]
		B	甲[˥˩˥ ˥˩]	甲[˥˩˥ ˥˩]
		C		丙[˥˩ ˥˩˨]

但同样需要指出的是,并不是所有平声两字组都符合上述情况,因两字

组的开放性，我们无法做到穷尽性的调查，但就目前调查情况而言，我们可以说大多数情况如此。

我们拓展视野后，将平声作为前字与其他调类相配合，得到表3：

表3

<table>
<tr><td colspan="3" rowspan="2">后字
前字</td><td colspan="2">平声［˥˩］51调</td><td rowspan="2">上声［˧˩˨］
312调</td><td rowspan="2">去声［˨˦］
24调</td><td rowspan="2">阴入［ʔ˥˧］
53调</td><td rowspan="2">阳入［ʔ˦˩˨］
412调</td></tr>
<tr><td>1</td><td>2</td></tr>
<tr><td rowspan="6">平声
［˥˩］
51调</td><td rowspan="3">1</td><td>A</td><td colspan="2">˥˩˥ ˥˩</td><td>˥˩˥ ˧˩˨</td><td>˥˩˥ ˥˩˩</td><td>˥˩˥ ʔ˥˧</td><td>˥˩˥ ʔ˦˩˨</td></tr>
<tr><td>B</td><td colspan="2">˥˩˥ ˥˩˩</td><td rowspan="2">˥˩˥ ˧˩˨˩</td><td rowspan="2">˥˩˥ ˥˩</td><td rowspan="2">˥˩˥ ʔ˥˧˩</td><td rowspan="2">˥˩˥ ˥˩˩</td></tr>
<tr><td>C</td><td>˥˩ ˥˩˧˩</td><td></td></tr>
<tr><td rowspan="3">2</td><td>A</td><td colspan="2" rowspan="2">˥˩˥ ˥˩</td><td rowspan="3">˥˩˥ ˧˩˨</td><td rowspan="3">˥˩˥ ˥˩˩</td><td rowspan="3">˥˩˥ ʔ˥˧</td><td rowspan="3">˥˩˥ ʔ˦˩˨</td></tr>
<tr><td>B</td></tr>
<tr><td>C</td><td></td><td>˥˩ ˥˩˧˩</td></tr>
</table>

从表3我们可以看出，若抛开动叠式，清声母平声字根据不同的语法结构对应不同的连调形式，古浊声母平声字则只有一种变调形式。但表3似乎还不够直观，我们去掉语法层面的限制，仅列出不同组合下的变调情况，再将变调后的调型用调值来替换，可得到表4：

表4

<table>
<tr><td colspan="2" rowspan="2">后字
前字</td><td colspan="2">平声［˥˩］51调</td><td rowspan="2">上声［˧˩˨］
312调</td><td rowspan="2">去声［˨˦］
24调</td><td rowspan="2">阴入［ʔ˥˧］
53调</td><td rowspan="2">阳入［ʔ˦˩˨］
412调</td></tr>
<tr><td>1</td><td>2</td></tr>
<tr><td rowspan="2">平声
［˥˩］
51调</td><td>1</td><td>55 51
55 11
51 31</td><td>55 51
55 11</td><td>55 312
55 11</td><td>55 11
55 51</td><td>55 53
55 11</td><td>55 412
55 11</td></tr>
<tr><td>2</td><td>55 51</td><td>55 51
51 31</td><td>55 312</td><td>55 11</td><td>55 53</td><td>55 412</td></tr>
</table>

从表4我们又发现了一个有趣的现象，那便是：除去动叠式两字组外，古浊平声字的所有变调情况都可以被包含在古清平声字的变调情况中，也即古清平字的变调情况便可代表古平声字的所有连读变调情况，那么我们其实可以只用一列便能表述清楚平声字作为前字时的变调情况，见表5：

表 5

前字 \ 后字	平声 [˥˩] 51 调		上声[˧˩˨] 312 调	去声[˨˦] 24 调	阴入[ʔ˥˧] $\underline{53}$ 调	阳入[ʔ˦˩˨] $\underline{412}$ 调
	1	2				
平声 [˥˩] 51 调	55 51 55 11 51 31		55 312 55 11	55 11 55 51	55 $\underline{53}$ 55 $\underline{11}$	55 $\underline{412}$ 55 $\underline{11}$

平声作为后字也不能区分阴阳平,1(古清平)和2(古浊平)在做为后字与其他调类相组合时变调情况完全一样,我们将在下节看到,此处不再列表。

这又引发了我们的思考,祁县方言中单字调平声不分阴阳的现象到底是先分后合呢还是自古未分?从表4我们可以推出表5,但从表5却无法推出表4。而且值得注意的是,A组语法结构的辖词量要远少于B组,所以我们在判断时应以B组语法结构下的连调形式为主,也即古清平字的连调情况以[˥˩˥ ˥˩˩]为主,古浊平字的连调情况以[˥˩˥ ˥˩]为主,从连读变调覆盖面极广这点上来考虑,似乎可以认为古清平字与浊平字是并行的而非合并的。

综上,我们倾向于认为祁县方言在连调中分阴平、阳平是其平声曾经分阴阳的证据,走的是先分后合的道路,而且基于由表4可以推出表5的情况来考虑,我们似乎也可以用来解释晋语并州片部分在连调里也无法区分阴阳平的现象。

三、两字组的连读变调

祁县话的两字组,前字共五个调类,后字共六个调类。轻声只能作为后字,所以后字比前字多一类。本节讨论的两字组暂不包括轻声,放在下节讨论。

两字组中,前字变调的比后字多。作为前字,平声在所有调类前都变调且全部变为高平的[55]调;上声字除在上声前且语法结构为述宾式时变为[55]调,在其他调类前一律变为[31]调;去声字作为前字在每种调类前都有两种连调形式,一种变为[55]调,多出现在主谓式和述宾式(即A类)中,在

B 类、C 类语法结构中则保持本调不变；阴入字作为前字时也有两种变调形式，除在上声字 B 类语法结构中变为[24]调外，在其他调类前都变做[55]调；阳入字作为前字也是有两种变调类型，大部分由[412]变作[31]调，小部分在后字保持本调不变的时候变作[55]调。作为后字，变调的情况则多发生在偏正式、并列式、述补式、名叠式、名儿式(即 B 类)中，还有部分字保持本调不变，具体见表 6：

表 6

	作为两字组的前一字	作为两字组的后一字
平声[˥˩]51 调	˥	在 B 类古清平以及阴入后变[˩]；在 B 类上声、阳入后变[˨˩]；其余保持本调[˥˩]不变
上声[˧˩˨]312 调	在 A 类上声字前变[˥]；其余变[˧˩]	在 B 类古清平后变[˩]；在上声部分字后变[˨˩]；在 B 类去声、阴入后变[˧˩]；其余保持本调[˧˩˨]不变
去声[˨˦]24 调	在 A 类结构中变[˥]；其余保持本调[˨˦]不变	在 A 类古清平、去声、阴入以及古浊平后变[˩]；在 B 类古清平、去声、阴入后变[˦˨]；在上声和阳入后变[˨˩]
阴入[ʔ˥˧]53 调	在 B 类去声前变[˨˦]；其余变[˥]	在 B 类古清平以及阴入后变[˩]；在 B 类上声及阳入后变[˨˩]；其余保持本调[ʔ˥˧]不变
阳入[ʔ˦˩˨]412 调	在 A 类清平以及上声、阳入前变[˥]；其余变[˧˩]	在 B 类古清平以及阴入后变[˩]；在上声后变[˨˩]；在 B 类去声后变[˦˨]，其余保持本调[ʔ˦˩˨]不变

在表 6 中我们并未讨论叠字组，首先因为叠字组辖字少，其次名叠形式除阳入外都与 B 类合并，只有阳入例外：阳入 + 阳入[ʔ˦˩˨˧˩ ʔ˦˩˨˩]；动叠形式除去声字组的 C 类是与 B 类的连调形式合流外，其余调类都呈现出一致的变调形式：平声 + 平声[˥˩ ˥˩˧˩]，上声 + 上声[˧˩˨˧˩ ˧˩˨˧˩]，阴入 + 阴入[ʔ˥˧˦˨ ʔ˥˧˧˩]，即全部都变为了一个降调。阳入我们尚未找到动词叠字组。

两字组连调读法见表 7。表左标明前字调类调值，表端标明后字调类调值。表里同横行前字调类相同，同竖行后字调类相同。

表 7

前字 \ 后字		平声[˥˩] 51 调 1	平声[˥˩] 51 调 2	上声 [˧˩˨]312 调	去声 [˨˦] 24 调	阴入 [ʔ˥˧]53 调	阳入 [ʔ˦˩˨]412 调
平声 [˥˩] 51 调	1	˥˩꜒ ˥˩ ˥˩꜒ ˥˩꜖ ˥˩ ˥˩꜔[a]	˥˩꜒ ˥˩ ˥˩꜒ ˥˩꜖	˥˩꜒ ˧˩˨ ˥˩꜒ ˧˩˨꜖	˥˩꜒ ˨˦꜖ ˥˩꜒ ˨˦꜔	˥˩꜒ ʔ˥˧ ˥˩꜒ ʔ˥˧꜖	˥˩꜒ ʔ˦˩˨ ˥˩꜒ ʔ˦˩˨꜖
	2	˥˩꜒ ˥˩	˥˩꜒ ˥˩ ˥˩ ˥˩꜔[b]	˥˩꜒ ˧˩˨	˥˩꜒ ˨˦꜖	˥˩꜒ ʔ˥˧	˥˩꜒ ʔ˦˩˨
上声 [˧˩˨]312 调		˧˩˨꜔ ˥˩꜖ ˧˩˨꜔ ˥˩	˧˩˨꜔ ˥˩꜖ ˧˩˨꜔ ˥˩	˧˩˨꜔ ˧˩˨꜖ ˧˩˨꜒ ˧˩˨ ˧˩˨꜔ ˧˩˨꜔[c]	˧˩˨꜔ ˨˦꜖	˧˩˨꜔ ʔ˥˧꜖ ˧˩˨꜔ ʔ˥˧	˧˩˨꜔ ʔ˦˩˨꜖
去声 [˨˦] 24 调		˨˦ ˥˩ ˨˦꜒ ˥˩	˨˦ ˥˩ ˨˦꜒ ˥˩	˨˦ ˧˩˨꜔ ˨˦꜒ ˧˩˨	˨˦ ˨˦꜔ ˨˦꜒ ˨˦꜖	˨˦ ʔ˥˧ ˨˦꜒ ʔ˥˧꜖	˨˦ ʔ˦˩˨꜔ ˨˦꜒ ʔ˦˩˨
阴入 [ʔ˥˧]53 调		ʔ˥˧꜒ ˥˩꜖ ʔ˥˧꜒ ˥˩	ʔ˥˧꜒ ˥˩꜖ ʔ˥˧꜒ ˥˩	ʔ˥˧꜔ ˧˩˨꜔ ʔ˥˧꜒ ˧˩˨	ʔ˥˧꜒ ˨˦꜖ ʔ˥˧꜒ ˨˦꜔	ʔ˥˧꜒ ʔ˥˧꜖ ʔ˥˧꜒ ʔ˥˧ ʔ˥˧꜒ ʔ˥˧꜔[d]	ʔ˥˧꜒ ʔ˦˩˨꜖ ʔ˥˧꜒ ʔ˦˩˨
阳入 [ʔ˦˩˨]412 调		ʔ˦˩˨꜔ ˥˩꜖ ʔ˦˩˨꜔ ˥˩ ʔ˦˩˨꜒ ˥˩	ʔ˦˩˨꜔ ˥˩꜖ ʔ˦˩˨꜔ ˥˩	ʔ˦˩˨꜒ ˧˩˨	ʔ˦˩˨꜔ ˨˦꜖	ʔ˦˩˨꜔ ʔ˥˧꜖	ʔ˦˩˨꜒ ʔ˦˩˨ ʔ˦˩˨꜔ ʔ˦˩˨꜖[e]

如表 7 所示,六十六个两字组可以根据前后字变调与否分成四类:(1) 两组前后字都不变调,就是两字连调等于两个单字调相连,例如去声 + 平声的"大门"[˨˦ ˥˩];(2) 二十四组前字变调、后字不变调,例如平声 + 平声的"洋灰"[˥˩꜒ ˥˩];(3)六组前字不变调、后字变调,例如去声 + 去声的"半夜"[˨˦ ˨˦꜔];(4) 三十四组前后字都变调,例如上声 + 阴入的"满月"[˧˩˨꜔ ʔ˦˩˨꜖]。表中还有一些情况需要说明:(1) 表中字母 a、b、d 所示的变调情况仅出现在动叠式中,例如 a"听听"[thɿ˥˩ thɿ˥˩꜔]、b"闻闻"[ʔəm˥˩ ʔəm˥˩꜔]、d"歇歇"[ɕiɑʔ˥˧ ɕiɑʔ˥˧꜔];(2) 表中字母 c 所示的变调形式分两种情况,一是上声字的动叠式,如"走走"[tsou˧˩˨꜔ tsou˧˩˨꜔],一是一部分老派读音将部分上声两字组读如上述形式,如"井水"[tsɿ˧˩˨꜔ suei˧˩˨꜔];(3) 表中字母 e 所示的变调形式只出现在阳入字的名叠形式中,例如"盒盒"[xɑʔ˦˩˨꜔ xɑʔ˦˩˨꜖]。

我们从表 7 中可以看出,有些两字组连调形式相同。但值得我们注意的是,阴入字的连读变调现象与平声字的连读变调现象惊人地相似,我们用调值来标出更显直观,如表 8:

表 8

前字＼后字	平声	上声	去声	阴入	阳入
平声	55 11 55 51	55 11 55 312	55 51 55 11	55 11 55 53	55 11 55 412
阴入	55 11 55 51	*24 31* 55 312	55 51 55 11	55 11 55 53	55 11 55 412

表 8 是以平声和阴入为前字与各个声调相配，我们再换以平声和阴入为后字与各个声调搭配，见表 9：

表 9

后字＼前字	平声	上声	去声	阴入	阳入
平声	55 11 55 51	31 12 31 51	24 51 55 51	55 11 55 51	31 12 *31 51* *55 51*
阴入	55 11 55 53	31 12 55 53	24 51 55 53	55 11 55 53	31 12

阳入字也与上声字的连读变调情况表现出了一致性，但不及阴入对比平声那般齐整。可见，阴入与平声已渐渐趋同，阳入与上声也在逐渐变得相近。这恰好与徐通锵、王洪君(1986)“声调系统在可预见的将来也会发生重大的变化：随着喉塞尾的消失，阴入并入平声，阳入并入上声，现在的调值已为这种合并准备好了框架”的预测相一致。①

两字组举例如下：

前字平声(1 此处指平声，不分阴阳)

1 1 [˥˩˥ ˥˩] 山坡[sɑ̃ phɯ] 沙滩[sa thɑ̃]

洋灰[iɑ̃ xuei] 虫儿[tsəm l̩]

[˥˩˥ ˥˩˪] 秋天[tɕhiou thiĩ] 喷壶[phõ xəuβ]

鲜姜[ɕiĩ tɕia] 花儿[xua l̩]

[˥˩ ˥˩˫] 听听[thɿ thɿ] 闻闻[ʔəm ʔəm]

1 3 [˥˩˥ ˩˨] 张嘴[tsa tɕiəuβ] 淋雨[liõ iəuβ]

担水[tɑ̃ suei] 生火[sɿ xu]

	[˥˧˥ ˨˩˩]	端午[tuɤŋ ʔəuβ]	虾米[ɕia mʅ]
		烟筒[iĩ thəm]	灯篓[tõ lou]
1 5	[˥˧˥ ˧˩˩]	开饭[khei xuã]	开会[khei xuei]
		霜降[suã tɕiã]	年会[ȵiĩ xuei]
	[˥˧˥ ˧˨˧]	兄弟[ɕiəuβ tʅ]	猪圈[tsəuβ tɕyĩ]
		天气[thiĩ tshʅ]	鸡蛋[tsʅ tã]
1 7	[˥˧˥ ʔ˦˥˩]	生日[sʅ ʐəʔ]	蜂蜜[xəm miəʔ]
		工作[kəm tsɑʔ]	钢笔[kã piəʔ]
	[˥˧˥ ʔ˦˥]	牛角[ȵiəu tɕyɑʔ]	除夕[tshəuβ ɕiəʔ]
		茶叶[tsha iɑʔ]	圆桌[yĩ tsuɑʔ]
1 8	[˥˧˥ ʔ˨˧]	初伏[tshəuβ xuəʔ]	粮食[lia səʔ]
		逃学[thau ɕiɑʔ]	
	[˥˧˥ ʔ˨˩˩]	甘蔗[kɤŋ tsɑʔ]	蝙蝠[piĩ xuəʔ]
		关节[kuã tɕiɑʔ]	

前字上声

3 1	[˨˩˧ ˥˧˩]	苦瓜[khəuβ kua]	顶风[tiõ xəm]
		虎牙[xəuβ ȵia]	狗儿[kəu l̩]
	[˨˩˧ ˥˧]	打雷[ta luei]	赶车[kɤŋ tshɯ]
		洗头[sʅ thou]	起床[tshʅ tshuã]
3 3	[˨˩˥ ˨˩]	打闪[ta sɤŋ]	烤火[khau xu]
		跑腿[phau thuei]	洗澡[sʅ tsau]
	[˨˩˧ ˨˩˩]	冷水[li suei]	左手[tsɯ sou]
		手表[sou piau]	小腿[ɕiu thuei]
	[˨˩˧ ˨˩˧]	走走[tsou tsou]	跑跑[phau phau]
		耍耍[sua sua]	
3 5	[˨˩˧ ˧˩˩]	闪电[sɤŋ tiĩ]	礼拜[lʅ pɛ]
		老汉[lau xɤŋ]	赶会[kɤŋ xuei]
3 7	[˨˩˧ ʔ˦˥]	洗脚[sʅ tɕyəʔ]	理发[lʅ xuɑʔ]
		买药[mɛ yəʔ]	赶集[kɤŋ tɕiəʔ]
	[˨˩˧ ʔ˦˥˩]	粉笔[xəm piəʔ]	里脊[lʅ tɕiəʔ]
		五谷[əuβ kuəʔ]	卷尺[tɕyĩ tshəʔ]

3 8 [˨˩˦ʔ˥˩˨] 火石[xu səʔ] 果实[ku səʔ]
捣实[tau səʔ]

前字去声

5 1 [˧˥ ˥˩] 上班[sa pã] 泡茶[phau tsha]
订婚[tiõ xəm] 尿床[ȵiu tshuã]
[˧ ˥˩] 太阳[thɛ iã] 蒜苔[suɤŋ thɛ]
笊篱[tsau lɿ] 丈人[tsa ʐõ]

5 3 [˧˥ ˨˩] 劝酒[tɕhyĩ tɕiəu] 上火[sa xu]
中暑[tsəm səuβ] 送礼[səm lɿ]
[˧ ˨˩˦] 暴雨[pau iəuβ] 丈母[tsa məuβ]
县长[ɕiĩ tsã] 课本[khɯ põ]

5 5 [˧˥ ˧˩] 墓地[məuβ tɿ] 下蛋[xa tã]
算命[suɤŋ miõ] 告状[kau tsuã]
[˧ ˧˥˧] 挂面[kua miĩ] 道士[tau sɿ]
舅舅[tɕiou tɕiou] 跳跳[thiu thiu]

5 7 [˧˥ʔ˥˦] 下雪[xa ɕyɑʔ] 受屈[sou tɕhyəʔ]
上药[sa yəʔ] 跺脚[tu tɕyəʔ]
[˧ ʔ˥˦] 闰月[ʐəm yɑʔ] 芥末[tɕie mɑʔ]
利息[lɿ ɕiəʔ] 唾沫[thu mɑʔ]

5 8 [˧˥ ʔ˥˨] 上学[sa ɕiɑʔ] 念佛[ȵiĩ xuəʔ]
犯法[xuã xuɑʔ] 拜佛[pɛ xuəʔ]
[˧ ʔ˥˨˦] 制服[tsɿ xuəʔ] 上席[sa ɕiəʔ]
教室[tɕiau səʔ]

前字阴入

7 1 [ʔ˥˦˥ ˥˩] 月初[yɑʔ tshəuβ] 说书[suɑʔ səuβ]
喝茶[xɑʔ tsha] 木瓜[məʔ kua]
[ʔ˥˦˥ ˥˩˩] 逆风[ȵiəʔ xəm] 腊肠[lɑʔ tshã]
黑头[xəʔ thou] 一双[iəʔ tshu]

7 3 [ʔ˥˦˥ ˨˩] 喝酒[xɑʔ tɕiou] 作假[tsɑʔ tɕia]
插嘴[tshɑʔ tɕiəuβ] 吃奶[tshəʔ nɛ]
[ʔ˥˦˦˨˩˦] 热水[ʐɑʔsuei] 月底[yɑʔ tɿ]

			夹剪[tɕiaʔ tɕiĩ]	黑板[xəʔ pã]
7	5	[ʔ˦˥˥ ˧˩]	吃饭[tshəʔ xuã]	夹菜[tɕiaʔ tshei]
			立正[liəʔ tsõ]	切面[tɕhiaʔ miĩ]
		[ʔ˦˥˥ ˧˥˩]	月亮[yaʔ liã]	黑夜[xəʔ i]
			发票[xuaʔ phiu]	药店[yəʔ tiĩ]
7	7	[ʔ˦˥˥ʔ˦˥]	接客[tɕiaʔ khaʔ]	入木[ʐuəʔ məʔ]
			歇业[ɕiaʔ ȵiaʔ]	
		[ʔ˦˥˥ʔ˦˥˩]	吸铁[ɕiəʔ thiaʔ]	腊月[laʔ yaʔ]
			戳戳[tshuaʔ tshuaʔ]	毕业[piəʔ ȵiaʔ]
		[ʔ˦˥˥ʔ˦˥˨]	歇歇[ɕiaʔ ɕiaʔ]	捏捏[ȵiaʔ ȵiaʔ]
7	8	[ʔ˦˥˥ʔ˧˩˧]	入席[ʐuəʔ ɕiəʔ]	入学[ʐuəʔ ɕiaʔ]
			一撇[iəʔ phiaʔ]	
		[ʔ˦˥˥ʔ˧˩˧˩]	肋骨[ləʔ kuəʔ]	吃食[tshəʔ səʔ]

前字阳入

8	1	[ʔ˧˩˧˨ ˥˧˥]	合欢[xaʔ xuɤŋ]	核桃[kəʔ tau]
			葫芦[xuəʔ lou]	
		[ʔ˧˩˧˥ ˥˧˥]	结冰[tɕiaʔ piõ]	结婚[tɕiaʔ xəm]
			值班[tsəʔ pã]	
		[ʔ˧˩˨ ˥˧˩]	白天[piaʔ thiĩ]	学生[ɕiaʔ sõ]
			杂粮[tsaʔ lia]	鼻毛[piəʔ mau]
8	3	[ʔ˧˩˧˥ ˨˩˧]	铡草[saʔ tshau]	白酒[piaʔ tɕiou]
			罚款[xuaʔ khuɤŋ]	石板[səʔ pã]
8	5	[ʔ˧˩˨ ˧˩]	活计[xuaʔ tsɿ]	鼻涕[pəʔ thɿ]
			罚站[xuaʔ tsã]	活动[xuaʔ təm]
8	7	[ʔ˧˩˨ ʔ˦˥˩]	拾掇[səʔ tuaʔ]	拨拉[pəʔ laʔ]
			学术[ɕiaʔ suəʔ]	毒药[tuəʔ yəʔ]
8	8	[ʔ˧˩˧˥ ʔ˧˩˧]	学习[ɕiaʔ ɕiəʔ]	合适[xaʔ səʔ]
		[ʔ˧˩˨ʔ˧˩˩]	盒盒[xaʔ xaʔ]	碟碟[tiaʔ tiaʔ]
			核核[khuəʔ khuəʔ]	白白[piaʔ piaʔ]

四、轻　声

祁县方言的轻声调值为[·˧]。

汉语的轻声可以从调值和调类两方面来认识。例如，朱德熙先生为《中国大百科全书·语言文字》卷撰写的"汉语"条这样描述北京话的轻声：

有些字连读时读得很短，并且失去了原来的声调，这种字调叫轻声……

"读得很短"是说调值，"失去了原来的声调"是说调类。调值的轻声指连读时读得很短的字调，即使原调类依然保持；调类的轻声指失去原调类的字调，即使调值并不短。我们用 A 来表示调值的轻声，用 B 来表示调类的轻声。那么北京话两种现象并存，属于 AB 交叉，即调值轻短的字不都失去原调，失去原调的字调值不都轻短。（魏钢强 2000）祁县方言则是 A 包含 B，即失去原调的字调值都轻短，而调值轻短的字并不都失去原调。给祁县方言的轻声定性后，我们来看其他调类与轻声相配合时的变调情况。见表 10：

表 10

前字 后字	平声 [˥˩] 51 调	上声 [˧˩˨]312 调	去声 [˨˦] 24 调	阴入 [ʔ˥˧]<u>53</u> 短调	阳入 [ʔ˦˩˨]<u>412</u> 短调
轻声 [·˧]	˥˩꜒ ·˧	˧˩˨˦˨ ·˨	˨˦ ·˧	ʔ˥˧꜒ ·˧	ʔ˦˩˨˦˨ ·˨

通过表 10 我们发现，平声[˥˩]在轻声前变为[꜒]，上声[˧˩˨] 在轻声前变为[˦˨]，去声[˨˦]在轻声前保持本调不变，阴入[ʔ˥˧]在轻声前变为[꜒]，阳入[ʔ˦˩˨]在轻声前变为[˦˨]。而轻声字的调值受前字声调的影响而发生变化，当前字调值的终点高于 3 时，轻声调值保持不变，当前字调值变为一个短促的降调且调值终点低于 3 时，轻声调值受其影响变为 2 调。我们将轻声简称为 Q，举例如下：

1 + Q：[˥˩꜒ ·˧]　　梳子[səuβ tsəʔ]　　砖头[tsuɤŋ thou]

3 + Q：[˧˩˨˦˨ ·˨]　　椅子[ɿ tsəʔ]　　藕根[ŋou kõ]

5 + Q：[˨˦ ·˧]　　凳子[tõ tsəʔ]　　地方[tɿ xu]

7 + Q：[ʔ˥˧꜒ ·˧]　　桌子[tsuɑʔ tsəʔ]　　说法[suɑʔ xuɑʔ]

8 + Q：[ʔ˦˩˨˦˨ ·˨]　　盒子[xɑʔ tsəʔ]　　疙瘩[kəʔtɑʔ]

附注

① 同时,根据本文所列祁县方言声韵母,得到印证的还有二位先生对祁县方言音系调整所做的预测:“山西祁县方言音系通过各个层次的变异可能会使音系内部的配置格局出现一次重大的调整: ʈʂ-类声母变为 ts-,tɕ-类声母在-i→-ɿ 的条件下变为ts-;-i、-u、-y 转化为-ɿ、-ᵊuβ、-iuβ,现在的-iI、-uⁿ、-yI 将会填补-i、-u、-y 所留下来的空格;臻、曾、梗、通四摄增生新韵尾-m。……音系的这种调整现在还处于演变过程中,如果没有其他因素的干扰,这种调整的趋向将会成为现实。”

参考文献

侯精一(1980)平遥方言的连读变调,《方言》第 1 期。

胡乔木(1993)《中国大百科全书 · 语言文字》,北京: 中国大百科全书出版社。

李　荣(1979)温岭方言的连读变调,《方言》第 1 期。

雒　鹏(2002)甘肃靖远方言两字组变调,《西北师大学报》第 5 期。

乔全生(2007)晋语的平声调及其历史演变,《中国语文》第 4 期。

沈　明(1999)山西晋语古清平字的演变,《方言》第 4 期。

王福堂(2005)《汉语方言语音的演变和层次》,北京: 语文出版社。

王莉宁(2012)汉语方言中的“平分阴阳”及其地理分布,《语文研究》第 1 期。

王临惠(2003)山西方言声调的类型,《语文研究》第 2 期。

魏钢强(2000)调值的轻声和调类的轻声,《方言》第 1 期。

熊正辉(1984)怎样求出两字组的连读变调规律,《方言》第 2 期。

徐通锵,王洪君(1986)说“变异”——山西祁县方言音系的特点及其对音变理论研究的启示,《语言研究》第 1 期。

薛才德(1991)现代汉语方言分区方法问题初探,《语言研究》第 2 期。

杨述祖,王艾录(1984)《祁县方言志》(《语文研究》增刊),太原: 山西省社会科学院。

詹伯慧(2003)《汉语方言及方言调查》,武汉: 湖北教育出版社。

中国社会科学院语言研究所,中国社会科学院民族学与人类学研究所,香港城市大学语言资讯科学研究中心编(2012)《中国语言地图集(汉语方言卷)》,北京: 商务印书馆。

(200444　上海,上海大学文学院　iamwangji@126. com)

江苏溧水区官话方言岛入声调的“近似合并”

孟晓红

提要 文章详细调查了江苏溧水区官话方言岛，通过声学观察、统计分析等证明，方言岛内存在入声与舒声未完全合并的情况，该情况是“近似合并”理论在声调上反映的实例。且文章认为，原籍地光山、罗山一带对方言岛的深远影响是形成方言岛入声调“近似合并”的主要原因。

关键词 近似合并；溧水区官话方言岛；入声调；演变

一、引 言

20世纪70年代，美国语言学家拉波夫（Labov）等在“音变量化研究”项目[①]调查中发现语音发声与感知不对称（dissymmetry of production and perception）现象，由此提出“近似合并”（Near-merger）理论。“发声与感知不对称”是指讲某种特定语言的人在发两组词中的音素（通常为元音）时，虽然音素间的差异在客观上是一贯显著的，但他们却否认音素间存在任何差别；而且，在听讲同一语言的他人或自己的录音时，他们也常常不辨差别。（Trask 2000）简言之，就是发音人的“说”—“辨”不一致。拉波夫（1975）用“近似合并”解释该现象，“近似合并”也为历史上许多悬而未决的合流提供了解释的理论依据。

通常，发声与感知不对称，易使听者产生语音“纠正不足”（hypo-correction）与“矫枉过正”（hyper-correction），从而致使语音演变。（Ohala 1981）毋庸置疑，发声与感知不对称势必动摇甚至最终打破原有的语音格局，声调演变也不例外。已有学者（王士元等 1988；钱曾怡 2000；朱晓农等 2008）从演变类型、演变趋势等方面探讨声调问题；也有学者（施其生 1989；陈忠敏 2007）立足语言事实，从层次分析、方言接触等角度研究声调演变中的混淆与合并。

古入声的舒化演变是汉语语音史上最重要的音变之一。入声舒化不是一蹴而就的。本文通过语音实验、统计分析等发现,溧水区官话方言岛[2]的入声字正处于舒化阶段,声学数据上的客观显著差异与发音人感知无差异之间产生不对称,正是“近似合并”理论在声调上的反映。同时,本文也试图解释“近似合并”形成的可能性原因。

二、溧水区官话方言岛入声调“近似合并”特征的发现

溧水区位于江苏省南京市南部,地处江淮官话与吴语的过渡地带。据20世纪90年代的统计(郭熙 1995),除吴语和江淮官话以外,溧水区官话方言岛主要分布在(旧区划)共和乡、东屏乡、白马乡、群力乡、云鹤乡杭村5地。本文调查的溧水区官话方言岛包括上述5地,另含今区治地永阳,共计6地。各地分别调查老派、中派发音人各1名,共计12名(见附录)。调查的入声例字是在《方言调查字表》(2004)的基础上选择313个常用字。其中,全浊入声字73个,次浊入声字61个,清入声字179个。初步调查显示,该方言岛内大部分调查地的入声已经完全舒化,归派情况与原籍地一致,即清入声字、次浊入声字主要归阴平,全浊入声字或归阴平或归阳平,老年人多归阴平。(叶祖贵 2010)

进一步调查发现,其中有两个调查点的老派,即东屏金湖老派、东屏和平老派(旧属群力)入声字听感短促,且清入声字和次浊入声字归为一类,与全浊入声字调值有异。为确定该现象的属性,本文结合声学特征、统计分析等方法展开研究。下文如无特别说明,数据的选取、分析均来自溧水区东屏金湖老派发音人(以下简称“东屏金湖”),发音人情况稳定,口音纯正,具有一定代表性。

(一) 声学观察

我们先来看图1 东屏金湖清入-阴平字声波图与语图的对比:

图1中给出东屏金湖的两个例图。左图阴平字“巴”的声调时长146毫秒(按praat自动测定的基频算,下同),之后气流减弱,声波开始紊乱。右图清入字“八”的声调时长111毫秒,之后声波开始紊乱并伴随紧喉特征(creaky)。清入字“八”较阴平字“巴”时长短35毫秒,且基频曲线非常不规则。

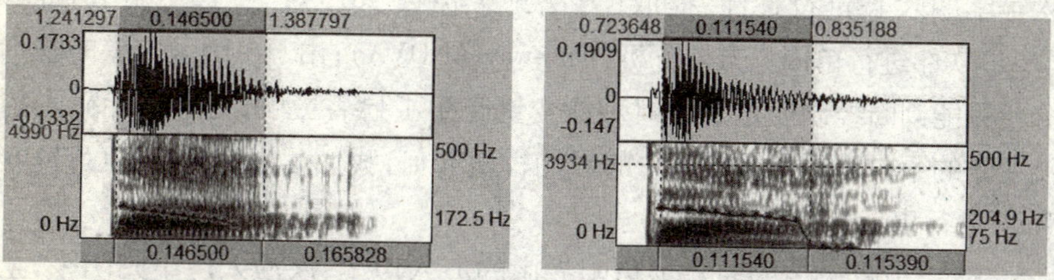

图1　东屏金湖例字(宽带图)【左】阴平字“巴”,【右】清入字“八”

再看图2老派-中派的声波图与语图的对比(两位发音人的语速相近):

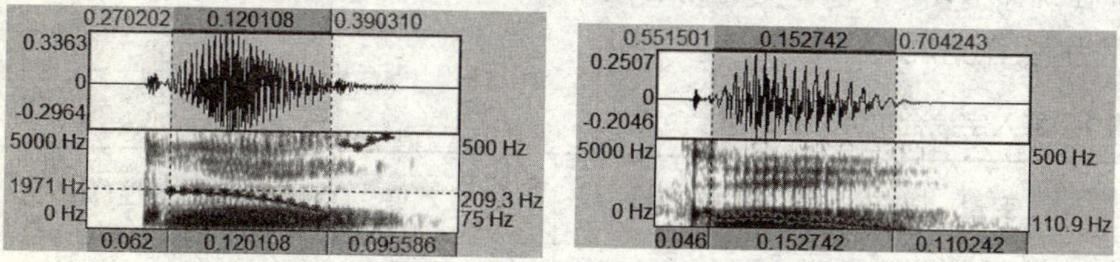

图2　清入字“割”(宽带图)【左】东屏金湖(老派)【右】东屏金湖(中派)

图2中,左图东屏金湖老派清入字“割”的声调时长为120毫秒,东屏金湖中派的声调时长为152毫秒,时长相差32毫秒,前者的基频曲线也非常不规则。次浊入-阴平的声学特征差别不是非常突出;但是,全浊入-阳平却同样表现出入声字听感短促、时长较短、基频曲线不规则等特征,我们不再列图枚举。

汉语方言中,入声舒化常常表现为喉塞尾不断弱化、脱落,时长变长的过程。理论上,入声字在发喉塞音时声门应瞬时关闭不再振动。但汉语方言中的入声喉塞往往不是真正的喉塞,有时只是短音节。当喉塞成阻时,喉头处往往都非常紧张,声带或绷紧,或强烈地往中心收缩。这种情况下,语音分析软件按默认的基频分析的上限频率(Pitch floor)和下限频率(Pitch ceiling)进行分析,在周期性较弱、基频超出频率上下限的声波处时就会因软件无法测量而使基频曲线表现得不规则。为确定上述听感、声学特征、时长的差异是否存在统计学上的显著差异,我们进行以下分析。

(二)单因素方差分析

为分析入声字与舒声字(包括阴平字、阳平字)[③]在时长上的差异,我们进行以下统计分析。方法:首先,在Praat语音分析软件中对东屏金湖所调查入声字的时长进行标注、提取(方法见朱晓农 2013);之后,使用 R-studio(x64)软件进行单因素方差分析(One-way ANOVA);由于单因素方差的基本分析只能判断控制变量是否对观测变量产生了显著影响,为进一步确定控制变量的不同水平对观测变量的影响程度如何,我们运用雪费检定(Scheffe Test)进行事后比较(Post-Hoc)。

方言岛东屏金湖的原籍地信阳光山的清入声字、次浊入声字归阴平,全浊入声字的归派不定,大致一半归阴平,一半归阳平(叶祖贵 2010)。本文对完全舒化的方言岛全浊入声字的归派进行调查,结果与此基本一致。因此在统计中,清入-阴平为对比组;全浊入声字需要分别与阴平字、阳平字对比为宜,详见表 1。

表 1　舒入字综合统计分析结果

变量	自由度(D)	*P* 值	显著性(sig)
清入-阴平	41.675 76	0.000 0	***
全浊入-阳平	−61.807 46	0.000 0	***
全浊入-阴平	−23.467 30	0.049 5	*
次浊入-阴平	10.879 68	0.769 6	—
次浊入-全浊入	34.346 97	0.005 2	**
次浊入-清入	54.555 44	0.000 0	***

表 1 统计显示,清入-阴平组与全浊入-阳平组在时长上的差异均十分显著($P=0.000<0.0001$)。全浊入-阴平组在时长上也有一定的显著性差异($P=0.0495<0.05$)。次浊入-阴平组在时长上的差异不够显著($P=0.769>0.05$),这可能由于次浊声母具有一定的元音声学特征致使时长较长(次浊入声字的时长 >160 ms 的比例占 61%)。

为直观反映舒入字在时长上的差异,本文使用 R-studio(x64)绘制箱形图(Box-plot)。从箱形图中可以发现:1. 箱体宽度反映数据分布情况(扁型较集中,长型较分散);2. 箱体中的中线反映数据中位数的位置,即中心趋势;3. 箱体在纵轴的高度反映数据值的范围;4. 上下触须顶点的差,反映数据极差的大小。

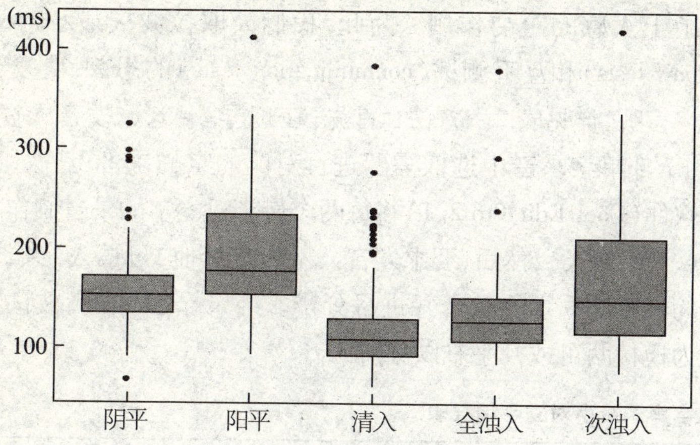

图3　舒入字时长统计箱形图

图3显示：清入与阴平、全浊入与阳平在时长数据分布上均较为集中，两组数据中心趋势、数据值的范围明显不同；次浊入的时长数据分布较为分散。

下面，我们再来看图4舒入字对比的声调曲线图：

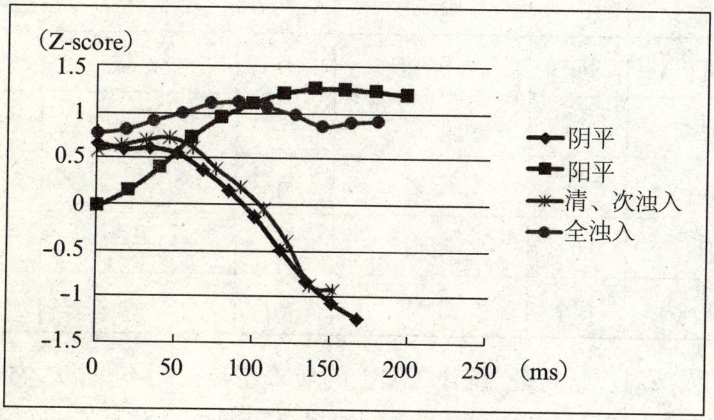

图4　舒入对比声调曲线图

图4中，清、次浊入与阴平调型相近，全浊入声字与阳平字的调型差异明显。时长上，两组舒声字均长于入声字。可见，东屏金湖的舒入字无论在声学特征、统计结果还是声调调型上的确存在客观差异。

Bloomfield(1926)从类型学角度出发，认为如果发音人无法辨别母语中的两种相近的语音，那么任何差异都只能视作语音的自由变体。Bloomfield

实际强调了土人感的重要作用。为此,我们汲取拉波夫最小对立元测试(minimal pair tests)和互听测试(conmunication tests)的思想,对发音人进行最小对立字盲听,详见表2。方法:首先,在东屏金湖老派发音人读《方言调查字表》的全部单字录音中选取需要进行对比的字的录音;其次,使用语音处理分析软件(Cool Edit Pro 2.1)将每两个最小对立字的录音制作在一个音频文件内(.wav 格式);然后,要求发音人本人及其他"母语人"共计30名盲听制作好的最小对立字的录音并进行分辨。结果显示,30名被试的分辨态度均表现为模棱两可或几乎难以分辨。

表2 舒入字声调最小对立字情况表

第一组		第二组		第三组	
清入-阴平	声韵	全浊入-阳平	声韵	次浊入-阴平	声韵
一-衣	i	罚-华(华丽)	fa	译-衣	i
八-巴	pa	滑-划(划伤)	fa	翼-医	i
拨-波	po	服-胡	fu	抹-妈	ma
法-花	fa	盒-和(和平)	xo	袜-蛙	ua
塔-他	t^ha	匣-霞	ɕia	——	——
鸽-哥	ko	石-时	sʅ	——	——
刮-瓜	kua	实-时	sʅ	——	——
吃-痴	$ts^hʅ$	舌-蛇	se	——	——

我们无法对声学特征、统计数据上的显著差异视而不见,更不能忽视难辨差异的"土人感"。这种入声调舒化的特点符合语音发声与感知不对称现象,即舒、入声字在声学特征、统计数据等方面存在客观差异,但发音人无法准确区分。这无疑是拉波夫"近似合并"理论在声调上反映的一个典型实例。

三、方言岛入声调“近似合并”特征的原因探讨

上文论证了溧水区官话方言岛中存在“近似合并”的入声调现象。古入声的舒化演变是汉语语音史上最重要的音变之一。北方话大部分地区的入声在14世纪就消失了（王力1980），目前对其中尚存入声调的方言点的报道并不多见。为分析溧水区官话方言岛“近似合并”的入声调的形成原因，我们选取方言岛东屏金湖与相关方言材料④进行对比分析。相关材料包括：（1）原籍地方言点，即光山北向店、光山白雀园、罗山楠杆、罗山周党；（2）方言岛周边权威方言点，即南京话及溧水区治地永阳城关新派、永阳城关老派；（3）句容磨盘，即溧水区以外同一时期从河南光山、罗山迁出的移民形成的方言岛。具体情况如表3。

从表3可见，一方面，方言岛东屏金湖的“音类演变格局”与原籍地一致。所谓“音类演变格局”指的是共时平面上呈现出的反映音系历史变化的音类分合模式，汉语方言声调的演变实质上可以归结为调类格局的演变。（刘泽民2016）中原官话的入声以声母的清浊为依据，清入、次浊入归为一类，全浊入归为一类。东屏金湖入声二分的调类格局显然与中原官话的一致，尤其与原籍地如光山北向店、光山白雀园、罗山楠杆有着密不可分的渊源关系。方言岛二分的调类格局既区别于溧水周边江淮官话洪巢片不论清浊合而为一的入声格局，也与溧水区治地永阳城关老派吴语宣州片次浊归阳入的调类格局迥异。另外，微观来看，溧水区官话方言岛的调查点老派中，全浊入声字的归派格局与原籍地“大致一半归阴平，一半归阳平”（叶祖贵2010）的情况也几近一致。

表3　不同方言点的声调情况

声调调类 / 方言点		平			上			去			入		
		清	次浊	全浊	清	次浊	全浊	清	次浊	全浊	清	次浊	全浊
		阴平	阳平		上声		去声				入声		
溧水方言岛	东屏金湖	42	45		324		312				$\underline{42}$		$\underline{42}$/4
其他方言岛	句容磨盘	41	44		224		312				41		44

（续表）

<table>
<tr><td colspan="2" rowspan="2">声调调类 / 方言点</td><td colspan="3">平</td><td colspan="3">上</td><td colspan="3">去</td><td colspan="3">入</td></tr>
<tr><td>清</td><td>次浊</td><td>全浊</td><td>清</td><td>次浊</td><td>全浊</td><td>清</td><td>次浊</td><td>全浊</td><td>清</td><td>次浊</td><td>全浊</td></tr>
<tr><td colspan="2"></td><td>阴平</td><td colspan="2">阳平</td><td colspan="2">上声</td><td colspan="4">去声</td><td colspan="3">入声</td></tr>
<tr><td rowspan="4">原籍地方言点</td><td>光山北向店</td><td>54</td><td colspan="2">45</td><td colspan="2">324</td><td colspan="4">311</td><td colspan="2">54</td><td>54/45</td></tr>
<tr><td>光山白雀园</td><td>55</td><td colspan="2">35</td><td colspan="2">324</td><td colspan="4">31</td><td colspan="2">55</td><td>55/35</td></tr>
<tr><td>罗山楠杆</td><td>54</td><td colspan="2">45</td><td colspan="2">35/24</td><td colspan="4">411</td><td colspan="2">54</td><td>54/45</td></tr>
<tr><td>罗山周党</td><td>31</td><td colspan="2">554</td><td colspan="2">35</td><td colspan="4">213</td><td colspan="2">53</td><td>554</td></tr>
<tr><td rowspan="3">溧水方言岛周边权威方言点</td><td>永阳城关老派</td><td>55</td><td colspan="2">343</td><td colspan="2">42</td><td>31</td><td colspan="2">423</td><td>31</td><td colspan="2">5</td><td>21</td></tr>
<tr><td>永阳城关新派</td><td>32</td><td colspan="2">24</td><td colspan="2">312</td><td colspan="4">55</td><td colspan="3">31</td></tr>
<tr><td>南京</td><td>31</td><td colspan="2">24</td><td colspan="2">212</td><td colspan="4">44</td><td colspan="3">5</td></tr>
</table>

表4　罗山周党的声调情况与例字

调类	调值	例　字
阴平	31	东通猪天,服
阳平	554	同皮毛人,毒白杂贼
上声	35	懂古走死,老有买五
去声	213	冻退唱菜,洞队地败,帽亮乱让,近抱淡坐
入声	53	八哭百七,木六药热,局

另一方面,原籍地罗山周党入声按调类阶段性舒化的特征支持方言岛东屏金湖入声调“近似合并”的演变模式。据黄晓东(2004)调查,原籍地罗山周党存在独立的入声调(详见表4),但入声调所辖主要包括古清入声字和古次浊入声字,而古全浊入声字大部分已经舒化派入阳平,如“毒白杂贼”。这不仅反映了罗山周党清与次浊归为一类、全浊归为一类的中原官话调类格局,更重要的是,该情况表明罗山周党的入声调同样正处于舒化的过程中。原籍地保留入声调且入声按调类阶段性舒化的特征无疑给方言岛“近似合并”的入声调以有力的支持和印证。

而且,同一时期由光山、罗山迁出的移民形成的河南方言岛也可以给我们启发，以句容磨盘为例。郭熙（1997）指出，句容磨盘“古入声字有些读的较短且略带喉塞，但不独立成类，发音人认为更近于相应的舒声字”。由于句容磨盘的入声归派与中原官话一致，那么发音人认为入声字派入“相应的”舒声字，至少说明入声字在舒化前内部一定存在差异。我们假设句容磨盘、东屏金湖这类河南官话方言岛的入声先经历完全舒化再受江淮官话的影响孳生入声，那么，其内部本身很难再形成清入和次浊入一类、全浊入一类二分的调类格局。并且，如果受方言接触产生“层次音变”（陈忠敏 2007），那么实际方言中理应发生借代现象，会表现为阴入与阳入辖字不规律、形成文白异读或特定异读等，然而该情况在调查中并未出现。

四、结　　语

综上所述，溧水区官话方言岛中存在入声调的“近似合并”，并且这种“近似合并”最终会走向“完全合并”，即溧水区官话方言岛终将完成入声完全舒化的进程。而且，本文调查的方言岛存在入声调的“近似合并”并非受江淮官话接触产生，而应是保留了早期信阳地区原籍地光山、罗山一带入声分阴阳的比较古老的特征，但这一情况的证实还有待于方言调查与历史材料的进一步佐证。

附录　发音人情况介绍

序号	发音人	性别	文化	年龄	职业	生长地（调查点）	简称	旧区划
1	鲁茂理	男	初中	76	务农	永阳镇东山村	永阳东山 L	东庐
2	鲁茂林	男	高中	57	务工		永阳东山 Z	
3	李绪江	男	小学	81	务农	白马镇革新村	白马革新 L	共和
4	左武胜	男	大专	53	务工		白马革新 Z	
5	徐宗有	男	小学	75	务农	白马镇石头寨	白马石头寨 L	白马
6	徐元武	男	高中	53	务工		白马石头寨 Z	

（续表）

序号	发音人	性别	文化	年龄	职业	生长地（调查点）	简称	旧区划
7	解永生	男	高中	74	务农	东屏镇金湖村	东屏金湖 L	东屏
8	李周峰	男	大学	53	务工	东屏镇白鹿岗村	东屏白鹿 Z	
9	郑立坤	男	初中	71	务农	东屏镇和平村	东屏和平 L	群力
10	赵俊	男	初中	52	务工		东屏和平 Z	
11	陈春福	男	小学	65	务农	晶桥镇杭村	杭村云鹤 L	云鹤
12	李白根	男	初中	47	务工	晶桥镇芝山村	晶桥芝山 Z	晶桥

（注："L"表示老派发音人，"Z"表示中派发音人）

附注

① "音变量化研究"项目（A Quantitative Study of Sound Change in Progress）是1972年于美国费城展开的社会语言学调查项目，由于其主要负责人为Labov William、Yaeger Malcah与Steiner Richard，其又称"LYS"项目。

② 本文调查点的移民原籍地均来自河南信阳光山、罗山地区。

③ 为避免阳声韵韵尾对声调时长带来的影响，本文参与统计的舒声字均来自果、假、遇、蟹、止、效、流等7个阴声韵韵摄。

④ 原籍地光山北向店、光山白雀园、罗山楠杆材料引自叶祖贵（2010），原籍地罗山周党材料引自黄晓东（2004）；方言岛周边权威方言点永阳城关（原在城镇）老派材料引自郭骏（2004），永阳城关新派材料引自《江苏方言总汇（上卷）》（1998），南京材料引自钱曾怡（2010）；句容磨盘材料引自郭熙（1997）。

参考文献

陈忠敏（2007）上海市区话舒声阳调类合并的原因，《方言》第4期。

郭　骏（2004）《溧水方言探索集》，北京：科学技术文献出版社：238-256。

郭　熙（1995）苏南地区的河南方言岛群，《南京大学学报》第4期。

——（1997）磨盘话音系，《南京大学学报》第4期。

——，蔡国璐（1991）丹阳市埤城的河南方言岛，《徐州师范学院学报》第2期。

刘泽民（2016）从音类格局看方言接触导致的音系演变，载郑伟等主编《边界方言语音与音系演变论集》. 上海：中西书局：251。
黄晓东(2004)《浙江安吉县官话方言岛研究》,北京语言大学博士学位论文。
季华权主编(1998)《江苏方言总汇(上卷)》,北京：中国文联出版公司：13。
钱曾怡(2000)从汉语方言看汉语声调的发展,《语言教学与研究》第2期。
施其生(1989)一项窥探调值混同过程的调查,《语言研究》第2期。
王　力(1980)《汉语史稿》(上册),北京：中华书局：1960。
王士元,刘汉城,张文轩(1988)声调发展方式一说,《语文研究》第1期。
叶祖贵(2010)《信阳地区方言语音研究》,陕西师范大学博士学位论文：100。
中国社会科学院语言研究所(2004)《方言调查字表》修订本,北京：商务印书馆。
朱晓农(2013)《语音学》,北京：商务印书馆：281。
——,焦　磊,严至诚,洪　英(2008)入声演化三途,《中国语文》第4期。
Bloomfield L. (1926) A Set of Postulates for the Science of Language. *Language* 2：153-164.
Labov W. (1975) On the Use of the Present to Explain the Past. In Heilmann L. (ed.) *Proceedings of the 11th International Congress of Linguists*, Bologna：il Mulino：825-851.
——(1999) *Principles of Linguistic Change* (*Internal Fators*), Wiley-Blackwell.
Ohala J J. (1981) The Listener as a Source of Sound Change . In：Masek C S. , Hendrick R A. Miller M F. (eds.). *Papers from the Parasession on Language and Behavior*, Chicago：Chicago Ling. Soc：178-203.
Trask R L. 主编(2000)《语音学和音系学词典》,北京：语文出版社：175。

(315000　宁波,宁波工程学院人文与艺术学院　mengxiaohong@ nbut. edu. cn)

CONTENTS

Abstract: Both *zhishao* and *zuiduo* elicit a certain degree scale by specifying a limit. The functions of *zhishao* and *zuiduo* span across objective values and subjective values. Their functions include specifying the limit of values, specifying the value range derived from the limit, expressing the affirmation about the limit and the speculation on values near limit, expressing the significance of an event, and expressing the positive attitude about the truth of an event. Comparatively, *zhishao* is unmarked and have more functions, for its conceptional structure is in accordance with the orientation of the accumulation of degree values.

Key words: objective value; speculating; evaluating; strong assertion; scale

Abstract: In modern Chinese, *shishi* "fact" is a typical abstract factive noun. Compared with *shiqing* "things and matters", *shishi* have more semantic features including objectivity, authenticity, evidence, interpretability, completeness, immutability and individuality. Also, there are many differences between *shishi* and *shiqing* in the syntactic environment such as verb collocation, attributive collocation and judgment sentences. *Zhidao* is a typical factive verb in modern Chinese, however, the factive noun *shishi* is different as it expresses the reality directly. The word strings containing *shishi* have multiple discourse functions including confirmation, concession, elaboration, explanation and revision.

Key words: fact; factive; abstract noun; semantic features; syntactic collocation; discourse function

Abstract: Factivity is a function characterized by factive verbs, propositional attitude, viewpoints and so on. The factivity of language is influenced by the source of our knowledge and our knowledge structure. "Narrative" is the psychological representation of individuals, hence the content of "what is said about the fact" is not exactly on a par with the fact itself. "Viewpoint" refers to the perspectives of participators appeared in the intra-sentential location and beyond sentences as well: (1) these viewpoints relate to reference and opacity, with the interpretation of *de dicto* and *de re* presenting different beliefs and standpoints; (2) the substitution of reference and the multi-factive structure indicate that when referring to different viewpoints, the truth of the sentence will shift on account of the knowledge structure of the viewpoints; (3) the "first person authority" will affect the identification of factivity; (4) the hierarchy of the affects of viewpoints is as follow: BYSTANDER > SPEAKER≈LISTENER > INTRA-SENTENTIAL viewpoint. The essence of factivity is not quite the same as the conceptual structure of words, and the knowledge structure of different viewpoints results in the inexact one-to-one mapping from fact to tfactivity. Natural language is complicated, and therefore the further research on viewpoints is conducive to the correct understanding of factivity.

Key words: factivity; reference; viewpoint; opacity; knowledge structure; *de dicto* and *de re*; first person authority

Abstract: This paper mainly discusses the evidential function of *bei-renwei* "be considered as". Firstly, it discusses the cause of the formation of *bei-renwei*, then according to the modifiers before *bei-renwei*, it categorizes the evidential functions of *bei-renwei* into two different types — hearsay evidence and inference. Compared with *ju-renwei*, the grammatical position of *bei-renwei* is relatively fixed, and the latter has more verbal features. Finally, the paper discusses why *bei-renwei* can be as a marker of information source.

Key words: evidentialiy; information source; hearsay evidence; inference;

counter-factive verb

On the Possibility Types and Semantic Evolution of Potential Verb-Complement Constructions of "V de (得)/bu (不) lai (来)"

Abstract: This paper argues that the possibility characteristics of "V de (得)/ bu (不) lai (来)", a type of potential verb-complement constructions, can be described by the "force dynamics" schema. It has a certain degree of subjectivity, and mostly expresses dynamic modality, which means the narrator considers that it is possible to realize the subjective will of the mover when it satisfies the subjective and objective conditions, or that it is impossible to realize the subjective will of the mover when hindered by the subjective and objective conditions. The metaphorical content of the construction shows a radioactive extension and reflects semantic evolution from the spatial cognitive domain to the domains of possession, presence, existence and physiological activity and behaviors. Semantically, the construction can express evaluative meaning, evaluate modality and moral modality. Verbs compatible with the construction extend from displacement verbs to non-displacement verbs, from action verbs to psychological/physiological verbs, verbs of speech, adjectives, and from receptive objects to inaccessible objects. Statistics show that there are asymmetries between "V de (得) lai (来)" and "V bu (不) lai (来)" in the frequency of use, the proportion of cognitive domains, the degree of syntactic coagulation, and the degree of certainty of affirmative or negation. Based on the diachronic corpus data, this paper argues that the generalization and grammaticalization of "V bu (不) lai (来)" is earlier than "V de(得)lai(来)".

Key words: "Vde (得)/bu (不) lai (来)"; "force dynamics" schema; possibility characteristics; cognitive domain; semantic characteristics

Analysis of Asymmetrical Phenomena of Comparative Sentences with "You" (有) and "Mei" (没)

Abstract: There is an asymmetry in "you" and "mei" comparative sentences. Roughly, "you" means existence and "mei" means non-existence, yet, the asymmetry shows that the two are not exactly the opposite. The reason is mainly that the grammatical meanings of the two comparative sentences of "you" and "mei" are different, and the logical semantic structures corresponding to the comparison of similarity and contrast of difference (incremental contrast and reduction contrast) are also obviously different. This paper clarifies the semantic structural relationship between the various types of "you" and "mei" comparative sentences, and explains their compatibility with positive and negative adjectives from the essential features of "you" and "mei".

Key words: comparative sentences; "you; "mei"; asymmetric; adjective

Abstract: Focusing on the construction of "NP *de bei* VP" in the data retrieved from the Corpus at the Center for Chinese Linguistics PKU, this article analyzes its grammatical properties and its relations with the typical construction of "NP *de* VP" syntactically and semantically. The data show that a "NP *de bei* VP" normally has a corresponding preceding statement with a "*bei* VP" as the statement's predicate in context. "NP *de bei* VP" is a typical construction among those formally diversified nominals with "*bei* VP"s as their heads. Furthermore, the article discusses the expressions of "*beigao*", "*beijiao*", "*beishi*", "*beidong*", and "*beipo*", which are different from the normal nominal structures of "*bei* VP", from the perspective of metonymy.

Key words: "NP *de bei* VP"; nominalization; passive; metonymy

Abstract: With the development of Generative Lexicon and Construction Grammar, coercion has become a hot topic in the research on syntax-semantics interface. Increasing linguistic phenomena have been re-treated in terms of coercion, where theoretical issues also emerge. Among the issues, trigger, mechanism, effect, and power of coercion are the most controversial. With respect to these controversies, the existing studies exhibit some basic trends for investigation of coercion, with the emphasis on language-user coercion based on corpora and experiments, on various interactions, on diachronic changes, and on cross-lingual comparisons.

Key words: type coercion; construction coercion; type mismatch; type-shifting; Generative Lexicon Theory

Syntactic Ambiguity and Formation of Subjective Mass Structure

…………………………………………………… **Piao Zhenyu** (131)

Abstract: This paper mainly discusses three kinds of special quantity object sentences: VP*le* + NumP + 的 + NP" (Abbreviated structure 'de'), "VP*le* + *you* + NumP + NP" (Abbreviated structure 'you') and "VP*le* + *ta* + NumP + NP" (Abbreviated structure 'ta'). We first confirm that the three types of subjective mass structures are derived from the "VP + NumP + + NP" structure and the three are all ambiguous structures. The causes of ambiguity are different, but they are all prepared for the objective structure to the subjective structure. The structure "de", structure "you" and structure "ta" increase the expression function of "speaker subject" to "quantity" on the basis of objective constructions, meaning "completing a certain amount of actions". To a certain extent, Pragmatic meaning is the subjective meaning of language, and the pragmatic components have the function of adjusting, marking information structure and making the sentence complete. This is closely related to the cognition of the "speaker subject" to the real world. With the affixing of "de", "you" and "ta", the pragmatic functions of "de", "you" and "ta" have also changed, so that they can regain their independence and assisting in the expression of subjectivity.

Key words: prominence; subjectivity; grammaticalization; pragmatic functions; subjective mass

Typological Research on Possession Verbs and Expression of Perfect Aspect

………………………………………… **Wu Chunxiang & Du Dan** (145)

Abstract: From a typological perspective, this paper uses language samples from Sino-Tibetan, Indo-European, Austro-Tai and Austro-Asiatic languages as research objects to analyze possession verbs and the expression of the perfect aspect. Meanwhile, this paper aims to prove that possession verbs evolving into markers of the perfect aspect is a normal language phenomenon. And this paper also finds out the motivation of the grammaticalization of possession verbs and perfect aspect from the typological view. It is argued that it is a typological language universal that possession verbs firstly evolve into the resultative aspect, then into the perfect aspect.

Key words: possession verbs; perfect aspect; typology

Abstract: Sentential constructions are a match or combination of form and meaning. A sentential construction form represents a certain sentential construction meaning, and the sentential construction meaning is represented by a certain sentential construction form. There is no sentential construction meaning without sentential construction form, and there is no sentential construction form without sentential construction meaning. Therefore, the study of sentential constructions can start from either form or meaning, but need to ultimately focus on the relation between the two aspects.

Key words: sentential construction; form of sentential construction; meaning of sentential construction

Abstract: A passive construction is a construction including a passive category. The low passive category and the high one appear in Chinese successively and have been in use till now. The former takes a zero phonological form, followed by "jian" (见), which nowadys is replaced by "gei"(给); the latter is realized by "wei"(为), substituted later by "bei"(被) and other phonological forms. The low passive category extends only verb phrases without external arguments, hence it first appears in "jian"-construction and "yu"(于)-construction, and external arguments are introduced by the aid of a preposition "yu"(于). The high passive category extends verb phrases with external arguments. Therefore, in both "wei" (为) construction and "bei"(被) constructions, external arguments are introduced directly, and internal arguments can have corresponding resumptive pronouns such as "suo"(所) and "zhi"(之)after their movements. The two kinds of passive categories can coexist, as in "wei(为)... jian(见)" and "bei(被)... jian(见)". The theta roles of external arguments in passive constructions can be agents or other alternatives.

Key words: passive construction; grammaticalization; passive category; passivisation; thematic role

Abstract: A new analysis of the syntax ofthe sentence final particle "wei" (为) in Archaic Chinese is proposed in this paper. This paper argues that [He/Xi + (Yi) + XP + Wei] is derived from [He/Xi Wei + (Yi) + XP] by distributed deletion, namely "wei" is directly generated by the same syntactic operation. The current analysis has the following advantages over pervious analyses. First, it helps explain the complementary distribution of sentence final particle "wei" and "wei" as a verb. Secondly, the systematic opposites in grammaticality between [He/Xi + (Yi) + XP + Wei] and "he/xi wei" and "he/Xi Yi" along with many other phenomena can be given a unified explanation under our analysis. Third, our analysis has brought sentence final particle "wei" in Archaic Chinese into the family of syntactic universals.

Key words: "wei"; sentence final particle; distributed deletion; Archaic Chinese

Abstract: In the dialects of modern Chinese, many disyllabic expressions meaning "end" or "finally" (EMEF) are polysemic words, having two or more meanings of the following: movement or place in the space domain; the passing of the time or temporally earlier or later in the time domain; the meaning "at last, finally" emphasizing the result of affairs "being the same as or different from the agents" expectance; the meaning "after all" emphasizing the essential characteristics; the meaning "anyway" to give a very sure assertion; the meaning "at all, ever" to trace a question's answer. The polysemic pattern depends on the particular word and its regional distribution. This paper investigates the polysemy of EMEFs and traces back their semantic change.

faithful scribal copying from a source manuscript of Chu origin. This paper then points out.that the graph bi 庳 in Chu script is a phonogram with the yan 广 and the you 又 as the semantic components and the jia 甲 as the phonetic component. The same form in Qin script, which was often written for a word meaning "low", should be analysed differently. Based on its counterparts in Peking University Qin manuscripts and received texts, this paper suggests that the graph bi 庳 with the jia 甲 as the phonetic component in Kanyu was acting as a loangraph for yan 厭.

Key words: Mawangdui silk books; Kanyu; homography

A Study on the Formation Mechanism of a Word with Opposite meanings from the Perspective of Etymology ………………… **Pan Weiwei** (274)

Abstract: From the view of etymology, this paper analyzes the phenomenon of "a pair of opposites meaning carried by one word". It argues that the opposite meanings of a word derive from the same source and explains the formation mechanism as a process of counter-extending resulted by reverse thinking and the event-domain cognitive model. Also, it explores the homogeny between genesis mythologies and etymology, and on the foundation of which, discusses the ambiguity of etymology.

Key words: etymology; opposite meanings of same source; counter-extending; cognition; ambiguity

Analysis of the Rhyme of Three Kingdoms and Western Jin Dynasty through Mathematical Statistics …………………… **Wei Hongjun** (284)

Abstract: In this paper, we analyzed the rhyme of the Three Kingdoms and Western Jin dynasty using mathematical statistical methods, specifying the conditions of rhyme divisions and sorting out the process of evolution reviewed, evolution including zhi ha(之咍), zhi jie(脂皆, zheng deng(蒸登, qin tan (侵覃, zhi de(职德), zhi mo(质没), yue he(月曷), you hou yu ge(幽侯鱼歌),the geng rhyme of yang(阳庚), zhen wen yuan(真文元), yao duo (药铎), ji tai(祭泰)on the basis of previous studies.

Key words: mathematical statistics; archaic rhyme divisions; rhyme merger; phonology

Abstract: The changed sound of "zi" is the synaeresis of the "zi" final and the previous syllable. In Guanhua dialects, the changed sounds of "zi" consist of two evolution paths. In the dialects, there are cases in which [ə] is in the process of evolution, and in the dialects of central south Linzhou the synaeresis of the changed sound [u] is derived from the "zi" finals [ɔ] and [lɔ], which are back and round vowels.

Key words: the sound change of "zi" rhyme; synaeresis; type [ə]; type [u]; back and round vowels

Abstract: The paper analyzes the strata of tones of MC "shang" (上) characters with voiced initials, "qu" (去) and "ru" (入) in the Lengshuijiang dialect. It points out that the literary tones of the Lengshuijiang dialect came from the influences of the Changsha dialect.

Key words: Lengshuijiang dialect; tones of Chinese characters; strata; Changsha dialect

Abstract: Qixian, located in central Shanxi province, belongs to Jinzhong City. In *The Language Atlas of China*, Qixian dialect belongs to the Bingzhou part of Jin Dialect. This paper introduces the Chengguan dialect's phonetic system representing Qixian dialect, and then discussed the tone sandhi of disyllabic words in this dialect. The conclusions are: first, in Qixian Dialect, there is no negative and positive in Qixian Dialect's level tone now, historical path of which is differentiation first and then confluence; second, different grammar structures correspond to different tone sandhi patterns; and third, the tone sandhi of light tone is influenced by the former character.

Key words: Qixian Dialect; disyllabic words; tone sandhi

Abstract: Based on recent field investigation in Mandarin Dialect islands of

Lishui Jiangsu, we draw a conclusion through acoustic observation and statistical analysis that the entering tones have not finished in merger but turned out to be in near-merger, which is a case reflecting the theory of near-merger. Furthermore, the main reason for "near-merger" of the current analysis is the profound influence from the source immigrant dialects of Guangshan and Luoshan.
Key words: near-merger; Mandarin Dialect islands of Lishui; entering tones; phonological change

稿　约

一、《语言研究集刊》刊登语言学各领域的学术论文、评论，每年出版两辑，每辑35万字左右。

二、本集刊欢迎国内外学者赐稿。来稿投电子文本即可，请寄编辑部邮箱：yuyanxue@ fudan. edu. cn；或登录《语言研究集刊》网站（http：//yjjk. chinajournal. net. cn/）在线投稿。请勿寄编委会或编辑成员个人，以免遗失或延误。如作者本人认为需寄纸质文本，请寄：中国上海市邯郸路220号，复旦大学中文系《语言研究集刊》编辑部（邮编200433）。稿件一经刊出，即致薄酬和样书二册。

三、来稿一般不超过15 000字，题目、作者名、单位、提要和关键词均需中英文对照。电子文本请寄简体中文版word版和PDF版两种。本刊实行双向匿名评审，所以PDF版请投两份，一份有作者信息，另一份则不出现作者本人信息、基金项目（如有）、“参拙著”之类提示性文字。Word版只需一份，具有作者信息。正文末请附e-mail联系地址。除必须使用繁体字、异体字外，请使用简体字。

四、来稿请勿用word中的自动格式（如章节、例句排序等）。撰写格式如下：

1. 题目为宋体小二号加粗占1行居中，作者名为楷体小四号占1行居中。“提要”2字和“关键词”3字为黑体五号，提要、关键词内容为宋体五号；提要和关键词部分两端各缩进两个字符。正文为宋体五号。

2. “提要”2字和“关键词”3字顶格，后分别空1格，然后续写提要和关键词，关键词之间用分号隔开。正文首行空2格，单独成段的引文和例句采用仿宋体，不用引号，且首行空2格，回行不空格。

3. 大的章节，请用“一、二、三”等编序，序号和标题用楷体四号占3行居中。小节用“（一）、（二）、（三）”和“1.、2.、3.”等编序，序号和小标题用黑体五号顶格,占1行。例句如需编序,请用"(1)、(2)、(3)"等,并全文统一编号。

4. 国际音标请用IPAPANNEW字体,并用"[ ]"标明,声调用数码上标。

5. 行文中如需注明观点或引文、例句的出处,应采用以下格式:

赵元任(1934)指出……

"…………"(王力1958:17-19)

"…………"(段玉裁《说文解字注》)

6. 图表请在左上方用"图1""表2"等排序,黑体小五号顶格。附在文末的图表在图表左上方加注"附图1""附表3"等。

7. 正文后隔开2行附参考文献。"参考文献"4字黑体小五号顶格,所列文献用宋体小五号,并依作者姓名的拼音字母顺序编排,首行顶格,回行空2格。西文文献排在中文文献、日文文献后。现代文献的编辑依次为:作者名、括注发表或出版年份、文章题目(西文用正体)或书名(中文加书名号,西文用斜体)、期刊名(中文加书名号,西文用斜体)期数或出版社名。作者名勿用简称。古代文献的编辑依次为:作者名、括注朝代、书名。同一作者的文献,按发表或出版时间先后排列。文章题目或书名与期刊名或出版社之间用逗号分开,最后加句号。参考文献只列正文实际涉及的文献。

8. 除基金项目、鸣谢等需脚注外,注释请一律用尾注形式(在正文和参考文献之间),并用带圈数字表示序号,如①、②等。

以上各条可参考本刊近期已发表的论文(纸质或图片形式。期刊网上下载的本刊论文格式均已改变)。

五、请勿一稿多投。文责由作者自负。

六、来稿审读时间约为三至六个月,不论录用与否,一般不退原稿。是否录用,由编辑部通过e-mail通知。来稿如无特别声明,为了统一体例、格式等,本刊可能会对稿件做技术性的修改或删节,并请作者审阅校样。

七、本刊已加入"中国知网"电子期刊出版系统,所发文章均可在期刊网(www.cnki.net)上检索并下载。凡给本刊投稿的作者,均视为已知晓并接受其论文上线发表。

八、文章一经发表,版权属《语言研究集刊》所有。在其他出版物上转载、选编已发表的论文,需特别注明"本文首发于《语言研究集刊》第×辑"字样。

图书在版编目(CIP)数据

语言研究集刊. 第二十二辑 / 复旦大学汉语言文字学科《语言研究集刊》编委会编. —上海: 上海辞书出版社, 2018.12
ISBN 978-7-5326-5215-0

Ⅰ.①语… Ⅱ.①复… Ⅲ.①语言学—丛刊 Ⅳ.①H0-55

中国版本图书馆 CIP 数据核字(2018)第 236791 号

语言研究集刊(第二十二辑)

复旦大学汉语言文字学科《语言研究集刊》编委会 编

责任编辑 郎晶晶
助理编辑 刘 博
装帧设计 杨钟玮

出版发行 上海世纪出版集团
上海辞书出版社(www.cishu.com.cn)
地　　址 上海市陕西北路 457 号(200040)
印　　刷 常熟文化印刷有限公司
开　　本 787×1092 毫米 1/18
印　　张 21 10/18
字　　数 382 000
版　　次 2018 年 12 月第 1 版 2018 年 12 月第 1 次印刷
书　　号 ISBN 978-7-5326-5215-0/H·684
定　　价 80.00 元